제 7 판

조직 관리론

Organization and Management

민 진 · 민나온

DY 도서출판 대영문화사

제7판 머리말

다양성 · 인간화 · 정보화 · 국제화 · 변화성 · 경쟁적 측면은 오늘날의 조직환경을 일컫는 말이다. 조직관리론을 강의하는 교수들은 이러한 조직환경에서 학생들을 가르치기 위해 무엇을, 어떻게 준비해야 할까?

이 책의 초판은 1996년에 발간되었으며, 제2판은 2004년에, 제3판은 2009년에, 제4판은 2012년에, 제5판은 2014년에, 제6판은 2018년에 각각 개정되었는데, 금년에 민진 교수와 민나온 교수가 공저로 제7판을 개정 · 발간하게 되어 독자와 함께 기쁨을 나누고 싶다.

이 책은 교과서로서 비교적 균형된 시각을 유지했고, 옛 지식과 새로운 지식이 조화를 이루며, 서술이 간결해 이해하기가 쉬워서 독자들을 위한 책이라는 호평을 받아왔다.

저자는 『조직관리론』이 대학에서는 좋은 조직관리 입문서로서 자리를 잡고, 조직관리 실무 현장에서는 실용적인 참고서가 되기를 바란다. 따라서 저자는 이 책을 구상해 초판을 출간하고 계속 개정하면서도 일관성 있게 다음과 같은 점에 유의했다.

첫째, 조직관리론을 포괄적이고 체계적으로 구성했다. 저자 나름의 일관된 시각이나 가치에 따라 내용을 취사선택했다. 둘째, 저자는 이 책에서 이론적 보편성을 지향하면서 관리적 실천성을 노완하고자 했다. 셋째, 정부기관과 공공기관, 기업조직, 그리고 사회조직 등 다양한 종류의 조직에 적용될 수 있도록 했다. 넷째, 독자들의 이해를 돕기 위해 문체를 간결하게 하는 한편, 최신 한국과 외국의 사례를 소개했고, 참고와 사례, 그리고 도표를 첨가했다.

현대 사회에서 조직 현상이 변화하면서 조직관리에 대한 새로운 지식과 관리기법이 증가하고 저자의 조직관리에 대한 시각도 조금씩 변화하고 있기에 늘 『조직관리론』의 개정에 대한 요구는 그치지 않는다. 저자가 개정판을 내면서 중점을 둔 것은 다음과 같다.

제2판에서는 제2장 조직의 종류와 유형에서 정부조직, 회사조직, 그리고 시민사회조직을 추가했으며, 제4장 조직의 가치와 평가에서 조직효과성을 전면 수정했다.

제3판에서는 조직구조의 2개 장을 축소해 조직구조의 의의·체계·모형의 장으로 재편성했고, 조직문화의 장을 신설했으며, 조직개발 분야는 삭제했다. 그리고 조직진단 등도 다소 보완하거나 수정했다.

제4판에서는 고객관리와 품질관리를 대폭 수정하거나 신설했다. 대폭 삭감한 부분은 권력, 조직갈등, 조직변동과 공공관계다. 전체적으로는 참고, 사례, 그림, 그리고 표를 신설하거나 재작성해 제시했다.

제5판에서는 조직문화의 장을 보강하였다. 부분적으로는 임무(미션), 리더십, 계획통제, 의사전달과 공공관계, 조직목표, 핵심 역량, 조직변동, 조직진단, 그리고 지식관리 부분을 수정·보완했다. 그리고 제7장 조직인의 장은 절을 재편성했다.

제6판에서는 조직관리론의 의의와 발달사, 조직의 평가와 진단, 조직혁신과 전략적 관리의 장을 신설하였다. 절을 신설하거나 내용을 수정하였다. 조직효과성, 임무와 비전, 고객관리 분야의 내용을 수정하였다.

이번 제7판부터는 관리 부문에 조예가 깊은 숙명여자대학교의 민나온 교수와 함께 개정판을 준비하였다. 조직관리에 관한 새로운 이론과 시각으로 교과서가 많이 새로워질 것으로 기대한다. 하지만 이번 개정에서는 큰 틀을 바꾸지 않고 절의 범위 내에서 부분적으로 개정하였다.

첫째, 중요한 새로운 소주제들을 발굴하여 보완하였다. '조직철학', '조직의 핵심가치', '팀형 조직', '관료제 및 애드호크라시의 비교', '계서제조직과 팀제 조직', '회의체의 구조', '재택근무', '조직생활 실태조사', '카리스마적 리더십', '진정성 리더십', '팀장의 리더십', '성과관리와 성과지표(KPI)', '조직구성원과 소통하기', 그리고 '가짜 뉴스' 등의 소주제를 추가하였다.

둘째, 또한 절의 번호를 통합하거나 분화하면서 내용을 증가, 감소, 그리고 수정하였다. 제5장의 조직 형태, 제6장의 조직인, 제7장의 조직 내의 집단과 갈등, 제10장의 공공관계, 제11장의 고객관리와 품질관리, 제14장의 조직의 혁신 등에서 절 및 항을 통・폐합하였다.

기타 새롭게 사례, 참고를 수정하거나 보완하였으며, 최신 자료로 보완하였고(예: '한국에서 주요 조직의 비전', '주요 조직의 목표', '주요 조직의 슬로건'), 오자나 탈자도 수정하였다. 제10장의 '의사전달'은 '의사소통'으로 수정하였다.

이 책에서 『조직관리론』은 14개 장으로 이뤄진다. 대학 학부에서 한 학기에 1주 1개 장으로 수업하기에 적절한 분량이다. 다만 제1장 제2절의 '조직관리론 발달사'는 보충자료로 활용할 수 있을 것이다.

이 책을 교재로 추천해 준 강의 교수님들과 독자들에게 감사드린다. 이분들의 뜨거운 성원과 상호작용이 있었기에 제7판을 출간할 수 있었다.

제7판의 개정 작업은 주로 저자들의 집과 연구실에서 이뤄졌다. 아내와 지원 및 장현이 끊임없이 작업을 지지하여 주었다. 가족들에게 감사한다. 그리고 제7판을 개정하도록 해주신 대영문화사 임춘환 사장님, 임준현 부장님과 편집부 여러분께 감사드린다.

2025년 1월

민진・민나온 씀

초판 머리말

현대 사회를 조직사회라고 부른다. 그만큼 조직이 사회를 안정시키고 발전시키는 데 크게 기여하고 있을 뿐만 아니라 사람들은 직접 조직구성원이 되거나 아니면 간접적으로 조직에 관여하고 있다. 유사 이래 수없이 많은 조직이 탄생했다가 죽어갔다. 조직의 활동이 활발하거나 성장한 조직을 보면 조직관리를 잘 했기 때문이라고 추론할 수 있다. 반대로 조직의 활동이 미미하거나 쇠퇴하는 조직을 보면 관리가 미흡했다는 것을 알 수 있다.

현대 사회는 매우 다양한 조직들을 양산시켰으며 또한 조직사회를 복잡하게 만들었다. 조직에 대한 연구는 사회과학의 어느 분야에 못지않게 연구자도 많고 연구 결과도 다양하다. 특히 행정학, 경영학, 그리고 사회학의 조직관리 연구가 대종을 이룬다. 조직관리에 대한 교과서는 외국의 서적은 말할 것도 없고 국내에서 출판된 것도 매우 많다. 그들 나름으로 체계와 깊이가 있다고 여겨진다. 그런데 저자가 또 하나의 조직관리 교과서를 추가한 셈이다.

저자는 조직 현상을 좀 더 체계적으로 이해하고, 설명하며, 예측하기 위해 이 책을 저술했다. 독자로는 대학에서 조직관리를 배우는 학생들을 주된 대상으로 했다. 아울러 실무에서 종사하고 있는 조직관리자들도 참고해 더 나은 관리를 위한 지침서가 될 수 있도록 했다.

저자는 조직관리 교과서를 구상하면서 다음과 같은 점에 유의했다: 교과서는 포괄적이고 체계적이어야 한다. 저자 나름의 일관된 시각이나 가치가 내재되어야 한다. 독자들이 접근하기 쉬워야 한다.

첫째, 저자는 조직관리론에서 조직관리의 기초, 조직의 가치, 조직의 구조, 조직인의 행위, 조직의 환경, 조직의 변화, 그리고 조직의 과정과 관리가 고르게 포함되도록 했다. 둘째, 저자는 이 책에서 기본적으로는 이론성을 지향하면서 관리성을 보완하고자 했다. 정부조직, 기업조직, 그리고 사회조직 등에서 적용될 수 있는 보편적인 이론을 제시하려 했다. 보완적으로 관리적 측면을 부각시켰다. 셋째, 독자들의 이해를 돕기 위해 주로 한국의 사례를 소개했고, 참고 사항과 도표를 첨가했다.

금년은 저자가 조직관리 분야로 박사학위를 받은 지 만 10년이 되는 해다. 저술 준비는 오래전부터 해 왔으나 시간과 능력 부족으로 이제야 출간하게 되었다. 그동안 마음 한구석을 짓눌러 왔던 출간의 부담감을 이제야 해소할 수 있어서 다행으로 생각한다.

이 책을 쓰면서 여러분에게 감사의 마음을 전해야 할 것 같다. 우선 저자의 학문적 성취에 큰 가르침을 주신 지드교수 오석홍 교수님, 박사학위 논문을 심사해 주신 안해균 교수님, 고 김해동 교수님, 정홍익 교수님, 이종범 교수님께 감사드린다. 그리고 서울대학교 행정대학원과 건국대학교의 은사님들께 감사를 드린다. 국방대학원의 교수님들, 그리고 도서관, 신영상 교수님과 전희정 교수님에게 감사드린다. 저서를 집필하는 과정에서 교정을 본 고경석 서기관, 손영식 사무관, 정준화 사무관, 황신 소령, 박현영 대위에게 감사한다. 기꺼이 출판해 주신 대영문화사의 임춘환 사장님과 편집부 여러분에게도 감사한다.

아내와 아이들, 그리고 독자와 함께 출판의 기쁨을 나누고 싶다. 이 책이 조직관리를 이해하는 데 기여하기 바라며, 아직 여러 가지로 부족하지만 후일 개정판을 통해 독자들에게 새로운 이론과 관리기법을 소개해 보완할 것을 약속드린다.

1996년 8월

지은이 민진 씀

차례

제 2 편 조직의 가치

제 3 편 조직구조와 조직 형태

제6편 조직의 환경 및 평가와 전략적 관리

제 1 편

조직관리의 기초

제 1 장

조직관리론의 의의와 발달사

이 장에서는 조직관리론의 의의와 발달사를 소개한다. '조직관리론의 의의'에서는 조직관리의 중요성을 제시하고 그 성격을 규명하며, 그것이 다루는 범위와 접근 방법을 살펴본 후 이 저서의 서술 체계를 소개한다. '조직관리론 발달사'에서는 조직관리론이 학문으로서 진화하는 과정을 살펴봄으로써 조직이라는 숲과 개별 이론들이라는 줄기와 가지를 조망해본다.

제 1 절 조직관리와 조직관리론

1. 현대 사회와 조직관리

1) 조직사회

사람들이 조직을 만들어야만 하는 이유는 무엇일까? 사람들이 어떤 목표를 달성하기 위해서는 혼자서도 할 수 있고, 여럿이 모여 힘을 합쳐서 할 수도 있으며, 조직을 만들어 이를 이용할 수도 있는데, 그 중 조직을 만들어 일을 하는 것이 다른 어떤 방법보다도 효율적이다. 개인의 힘보다는 집단의 힘이, 집단의 힘보다는 조직의 힘이 더 크고 더 강하기 때문에 사람들은 문제의 해결 및 예방의 수단으로서 조직을 결성하며 그 구성원이 된다. 즉, 추구하는 목표가 이윤의 획득, 교육의 제공, 신앙심의 고취, 국민의 복지 향상, 국제적 이해관계 조정 등 무엇이든 간에 조직은 그 목표의 성취를 가능하게 해준다.

우리는 조직을 만듦으로써 조직이 창조하는 가치를 더욱 증가시키게 된다. 좀 더 구체적으로는 조직화를 통해 노동의 전문화와 분화를 촉진시키며, 대규모 기술을 사용할 수 있고, 외부 환경을 관리할 수 있으며, 다른 조직과의 거래 비용을 줄이고, 권력을 행사하고 통제를 더 잘할 수 있게 된다(Jones, 1995: 9).

조직이 있는 곳에 관리가 있다. 동양과 서양에서의 국가에서 관리가 실시되었고, 이것은 군대에서 두드러지게 나타난다. 국가 이외에도 가톨릭교회와 길드(guild) 등은 관리의 존재를 확인할 수 있는 조직이다(Brinckloe & Coughlin, 1977: 665-671). 산업혁명은 농업사회를 공업사회로 이전시켰다. 그것은 기업이라는 창조물을 만들어냈고, 이로 인해 조직관리의 중요성은 크게 부각되기 시작했다. 근대 사회가 정보화혁명을 맞으면서 현대 사회로 들어가고 있다. 현대 사회를 조직사회라 부른다. 사회가 조직사회화되어 간다는 것은 ① 조직 및 조직생활자가 증가하고, ② 조직 규모가 증대하며 다양한 형태의 조직구조가 활용되며, ③ 조직이 사회에 미치는 영향력이 증가된다는 것을 의미한다.

우리 주변에는 수많은 조직이 활동하고 있다. 예컨대, 기업조직, 학교조직, 군대조직, 동창회 등 사회조직, 종교조직, 정치조직, 정부조직, 그리고 국제조직 등이 그것이다. 조직은 우리 생활 곳곳에 스며들고 있다. 우리는 매일 조직과 접촉한다. 사실상 우리들의 대부분은 조직 속에서 생활하며 조직으로부터 영향을 받고 있다. 우리는 직장에서, 그리고 각종 조직의 구성원으로서 대부분의 시간을 보낸다. 그렇지 않다면 우리들은 그 조직들의 피고용자, 학생, 고객, 환자, 그리고 시민으로서 관여하고 있는 것이다(Gibson et al., 2000).

인간들은 사회의 여러 자원, 지식, 그리고 기술을 조직 속에서 결합하고 관리함으로써 오늘과 같은 고도 산업사회를 이룩해 왔다. 지식사회에서도 조직의 위력은 그치지 않고 오히려 확대될 것이다(Drucker, 1995: 76).

사람들은 이처럼 조직을 통해 개인들의 욕구를 충족시키며, 결과적으로 사회와 국가를 발전시키기도 하지만 인간이 만든 피조물인 조직에 의해 지배당하고 구속당하기도 한다. 즉, 조직은 인간들의 필요에 따라 만들어졌지만 그 규모가 커지면서 개개 인간들이 조직에 영향을 주는 데는 한계가 있게 되었으며, 오히려 수많은 사람으로 구성된 조직이 인간을 지배하고 명령하며 행동을 제약한다.

따라서 조직에 대한 올바른 이해가 필요하며, 조직을 인간 자신의 행복과 국가 사회의 발전을 위한 도구로 활용할 수 있는 지혜가 필요하다. 조직은 어차피 이 세상에 재화와 서비스를 생산해 내는 인간의 도구이기 때문이다.

2) 왜 조직관리가 중요한가?

(1) 조직관리의 의미

조직관리란 조직과 관련한 여러 가지 변수를 하나씩 다루거나 이들을 잘 배합해 원하는 목표를 달성할 수 있도록 하는 의도적인 행위의 결정이다.

조직 변수에는 조직구조, 조직인, 조직기술, 조직환경, 그리고 조직목표 등 여러 가지가 있다. 이들 하나하나는 각각 관리의 대상이 된다. 조직 변수 하나하나를 조직의 목표 달성을 위해 잘 관리하는가는 조직관리론의 지대한 관심사다.

더 나아가 조직 변수들 간에 — 조직구조와 조직인 간, 조직구조와 조직기술 간, 조직구조와 조직환경 간 — 적절한 조화를 모색하는 것은 고급의 조직관리다. 이를 조직론에서는 공부합(共符合, coaliant) 또는 적합성(適合性, fitness)이라 한다(황영호, 1995: 11-15). 더 나아가 둘 이상의 변수들 간의 조화와 균형을 고려할 수 있다.

조직 변수 하나하나를 잘 관리할 뿐만 아니라 조직 변수들 간의 조화와 균형이 이뤄질 수 있도록 관리가 이뤄진다면 조직은 전체적으로 성공적이라 할 수 있고, 그렇지 못하고 불균형적이라면 실패적이라고 할 수 있다. 요컨대, 조직관리가 잘되면 조직은 성공을 더 높이고 실패를 더 낮출 수 있게 된다.

(2) 조직관리의 중요성

그런데 관리의 중요성과 유용성은 여러 가지 측면에서 제시될 수 있으나 무엇보다도 조직을 둘러싼 조직의 일반적 환경으로서 사회 변동의 심화, 조직 규모의 거대화와 조직 형태의 다양화, 고객들을 위한 더 나은 서비스나 제품의 제공 등이 그것이다.

첫째, 사회 변동의 심화다. 현대 사회는 하루가 멀다 하고 변화를 계속하고 있으며, 그 속도도 과거에 비교할 수 없을 정도로 매우 빠르다. 더구나 변동의 폭 또한 넓고 다양하다. 이처럼 급변하는 환경에 적절히 대응하지 못하고서는 조직은 생존은 물론 성장할 수도 없다. 물론 이런 현상은 정부조직보다는 기업조직에서 더욱 심각하다. 따라서 조직은 생존과 번영을 위해 사회 변동의 심화에 대응해 조직을 동태화시키고 다양화시킨다. 요컨대, 조직에 대한 관리적 대응의 여부는 현대 사회에서 매우 중요하고 유용한 것이다.

둘째, 조직 규모의 거대화와 조직 형태의 다양화다. 현대 사회는 날로 복잡해져 가며 대규모화되었다. 이러한 현대 사회의 특성은 그 속에서 존재하는 조직을 팽창시키며, 예산을 증대시키고, 직원 수를 늘리며, 관리해야 할 시설을 증가시켜 왔다. 더구나 조직 형태는 매우 다양하다. 일반적인 조직이론만으로는 현대 사회의 조직을 성공적으로 운영할 수 없다. 다양한 이론, 상황론적 접근, 구체적인 관리 기술 등이 요구된다. 효율적인 관리 없이는 조직의 업적이나 성과를 높일 수 없다.

셋째, 고객 서비스의 질 제고다. 조직은 궁극적으로 조직목표를 효율적으로 달성해 대상 고객에게 최대의 · 최고의 서비스를 제공하고 최적의 제품을 제공해야 한다. 관리의 부실은 조직구조나 절차 등을 낡은 유물로 만들며 조직구성원들을 능력 없고 일하기 싫어하는 존재로 전락시킨다. 그렇게 되면 상품과 재화의 질은 저절로 저하될 수밖에 없다. 따라서 서비스와 제품의 질을 높이려면 효율적인 조직관리가 바탕이 되어야 한다.

참고

한국 기업의 흥망성쇠/한국 기업의 창업률과 생존율

한국 기업의 생존은 매우 심각하다. 1965년 100대 기업 중 1975년에는 22개 기업이 100위권에 머문다. 1985년에는 19개 기업만이 남는다. 그리고 1991년에는 16개 기업만이 100위권에 남는다. 1991년에 500위권 이내의 생존 기업은 21개사이고, 1,000위권 이내는 6개사, 3,000위권 이내는 11개사이며, 망한 기업이 46개사다.

한편 통계청의 기업생멸행정통계에 따르면 2016년 우리나라 신생기업(창업기업) 수는 전 산업을 기준으로 87만 6,000개사이며, 이는 전 산업의 활동기업 대비 15.2%에 달한다. 한편 전 산업 소멸기업 수와 소멸률은 2015년 각각 64만 개사와 11.5%에 달한다.

또한 통계청 자료(2022)에 따르면 우리나라 기업의 생존율은 1년 생존율 64.1%, 2년 생존율 54.2%, 3년 생존율 46.3%, 4년 생존율 38.8%, 5년 생존율 34.3%, 6년 생존율 30.4%였다.

자료: 공병호(1993: 15-17); 통계청, "2016년 기준 기업생멸행정통계결과" 2017.12; 통계청, 2023 제공 자료

참고

한국 정부기구의 변동

한국 정부기구 생존은 기업만큼 심각하지는 않다. 중앙행정기구의 경우 1948년부터 2003년까지 55년 간 활동했던 기구는 145개였다. 이 중 기간별 생존한 기구 수를 보면 50년 이상 3개, 40년 이상 49년까지 14개, 30년 이상 39년까지 19개, 20년 이상 29년까지 12개, 10년 이상 19년까지 12개, 3년 이상 9년까지 62개, 그리고 3년 미만도 23개로서 정부기관이라고 해서 오랫동안 존속성이 보장되지는 않는다.

자료: 민진(2006: 10)

2. 조직관리론 교육 및 연구 범위와 방법

1) 조직관리론의 의의

조직관리에 대한 연구는 다른 어느 학문 분야 못지않게 연구의 역사가 길고 그 내용도 풍부해 이를 처음 대하는 초심자들에게는 물론 관리자 혹은 조직연구자들에게도 혼란을 일으키게 하는 경우가 허다하다. 수많은 조직연구가, 다양한 조직연구 접근법, 행정학 · 경영학 · 사회학 · 교육학 · 심리학 · 문화인류학 등 여러 학문 분야에서 조직 현상을 연구하며 관심을 갖고 있다. 그러나 각 학문 영역은 조직에 대한 관심이 다를 수밖에 없으며(Gortner et al., 1987: 7), 이로 인해 조직에 대한 연구는 그 풍부함만큼 많은 사람을 조직이라는 울창한 숲 속의 미아로 만들어 버린다.

조직관리론은 조직관리에 관한 이론과 기법, 그리고 사실들을 제공해 준다. 조직관리론은 조직관리 현상에 대한 단편적인 사실을 모아놓은 것은 아니다. 그것은 관리의 대상으로서 조직 현상에서 나타나는 규칙성과 반복성을 찾아보고, 구체적인 현실 속에서 조직을 효율적으로 관리하기 위한 지식과 기술을 제공해 주는 하나의 학문 분야다. 그런데 조직연구의 갈래가 너무 많기 때문에 조직관리를 연구하고 학습하는 사람들에게 혼동을 준다. 저자는 기존의 조직연구에서 보여주는 조직연구의 범위와 접근 방법을 살펴본 후 이 책의 연구 범위, 연구 주제, 그리고 구성 체계를 서술하기로 한다.

2) 조직관리론의 교육 · 연구 범위

(1) 주요 조직론 저서들과 조직 현상의 교육 및 연구 범위

조직관리론의 연구 범위는 조직이론가들에 의해 매우 다양하게 표출되고 있다. 조직 분야에 대한 저서와 논문, 특히 저서들은 조직관리론의 연구 범위나 영역을 시사해 주는 바가 크다.

미국에서 조직론 분야에서 1975년부터 1984년까지 가장 많이 인용된 책들을 보면 『조직과 행동』, 『조직구조』, 『조직과 환경』, 『산업조직』, 『조직의 사회심리학』, 『조직론』, 『조직과 관리』, 『기업의 행태이론』, 『조직에 대한 외부통제』, 『조직편람』 등이다.[1] 이 밖에도 많이 인용되고 있거나 한국에서 조직론 원서로 활용되고 있는 제목들을 보면 『조직이론』(S. P. Robbins), 『조직론: 구조와 과정』(R. H. Hall), 『조직 내 · 외의 권력』(H. Mintzberg), 『관리론』(H. Koontz & H. Weihrich), 『조직행태론』(S. P. Robbins), 『조직이론과 설계』(R. L. Daft) 등 열거할 수 없을 정도로 무수히 많다. 우리나라의 조직론 연구는 행정학 분야, 경영학 분야, 그리고 사회학 분야로 나눌 수 있다. 조직학과 관련해 개론서는 물론 각론 분야의 교과서들이 많이 출간되고 있다.

미국이나 한국에서 출판된 저서들은 책의 제목은 다양하나 대체로 조직학원론 계열, 조직구조론 계열, 조직행태론 계열, 조직환경론 계열, 관리론 계열, 그리고 기타 등으로 구분할 수 있다. 조직학원론 계열은 조직과 관련된 기본 개념과 조직구조, 행태, 과정, 관리, 환경 등을 고루고루 다룬다. 조직구조론 계열은 조직구조를 중심으로 조직이론을 구성한다. 조직행태론 계열은 조직인의 동기부여 문제나 행태를 중심으로 하며 조직구조 설계를 중심으로 하면서 조직이론을 구성한다. 조직환경론 계열은 조직과 환경의 관계를 중심으로 조직이론을 구성한다. 그리고 관리론 계열은 조직의 관리 과정을 중심으로 조직이론을 구성한다. 이 밖에 특수한 접근법으로 조직이론을 구성하는 경우도 많다.

미국의 주요 조직론 저서들에 나타난 조직론 주제들을 취급 빈도별로 보면 환경, 의사결정, 조직이론관, 구조, 리더십, 합리성, 조직 변화, 갈등, 관료제, 의사소통, 규모, 조직설계, 고전적 행정관리, 통제, 조직 진화, 권위, 동기부여, 분업, 권력, 연합, 적응,

---

1) 이 글은 한국행정학회 1985년 연말 학술대회에서 조석준 교수가 발표했던 것으로 미국의 저서, 학술지인 *ASQ*와 *ASR*에 가장 많이 인용된 조직론 저서들 중 1순위부터 11순위까지 선택했다. 조석준, "조직론", 『한국행정학보』, 제19권 제2호(1985.12).

비교 조직 등이다.

한편 우리나라의 주요 조직학개론 교과서들(김병섭 외, 2007; 김희선, 1998; 민진, 2014; 박경원・박우순, 1996; 오석홍, 2020; 이창원 외, 2012; 정우일, 2006; 하미승, 2015)에서 다루는 주요 주제들은 조직의 의의, 조직이론 변천사, 조직의 가치와 평가, 조직구조, 조직인, 조직 내 집단, 권력과 갈등, 조직환경, 조직의 변동과 개혁, 의사결정, 의사소통, 기술과 조직, 조직과 전략, 조직철학, 그리고 조직문화 등이다.

한국에서 조직론 및 조직행태론에 대한 대학 교육에 대한 평가는 한국조직학회에서 2004년에 실시된 바 있다. 박영기(2004)는 조직학의 주제는 너무 많고 다양하다고 전제한 후 조직론과 관리론의 결합을 주장한다. 그리고 학부에서 조직(관리)론과 조직행태론을 구분하자고 권장하면서 현실적으로 이들 과목을 하나로 통합할 때 주요 주제들을 제시한다. 이환범 외(2004)는 조직론 이론 교육이 학부에서 행정학개론과 조직론 사이에 중복이 크다고 하면서 석사과정에서 상당히 세분화되어 있다고 평가하였다.

(2) 조직 현상의 분석 수준

조직관리론을 전개하려면 먼저 조직의 분석 수준을 살펴보는 것이 좋다고 판단된다. 조직의 분석 수준은 개인, 집단, 조직, 환경으로 구분할 수 있다.

개인을 분석 수준으로 한 연구는 조직인의 욕구・성격・태도 등을 연구 대상으로 한다. 집단을 분석 수준으로 한 연구는 집단의 특성, 비공식집단, 집단역학, 리더십, 권력 관계, 집단 간 갈등 문제 등을 연구 대상으로 한다. 조직을 분석 수준으로 한 연구는 조직의 구조와 규모, 의사결정과 의사소통, 조직의 기술, 조직문화, 조직의 기능 등을 연구 대상으로 한다. 환경을 분석 수준으로 한 연구는 조직과 환경과의 관계 등을 연구 대상으로 한다. 따라서 분석의 수준은 개인, 집단, 조직, 그리고 환경으로 점점 확대될 수 있다.

3) 조직 현상에 대한 접근 방법

접근 방법(approach)이란 연구 방향을 정해 주는 “문제와 자료의 선정 기준”을 의미한다(강신택, 1999). 조직 현상에 대한 접근 방법은 매우 다양하다. 저자는 이들 가운데 중요하다고 판단되는 접근법을 분류 기준에 따라서 몇 가지 정리하기로 한다.

(1) 분석 방법: 실증적 연구, 현상학적 연구와 규범적 연구

조직관리 연구는 연구 방법에 따라서 실증적 연구, 현상학적 연구, 규범적 연구로 구분할 수 있다.

실증적(empirical) 연구는 조직 및 관리상에 나타나는 사실의 문제에 중점을 두는 연구 방법이다. 조직과 관련한 변수와 변수의 인과관계 및 상관관계 등을 연구하고 유형화하며, 관련된 가설을 검증한다. 즉, 조직관리에 관한 이론을 발견하고 모형을 만드는 것이다. 이론(theory)이 변수들 간의 관계를 나타내는 것이라면, 모형(模型, model)은 조직의 중요한 차원들만을 묘사한 것이다. 연구의 객관성을 강조하며, 행태주의(behaviorism) 접근법이 여기에 해당한다.

현상학(現象學, phenomenology)적 연구는 조직관리 현상을 주관적으로 접근하는 것으로 행태주의, 객관주의 등과는 대조적인 연구 방법이다. 현상학적 접근 방법은 인간의 주체성과 자율성을 인정하며, 객관적인 현실보다는 인간의 주관적인 인식과 의지를 강조한다. 연구를 할 때 개별 사례나 문제 중심으로 접근한다.

규범적(normative) 연구는 조직을 효율적으로 관리하기 위한 방법과 원리를 찾는 연구 방법이다. 즉, 처방적이고 실천적이다. 따라서 일반적인 법칙이나 이론보다는 구체적인 상황을 분석하고 상황에 따라 진단을 내리는 것이다. 고전적 조직이론에서 원리 접근법이나 현대적 조직관리론에서 상황이론, 그리고 조직설계론 등이 여기에 해당한다.

(2) 연구 범위: 미시적 접근과 거시적 접근

조직관리론은 연구 범위에 따라서 미시적 접근과 거시적 접근으로 구분할 수 있다.

미시적(micro) 접근이란 조직관리 현상의 분석 대상이 조직 내의 개인이나 집단이다. 개인이나 집단의 구조가 아니라 개인 그 자체, 즉 조직인의 행태와 집단의 행태에 대해 관심을 갖는다. 조직 내의 인간의 욕구와 성격, 집단역학, 리더십 등이 연구 주제다. 미시적 접근은 심리학이나 관리과학의 도움을 받는다.

거시적(macro) 접근은 조직 그 자체를 분석의 대상으로 하며 사회적 실체로서 조직에 대해 관심을 갖는다. 따라서 조직의 탄생과 소멸, 조직과 환경과의 관계 등이 중요한 연구 주제다. 거시적 접근은 사회학의 도움을 받는다. 조직환경론, 전략적 관리 등이 여기에 포함된다.

(3) 이론화 수준: 일반이론, 중범위이론, 사례연구

조직 현상에 관한 연구는 변수 간의 관계에 대한 법칙을 발견하는 데에 일반적 법칙이나 보편성 있는 이론을 규명하려는 과학 일반의 노력이 요구된다. 즉, 모든 조직에 적용할 수 있는 이론을 일반이론이라 할 수 있다. 관료제이론 등이 여기에 해당한다. 그런데 일반이론은 추상성이 너무 높아 구체성이 없다는 단점이 있다.

사례연구는 개별 조직을 연구 대상으로 한다. 개별 조직의 발생, 변동, 소멸, 그리고 개별 조직 내의 조직인과 직무, 기술, 개별 조직과 다른 조직이나 환경 간의 관계 등 매우 구체적이고 깊이 있는 연구가 진행된다. 따라서 사례연구는 구체성이라는 점에서, 그리고 한 조직에서 여러 가지 조직 현상을 발견할 수 있다는 장점이 있으나 다른 조직에까지 일반화시키는 데에는 한계가 있다.

중범위이론은 일반이론과 사례연구의 단점을 해소하고 장점을 살리기 위한 것이다(조석준, 1985). 조직에서 중범위이론은 대체로 비교조직론으로 불린다. 비교조직론(比較組織論, comparative organization)은 일반이론과 사례연구의 중간쯤에 해당하며, 모든 조직을 연구 대상으로 하지도 않고 개별 조직을 연구 대상으로 하지도 않는다. 조직은 기업조직, 정부기관, 학교, 교회와 사찰, 병원, 사회조직 등에 따라 조직의 특성과 조직의 원리가 다르다는 것이다.

(4) 조직관: 안정과 변혁

인간, 조직, 사회에 대한 관(觀)이 안정과 균형인가, 변화와 개혁인가에 따라 기능주의적 접근법과 급진적 접근법으로 구분할 수 있다.2)

기능주의적 접근법은 질서, 균형, 그리고 안정을 강조한다. 조직은 균형적 체계이며 적응적 체계다. 조직은 점진적으로 진화하면서 변동한다. 조직구성원도 균형적 체계에 순응하고 적응하는 인간으로 본다.

급진적 접근법에서는 조직을 자본가 계급이 노동자를 착취하는 도구로 본다. 조직이 인간을 소외시키기 때문이다. 따라서 조직은 비판의 대상이다. 조직 내의 갈등과 소외가 주된 연구 대상이다.

벤슨(K. Bennson)은 조직의 역사적 맥락을 강조한다(이창순, 1994). 마르크스주의

---

2) 양창삼은 조직이론의 주요 패러다임으로 기능주의적 조직이론, 해석학적 조직이론, 급진적 인간주의 조직이론, 급진적 구조주의 조직이론 등으로 구분한다(양창삼, 1990: 11).

(Marxism) 조직관이 여기에 속한다. 제4차 산업혁명에 따르면 조직의 변동은 균형을 단절하여 갑작스럽게 조직이 없어지거나 탄생한다.

(5) 분석의 초점

조직관리 이론은 분석의 초점에 따라서 의사결정론, 권력론, 제도론, 체제론 등으로 구분할 수 있다. 의사결정론은 의사결정의 합리성에 따라서 다시 여러 가지 접근법으로 구분된다. 합리모형, 점증모형, 만족모형, 쓰레기통모형 등을 들 수 있다. 권력론은 조직 내의 권력관계에 연구의 초점을 둔다. 권력과 게임 등을 연구 대상으로 한다. 제도론은 조직의 생존과 활동을 제도화로 설명하려는 모형이다. 체제론은 조직을 체제로 보고 조직을 투입, 전환, 그리고 산출의 과정으로, 체제 내의 전체 체제와 하위 체제의 관계, 하위 체제들 간의 관계에 초점을 둔다.

3. 이 책의 서술 범위, 방법과 체계

이 책은 조직관리에 관한 개론서로서 종합성과 포괄성을 띠도록 했다. 앞에서 살펴보았던 조직론의 계열, 조직의 분석 수준, 조직론의 연구 주제들은 종합성을 시사하는데 안내자가 될 수 있다. 조직론의 연구 계열은 조직학개론 계열, 조직구조론 계열, 조직행위론 계열, 조직환경론 계열, 기타였고, 조직 현상의 분석 수준은 인간, 집단, 조직, 사회 등이었다.

저자는 단순히 조직이론을 소개하고 정리하는 것만이 아니라 이들을 포괄하면서 이에 더해 조직관리자가 조직을 관리하면서 지향해야 할 가치 문제와 조직을 효율적으로 관리하는 문제에 대해 관심을 기울여야 한다고 보았다.

이 책은 특정한 접근 방법이나 시각을 채택하지는 않았다. 조직관리 개론서로서 저자와 독자들이 조직관리 현상을 이해하기 쉽게 전개하는 데 더 큰 비중을 두었다. 조직현상에 관해 일반이론을 제시하려 했다. 따라서 정부조직, 기업조직, 사회조직, 기타 다양한 종류의 조직에 적용할 수 있는 이론들을 소개했다. 중요한 이론이나 핵심적인 이론을 저자의 조직관에 따라 취사선택했다. 따라서 분야에 따라서는 많은 세세한 이론이나 연구들을 의도적으로 제외했다. 독자들의 이해를 돕기 위해 가능한 한 도표, 참고사항, 사례를 제시했다. 이론은 보편성을 추구하는 선에서 소개했으나 사례 등은 한국의 조직 사례를 제공했다.

먼저 조직관리론을 크게 조직관리의 기초, 조직의 가치, 조직구조와 조직 형태, 조직행위와 조직문화, 조직의 과정과 관리, 조직의 환경 및 평가와 전략적 관리 등으로 구분한다.

제1편 조직관리의 기초에는 조직관리론의 의의와 발달사와 조직관리의 의의가 포함된다. 제2편 조직의 가치에는 조직의 가치와 임무, 목표 등이 포함된다. 제3편 조직구조와 조직 형태에서는 조직구조의 의의, 체계와 모형과 조직 형태가 포함된다. 제4편 조직행위와 조직문화에는 조직인, 조직 내의 집단, 갈등과 리더십, 조직문화 등이 포함된다. 제5편 조직의 과정과 관리에는 의사결정과 기획관리 및 조정, 의사소통과 공공관계, 고객관리, 품질관리와 지식관리가 포함된다. 제6편 조직의 환경 및 평가와 전략적 관리에는 조직의 환경과 조직 변동, 조직의 평가와 진단, 조직의 혁신과 전략적 관리 등이 포함된다. 이를 〈표 1-1〉과 같이 정리할 수 있다.

표 1-1 이 책의 서술 체계

편별	장별 제목	세부 내용
제1편 조직관리의 기초	제1장 조직관리론의 의의와 발달사 제2장 조직관리의 의의	현대 사회와 조직관리, 조직관리론의 연구 범위와 방법, 조직관리론 발달사 조직관리의 의의, 조직의 유형
제2편 조직의 가치	제2장 조직의 가치	조직의 이념·이익·윤리, 조직의 임무와 비전, 조직의 목표
제3편 조직구조와 조직 형태	제4장 조직구조의 의의, 체계와 모형 제5장 조직 형태	조직구조의 의의, 체계, 설계, 기본 변수와 상황 변수, 조직구조의 설계모형 개관, 공식조직과 비공식집단, 위원회/공동관리 구조, 계선/참모 기관, 다양한 형태의 조직구조
제4편 조직행위와 조직문화	제6장 조직인 제7장 조직 내의 집단, 갈등과 리더십 제8장 조직문화	조직인, 조직인 행위의 기초, 동기부여, 조직인의 특성, 조직인의 관리전략 조직 내의 집단, 갈등, 리더십 조직문화의 의의, 기능, 결정 요인과 관리
제5편 조직의 과정과 관리	제9장 의사결정과 기획관리 및 조정 제10장 의사소통과 공공관계 제11장 고객관리, 품질관리와 지식관리	의사결정, 기획관리와 성과관리 조정 의사소통, 공공관계 고객관리, 품질관리, 지식관리

제6편 조직의 환경 및 평가와 전략적 관리	제12장 조직의 환경과 조직 변동 제13장 조직의 평가와 진단 제14장 조직의 혁신과 전략적 관리	조직환경, 조직 간의 관계, 조직 변동 조직평가, 조직진단, 조직효과성 조직혁신, 전략적 관리, 핵심 역량의 관리

제 2 절 조직관리론 발달사

1. 조직관리론 발달사의 분류

조직이론의 역사에 대해서는 조직이론사 고찰의 준거(오석홍, 2020), 조직이론의 전개(윤재풍, 2014), 조직이론의 변천 과정(김인수, 2007), 조직이론의 진화(Daft, 2007), 조직이론의 전개(Robbins, 1990), 조직이론(Hall, 1982) 등으로 조직론에 소개되고 있다. 조직관리 이론의 발달사에 대해서는 시간적 흐름에 따라 분류하는 방법과 일정한 분류 기준에 의해 나누는 방법이 있다.

조직관리이론사를 일정한 기준에 따라 분류하는 경우로는 여러 가지를 들 수 있으나 스콧(Scott, 1998)의 분류 방법이 비교적 명쾌하다. 스콧은 조직관리 이론의 역사적 발전 과정을 검토하면서 인간의 관점과 조직에 대한 관점으로 구분한다. 인간의 관점은 다시 합리적 인간관과 자연적 인간관으로 구분하고, 조직에 대한 관점은 환경과의 관계에 따라 폐쇄적 관점과 개방적 관점으로 구분한다.

제1기는 합리적 인간관과 폐쇄적 조직관이 지배하던 시기로 1900년부터 1930년까지다. 과학적 관리론, 관료제론, 행정원리론 등이 포함된다.

제2기는 자연적 인간관과 폐쇄적 조직관이 지배하던 시기로 1930년부터 1960년까지다. 인간관계론, 환경유관론이 포함된다.

제3기는 합리적 인간관과 개방적 조직관이 지배하던 시기로 1960년부터 1970년까지다. 그 대표적인 학자로는 챈들러(D. Chandler), 로렌스(P. R. Lowrence)와 로쉬(J. W. Lorsch), 톰슨(J. D. Thompson) 등을 들 수 있다.

제4기는 자연적 인간관과 개방적 조직관이 지배하는 시기로 1970년대 이후다. 그 대표적인 학자로는 위크(K. Weick)와 마치(J. G. March)를 들고 있다.

그런데 스콧의 조직관리이론사의 분류는 개념적으로 매우 명쾌하고 논리적이나 이 틀에 의해 분류될 수 없는 많은 조직관리 이론이 있게 된다. 따라서 많은 조직연구가는 시간의 흐름에 따라 자연스럽게 조직관리 이론들을 분류해 왔다. 그들은 조직관리이론사를 보통 고전적 조직이론, 신고전적 조직이론, 그리고 현대의 조직이론으로 구분한다.

고전적 조직이론은 1900년대에 싹트기 시작해서 1940년대에 어느 정도 체계가 잡힌 것인데 반해, 신고전적 조직이론은 1930년대부터 고전적 조직이론을 비판하면서 등장해 1940년대에 상당히 위세를 떨쳤으며, 현대의 조직이론은 1950년대 후반부터 나타난 다양한 조직연구와 이들을 통합적 시각에서 제시한 조직이론들을 뜻한다. 이들을 순서에 따라 정리하기로 한다.

2. 고전적 조직이론

1) 의의와 특성

고전적 조직이론(이하 고전이론이라 칭함)은 1900년대부터 시작된 초기의 조직연구 경향이나 활동을 묶어 총칭하는 것으로 조직 연구의 기초와 기본이 되기 때문에 오늘날까지 조직이론의 중심에 위치해 '고전적'이라는 이름이 붙여진 것이다. 이것은 마치 모차르트나 베토벤의 음악이 음악의 고전이라고 불리는 것과 같다.

고전이론은 미국과 서구 유럽 등지에서 산업혁명 이후 민간 부문, 특히 사기업의 발전과 때를 맞춰 출발했다. 이때 사기업들은 능률을 높이기 위해 조직 내부에 관심을 기울였으며, 자연과학의 발달로 세상을 하나의 기계로 보기 시작했는데, 이와 같은 사회적 풍조와 경제적 환경이 고전이론을 탄생시키는 데 큰 역할을 한 것이다.

고전이론에 공통적으로 나타나는 특성들로 능률주의, 공식적 구조와 과정의 중시, 폐쇄 체제적 관점, 합리적 · 경제적 인간모형, 과학성 추구와 그 미숙성 등을 들 수 있다(오석홍, 2020: 10-12).

고전이론가들로는 테일러(F. W. Taylor), 귤릭(L. Gulick), 어윅(L. Urwick), 폴렛(M. P. Follet), 페이욜(H. Fayol), 베버(M. Weber), 무니(J. Mooney) 등을 들 수 있다. 이들이 제시하는 조직 연구의 내용들이 똑같지는 않지만 보통 다음의 과학적 관리론, 행정관리론, 그리고 관료제론으로 대별된다.

2) 과학적 관리론

(1) 과학적 관리론의 의의

과학적 관리론은 자본주의가 고도화되는 산업사회에서 사기업의 생산성을 높이고 경영의 합리화를 도모하고자 제시된 이론으로 최소의 노동과 비용으로 최대의 생산성을 높이기 위한 관리 방법이나 기술에 관한 이론들이다. 과학적 관리론은 베들레헴(Bethlehem) 철강회사의 철근 운반에 관한 실험과 과학적 삽질에 관한 실험을 통해 제시되었다(Taylor, 1911; 유종해, 2000).

참고

테일러주의(Taylorism)

테일러주의는 시간동작 연구(time & motion study)라 불리는 것으로 '집고 들고 걷고 구부리고 맞추는' 작업을 초시계로 측정해 반복 작업을 표준화하고 이를 바탕으로 작업 능력을 향상시켰다. 테일러식 노동 분업과 과학적 관리의 원리는 포드의 컨베이어 벨트라는 기계적 생산시스템과 결합하면서 빛을 발하게 된다.

자료: "컨베이어 벨트 역사 속 빛과 그림자," 『참여와 혁신』 제37호, 박인희 기자, 2007.7.10, http://www.laborplus.co.kr/news/articleView.html?idXno=1468

(2) 과학적 관리론의 내용

과학적 관리론은 테일러의 『과학적 관리의 원리』, 갠트(H. L. Gannt)의 『갠트과업상여제도』, 길브레스(F. Gilbreth)의 『동작연구』, 에머슨(R. M. Emerson)의 『표준원가원리』, 포드(H. Ford)의 『일관작업 체제(*Conveyor System*)』 등으로 이어지면서 발달해 왔는데, 그 기초는 테일러에 의해 확립되었으므로 그의 논의를 중심으로 내용을 요약하면 다음과 같다.

첫째, 과학적 관리론은 기업가와 노동자의 공동 이익의 향상을 강조한다. 기업가는 기업가대로 이윤 향상을, 근로자는 근로자대로 임금 인상을 통해 기업을 발전시킬 수 있다는 것이며, 이들의 협조를 강조했다.

둘째, 과학적 관리론은 공장 직공이나 하위직 근로자를 대상으로 한다. 과학적 관리론은 생산 공장이나 제조 공장 등에서 단순 업무나 반복 업무를 맡고 있는 하위직 근로자나 직공들에게 초점을 맞춰 작업 효과를 높이려 하며, 생산성 향상이 가시적인 부문의 종사자들, 기계적으로 일하는 조직구성원들을 대상으로 했다.

셋째, 과학적 관리론은 경제적 동기부여를 강조한다. 근로자에게 동기를 부여하기 위해 작업의 결과인 생산성 정도에 따라서 표준 생산성보다 높은 사람에 대해서는 장려금을 주고 그것보다 낮은 사람에 대해서는 감봉 처분을 하는 이른바 성과급 제도를 도입하고 있다.

넷째, 과학적 원리를 강조한다. 조직 내의 비능률을 제거하기 위해서는 과거의 주먹구구식의 관리 방식이 아닌 과학적 관리 방식과 사고가 요구된다. 업무 방법과 절차의 과학화, 단순 반복 업무의 표준화, 근로자의 과학적 선발과 교육, 그리고 엄밀한 생산성 평가 등이 요구된다. 부연해서 설명하면 개개의 작업을 가장 간단한 요소 동작으로 구분하고, 그것의 형태나 순서, 소요 시간을 연구해 표준화하는 것이다.

(3) 과학적 관리론의 평가

과학적 관리론은 조직 속의 인간과 직무를 과학적으로 관리함으로써 생산성 향상에 도움을 줄 수 있다는 것을 보여주었으며, 전통적인 낡은 관리 방법을 새로운 관리 방법으로 대체하는 데 크게 기여했을 뿐만 아니라, 조직관리학의 과학화, 관리 부문의 절약과 능률에도 많은 공헌을 했다.

그러나 과학적 관리론은 조직 속의 인간을 생명이 없는 조건반사적인 기계로 보았으며 지나치게 경제적 동물로 보았고, 근로자의 복지보다는 주로 생산성의 향상을 추구했다는 점에서 비판을 받고 있으며, 이런 비판으로 인해 인간관계론이 출현하게 되었다.

3) 행정관리론

행정관리론은 조직의 능률을 기본 개념으로 채택하면서 조직 단위의 기본 관계, 관리 기능의 유형, 관리의 과정, 분업과 통제에 관한 원리들을 포괄하고 있다. 행정관리론자들로서는 페이욜, 귤릭, 어윅, 무니, 레일리(A. C. Railey), 폴렛을 들 수 있다. 행정관리론의 내용은 다음과 같다.

첫째, 행정관리론자들은 주로 조직관리에 필요한 일반 원리들을 제시하고 있는데, 이 원리들은 분업의 원리, 권한과 책임의 원리, 목적의 원리, 예외의 원리, 일치의 원리들이다.

둘째, 행정관리론자들은 관리의 핵심 요소나 기능을 제시하고 있는데, 특히 귤릭은 계획(planning), 조직화(organizing), 인사(staffing), 지휘(directing), 조정(co-ordinating), 보고(reporting), 예산(budgeting)의 일곱 가지 기능을 최고관리자의 기능이라고 하면서 이들의 머리글자를 모아 POSDCoRB로 명했다.

셋째, 행정관리론자들은 관리의 보편적 특징 중의 하나로 관리 과정에 대한 논의를 전개하고 있는데, 계획 · 조직화 · 명령 · 조정 · 통제가 그것이다. 이들은 오늘날의 관리 과정이나 관리 단계의 모체가 되고 있다. 행정관리론은 조직의 보편적 원리를 탐구하려는 노력을 많이 했는데, 오늘날에도 이 원리들은 조직 문제 해결의 기준으로 제시되는 경향이 많다. 그러나 인간 요인을 배제한 채 관리를 언급하고 있으며, 제시된 원리가 경험적으로 검증되지 아니한 명제들이 대부분이라는 점에서 비판을 받고 있다.

4) 관료제론

베버(M. Weber)와 앨브로(M. Albrow) 등이 제시한 관료제론은 구조적인 측면에 초점을 맞춘 것이다. 관료제는 대규모 조직으로서 합리적 · 합법적 지배가 제도화된 현대사회의 조직을 일컫는다. 제3편 조직구조와 조직 행태에서 자세하게 다루기 때문에 여기서는 생략한다.

3. 신고전적 조직이론

1) 의의와 특성

신고전적 조직이론(이하 신고전이론이라 칭함)은 앞에서 언급했던 고전이론에 대한 비판이론들의 연구 경향이나 활동들을 묶어 총칭하는 것으로 후자와 함께 오늘날에도 조직이론의 두 기둥을 이루고 있어서 '신고전적'이라 불린다.

신고전이론은 기계적 세계관이나 기계적 조직관에 대한 반발에서 비롯되었으며, 인간을 조직의 부속품이 아닌 감정적 · 사회적 동물로 보는 인간관의 변화에 부응한 이론이었다. 경제의 발전으로 근로자의 근무 기간이 길어지고 기술은 점점 숙련되어 갔으며, 한 사회인으로서의 의식이 싹트기 시작했다. 조직을 둘러싼 환경의 변화도 급격했다. 이와 같은 조직 내 · 외의 환경 변화에 대해 종전의 고전이론만으로는 대처할 수 없기 때문에 인간관계론이나 환경유관론들이 등장하게 된 것이다.

신고전이론의 학파는 여러 갈래로 나뉘지만 그들에게서 공통적으로 뽑아낼 수 있는 주요 특성들은 사회적 능률의 강조, 비공식 요인의 중시, 환경에 대한 관심, 사회적 인간모형, 경험주의 제창 등이다(오석홍, 2020: 21-23).

주요 학파로는 인간관계론과 환경유관론을 들 수 있다.

2) 인간관계론

(1) 인간관계론의 의의

인간관계론은 가장 대표적인 신고전이론으로서 과학적 관리론을 비판하면서 출발했다. 인간관계론자들로는 메이요(E. Mayo), 뢰슬리스버거(F. J. Roethlisberger), 화이트헤드(A. Whitehead), 그리고 레빈(K. Lewin) 등인데, 1928년부터 1932년까지 약 5년 간에 걸쳐서 행해진 메이요 등(Mayo et al., 1933)의 호손(Hawthorne)공장 실험 이후 새로운 장을 열었다. 호손공장 실험은 미국의 서부전기회사(Western Electric)에서 실시된 4회의 실험, 즉 조명도실험(照明度實驗), 기기 조립시험(機器組立實驗), 면접계획(面接計劃), 그리고 배선 조립시험(配線組立實驗)으로, 이들 실험의 결과가 바로 신고전적 의미를 지니게 된 것이다.

(2) 인간관계론의 내용

호손공장 실험의 결과 제시된 인간관계론에서는 조직사회관, 사회적 욕구의 충족, 민주주의적 리더십 등을 강조한다(Kast & Rosenzweig, 1989).

조직은 인간과 인간으로 구성되기 떄문에 단순한 기계적 구조물이 아니라 사회적 체제다. 따라서 조직 내의 인간들로 구성된 소집단이나 비공식적 인간관계가 강조된다.

조직구성원은 경제적 유인에 의해서뿐만 아니라 사회적 유인, 심리적 유인에 의해 동기를 부여받는다. 따라서 그의 행태는 자신의 감정·정서 및 태도에 의해 크게 영향을 받는다.

권위주의적 리더십보다는 민주주의적 리더십이 더욱 바람직하다. 스스로 결정하고 참여시키는 분위기일수록 심리적 욕구 충족도가 높아진다.

끝으로, 사회심리적 만족감이 높으면 높을수록 생산성이 높아진다.

(3) 인간관계론의 평가

인간관계론은 인간의 사회심리적 측면을 강조해 고전이론의 한계를 보완했다는 데 큰 의미가 있으며, 호손공장 실험을 통해 행태과학(혹은 행동과학)의 기초를 쌓았다.

그러나 인간관계론은 인간의 사회심리적 측면을 지나치게 강조했으며, 직무 만족에 주된 관심을 가졌고, 폐쇄 체제의 범위를 벗어나지 못했으며, 인간의 존엄성보다는 관리자를 위한 도구로서 역할을 벗어나지 못하고 있다는 비판을 받는다(윤재풍, 1985).

3) 환경유관론

환경유관론은 인간관계론이 성장하던 비슷한 시기에 대두한 것으로 조직을 둘러싼 환경이 조직에 미치는 영향을 중요시하는 일단의 연구 경향들이다. 환경유관론자들로는 파슨스(T. Parsons), 버나드(C. Barnard), 셀즈닉(P. Selznick), 클라크(B. Clark), 리지웨이(V. F. Ridgeway) 등을 들 수 있다.

환경유관론에서는 조직을 진공 속의 존재나 고립된 존재로 보지 않고 조직이 환경 속에서 존재하며 환경의 영향을 많이 받는다고 본다. 그러므로 조직은 조직환경에 적응할 수 있도록 노력해야 한다. 그리고 인간관계론이 조직 내의 모든 변수를 통제할 수 있다고 보지만 환경유관론에서는 조직이 통제할 수 없는 외부 변수에 대해서도 관심을 갖는다.

환경유관론은 조직을 조직 내부는 물론 조직 외부와 연결시킴으로써 조직 시계(視界)를 넓혔으며 후일 개방체제론으로 더욱 발전되어 갔다. 그러나 환경유관론은 조직환경이 조직에 영향을 지나치게 강조하다 보니 조직 내부 문제나 조직이 환경에 미치는 영향 문제에 대해서는 다소 소홀하게 되었다.

4. 현대의 조직이론

1) 의의와 특성

현대의 조직이론(이하 현대이론이라 칭함)들은 1950년대 이후의 조직연구의 경향이나 활동을 총칭하는 것으로, 고전이론과 신고전이론을 각각 수정·비판하거나 결합해 온 이론이다.

1950년대부터는 조직에 관한 연구자들의 수가 전체적으로 증가하고 각 학문 분야에서도 다양한 방법 · 시각으로 조직을 연구했다. 이런 경향은 조직연구의 분화를 촉진했는데 분화된 연구만큼 조직연구의 통합을 재촉하기도 했다. 다시 말해, 조직의 여러 부문을 여러 가지 접근 방법에 의해 연구하기 시작해 오늘날 조직연구의 독자적인 학문 영역을 확보함으로써 이른바 '조직학'으로 부를 정도가 되었다.

현대의 조직이론은 조직 현상을 통합하려는 노력과 분화하려는 노력으로 나눌 수 있다. 조직 현상을 통합하려는 노력은 조직 현상 연구의 경험적 지식 위에 성립하고 이들을 종합 또는 포용하는 경향성을 지니고 있는데, 이들 이론이 지닌 특성으로 가치 기준과 접근 방법의 분화, 통합적 관점의 성숙, 학제적 연구의 심화, 경험과학성의 향상 등을 들 수 있다(오석홍, 2020: 35-37). 조직 현상을 분화시켜 더욱 세분화하고 전문화하려는 노력은 학문 분야의 세분화, 조직의 종류와 유형의 다양성 인정, 이론과 실천의 조화, 의미의 강조 등이라고 본다. 또한 최근에는 경험적 연구에 더하여 질적 연구, 사례연구가 증가하고 있다.

2) 현대의 조직이론의 학파

현대이론은 앞에서 언급한 것처럼 다양하게 분화되는가 하면 이들을 통합하고자 하는 시도도 발견되고 있다. 개방 체제적 접근 방법과 상황적응적 접근 방법, 행태주의적 접근 방법, 관리과학적 접근 방법, 제도이론, 비판조직이론 등이 그것이다.

(1) 개방 체제적 접근 방법

개방 체제적 접근 방법은 '체제(system)'라는 개념을 기본으로 해서 조직 현상을 연구하는 접근 방법이며, 앞에서 언급한 환경유관적 접근의 뒤를 이어 발전되고 있는데, 연구자는 버나드(C. I. Barnard), 카츠와 칸(D. Katz & R. L. Kahn), 존슨(N. F. Johnson), 카스트와 로젠츠웨이그(F. F. Kast & J. E. Rosenzweig) 등을 들 수 있다.

체제란 어느 정도 독립성과 자기 경계를 가지면서 다른 부분과 상호 의존되고 상호작용하는 하나의 전체, 집합 혹은 실체다. 여기서 체제는 폐쇄 체제와 개방 체제로 나눌 수 있는데, 이 분류는 체제가 환경과 상호작용을 하는가의 유무에 따른 것이다.

개방 체제(open system)는 환경과 교호작용 속에서 투입 → 전환 혹은 변형 → 산출의 역동적 과정을 거치면서 환류작용을 계속한다. 또한 개방 체제는 내면적으로 자동조절 장치를 갖고 있어서 늘 균형 상태를 유지하며, 체제가 무질서하고 무력해지는 것을 막는 역(逆)엔트로피(negative entropy)를 갖는다. 따라서 개방 체제로서 조직은 환경 체제와 상호작용하면서 조직 내부의 하위 체제들과 끊임없는 교호작용을 한다.

개방 체제적 접근 방법은 유기체 개념을 도입해 조직 현상을 연구하는 데 도움을 준 것은 사실이지만 조직이 객관적인 대상으로서 확실한 것이 아니며, 이 모형으로는 조직 현상을 예측하기 어렵고 현상 유지적이라는 비판을 받고 있다.

(2) 상황적응적 접근 방법

상황적응적 접근(contingency approach) 방법은 조직의 보편적 원리나 원칙보다는 조직의 특수성이나 상황 조건을 강조하는 접근 방법으로 1960년대 말부터 전개되기 시작했는데, 이런 접근법을 따르는 학자들로는 번스(T. Burns), 스토커(G. M. Stalker), 우드워드(J. Woodward), 우디(S. H. Udy), 푸(D. S. Pugh), 힉슨(D. J. Hikson), 로렌스(P. R. Lawrence), 로쉬(J. Lorsh), 탄넨바움(A. S. Tannenbaum), 노나카(I. Nonaka), 페닝스(J. M. Pennings), 피들러(F. E. Fiedler), 오스본(D. Osborne), 슈미트(S. Schmit) 및 홀(R. H. Hall) 등이다.

상황적응적 접근 방법은 조직화와 관리에서 유일 최선의 방법은 없다고 강조한다. 즉, 상황 조건이 다르면 거기에 맞춰 조직의 구조와 관리 체계, 과정이 설계되어야 비로소 효과적이라는 것이다. 여기서 상황 조건이 곧 조직환경이라 할 수 있다. 예컨대, 동일한 시청 조직이라 하더라도 시의 기능이 교육 · 상업 · 관광 · 문화 · 산업도시인가, 지역이 해안 · 내륙 · 산간인가에 따라 조직구조가 달라져야 효율적이라는 것이다.

(3) 행태주의적 접근 방법

행태주의적 접근 방법은 인간의 행태를 과학적 · 체계적으로 연구하는 접근 방법으로 행태과학 혹은 행동과학이라고도 하며, 인간관계론이나 심리학자들의 인간에 대한 연구 결과에 힘입어 발전해 왔는데, 이런 경향의 연구학자들은 머슬로(A. H. Maslow), 맥그리거(D. McGregor), 아지리스(C. Argyris), 허즈버그(F. Herzberg), 리커트(R. Likert), 허시(P. Hersey)와 블랜차드(K. Blanchard) 등을 들 수 있다.

행태주의적 접근 방법은 인간의 행태가 인간의 욕구 및 성격을 반영하는 것으로 보며, 여기에서 인간의 행동의 뿌리를 찾으려 노력한다. 또한 인간과 인간 사이의 대면적인 관계나 소집단의 중요성도 강조한다. 그리고 인간의 행태를 연구하는 데 경험적이고 실증적인 방법을 애용한다. 심지어는 통제 상황 속에서 실험과 관찰을 통해 객관적 자료를 수집하려 한다. 그리고 조직의 거선을 위해 참여에 의한 관리나 가치관의 변화와 같은 조직개발(OD) 등의 전략을 제시한다.

(4) 관리과학적 접근 방법

관리과학이란 조직이 당면한 문제의 해결 방법을 찾기 위해 과학적 원리나 기법을 이용하는 일종의 접근 방법을 말한다. 관리과학은 과학적 관리론을 뿌리로 한 것으로서 주로 조직의 관리 기법 분야의 연구 경향을 총칭한다.

관리과학에 포함된 과학적 기법이나 원리들은 선형계획, 게임이론, 큐잉(queuing)이론, 통계적 의사결정이론, 체제분석, OR(operation research), 시뮬레이션(simulation) 등이 있다. 관리과학은 조직의 전체 체제의 맥락 속에서 개별적인 문제의 해답을 찾고자 하는 것이다. 즉, 조직 내 의사결정이 최적이 되도록 돕는 수단이나 도구들에 관한 것이다.

관리과학은 사회의 복잡한 문제, 가치 관련 문제, 정치적 문제 등을 해결하는 데는 해답을 주기에 한계가 있다고 비판받고 있다.

(5) 제도이론

제도이론(institution theory)은 셀즈닉(P. Selznick)에 의해 발전된 이론으로 조직의 합리성보다는 조직의 생존 자체에 관심을 둔다. 제도이론은 조직을 자연적 체계로서 본다.[3] 제도화(institutionalization)란 설즈닉(Selznick, 1957)에 의하면, "조직이 하나의 특징적인 구조를 발전시켜 나가는 과정"을 의미한다. 제도이론은 조직의 목표가 변화되는 것에 주목한다. 제도이론을 발전시킨 것이 신제도이론이다. 신제도이론은 현상학적 접근 방법을 사용한다. 제도화된 환경에서는 조직들이 점점 더 비슷해지게 된다. 조직이 환경으로부터 공식구조화의 압력을 받는다는 것이다. 공식구조를 만듦으로써 얻게 될 효율성보다는 제도화된 환경으로부터의 정당성 등의 다양한 문화적 기대에 동조하는 것이다. 예컨대, 미국의 대학에서 교육 평가 부서가 제도화되고 있는데, 이는 실제 별로 큰 역할을 못하지만 다른 유수한 대학교에 설치되어 있으므로 자기 대학에서도 설치할 수밖에 없다는 것이다(이창순, 1994: 제7장, 제14장).

---

3) 제도이론은 개방 체계적 접근 방법에 속하지만 독특한 속성 때문에 별도로 다룬다.

(6) 비판조직이론

비판조직이론은 과거의 조직이론들(예: 과학적 관리론, 인간관계론, 상황이론 등)이 자본가의 잉여물을 재생산하는 데 기여하기 위해 부가가치의 창출에 궁극적인 관심을 갖는 보수적 이론이라고 비판한다. 비판조직이론은 과거의 조직이론이 인간을 목적으로 보지 않고 수단으로 본다는 점을 비판한다. 구성원들 간의 일체감을 회복할 수 없는 부가가치의 창출은 조직을 균열시키고 붕괴시키는 위기의 한계에 직면한다는 것이다. 비판조직이론은 종합적으로 비판 의식을 가지면서 조직의 공정성, 일체감, 공감대 형성, 공동체 형성 등에 관심을 갖는 이론이다. 비판조직 이론가들로는 모건(Morgan, 1979), 애스트리와 반드벤(Astrey & Van De Ven, 1983), 클레그(Clegg, 1980) 등을 들 수 있다(남중헌, 1995: 128-131).

(7) 복잡성이론

복잡성이론(complexity theory)은 조직관리나 조직 변동에 많은 이론적 시사점을 제공한다. 복잡성이론과 살아 있는 유기체이론은 기존의 이론적 특징인 통일성, 예측, 그리고 확실성이 도전받고 그들을 다양성, 비예측성, 그리고 불확실성으로 대체시키고 있다. 복잡성이론은 생각의 변화이며, 이것은 변동이 매우 자연스러운 질서로 본다. 기존의 조직이론이 분절(fragment)과 분화를 강조한 데 반해, 복잡성이론은 통합과 상호작용을 강조한다. 복잡성에서 조직은 핵심 가치, 임무 등에 적응하고 반응하면서 설계된다(Whiteley & Whiteley, 2007: 111-143).

복잡성은 총량적 사고(quantum thinking), 물결과 파동, 가시적 사고, 혼돈, 나비 효과, 환류, 자기조직화 등을 특성으로 한다(Whiteley & Whiteley, 2007: 118-143).[4)]

(8) 전략적 관리이론

조직에서 전략 문제는 다양하게 다루어지고 있다. 전략은 처음에는 전쟁 분야에서 사용되다가 경쟁이 치열한 민간기업 분야에서 먼저 발달되었으며 최근에는 정부 공공분야에서도 활용되고 있다. 조직에서 전략문제는 조직구조와 전략, 전략적 관리, 그리

---

4) 총량적 사고는 조직의 구성 요소인 원자들이 관계 속에 움직인다는 것이다. 물결과 파동은 관계의 망을 의미하며, 가시적 사고란 조직 현상을 실제 보는 것처럼 묘사하는 것이고, 나비 효과란 작은 움직임이 멀리 영향을 미친다는 의미이며, 환류란 조직체가 활동에 대한 수정 작업을 하는 것을 의미하고, 자기조직화란 자기 특성을 살리기 위해 계속 자신을 조직화한다는 의미다.

고 구체적 전략수단(MBO, 품질관리, 핵심역량관리, 성과관리 등)으로 연구 범위가 확대되어 가고 있다(민진, 2005).

전략적 관리(strategic management)는 조직이 환경 변화에 대응해서 생존이나 번영을 확보하기 위하여 조직 전체적으로 노력을 기울이는 활동이다. 전략적 관리에서는 특히 전략적 계획 단계가 중요하며 이 단계에서 조직의 환경 분석, 기회과 위협의 확인, 강점과 약점의 분석, 고객 분석과 경쟁자 분석 등 실천적 관리능력의 향상을 위한 방법과 원리를 제공한다.

(9) 조직철학

조직철학은 조직이 지향해야 할 가치에 관한 사고와 판단 기준이라고 할 수 있다. 조직철학은 바람직한 조직관리가 무엇인가에 관한 기준의 문제이며 가치판단의 영역에 속한다. 조직의 철학의 내용으로는 조직합리주의, 조직인본주의, 조직개방주의, 서비스지향주의, 사회적 책임주의, 조직성과주의, 조직다원주의, 조직융합주의, 조직창조주의 등을 들 수 있다(하미승, 2015: 39-48).

(10) 기타 현대의 조직이론

위에서 언급한 이론들 외에도 수많은 조직학파가 있을 수 있지만 중요한 몇 가지만 예를 든다면 개인이론(individual theory), 집단이론(group theory), 구조이론(structural theory), 의사결정이론(decision theory), 권력이론(power theory), 교환이론(exchange theory), 가상조직이론(virtual organization theory), 그리고 혼돈이론(chaos theory) 등을 들 수 있다.

5. 조직관리 이론의 비교

앞에서 조직관리 이론의 발달사를 고전적 조직이론, 신고전적 조직이론, 그리고 현대의 조직이론으로 구분해 살펴보았다. 여기서는 이러한 조직이론의 주요 흐름들 간에 어떤 차이가 있는지를 조직의 가치관, 조직의 구조관, 조직의 인간관, 조직의 환경관, 그리고 연구 방법 및 접근 방법으로 구분해 비교하기로 한다.

1) 조직의 가치관

고전적 조직이론은 기계적 능률성을, 신고전적 조직이론은 사회적 능률성을, 현대의 조직이론은 다양한 가치를 강조한다.

첫째, 고전적 조직이론은 조직활동의 평가 기준으로 능률(efficiency), 특히 기계적 능률을 강조한다. 능률은 주어진 목표를 최소의 비용과 노력으로 달성할 수 있는 방법을 모색하며, 주어진 자원과 노력으로 최대의 목표를 달성하려는 방법을 탐색하는 것으로 보통 절약(economy)과 함께 주장된다.

둘째, 신고전적 조직이론은 조직활동의 평가 기준으로 사회적 능률성을 강조한다. 다시 말해, 신고전이론은 조직구성원의 행동을 규제하는 데는 상벌만으로 한계가 있으며, 사회적 욕구 충족이나 비공식적 인간관계를 고려해야 한다고 강조한다.

셋째, 현대의 조직이론은 기계적 능률성, 사회적 능률성을 포함해 조직목표 달성도와 관련해 효과성(effectiveness)을 강조하기도 하고, 조직과 조직환경과의 관계에서 융통성(flexibility)이나 대응성(responsiveness)을 강조하기도 하고, 조직의 서비스 대상인 고객과의 관계에서 조직을 위한 고객과 고객을 위한 조직의 균형을 이루려는 노력이 적지 않다. 아울러 조직은 조직 자체로서 생명력을 가진다고 보고 효과성과 함께 조직 자체의 건강과 존속 · 유지 · 발전을 도모하는 노력도 보인다.

2) 조직의 구조관

고전적 조직이론은 공식적 구조를, 신고전적 조직이론은 비공식 구조를, 그리고 현대의 조직이론은 다양한 구조를 강조하고 제시한다.

첫째, 고전적 조직이론에서는 조직도표와 같은 공식적 구조와 기능에 관심을 쏟는다. 분업과 계층제, 법령에 의한 역할 분담, 통합과 조정 등에 주로 관심을 갖는다.

둘째, 신고전적 조직이론에서는 비공식집단을 중시한다. 조직구성원들 간의 내면적 인간관계를 강조하고 있으며, 대면적인 소집단을 중시한다. 따라서 신고전적 조직이론에서는 인간관계나 역할이 확정되어 있지 않고, 정형적이 아니며 융통성이 인정되고, 조직 내 구성원의 독자성도 강조한다.

셋째, 현대의 조직이론에서는 조직구조의 다양성을 인정한다. 현대의 조직이론들은 공식적 조직구조의 대명사인 관료제이론을 더욱 발전시켰으며, 소집단 등에 대한 연구도 확대하고 임시적 조직, 일시적 조직, 동태적 조직인 전담반, 복합구조 조직인 행렬

조직, 가상조직, 네트워크 조직 등에 대해서도 관심을 갖는 등 모든 조직구조가 연구대상이 되고 있다.

3) 조직의 인간관

고전적 조직이론은 합리적·경제적 인간관을, 신고전적 조직이론은 사회적 인간관을, 현대의 조직이론에서는 자아실현적 인간관, 복잡인간관이 제시되고 있다.

첫째, 고전적 조직이론에서는 인간을 합리적·경제적 인간으로 본다. 조직인들은 이기적이며 이해관계에 따라서 행동하므로 이들에게는 경제적 욕구를 충족할 수 있도록 동기를 부여해야 한다.

둘째, 신고전적 조직이론에서는 인간을 사회적 동물이나 감정적 동물로 본다. 인간은 반드시 합리적이지만은 않으며 불합리하기도 하다. 그리고 이성보다는 감정의 지배를 받기도 한다. 따라서 이런 조직인에게는 사회적 인간관에 의한 동기부여가 요구된다. 즉, 조직구성원의 소속감을 북돋워 주고, 비공식적인 인간관계나 소집단을 적극적으로 조성해 주는 것이다.

셋째, 현대의 조직이론에서 자아실현인·복잡인이 등장한다. 현대의 조직이론에서는 머슬로, 아지리스 등이 자아실현적 인간관·성취인간관을 제시하고 있으며, 블라우너(R. Blauner), 겔러만(S. Gellerman) 등은 복잡한 인간관을 제시하고 있다. 자아실현적 인간이란 조직인이 자기의 목적과 이상을 조직 속에서 실현하려는 인간이며, 복잡한 인간은 인간의 욕구와 성격은 다양하고 개인차가 많아서 일정한 정형(定型)이 없다는 것이다. 따라서 이런 복잡인에 대해서는 상황에 맞게 관리전략을 모색해야 한다는 것이다.

4) 조직의 환경관

고전적 조직이론은 폐쇄체제관을, 신고전적 조직이론은 소극적 환경론을, 그리고 현대의 조직이론은 적극적 환경론을 가정한다.

첫째, 고전적 조직이론은 폐쇄체제관(閉鎖體制觀)을 보인다. 고전이론에서는 조직과 조직을 둘러싼 환경과의 상호작용에 대해 별로 관심을 기울이지 않는다. 조직은 진공 속에 존재하며, 고정 불변의 것이며, 환경과는 별개로 독자적으로 존재하는 것이기에 조직을 폐쇄 체제(closed system)로 본다.

둘째, 신고전적 조직이론에서는 소극적 환경론을 보인다. 신고전적 조직이론에서는 조직은 조직을 둘러싼 환경으로부터 많은 영향을 받는다. 조직은 환경과 관계 속에서 존재하며 환경을 무시하지 않는다.

셋째, 현대의 조직이론에서는 적극적 환경론을 보인다. 조직과 환경은 상호작용을 반복한다. 조직에서 환경은 상황적 요소로서 매우 중요한 비중을 차지하며, 환경 변화에 따라 환경을 활용하면서 조직은 전략적 관리를 해야 생존하고 융성할 수 있다고 본다.

5) 연구 방법 및 접근 방법의 특징

고전적 조직이론은 엄밀하게 과학적이지 않으며, 신고전적 조직이론은 경험과학적이고, 현대의 조직이론은 다양한 연구 방법과 접근 방법이 활용된다.

첫째, 고전적 조직이론은 형식적으로 과학성(科學性)을 추구한다. 고전이론에서는 조직 현상에 내재하는 보편적 원리를 추구하려는 노력이 엿보인다. 그리고 이런 노력의 결과는 많은 조직관리의 원칙이나 원리를 제공했다. 그러나 이 원리들은 과학적 법칙이 아닌 하나의 격언이나 기술이라고 보인다.

둘째, 신고전적 조직이론은 경험주의(經驗主義)를 제창한다. 신고전이론은 고전이론의 과학성이나 원리가 지나치게 형식성을 띠고 있다고 비판하고 경험주의를 제창했다. 즉, 조직 현상을 상식이나 희망이 아닌 경험적 지각을 통해 검증할 수 있어야 한다는 것이다.

셋째, 현대의 조직이론은 경험과학적, 학제적, 그리고 연구의 다양성을 띤다. 현대의 조직이론은 다른 학문 영역과 마찬가지로 경험성을 강조한다. 이른바 행태주의(behaviorism)가 강화되고 있다. 컴퓨터 등 자료처리 기술과 통계이론의 발달 등은 조직 문제를 계량적으로 접근하는 데 가교가 되고 있다.

현대의 조직이론은 학제적(學際的) 성격을 지닌다. 현대의 조직이론은 행정학·사회학·심리학·교육학·경영학 등에서 독자적으로 연구가 진행되기도 하며, 심지어는 화학·생물학·역사학 등의 이론을 원용해 조직 현상을 연구하기도 한다. 나아가 여러 학문 간의 협동에 의해 조직 현상을 연구하기도 하는 경향도 있는데, 이를 복합과학적·학문 교호적(interdisciplinery) 활동이라고 한다.

그리고 현대의 조직이론은 이론의 분화와 통합 현상이 보인다. 현대 사회의 복잡성에 기울이는 조직연구자들의 다양한 관심은 조직이론의 수많은 변화를 가져오고 있으며, 거기다 상황에 따른 문제 해결이나 특수한 여건에 따른 구체적 이론들이 팽배해 현대이론들은 매우 높은 분화 현상을 보이고 있다. 조직이론이 분화된 만큼 그것에 대한 통합 노력도 적지 않다. 체제(system)의 관점에서 조직을 체제로 보는 것은 바로 조직이론의 일환이다. 하지만 2000년 이후에는 양적 연구 방법과 더불어 질적 연구 방법의 중요성이 강조되고 있다(Elsbach et al., 2005).

주요 조직이론의 흐름을 요약해 정리하면 〈표 1-2〉와 같다.

표 1-2 주요 조직이론의 비교

	고전적 조직이론	신고전적 조직이론	현대의 조직이론
조직의 가치관	기계적 능률	사회적 능률	다양한 가치
조직의 구조관	공식적 구조	비공식 구조	조직구조 전반
조직의 인간관	경제적 인간	사회적 인간	자아실현인, 복잡인
조직의 환경관	폐쇄체제관	소극적 환경관	적극적 환경관
조직의 연구·접근 방법	낮은 경험성	경험성의 강조	높은 경험성, 학제적, 다양성

토의 과제

❶ 산업사회(공업사회)와 지식사회에서 조직관리의 중요성을 비교해 보라.
❷ 우리나라에만 적합한 조직관리 이론이 있을까?
❸ 과학적 관리론과 인간관리론을 비교하라.

제2장

조직관리의 의의

이 장에서는 조직관리에 대한 기초적 개념인 관리와 조직의 의의를 찾아보고 조직의 유형과 종류를 다룬다.

제1절 관리의 의의

1. 관리란 무엇인가?

관리에 대해서는 이것을 접근하는 방법이나 연구자에 따라서 여러 가지로 제시되고 있다. 관리는 "다른 사람들과 함께, 그들을 통해 활동을 효과적으로 완수하는 과정"(Robbins, 1990: 6; Donnelly et al., 1998: 3)이라고도 하며, "조직목표를 달성하기 위해 인적 · 재정적 · 물질적 · 정보자원을 사용해 계획, 의사결정, 조직화, 지도 및 통제하는 과정"(Griffin, 1987; Hellriegel et al., 1999; Daft, 2007)이라고도 한다.

저자는 관리란 "관리자가 조직(또는 집단)의 목표를 효율적으로 달성하기 위해 인력, 물자, 시간, 그리고 정보 등 모든 자원을 운용하는 행동이나 과정"으로 정의하고자 한다. 이러한 정의에 포함되어 있는 의미를 좀 더 자세히 설명하면 다음과 같다.

첫째, 관리의 주체(主體)는 조직 내의 관리자다. 관리자(manager)는 작업자(operatives)와는 구분된다. 작업자는 조직 내에서 직접 일을 하지만 다른 사람들에 대해 책임을 지지 않는다. 예컨대, 작업자는 직접 시계를 수리하거나, 물건을 팔거나, 연구를 하거나, 음식을 만들거나, 운전을 한다. 그러나 관리자는 다른 사람들에게 지시하며 운영에 대해 계획을 세우고 평가하면서 책임을 진다. 관리자는 그 계층의 높낮이에 따라서 최고관리자, 중간관리자, 그리고 일선관리자로 구분될 수 있으나 그들 모두 관리자다.

둘째, 관리의 목적은 조직목표를 효율적으로 달성하는 데 있다. 조직의 목표는 조직의 유형이나 형태, 그리고 사명이나 임무에 따라 달라진다. 이처럼 목표의 내용이 무엇이건 간에, 그 수준이 어떠하건 간에 목표를 '효율적'으로 달성하려는 것이 관리가 추구해야 할 기본 사명이다. 여기서 '효율적(效率的)'이란 능률성(能率性, efficiency)과 효과성(效果性, effectiveness)을 포함한다. 능률성은 투입보다는 산출이 더 많아야 된다는 것으로, 즉 투입되는 노력과 비용보다 산출되는 산물이나 이익이 더 커야 된다는 것을 의미한다. 효과성이란 목표의 달성도를 의미한다. 따라서 관리의 효율성이란 주어진 목표를 최소의 비용과 노력으로 달성하거나, 일정한 자원으로 최대의 효과를 얻는 것이다.

셋째, 관리의 대상은 인력, 재무, 물자, 정보, 시간 등의 자원이다. 조직이 보유하고 있는 모든 자원은 관리의 대상이 된다. 이들 대상에 따라서 인력관리, 재무관리, 물자관리, 정보관리, 시간관리로 부르기도 한다. 이들을 조직 형태별로 살펴보면 〈표 2-1〉과 같다.

넷째, 관리의 기능과 과정은 기획, 조직, 지휘 및 통제다. 기획(planning)은 조직의 목표를 규정하며, 이 목표를 달성하기 위해 전반적인 전략을 만들며, 조직 내의 모든 활동을 통합하고 조정하기 위해 포괄적인 계획의 사다리를 만드는 것이다. 조직(organizing)이란 업무의 결정, 분류, 분담과 보고 등을 포함하는 활동이다. 지휘(leading)

표 2-1 관리의 대상 자원의 예

구분	인력	재무	물자	정보
정부	공무원	정부 예산, 세금	정부청사	행정정보(GNP)
기업	종업원	이윤, 주식	공장, 건물	기업정보(영업정보)
학교	교사, 교수, 직원	납입금	학교 건물	학생 성적
종교단체	성직자, 신자	헌금	건물(교회, 사찰)	신앙 정도
군대조직	군인, 군무원	국방 예산	무기, 장비	아군, 적군 정보
병원조직	의사, 기사, 직원	입원비	수술기자재	질병 정보

란 부하에게 동기를 부여하고, 행동을 지시하며, 갈등을 해결하고 효과적인 의사소통 채널을 선택하는 활동이다. 통제(controlling)는 조직의 업적을 감시하고, 조직원의 일탈을 방지하는 활동이다.

2. 관리자와 관리계층

1) 관리자의 의의

조직에서 관리적 업무를 수행하는 자를 보통 관리자라 한다. 관리적 업무란 조직의 목표를 직접적으로 달성하기 위한 업무가 아니라 간접적으로 목표 달성을 지원하는 업무다. 다시 말해, 조직의 대외적 활동을 위한 조직 내부의 분업・조정・통제작용을 의미하며, 관리자란 이런 작용을 하는 자를 말한다. 관리자는 앞에서 언급한 것처럼 작업자와는 구분된다.

관리자는 관리의 계층에 따라서 최고관리자, 중간관리자, 그리고 일선(혹은 하급)관리자로 구분할 수 있다. 또한 관리의 영역에 따라서 정책관리자, 영업관리자, 재무관리자, 인사관리자, 일반관리자, 그리고 홍보관리자 등으로 구분할 수 있다.

2) 관리자의 기술

관리자는 조직 내에서 여러 가지 역할을 한다. 민츠버그(H. Mintzberg)는 이를 대인적 역할, 정보 역할, 그리고 의사결정의 역할로 구분한다(Mintzberg, 1983). 대인적 역할에는 우두머리, 지도자, 그리고 연락관의 지위가 포함된다. 정보 역할에는 점검자, 보급자, 그리고 대변인의 지위가 포함된다. 의사결정 역할에는 사업가, 해결사, 자원 배분자, 그리고 중재자의 지위가 포함된다. 이러한 관리자의 역할에 따라 다음과 같은 관리자가 갖춰야 할 기술이 요청된다.[1)]

관리자가 갖춰야 할 기술(managerial skill)로는 보통 기능적 기술, 대인적 기술, 개념적 기술이 인용되고 있다(Katz, 1974: 90-102). 여기에 진단적 기술(diagnostic skill)과 분석적 기술(analytical skill)이 추가되기도 한다(Griffin, 1987: 21).

1) 관리자가 알아야 할 기법 50가지가 제시되고 있다. 워드(M. Ward)는 전략관리 분야, 마케팅 분야, 가격관리 분야, 재무관리 분야, 운영 분야, 의사결정 분야, 숫자관리 분야, 인사관리 분야, 학습관리 분야, 자신관리 분야, 변화관리 분야로 구분해 관리자가 알아야 할 기법 50가지를 제시하고 있다(Ward, 1995).

기능적 기술(technical skill)이란 전문적 활동을 하는 데 필요한 기술들로서 엔지니어, 회계사, 건축가들은 이런 직업적 기술이 필요하다. 중간관리자나 일선(하급)관리자에게는 이런 기술이 필요하다.

대인적 기술(interpersonal skill)이란 사람들과 의사를 전달하며, 개인 및 집단을 이해하고 동기를 부여하는 기술을 뜻한다. 보통 많은 관리자는 조직 내・외에서 사람들과 상호작용하면서 지내는 시간이 50% 이상을 차지한다.

개념적 기술(conceptual skill)이란 조직 내에서 여러 가지 인과관계를 이해할 수 있는 정신적 능력, 부분을 전체적으로 조정할 수 있는 능력 등을 뜻한다.

이들 세 가지 기술과 관리계층은 밀접하게 관련되어 있는데, [그림 2-1]과 같다.

[그림 2-1]에서 보는 바와 같이 최고관리층에게는 개념적 기술이, 중간관리층에는 대인적 기술이, 일선관리층에는 기능적 기술이 가장 필요한 기술이다. 관리자의 기술의 원천으로서는 교육과 경험을 들 수 있다.

그림 2-1 **조직 계층별 관리 기술**

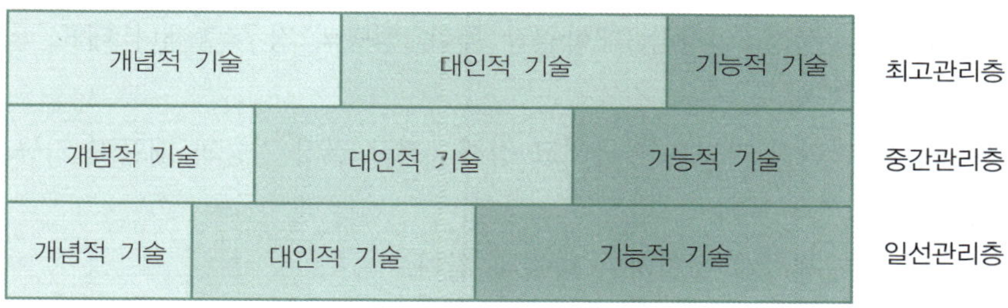

3) 관리자의 계층

관리자의 계층은 최고관리층, 중간관리층, 일선(혹은 하급)관리층으로 구분할 수 있다. 자세한 내용은 이들을 구분해 살펴보도록 하고, 여기서는 관리계층 구조를 [그림 2-2]와 같이 나타내고자 한다.

그림 2-2 관리계층 구조와 예

	정부	기업	대학교
최고 관리층	장 · 차관	사장 부사장, 전무	이사장 총장, 대학원장
중간관리층	국 · 과장	부 · 처 · 과장	처 · 과장
일선관리층	담당, 계장	계장, 대리, 반장	계장
작업 계층			

(1) 최고관리층

최고관리층(最高管理層)은 관리계층의 최상층에 위치한 관리계층이다. 국가 수준에서는 대통령 및 수상을 포함해 장 · 차관이, 대기업에서는 회장을 포함해 사장과 부사장 등이, 대학교는 총장, 이사장, 대학원장 등이, 정당의 경우 총재나 대표, 최고위원 등이 여기에 포함된다.

최고관리층은 관리적 기능은 물론이고 정책 · 전략 결정 기능과 대표적 기능을 행사한다.

이들을 좀 더 자세하게 설명하면 다음과 같다.

최고관리층은 조직의 기본 정책 및 방향을 결정한다. 최고관리층은 조직 문제를 장 · 단기적으로 해결하고 조직을 발전시키기 위해 조직의 기본 목표를 설정하고(예: 2024년 시정 목표 설정), 정책과 전략을 채택하고 결정해 조직이 나아가야 할 방향을 제시하는 것이다.

최고관리층은 조직을 통합 · 조정 · 통제한다. 최고관리층은 조직활동이 점점 분화되고 전문화되므로 이들을 조직 전체 차원이나 부처 전반적 차원에서 통일성을 유지할 수 있도록 조정하고 통합해 결정된 정책 · 기획 · 전략이 원활하게 집행될 수 있도록 통제해야 한다.

최고관리층은 조직의 구성원과 환경을 관리한다. 최고관리층은 조직인이 맡은 바 업무를 가장 열심히, 효과적으로 할 수 있도록 능력을 개발시키며, 능력을 발휘하게 하는 것이다. 또한 최고관리층은 조직환경의 변화를 예의 주시하면서 여기에 적당히 대응할 수 있도록 하며, 조직환경과 직접적으로 관련이 있는 국회나 국민, 언론기관, 전문가집단과도 서로 의견을 교환하면서 지지를 확보한다.

최고관리자가 위에 제시한 최고관리층의 기능을 발휘하기 위해서는 해당 분야의 문제 해결 능력과 이와 관련된 자원의 동원 능력, 지도력과 추진력, 그리고 역사적 통찰력이 필요하다.

(2) 중간관리층

중간관리층(中間管理層)은 최고관리층과 일선관리층의 중간에 위치한 관리계층으로 목표와 정책을 각 소관 분야에 구체화시켜 주며 일선관리층의 업무를 연결해 주는 계층으로서 해당 부문에 대해서는 포괄적인 관리를 하는 계층이다. 정부의 경우 국·과장이, 기업의 경우 부·처·과장이, 대학교의 경우 처·과장이 여기에 해당한다. 어느 정도 직업성이 보장되고 전문성이 요구되는 계층이다.

중간관리층의 기능은 크게 결정 기능과 실시 기능으로 나뉜다. 결정 기능에는 부문계획 수립 기능, 정책결정의 조언 기능, 그리고 대리 기능이 포함된다. 중간관리층은 최고관리층으로부터 위임받은 범위 내에서 해당 소관 담당 분야의 부문별 계획을 작성한다. 또한 중간관리층은 해당 분야에 대한 정책이나 기획을 결정할 때 전문가로서 정보나 아이디어를 제공하고 조언을 한다. 중간관리층의 전문적 지식은 최고관리층이 정치적으로 충원될 경우 정책결정의 조언 단계를 넘어서 사실상 지배하는 경우도 있다. 기관의 외부에 대한 행위는 원칙적으로 최고관리층이 책임을 지지만 위임된 범위 내에서 대외적 행위를 할 때 자기 이름으로 대리행위를 할 수 있다.

중간관리층의 실시 기능은 조정 기능, 지도 기능, 통제 기능으로 나뉜다(최창호·정세욱, 1980). 중간관리층은 조직 계층의 허리 부분에 해당하므로 상급 계층과 하급 계층을 잇고 중간 계층끼리 횡적으로 잇는 조정 역할을 한다. 의사결정 및 의사소통의 수평적·수직적 이동에서 중간관리층의 역할은 지대하다고 평가되고 있다. 중간관리층은 일선관리층에 대해 주어진 여건 속에서 리더십을 발휘해야 하는데, 일선관리층의 사기를 높이며 작업이나 활동의 동기를 부여해야 한다. 그리고 중간관리층은 일선관리층에 대해 감독을 하는데, 사업 진행의 정도나 사업 진행상의 문제점, 그리고 애로 사항을 수시로 감독하고, 사업의 내용이 제대로 전달되고 있는지를 점검해야 한다.

중간관리자는 중간관리층의 기능을 수행하기 위해 전문적 지식과 기술, 관리 능력, 그리고 성실성과 같은 자질이 요구된다.

중간관리자는 부문의 책임자로서 자기가 담당하는 업무에 대한 전문적 지식과 기술이 요구된다. 이런 전문적 지식과 기술은 조직구성원이 되기 전부터 배울 수 있으나 조직구성원으로 충원된 이후에도 계속 개발시켜야 한다.

중간관리자는 최고관리층의 의도를 일선관리층에 연결시키는 데 필요한 각종 관리 능력이 요구된다. 예컨대, 인간관리 능력, 리더십, 의사소통 능력, 조정 능력, 그리고 감독 및 통제 능력이 요구된다.

중간관리자는 최고관리층을 성실히 보좌하고 조언하며, 부문 목표를 달성할 수 있도록 부하를 아끼며 지도하고, 자기가 맡은 업무를 사랑하는 성실한 관리자로서의 책임이 요구된다. 이것은 직업인으로서 요구되는 자질이라 하겠다.

(3) 일선관리층

일선관리층(一線管理層, first line manager)은 대민(고객) 활동 계층이나 작업 계층과 직접적으로 접촉해 그들의 대민 활동 사무나 작업을 지도하고 촉진하는 역할을 담당하는 관리계층을 말한다(Mondy et al., 1988; Hellriegel et al., 1999). 일선관리층은 중간관리층 이상의 수준에서 결정된 정책이나 부문별 계획을 그 지침에 따라 작업(판매)하거나 또는 대민 활동이 순조롭게 진행될 수 있도록 직접 지도하고 촉진하는 임무를 수행한다.

일선관리층은 일이나 활동의 시작을 준비하고, 실시를 촉진하며, 직접 현장에서 지휘하기도 하며, 일의 끝을 확인하고 일의 개선을 추진한다(박연호 · 오세덕, 1995). 예컨대, 경찰서의 수사반장은 그가 담당하는 범죄 수사에 대해 수사 계획을 세우고, 수사를 지휘하며, 보고를 받고 보고를 하며, 수사의 완료를 확인하고 수사의 개선을 상부에 건의한다.

일선관리자는 이러한 일선관리층이 기능을 수행하기 위해 좀 더 구체적이고 실무적인 지식이나 기술이 필요하며, 대민(고객) 관계 능력도 요구된다. 일선관리자의 자질은 그의 능력 개발에 따라 높아질 수 있고, 이로 인해 중간관리층으로 상향 이동할 수 있게 된다.

3. 관리에 영향을 미치는 요인

관리는 매우 일상적인 용어로서 관리의 행위와 내용은 상황과 국면에 따라 다를 수 있다. 여기서는 조직의 관리에 영향을 주는 요소들을 식별해 정리한다.[2)]

조직의 관리에 영향을 주는 요소로는 조직 산출물의 특성, 조직 자체의 특성, 관리자의 특성, 관리 환경적 특성, 그리고 관리 상황적 특성을 들 수 있다.

1) 조직 산출물의 특성

조직의 산출물이 조직의 관리에 영향을 준다. 조직은 조직의 활동을 통해 일정한 산출물을 생산하거나 전달한다. 조직의 산출물은 (제조)상품(goods)과 서비스(service)로 구분된다. 상품은 제조 과정에서 소비자와 직접 만나는 경우가 드물지만 서비스는 전달 과정에서 생산자와 소비자가 직접 만나는 경우가 대부분이다. 이들이 관리행위에 영향을 줄 것이다.

조직의 산출물인 상품과 서비스는 그것이 놓인 부문이나 영역에 따라 공공 부문과 민간 부문, 제3섹터 등으로 구분할 수 있다. 이처럼 산출물의 부문이나 영역이 다를 경우 그것이 추구하는 가치가 다르기 때문에 관리에 영향을 주게 된다. 즉, 공공 부문에서 조직은 주로 공공 서비스를 전달하므로 공공관리는 민주적 가치나 정의 등이 강조되나 민간 부문에서 조직은 사적 재화를 생산하거나 사적 서비스를 전달하므로 경제적 가치인 능률과 이윤이 더욱 강조된다. 국영기업체 같은 공공기관의 관리는 이들의 중간에 놓인다.

2) 조직 자체의 특성

관리가 수행되는 조직의 여러 특성이 관리에 영향을 준다. 그러한 특성들로는 조직의 규모, 과업의 특성과 사용 기술, 관리의 기능 분야, 그리고 관리의 계선상 위치 등이다.

조직의 규모는 관리에 영향을 미친다. 4인 내지 5인으로 구성되는 작은 단위조직에서의 관리는 좀 더 구체적이고 인간적이지만, 수천 명으로 구성되는 대규모 조직의 관리는 추상적이고 관료적이다.

---

2) 관리에 영향을 미치는 요소에 대해서는 마틴(John Martin)의 아이디어를 참고로 수정했다. 그는 관리에 영향을 미치는 요소로 관리자, 피관리자, 맥락, 상황, 그리고 업무를 들고 있다(Martin, 2005: 328-330).

조직에서 과업의 특성과 사용 기술은 관리행위에 영향을 준다. 과업 기술이 일상적인가 비일상적인가에 따라 관리행위가 달라진다. 또한 과업 기술이 숙련도가 높은가 낮은가에 따라 관리의 내용이 달라진다. 관리의 기능 분야는 관리행위에 영향을 준다. 인사관리자, 생산관리자와 마케팅 관리자의 관리행위는 각각 다르다. 인사관리자에게 공정성이 강조된다면, 생산관리자에게는 정밀성이, 마케팅 관리자에는 친절성이 각각 강조된다.

관리의 계선상 위치는 관리에 영향을 준다. 최고관리자, 중간관리자, 일선관리자의 관리 기능이나 행위는 차이가 있다.

3) 관리자의 특성

관리의 실천자인 관리자의 여러 특성이 관리에 영향을 미친다. 관리자의 성격, 경험, 선호, 지각, 교육, 리더십 등이 영향을 미친다(Martin, 2005: 328). 관리의 현장에서는 관리자의 개인적 측면이 관리행위에 영향을 미칠 수밖에 없다. 관리자의 성격 유형이 영향을 미치며, 관리자의 개인적 관리 경험, 조직생활 경험이 영향을 미친다. 관리자의 선호(preference)와 지각(perception)이 관리자의 행위에 영향을 미친다. 관리자의 교육과 학문적 배경이 관리행위에 영향을 미친다. 또한 관리자가 리더로서 역할을 할 때가 많으므로 관리는 관리자와 피관리자의 상호작용에 의존하게 된다. 이때 관리자의 리더십은 피관리자의 행위에 영향을 미친다.

4) 관리 환경적 특성

관리가 실시되는 외부적 환경이나 맥락이 관리에 영향을 준다. 이러한 환경으로는 정치적 환경, 경제적 환경, 사회적 환경, 문화적 환경, 그리고 국제적 환경을 들 수 있다. 정치적 환경은 정치 체제나 정치 과정 등이 중요하며, 정치적 변동과 정치적 안정도 관리에 영향을 미칠 수 있다. 경제적 환경은 경제 체제나 경제 상황이 중요하며, 경제 호황과 불황과 같은 경제 상황은 관리에 직접적인 영향을 줄 수 있다. 사회적 환경, 특히 노동조합의 활동 등은 관리에 영향을 준다. 국가에 따라 국민문화의 차이를 보여주는데, 조직이 어느 국가에 있느냐는 조직문화에 영향을 주며, 조직문화가 조직관리에 영향을 준다. 마지막으로, 국제적 환경이 조직관리에 영향을 준다. 특히 다국적 기업이나 대사관 등 외교기관, 국제기관 등은 국제적 환경으로부터 영향을 많이 받는다.

5) 관리 상황적 특성

관리가 실시되는 구체적 상황이나 맥락이 관리행위에 영향을 준다. 이러한 상황으로는 위기와 평시, 우호적 환경과 적대적 환경을 들 수 있다. 평시 관리와 위기 시의 관리는 많은 차이를 보여준다. 위기 시에는 긴박한 상황이므로 신속한 결정과 의사소통이 요구된다. 또한 경쟁 조직과의 관계나 고객과의 관계가 우호적인가 적대적인가는 조직의 관리에 영향을 준다.

그림 2-3 관리의 영향 요인

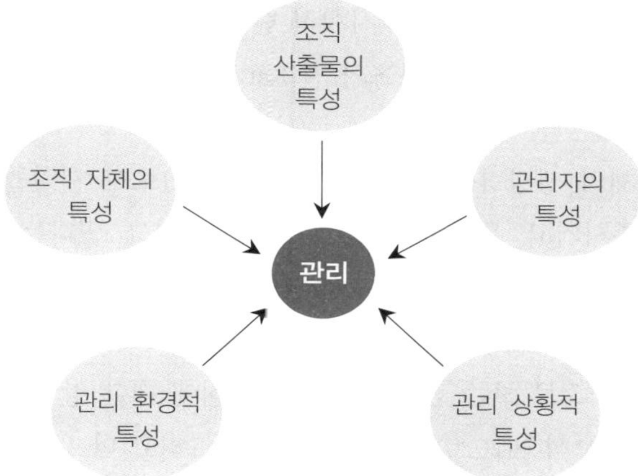

제 2 절 조직의 의의

1. 조직의 정의

1) 여러 학자의 견해

조직(organization)이란 무엇인가? 조직의 정의는 조직을 연구하는 학자들의 수만큼 다양하고 많으며 합의된 바도 없다. 조직은 그만큼 복잡하며 조직연구자들의 조직관

(組織觀)이 다양하다는 것을 보여주는 것이다.

조직에 대한 기존의 정의를 살펴보면, ① 특정의 시각이나 관점(觀點, approach)에서 조직을 정의하는 경우, ② 종합적으로 정의하는 경우, ③ 기존의 정의를 몇 가지 관점으로 분류하는 경우, ④ 조직을 정의하지 아니하고 조직이 갖는 특징만을 제시하는 경우, ⑤ 기타로 구분할 수 있다. 이 가운데 중요한 것만 몇 가지로 나눠 살펴보기로 한다.

첫째, 조직을 공식적 목표를 달성하기 위한 집합체(collectivity)나 사회적 단위로 보는데, 베버(Weber, 1964), 에치오니(Etzioni, 1964), 로빈스(Robbins, 1990), 헬리겔 등(Hellriegel et al., 1999)의 견해가 여기에 해당한다.

둘째, 조직을 환경에 대해 적응하는 사회적 단위로 보는 개방적 체제관(開方的體制觀)으로서, 셀즈닉(Selznick, 1953), 카츠와 칸(Katz & Kahn, 1966), 샤인(Schein, 1980)의 견해가 여기에 속한다.

셋째, 조직은 자체의 생명력을 가진 유기체(organic)로서 개인들의 집합체 이상의 것이며 스스로 생존시키고 유지시키려는 속성을 가지고 있다는 견해인데, 굴드너(Gouldner, 1953), 리터러(Litterer, 1965), 조석준(1985)의 저서에서 부분적으로 제시되고 있다.

넷째, 조직을 종합적으로 보는 견해는 기존의 조직에 대한 정의를 종합해 균형 있게 제시하려는 노력으로 오석홍(2020), 홀(Hall, 1992), 그리고 다프트(Daft, 2004) 등의 견해가 여기에 속한다.

다섯째, 조직의 정의를 몇 가지로 분류한 것으로 스콧(Scott, 1981: 19-26)은 합리적 체제, 자연적 체제, 그리고 개방적 체제로, 리터러(Litterer, 1965: 10)는 자연적·계획적 조직, 행태적·고전적 학파의 견해, 기타 접근으로 분류하고 있다. 한편 모건(Morgan, 1986)은 사회 체제적 관점과는 구분되는 조직의 이미지라는 개념을 활용해 조직 현상을 은유적(metaphors)으로 표현한다. 이런 은유는 특정 조직의 중요한, 부분적인 측면을 강조하는 것으로, 그는 조직을 기계, 두뇌, 문화, 심리적 감옥, 지배의 수단으로 은유한다.

참고

조직의 이미지

- **기계로서 조직:** 조직은 소유자나 최고관리층이 달성하고자 하는 산출을 달성하는 수단이다. 조직은 생산물과 서비스를 정밀하게 생산할 수 있도록 명백하게 정의되고 서로 물리도록 설계된다. 관리는 기계적이고 반복적인 업무를 배열한 공학적 접근법을 사용한다.
- **두뇌로서 조직:** 조직은 학습, 지각, 창조성, 정보 처리를 하는 기제다. 하나의 조직 내의 모든 직원은 유사한 지식을 보유한다. 조직은 분석적이고 감정적인 면을 모두 갖는다.
- **문화로서 조직:** 조직은 구성원들에게 깊은 감동을 주는 규범, 가치, 의식, 전통과 관련해 설계된다. 문화적 가치는 구성원들에게 가치의 공유를 가능케 한다.
- **심리적 감옥으로서 조직:** 조직은 사람들을 사로잡는 덫과 같은 것이다. 조직생활의 반복성과 스트레스는 고용주들이 의도적으로 혹은 비의도적으로 만든 심리적인 감옥이다.
- **지배의 수단으로서 조직:** 조직은 지역사회, 구성원, 그리고 발전도상국을 착취하도록 만들어진 것이다.

자료: 모건(Morgan, 1986)

2) 저자의 견해

저자는 조직이란 “일정한 목표를 달성하기 위해 형성된 분업과 통합의 활동 체계를 갖춘 사회적 단위”로 정의하고자 한다. 위에서 정의한 것을 좀 더 자세하게 설명하면 다음과 같다.

첫째, 조직은 목표 지향적이다. 모든 조직체는 나름대로의 달성해야 할 개별적 목표를 가지고 있는데 목표 없는 조직은 생각조차 할 수 없다. 그 목표를 조직론에서는 조직목표라 부른다. 조직은 목표를 달성하기 위한 하나의 수단으로서 그 수단이 목표 달성에 합치하지 않으면 존재의 의의를 잃게 된다. 그리고 조직은 조직목표를 달성하기 위해 의도적으로 만든 것이기 때문에 자생적으로 만들어진 비공식집단과는 구분된다.

둘째, 조직은 분업(分業)과 통합(統合)의 합리적 활동 체계다. 모든 조직은 업무를 기능별・활동별・부서별로 구분하고, 개인에게 이를 할당하는 분업 체제를 갖고 있으며, 이들을 공통의 목표를 향해 통합・조정・통제하기 위해 피라미드형의 계층제, 위원회형 조직, 네트워크 체제 등을 활용한다. 따라서 상위직과 하위직 간에 수직적으로 권한과 책임을 배열하고, 같은 직급이나 계급 간에 수평적으로 역할을 분담시킨다. 이처럼 분화와 통합·조정의 과정을 거치도록 제도화하고 공식화함으로써 한편으로 조직구성원의 모든 활동을 통제하면서, 다른 한편으로 그 활동들이 전체적으로 조직의 목표 달성에 기여할 수 있게 되어 조직의 활동들은 어느 정도 합리성을 띠게 된다.

셋째, 조직은 사회적 단위(社會的單位)다. 조직은 두 사람 이상으로 구성된 사회적 집합체(collectivity)이지만 구성원과는 별도의 실체인 것이다. 즉, 조직은 두 사람 이상이 모여 상호작용을 계속하며 구성원과는 별도의 조직으로서 존재한다. 따라서 조직은 스스로 활동하고 생존하며 유지하는 생명력, 즉 유기체로서 존재한다. 그런데 조직은 직무와 개인을 부합시키므로 조직과 조직인은 밀접한 관계를 맺게 되어 동태적이 된다. 따라서 조직은 인간적 요인 혹은 동태적 요인을 배제하는 정태적인 기구나 편제와는 구분된다. 그리고 조직은 그 규모가 클 수도 있고 작을 수도 있다. 규모가 작은 경우를 소집단이라 부르기도 한다. 사회적 단위로서 조직은 활동을 위한 공식화 수준에 따라서 비공식집단과 공식조직으로 나뉘는데, 보통 조직이라고 하면 공식조직을 일컫는 것이며, 이것은 인간관계를 기초적 내용으로 한 비공식집단과 서로 갈등을 일으키기도 하고 서로 보완이 되기도 한다.

넷째, 조직은 구조(構造)와 과정(過程)을 포함한다. 조직은 역할 분담이나 권한 배열과 같은 구조적인 측면과 관리나 동기와 같은 과정적 측면을 동시에 포함한다. 전자는 조직도나 업무 분장에 관한 것이고, 후자는 조직의 편성·운영·관리, 그리고 인적·물적 자원과 기술을 관리하는 동태적인 것으로 조직화(organizing)라고도 한다.

다섯째, 조직은 경계가 있으며 환경과 상호작용을 한다. 조직은 진공 속에서 존재하지 않으며 환경 속에 존재한다. 조직은 경계나 울타리를 가지고 있기 때문에 특정 조직과 그 조직이 아닌 어떤 것, 예컨대 다른 조직이나 환경과 구분될 수 있으며 환경과 조직은 끊임없이 상호작용을 계속한다. 즉, 조직이 환경에 영향을 주기도 하고 환경이 조직에 영향을 주기도 한다.

여섯째, 조직은 일정한 기간 존속한다. 그것은 일시적으로 모이는 군중 집회나, 우연히 모였다가 흩어지는 운동장이나 극장의 관객들의 집합과는 구분된다. 조직은 어느 정도 시간적으로 영속성을 갖는다.

2. 사회 발전 단계와 조직

조직의 특징은 시대별로 많은 차이를 보인다. 편의상 사회를 농업사회, 공업사회, 그리고 지식정보사회로 구분해 조직의 특징을 살펴본다.

1) 농업사회의 조직

농업사회는 농업이 산업의 주축을 이룬다. 사회는 안정되어 있으며, 인구의 증가율이 낮고 인구의 이동이 거의 없다. 문화적으로는 공동체 의식이 강하며, 정치적으로 분권적이다. 이런 농업사회에서 조직은 그 수가 매우 적고 규모도 작다. 또한 분업화 수준은 낮으며, 표준화되어 있지 않다. 농업사회에서는 제도보다는 사람이 조직을 지배하며 인정이 넘치고 평생 직장은 거의 없다.

2) 공업사회의 조직

공업사회는 공업이 산업의 주축을 이룬다. 대량생산, 대량소비, 대량유통이 강조된다. 사회는 변동이 심하다. 인구의 증가율은 높고, 인구의 지역 간 이동이 매우 빈번하다. 대중사회가 되며 개인은 인간적으로 다뤄지기보다는 무리로 다뤄진다. 공동체 의식은 해체되며 이기주의가 기승을 부리고, 심리적으로 매우 불안한 상태가 지속된다. 공업사회의 조직은 대규모 공장이나 기업이 그 전형이다. 이른바 관료제가 가장 적합한 조직 형태가 되며 과학적인 관리 등이 효율적인 관리철학으로 등장한다. 공업사회의 조직관리상의 특징으로는 조직 규모의 거대화, 조직 형태의 다양화, 조직구조의 복잡화와 통합화 요청, 업무 처리의 높은 공식화, 조직 생존의 동태성 등을 들 수 있다. 공업사회의 조직의 특징을 설명하면 다음과 같다.

첫째, 공업사회에서는 조직의 수가 증가한다. 공업사회는 많은 직업을 만들고 있다. 아울러 많은 조직, 특히 기업조직을 비롯한 정치조직, 사회조직들을 많이 만들고 있다. 예컨대, 우리나라의 경우 산업조직은 1961년에 7,644개였는데 1990년에 128,668개(김필동 · 김병조, 1995), 그리고 2008년에는 2,712,483개였다(통계청, 2009: 466-477). 그런데 지식정보사회에서 2022년 기업 수는 7,352,787개였다(통계청, 2023년 자료).

둘째, 공업사회에서는 조직의 형태가 매우 다양하다. 사회가 복잡하고 분화되기 때문에 조직은 전문성을 띠어 간다. 기존 조직의 정형으로 알려진 대규모의 계층제 조직인 관료제 조직 외에도 합의제형 조직인 위원회, 특수한 사업을 수행하는 본부조직, 태스크 포스, 프로젝트 팀, 공사(公社), 연구소조직, 공장조직, 조합이나 연합조직 등 다양한 형태의 조직이 등장하고 있다.

셋째, 공업사회에서는 조직 규모가 거대화된다. 산업사회의 등장으로 대량생산이 가능해진 기업은 그 규모가 날로 대규모화되고 있으며, 복지사회에 부응해 정부조직도 거대화되고 있다. 조직 규모가 대규모화될 수밖에 없는 요인은 위와 같은 기능적 측면 외에도 인구의 증가, 도시화, 기계화, 과학기술의 발전, 국제화 등으로 규모가 클수록 더 효율적이라는 '규모의 경제(scale of economy)' 논리에 바탕을 두고 있다. 조직의 대규모화는 조직구성원 수의 증가, 예산의 증가, 직위의 증가, 물자와 설비의 증가 등으로 나타난다. 조직의 규모가 커진 만큼 조직이 사회에 미치는 영향은 더욱 커지고 있으며, 그로 인해 환경 변화에 빨리 적응할 수 없고 변화할 수 없는 상태에 이르고 있는 추세다.

넷째, 공업사회에서는 조직구조가 관료제화한다. 사회의 변화에 따라 조직의 내부구조도 분화되고 전문화되어 가고 있다. 조직의 하부 단위인 국·부·과(局·部·課)의 수가 증가하면서 분야별로, 지역별로 더욱 전문화되고 세분화되어 가고 있다. 이러한 조직의 분화는 통합과 조정의 필요성을 증가시킨다. 조직 내의 업무 분장이나 업무 해결은 사람의 말에 의해서보다는 법령이나 규정, 방침, 예규, 지침 등에 의해 이뤄지며 그 내용도 과거보다 자세하고 구체적이다. 즉, 공식화 수준이 점점 높아지고 있다. 따라서 업무는 자동적으로 처리될 수 있는 가능성이 점점 높아진다. 조직에서의 의사결정은 집권화되어 간다.

3) 지식정보사회의 조직

지식정보사회는 지식산업이나 정보산업이 산업의 주축을 이룬다. 대중사회는 분중(分衆)사회로 진행되며, 공급자보다 수요자가 중심이 된다. 대규모 사회보다는 부문화된 사회가 더욱 효율적이다. 사회는 새로운 안정기에 접어들며, 사회적 이동은 축소하고 인구 증가율은 낮아진다. 와해된 공동체를 재구축하기 위한 노력들이 기울여진다. 또한 일보다는 여가를 즐기는 사람들이 증가한다. 그리고 국가 간에 교류가 활발해지며, 정보의 소통은 매우 빠르게 진행된다.

따라서 지식정보사회에서는 규모가 작은 조직, 네트워크 조직, 그리고 동태적인 조직이 증가한다. 관료제 조직은 비효율성을 내보이며 애드호크라시(adhocracy)가 선호된다. 조직은 그물망처럼 연결되어 있으나 그것은 매우 느슨하다. 획일적인 조직의 관리 원칙이 적용되기 곤란하며 유기적인 환경 적응이 요구된다. 즉, 조직의 생존과 유지 발전은 매우 상황적응적(狀況適應的)이라 할 수 있다.

2010년부터는 제4차 산업혁명이 언급되고 있다. 제4차 산업혁명은 2016년 1월 세계경제포럼에서 클라우스 슈밥(Klaus Schwab) 회장이 "제3차 산업혁명을 기반으로 한 디지털과 바이오산업, 물리학 등의 경계를 융합하는 기술혁명"이라고 언급하면서 급속히 확산되고 있다.

제4차 산업혁명의 기술적 배경으로는 사물인터넷, 인공지능, 빅데이터, 클라우드, 5G, 로보틱스, VR(가상현실) 등으로 조직에서는 정부와 기업의 관계가 변화하고 일하는 방식 등이 변화하며, 정부의 운영 방식이 변화하고 시민과의 관계가 변화한다. 특히 일하는 방식이 변화함으로써 창의성이 강조되고, 플랫폼의 중요성이 부각되고 조직과 구성원의 거래관계가 변화한다(조태준, 2017).

제4차 산업혁명은 조직에 여러 가지 변화를 야기하는데 조직의 가치 및 관점을 변화시킨다. 제4차 산업혁명은 정부와 기업에 혁신적 변화를 가져온다. 변화된 조직운영의 관점으로는 지식기반의 경영, 거버넌스의 확대, 민주주의의 변화 등이다. 변화된 조직 운영의 가치로는 조직 간 협업 등 공동생산(共同生産), 관련 조직 간의 공진화(共進化), 지식과 정보의 공유, 인력 규모의 최적화, 융합을 통한 성과 극대화 등이다(조태준, 2017).

제 3 절 조직의 종류와 유형

1. 조직 유형의 의의

조직이라 해서 모두 동일하지는 않다. 사람도 피부색에 따라서 황인종, 백인종, 그리고 흑인종으로 나눌 수 있듯이 조직도 종류를 구분할 수 있고 유형화(類型化)할 수 있다. 그리고 그것은 조직 현상을 이해하고, 설명하며, 예측하는 데 쓸모있는 일이다.

보통 조직의 유형(typology, classification, taxanomization)이란 조직의 여러 속성이나 측면들이 갖는 유사점과 차이점에 따라 분류된 조직의 범주를 의미한다. 따라서 유형은 종류보다는 조금 복잡한 것으로 이해된다. 여기서는 유형에 종류까지 포함해 서술하기로 한다.

조직을 유형화함으로써 조직 현상을 좀 더 잘 이해할 수 있을 뿐만 아니라, 조직 내의 문제 해결을 더욱 용이하게 할 수 있다. 수많은 조직의 종류가 늘어나고 있으며, 비교론적 · 상황론적 접근 방법이 강조되는 현대 조직사회에서는 적절한 기준에 따라서 조직을 유형화할 필요가 높아진다.

조직론 교과서에 주로 인용된 분류의 내용은 파슨스(T. Parsons), 에치오니(A. Etzioni), 블라우(P. M. Blau)와 스콧(W. R. Scott), 우드워드(J. Woodword), 카츠(D. Katz)와 칸(R. L. Kahn) 등이며, 유형론의 연구로는 하스, 홀과 존슨(Hass, Hall, & Johnson, 1966)의 연구와 워리너(Warriner, 1980)의 연구, 리치(Rich, 1992)의 연구 등이 있다.

이들이 제시하거나 연구한 조직 유형화의 기준은 대체로 조직 현상을 설명하는 데 중요한 변수나 속성으로 나타나고 있는데, 단일의 분류 기준이 제시되기도 하고 복수의 분류 기준이 제시되기도 한다. 지금까지 제시된 분류 기준으로는 구성원, 목적(목표), 투입, 산출, 구조와 과정, 환경 등을 들 수 있다. 이들은 모두 조직의 특성을 나타내는 주요 변수라 하겠다. 그런데 유형 분류의 기준이 완전할 수 없으며 그들은 부분적으로 타당성이 있다는 것이다. 기술 분야에만 국한되거나, 조직인에만 국한되거나 하는 경우에는 이 책의 해당 분야에서 함께 다루기로 한다.

참고

조직의 유형 분류에 대한 주요 학자들의 견해

- **에치오니**(A. Etzioni, 1961): 권한과 복종의 유형에 따라 강압적 조직, 공리적 조직, 규범적 조직
- **블라우와 스콧**(P. M. Blau & W. R. Scott, 1962): 조직활동의 주된 수혜자에 따라 호혜적 조직, 기업조직, 봉사조직, 공익조직으로 분류
- **우드워드**(J. Woodward, 1965): 생산 기술 범주에 따라 단위 소량생산 체제, 대량생산 체제, 연속공정 생산 체제로 분류

- **카츠와 칸**(D. Katz & R. L. Kahn, 1966): 조직의 기본적 기능에 따라 생산적(경제적) 조직, 유지적 조직, 적응적 조직, 관리 및 정치적 조직으로 분류
- **하스, 홀과 존슨**(Hass, Hall, & Johnson, 1966): 조직 특성에 따라 유형 1부터 유형 10으로 분류
- **민츠버그**(H. Mintzberg, 1979): 구성 부분, 조정 기제, 상황적 요인에 따라 다섯 가지 조직 양태로 분류
- **콕스**(T. Cox, Jr., 1994): 문화론적 시각에서 획일적 조직, 다원적 조직, 다문화적 조직으로 분류
- **카이델**(R. W. Keidel, 1995): 조직설계의 국면과 관련해 자율적 조직, 통제적 조직, 그리고 협동적 조직으로 분류

2. 조직의 유형 분류

앞에서 언급한 것처럼 조직의 유형에 대한 분류 방법은 여러 가지이나 여기서는 몇 가지 유형 — 공동체조직과 기능체조직, 영리조직과 비영리조직, 자원적 조직과 비자원적 조직, 국내적 조직과 국제적 조직 — 을 간단하게 살펴보고, 이들 중에서 영리성 기준과 자원성 기준에 따라 분류해 본다.

1) 단일 차원의 조직 유형 분류

(1) 공동체조직과 기능체조직

공동체(Gemeinschaft)조직이란 가족, 지역사회, 학술모임, 또는 취미모임 등 자연발생적으로 생겨나 구성원의 만족 추구를 목적으로 하는 조직이다. 따라서 그 조직 자체의 발전과 확대보다는 구성원이 조직에 속한 목적을 충족시키는 것이 중요하다. 여기서 '좋은 공동체'란 구성원 한 사람 한 사람의 만족을 실현하는 결속이 견고한 상황을 뜻한다. 상당수의 사회조직은 여기에 해당한다. 비공식적 조직에서 볼 수 있는 것처럼 감정의 논리가 지배하며, 조직과 구성원 간의 일체감이 높고, 구성원 간에 친밀한 인간관계가 형성된다.

기능체(Gesellschaft)조직이란 어떤 목적을 달성하기 위해 조직을 의도적으로 형성하는 조직으로 정부조직, 기업조직 등이 대표적 예다. 따라서 조직이 표방한 외적 목적의 달성은 물론 조직 자체의 성장과 영향력의 확대 등이 조직의 주된 관심사가 되며 구성

원의 만족은 2차적인 것이다. 정부조직은 공익의 달성을, 기업조직은 사적 이윤의 추구를 기본 목적으로 한다. 여기서 '좋은 기능체'란 조직 내부적 견고함보다는 조직의 목표를 효과적으로 달성할 수 있는 강한 조직을 의미한다. 조직과 구성원 간의 보상 관계가 엄격하다. 구성원 간의 친밀한 관계보다는 공식적인 업무 관계가 형성된다.

(2) 영리조직과 비영리조직

특히 기능체조직에는 조직이 추구하는 사회적 목적으로서 이윤(profit)을 중심으로 하여 영리조직(profit organization)과 비영리조직(non profit organization)으로 구분할 수 있다(Warriner, 1980). 이를 민간 부문(private sector)과 정부 부문(government sector)이나 민간조직과 정부조직(Rainey, Backoff, & Levine, 1976)으로 부르기도 한다. 이 분류는 가장 고전적인 분류 방법이기는 하지만 중요하다고 생각된다. 이들의 중간에 놓여 있는 것을 준정부 부문 또는 제3섹터라고 한다.

영리조직(營利組織)은 조직이 기본적으로 영리, 즉 이윤을 추구하는 것이다. 영리조직의 대표적 예는 기업이며, 기업은 이윤의 논리에 따라 행동한다. 사적 이윤의 증대라고 하는 기준은 조직활동의 최대의 판단 기준이다. 그런데 이윤의 논리에 집착하다 보면 때로는 기업의 사회적 책임을 저버리는 수가 있다. 영리조직은 조직의 산출물을 조직의 소유주나 조직의 구성원에게 분배하는 것을 원칙으로 한다. 블라우(P. M. Blau)의 사업조직(business organization)이 여기에 해당한다.

비영리조직(非營利組織)은 조직이 기본적으로 영리를 추구하는 것이 아니라 조직 밖의 사회적 기능의 행사를 목적으로 한다. 비영리조직의 대표적인 예는 정부조직과 비영리 사단법인이나 재단법인을 들 수 있다. 정부조직에서 공익이나 국익의 추구는 조직활동의 최고의 판단 기준이다. 그런데 지나치게 공익을 추구하면 조직을 비능률적으로 운영하게 할 가능성이 크다. 비영리조직은 조직의 산출물을 조직의 소유주, 조직 구성원, 그리고 위임받은 활동자에게 분배하지 않으나 조직구성원에게 봉급은 지불한다. 그러나 자발적 조직에서는 그렇지 않다.

준정부조직(準政府組織, quasi-government organization) 또는 제3섹터(the third sector)는 영리조직과 비영리조직의 중간에 놓여 있는 조직이다(임학순, 1994; 최병선, 1994). 다시 말해, 민간 부문과 정부 부문의 중간에 놓여 있다. 이들의 대표적 예는 공기업, 상공회의소, 그리고 자발적 조직 등이다. 이들은 공익과 이윤을 동시에 추구한다.

기업 형태를 지니면서 공익을 추구하거나 직접적으로 영리를 도모하지는 않으나 궁극적으로 구성원의 이익 증진을 도모하는 경우다.

(3) 자원적 조직과 비자원적 조직

조직은 구성원이 조직에서 참가와 관여하는 정도에 따라서 자원적 조직(voluntary organization)과 비자원적 조직으로 구분할 수 있다.

직업조직(職業組織) 혹은 비자원적 조직(非自願的組織)에서는 조직과 조직원과의 관계가 보상의 논리에 의하며 조직구성원은 근무 대가로 보수를 받는다. 조직에의 가입과 탈퇴는 엄격하다. 조직은 이미 만들어져 있는 것이며 계약에 의해 고용 관계와 근무 관계가 형성된다. 조직인은 직업인으로서 역할을 한다.

한편 자원적 조직(自願的組織)은 자발적 결사체(結社體, associations)로서 공통의 이해 관심이나 목표를 추구하려는 사람들이 스스로 만드는 집단이다(김경동, 2008; Federico, 1975). 조직원은 자신의 자발적인 판단과 조절에 의해 조직의 활동에 가입하고 관여한다. 자원적 조직에의 가입과 탈퇴는 훨씬 자유롭다. 여기서는 구성원의 멤버십이 강조된다. 자원적 조직에서는 가입원들이 시간제로 활동을 할 수 있다. 자원적 조직에서는 조직의 목적을 위해 봉사할 뿐이며 근무에 대한 반대급부를 원하지 않는다. 오히려 조직원들의 희생이 요구된다. 예컨대, 각종 자발적인 경제단체[예: 한국의 경제정의실천시민연합(경실련)]나 환경보호단체, 종교조직(교회나 사찰), 정당조직, 그리고 학회조직 등이 여기에 해당한다. 그러나 이들 자원적 조직에서도 극히 일부 조직인은 정식 직원으로 채용되어 보수를 받는다.

(4) 기타 조직의 종류와 유형

① **국내적 조직과 국제적 조직**: 조직은 조직이 놓여 있는 지역적 한계에 따라 국내적(國內的) 조직과 국제적(國際的) 조직으로 구분할 수 있다. 국내적 조직은 조직의 주된 소재지가 국내인 경우로서 대부분의 조직은 국내적 조직이다. 국제적 조직은 여러 국가가 가입되어 있거나 국적이 한 곳이 아닌 조직이다. 전자에는 국제연합(UN)이나 국제연맹, 석유수출국기구(OPEC), 세계무역기구(WTO) 등을 들 수 있으며 후자를 다국적기업이라 한다. 국제화와 세계화 경향에 따라 국제적 조직이 증가하고 있다. 최근에는 국내적 조직도 지점을 해외에 설치하고 있어 지역적 경계를 확대하고 있다.

② **독립조직과 부문조직**: 조직은 기능의 수행이 자율적인 독립조직과 종속적인 부문

조직으로 구분할 수 있다. 독립조직(獨立組織)은 조직 자체의 목표를 갖고 있으며 자체 기능을 자율적으로 수행한다. 부문조직(部門組織) 혹은 단위조직도 일정한 범위 안에서 독자적인 행동권을 갖고 있으나 기본 목적과 방침 아래에서 활동하는 제약을 받으며 상위기관으로부터 자원을 공급받거나 활동에 대한 지휘와 감독을 받는다. 예컨대, 행정기관 중 환경부가 독립조직에 해당하며 경기지방환경청은 부문조직이다. 기업의 경우 본점과 지점의 관계를 들 수 있다. 서울 광화문의 동성각(중국식당)은 독립조직이지만 삼성그룹 조직 내의 급식조직은 부문조직이다.

③ **정치행정조직, 경제조직, 문화조직, 사회조직**: 조직은 조직이 사회 체계의 하위 체계로서 수행하는 기본적 기능이나 분야에 따라 정치행정조직, 경제조직, 문화조직, 사회조직 등으로 구분할 수 있다. 이는 파슨스(T. Parsons)나 카츠(D. Katz)와 칸(R. L. Kahn)의 분류와 유사하나 약간 차이가 있다. 정치행정조직은 권력 가치의 획득과 배분 및 관리를 담당하는 정당, 국회, 행정기관 등을 들 수 있다. 경제조직은 제품과 서비스의 생산과 유통을 주된 기능으로 하는 조직으로 회사, 공장, 은행, 그리고 백화점 등을 들 수 있다. 문화조직은 문화의 발전, 유지, 그리고 계승을 주된 기능으로 하는 조직으로 교육 및 연구조직, 종교조직, 박물관 등을 들 수 있다. 끝으로, 사회조직은 사회구성원들의 사회적 욕구 충족을 위해 만들어진 결사체들로 가족, 동창회, 클럽, 자원봉사단체 등을 들 수 있다.

④ **자족조직과 의존조직**: 조직과 조직을 둘러싼 환경의 관계에 따라서, 즉 조직이 필요로 하는 자원들을 조직 내에서 확보하고 사용하는가의 정도에 따라서 자족조직과 의존조직으로 구분할 수 있다. 의존조직은 개방형 조직이라 할 수 있고 자족조직은 폐쇄형 조직이라 할 수 있다. 의존조직(依存組織)은 조직의 활동에 필요한 자원들을 조직의 밖(즉, 조직의 환경)에서 획득하고 조직이 만든 산출물을 조직 밖으로 내보내는 조직으로 대부분의 조직이 여기에 해당한다. 자족조직(自足組織)이란 특정 조직과 그것을 둘러싼 환경과 교호작용이 없는 일종의 자급자족적 조직이다. 다시 말해, 조직이 환경에 영향을 미치지 않으며 환경이 조직에 영향을 미치지도 않고 정태적이다. 예컨대, 이스라엘의 키부츠(kibbutz)나 중국의 인민공사(人民公社)와 같은 사회조직에서는 조직 내에서 필요한 것만큼 자체적으로 생산하고 소비한다.

⑤ **기타 자조조직**(自助組織, self help organization): 사회조직의 하나로서 비슷한 환경에 있으면서 공통의 이해 관계를 추구하기 위해 서로 돕거나 아니면 공통의 문제를

함께 해결하기 위해 만들어진 집단이다(Giddens, 1989). 예컨대, 각종 상조회, 알코올 퇴치모임, 주택조합과 영농조합, 그리고 철거민주민회 등을 들 수 있다.

2) 2차원에 의한 조직의 유형 분류

앞에서 제시한 조직 유형의 기준 중에서 이윤성과 자원성의 두 기준을 배열시켜 다음과 같이 분류하고자 한다.

(1) 제1 유형: 정부조직

정부조직(政府組織)은 이윤성이 낮고 비자원적(직업적) 조직이다. 정부조직은 공익이나 국익을 추구한다. 조직의 활동의 수혜자가 전체 국민이거나 불특정 다수다. 정부조직에는 입법부, 사법부, 행정부가 포함된다. 관할 영역에 따라서 수혜자의 범위가 축소되거나 확대될 수 있으며 수혜의 내용을 쪼갤 수 없다. 때로는 정부조직은 국민의 활동을 제한하기도 한다. 조직구성원인 공무원은 직업인이기는 하지만 자신들의 이익을 위해 정부조직을 결사할 수 없으며 일정한 자격을 갖춘 자를 임명하거나 시험에 의해 선발한다. 공무원과 국민과의 관계는 대리자이면서 고객의 관계가 형성된다. 정부조직의 활동은 합법적 · 민주적 · 형평적 · 능률적이어야 한다.

(2) 제2 유형: 회사조직

회사조직(會社組織, 혹은 사기업조직)은 이윤성이 높으며 비자원적(직업적) 조직이다. 대표적인 예가 회사조직이다. 회사는 사적 이윤 추구를 극대화하는 조직이다. 회사의 상법적 특징은 다음과 같다. 기업은 물적 기초로서 많은 자본을 필요로 한다. 회사(business corporation)는 사원에게 이익을 분배할 것을 목적으로 한다. 회사는 구성원의 단순한 결사체가 아니라 통일적인 결합체로서 회사의 종류로는 합명회사, 합자회사, 주식회사, 유한회사 등이 있으며, 그것은 매우 다양하다(최기원, 1986: 168-170). 한편 회사는 공동 목적을 위한 복수인으로 구성된 단체다. 따라서 회사와 회사원의 관계는 고용 관계에 의해 성립하며 회사와 시민의 관계는 고객 관계가 형성되어 재화와 서비스를 고객의 능력에 따라서 개별적으로 분배하고 전달한다. 따라서 회사는 단순한 조합과는 구분된다.

(3) 제3 유형: 사익결사체

사익결사체(私益結社體)는 영리적이며 자원적인 조직을 말한다. 사익결사체는 영리나 사익을 추구하는 면에서는 회사와 다를 것이 없지만 직접 경제적 활동을 하는 것이 아니며 경제외적 활동을 통해 사적 이익을 추구하는 집단들을 말한다. 사익결사체는 자원에 의해 조직이 결성되며 대체로 가입과 탈퇴의 자발성이 보장된다. 사익결사체의 이익은 곧 회원으로서 구성원의 이익이 된다. 예컨대, 낚시회나 동창회 등 친교집단, 전문적 결사체라고 할 수 있는 의사회나 변호사회, 그리고 각종 학회(예: 한국행정학회나 한국사회학회 등), 경제단체(예: 전국경제인연합회, 노동조합, 농업협동조합) 등을 들 수 있다. 이익집단(interest group)도 여기에 포함된다.

(4) 제4 유형: 공익결사체

공익결사체(公益結社體)는 이윤성이 낮으며 자원성이 높은 조직이다. 공익결사체는 공익의 증진과 공해의 추방을 위해 결성된 조직이다. 조직 자체의 이익보다는 사회적 이익의 증진에 힘쓴다. 환경 문제, 공해 문제, 인권 문제, 경제 정의 실천 등 정부조직과는 별도로 여론의 환기와 사회적 병의 치료를 강조한다. 공익결사체의 조직화 수준은 상대적으로 낮다. 조직에 대해 구성원들은 일체감과 소속감이 높다. 경제적 고용 관계보다는 사회적 유대 관계가 강조된다. 조직의 수혜자는 조직구성원이 아니라 조직 밖의 사회구성원들이다. 예컨대, 경제정의실천시민연합(경실련), 환경운동연합 등이 대표적이며 정당도 여기에 포함시킬 수 있다.

이렇게 분류할 때 공기업이나 정당 등의 위치는 모호하게 된다는 조직 분류의 한계가 있다.

이상에서 분류한 조직 유형 중에서 사익과 공익, 자원과 비자원을 기준으로 하여 여러 조직을 배열하면 [그림 2-4]와 같다.

그림 2-4 조직 유형의 분류

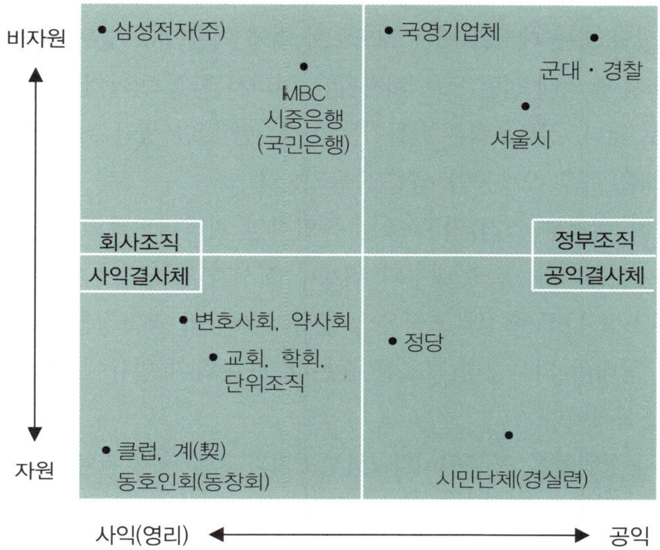

3. 조직의 종류

1) 정부조직, 회사조직, 그리고 시민사회조직

(1) 정부조직

정부조직은 "공공의 이익을 추구하기 위해 정부가 만들고 운영하는 조직"이다. 정부조직은 공공 부문의 대표적인 조직이다. 정부조직에는 입법부의 조직인 국회, 사법부의 조직인 법원, 그리고 행정부의 조직인 행정각부 및 소속 기관, 지방자치조직 등이 포함된다.

정부조직은 대표적인 비영리조직으로 직접 국익이나 공익을 추구한다. 정부조직은 공공 문제(public affairs)를 다루므로 정부조직 활동의 직접적 수혜자는 국민 전체이거나 불특정 다수다. 국익이나 공익은 개별이익, 집단이익 등 사익에 비해 성과의 측정이 어려우므로 정부조직의 효과성을 평가하는 것이 쉽지 않다.

정부조직은 공공 부문의 국가나 지방자치단체가 운영한다. 정부조직에서는 정치적 정당성이 중요하며 정치적 권력의 지지와 통제를 받는다(예: 국회로부터 견제). 또한 정부조직은 정치적 영역 내에서 독점적 지위를 가지며, 대체로 동종의 유사 조직을 두지 않는다. 즉, 유사 부문 조직 간의 경쟁이 별로 없다.

정부조직을 설립 또는 폐지할 때는 제도로서 법에 의존한다. 정부조직은 헌법, 법률, 행정규칙 및 조례 등에 의해 설립 또는 폐지된다. 따라서 환경 변화에 대해 경직적이며 탄력성이 상대적으로 낮다. 정부조직은 만들기는 어렵지만 일단 생긴 조직을 없애기도 어렵다. 따라서 정부조직은 매우 오랫동안 생명을 유지한다.

정부조직(특히 행정부 조직)의 구조는 통일적인 피라미드형의 계층제를 띤다. 물론 국회나 법원은 그 예외다. 조직 내부의 위계나 질서가 강조되며 책임과 권한의 구분이 확실하다. 정부조직 특히 행정부조직은 능률성과 책임의 명확성을 확보하기 위해 일반적으로 독임제 형태의 의사결정 구조를 갖는다. 표준화된 법규에 따라 공적 업무를 수행하며 절차 중심적이다.

정부조직의 구성원들은 공무원이다. 정부조직과 공무원의 관계는 강한 의무적 관계를 보인다. 근무에 대한 대가는 보수를 매개로 하여 보상이 이뤄지며 물질적 보상이 필수적이다. 조직과 구성원 간에는 대체로 오랫동안의 관계가 형성되며, 공적 윤리가 요구된다.

정부조직의 활동은 공공 문제의 해결을 위한 활동들로서 정책활동과 관리활동으로 구분된다. 이 중 정책활동은 공공 서비스의 제공과 전달에 관련되는데, 국가발전계획을 입안하며, 국민과 기업들의 활동을 규제하고 도와주며 민・관 간의 갈등을 중재한다. 정부조직 중에서 권력을 행사하는 기관을 공권력 기관이라 하는데 경찰과 검찰 등을 들 수 있다.

(2) 회사조직

회사조직은 "사적 이윤을 추구하기 위해 민간이 만들고 운영하는 조직"이다. 회사조직 또는 기업조직은 시장 부문의 대표적인 조직이다. 주식회사, 유한회사, 합명회사, 합자회사 등이 포함된다.

회사조직은 사적 이윤 또는 사익을 추구한다. 회사조직은 대표적인 영리조직이다. 회사조직 활동의 직접적 수혜자는 회사 대표를 비롯한 투자자(주주) 등 특정인이다. 사적 이윤이나 사익은 화폐 단위로 수익을 나타낼 수 있으므로 회사조직의 효과성을 평가하는 것은 비교적 쉽다.

회사조직은 민간 부문에서 개인이나 법인이 운영한다. 회사조직에서는 경제적 효율성이 중요하다. 회사조직은 시장에서 소비자의 선호에 영향을 받으며 대체로 경쟁적 지위를 갖는다. 수익 또는 이윤이 있는 곳에는 새로운 유사 조직이 발생하게 되어 경쟁 관계에 놓일 수 있다.

회사조직은 상법상 정관에 의해 설립되며, 법인의 형태를 띠지만 정부조직보다 설립이 훨씬 자유롭다. 회사조직은 환경 변화에 따라 신속하게 움직이며, 탄력성이 높고, 정부조직에 비해 비교적 만들기도 쉽고 없애기도 쉽다.

회사조직의 구조는 피라미드형의 계층제를 띤다. 조직 내부의 위계나 질서가 강조되고 책임과 권한의 구분이 확실하지만 정부조직에 비해 그 정도는 약하다. 회사조직은 능률성을 확보하기 위해 독임제 형태의 의사결정 구조를 갖지만 분권적 요소도 가미된다. 물론 이사회의 구조는 합의제를 띤다. 공식화 수준은 정부조직에 비해 그렇게 높지는 않으며, 융통성이 많이 부여된다.

회사조직의 구성원들은 회사원들이다. 회사조직과 회사원은 사적·계약적 관계를 맺는데 보수를 매개로 하여 보상이 이루지며, 물질적 보상이 필수적이다. 또한 높은 전문성이 요구된다. 조직과 구성원 간에는 상대적으로 오랫동안 관계가 유지된다.

회사조직의 활동은 사적인 재화와 서비스를 생산·유통하는 역할을 한다. 회사조직은 소비자들의 경제적 욕구를 충족시켜 주며, 정부가 정한 법적 테두리 안에서 경제적 활동을 한다. 예컨대, 생산을 하는 제조회사, 영화제작사, 금융과 유통업을 하는 은행 및 택배회사 등을 들 수 있다.

(3) 시민사회조직

시민사회조직은 "공공의 이익을 추구하기 위해 민간이 자발적으로 만들고 운영하는 영리를 추구하지 않는 조직"이다. 시민사회조직은 시민사회의 대표적인 조직으로서 비정부조직(non governmental organization: NGO)이라고 불린다.

시민사회조직은 공익을 추구한다. 즉, 시민사회조직은 비영리조직의 하나다. 시민사회조직은 사회적 변화나 개혁을 목적으로 한다. 시민사회조직 활동의 직접적 수혜자는 국민 전체이거나 불특정 다수, 특정 다수가 될 수 있다. 정부조직과 마찬가지로 시민사회조직의 효과성을 평가하는 것은 비교적 어렵다. 시민사회조직의 평가자는 조직의 안에 있는 사람보다는 조직의 밖에 있는 사람들이다.

시민사회조직은 민간 부문인 개인이나 개인들의 집단이 운영한다. 시민사회조직은 생성 과정에서는 사회적 만족성이 중요하므로 그것은 조직구성원의 사회적 요구에 의해 영향을 받는다. 시민사회조직은 독점적인 상태나 경쟁적인 상태의 중간 어느 점에 놓여 있다. 조직의 지속성은 약하며, 조직 내부적인 질서보다는 구성원 간의 협력이 강조된다.

시민사회조직은 정관 또는 회칙에 의해 설립된다. 따라서 조직의 설립 과정에서 반드시 정부의 허가나 인가가 필요하지는 않다. 시민사회조직은 정부조직, 회사조직보다 설립과 폐지가 매우 자유롭다. 즉, 환경 변화에 따라 민감하게 움직일 수 있으며, 탄력성이 매우 높다. 유사 조직과 네트워크를 형성해 연대한다.

시민사회조직의 구조는 수평적인 회의제를 띤다. 조직구성원 간의 합의나 협력이 강조된다. 시민사회조직은 참여와 책임의 공유를 확보하기 위해 일반적으로 합의제 형태의 의사결정 구조를 갖는다. 책임과 권한의 구분이 불확실하다. 그리고 하위 집단이나 지역 단위에 권한이 흩어져 있는 등 분권적이다. 시민사회조직은 업무를 처리할 때 표준운영절차(standard operating procedure: SOP)에 의한 공식화 수준은 매우 낮다.

시민사회조직의 구성원들은 대부분 참여자인 회원이다. 시민사회조직과 회원의 관계는 자발적 관계를 보인다. 참여와 만족을 매개로 하여 보상이 이뤄지며 그들은 보수를 받기보다는 오히려 회비를 납부한다. 즉, 회원으로서 자원봉사를 하며 경제적 보상 없이 자신이 가진 지식과 경험을 제공한다. 조직과 구성원 간에는 대체로 짧은 동안의 관계가 유지된다. 회원으로 가입과 탈퇴가 비교적 자유로워 조직의 경계가 매우 느슨하다.

참고

산업통상자원부, 삼성전자주식회사, 그리고 경실련

- **산업통상자원부**: 1948년 상공부로 출발해, 1999년부터 2007년까지 산업자원부로, 2008년부터 2013년까지는 지식경제부로 존속했는데 2013년부터 산업통상자원부로 바뀌었다. 한국의 산업 및 자원 분야의 정책을 총괄하는 중앙행정기관이다. 산업통상자원부는 국가의 산업, 기술, 자원, 중소기업 등의 정책을 담당하며, 미래의 차세대 유망 산업을 발굴하고 육성하는 정책을 담당한다.
- **삼성전자주식회사**: 1969년 창설한 이래 성장을 거듭하고 있는 한국의 대표적인 기업이다.

삼성전자는 삼성그룹의 한 계열 회사조직으로서, 1999년부터는 세계적 반도체산업을 이끄는 기업으로서 디지털 컨버전스를 주도하고 있다.

- **경제정의실천시민연합(경실련)**: 1989년 발족한 한국의 대표적인 시민운동단체다. 경실련은 경제 정의와 사회 정의의 목적을 실현하기 위해 조사연구, 시민조직, 시민교육, 시민행동 등을 전개하고 있다. 총회, 중앙위원회, 상임집행위원회, 사무처 등을 두고 있다.

시민사회조직의 활동은 사회운동의 형식을 띤다. 시민사회조직은 시민들의 관심사를 정부에 전달하며, 관련 정보를 제공하거나 조사활동, 성명 발표, 시위 등을 통해 시민들의 정치 참여나 사회적 참여를 유도하며, 여론을 환기시킨다.

2) 서비스 조직과 제품조직

(1) 제품조직, 서비스 조직, 중간조직

조직에서 생산하고 제공하는 재화는 제품과 서비스로 나뉠 수 있다. 제품과 서비스의 사전적 정의[3]를 살펴보면 제품이란 "원료를 써서 물건을 만듦, 또는 그렇게 만들어 낸 물품"을 말한다. 한편으로 서비스란 "생산된 재화를 운반하고 배급하거나 생산과 소비에 필요한 노무를 제공하는 것"이다. 대표적 제품으로는 옷, 쌀과 배추, 아파트, 자동차, 비행기, 컴퓨터 등을 들 수 있으며, 대표적 서비스로는 교육 서비스, 금융 서비스, 보험 서비스, 의료 서비스, 사회복지 서비스 등을 들 수 있다. 이들 양자가 결합되어 제품을 생산하면서 서비스가 부가되는 경우도 있는데, 예컨대 자동차를 생산하는 회사에서 일정 기간 하자 보수를 무료로 해주는 것이다. 한편 서비스를 제공하기 위해 시설이나 물자가 사용되는 경우도 있다. 예컨대, 병원에서 각종 의료장비나 시설을 사용할 수 있다.

(2) 제품과 서비스의 차이

제품과 구분되는 서비스의 특성으로는 무형성, 비분리성, 그리고 인간 의존성 등을 들 수 있다.[4]

첫째, 제품은 유형적이나 서비스는 무형적이다. 제품은 가시적이고 지각이 쉬운 데

3) 네이버 국어사전. http://krdic.naver.com/(검색일: 2009.6.11)

4) 한편 이유재는 제품과 서비스의 구분 특성으로 무형성, 이질성, 비분리성, 그리고 소멸을 들고 있다(이유재, 1997: 104-106).

반해, 서비스는 비가시적이고 지각이 어렵다. 또한 제품은 소유를 전제로 하나 서비스는 소유보다는 전달을 특성으로 한다.

둘째, 제품은 생산과 소비의 시점이 분리되나 서비스의 그것은 분리되지 않는다. 제품의 생산과 소비의 시기는 그 시차가 크나, 서비스의 그것은 시차가 거의 없다. 따라서 제품은 재고관리가 수요와 공급을 완충해 주는 요소가 된다.

셋째, 서비스보다는 제품 생산에서 표준화된 생산, 대량생산이 용이하다. 서비스는 서비스를 담당하는 인력과 같은 휴먼웨어(humanware)에 대한 의존도가 높으나 제품은 기계, 설비와 같은 하드웨어(hardware)에 대한 의존도가 높다.

토의 과제

❶ 관심 있는 조직을 하나[예: 외교부, 삼성전자(주), 교회나 사찰, NGO 등]를 제시한 후 관리계층별로 어떤 직위가 있는지 알아보자.
❷ 사회의 발전 단계에 따라 조직의 특징을 살펴보자.
❸ 정부조직, 회사조직, 그리고 시민사회조직의 특성을 비교하라.

제 2 편

조직의 가치

제3장

조직의 가치

조직은 왜 존재하며 어떤 방향으로 나가야 하는가? 조직이 궁극적으로 지향하는 목적지는 어디인가? 사람에게 인생관이 있듯이 조직에도 조직이 추구해야 할 가치나 규범이 있다. 그리고 조직은 이러한 이념, 가치와 별도로 다루는 조직의 목표에 의해 평가된다. 여기에서는 조직의 이념 · 이익 · 윤리, 조직의 임무와 비전, 그리고 조직의 목표를 살펴본다.

제1절 조직의 이념 · 이익 · 윤리

1. 조직 이념 일반

1) 조직 이념의 의의

조직의 이념이란 조직이 지향해야 할 가치, 규범 및 지침을 나타내는 것으로 이해할 수 있다. 조직의 이념은 조직이 한 사회의 유기체로서 어떠한 모습을 가져야 하는가에 대한 신념이나 가치 체계이다. 그러므로 조직의 이념은 조직의 종류나 기능에 따라서 달라진다. 조직의 이념은 그것을 인식하는 방법이나 범위에 따라서 다르게 정의할 수 있으나 저자는 조직의 이념을 "조직활동의 일반적인 지도 정신이나 지도 지침"이라고 정의하고자 한다. 이 개념을 풀어서 설명하면 다음과 같다.

첫째, 조직의 이념은 조직의 모든 활동과 관련된다. 부분적이고 지엽적인 활동에 국한되는 것이 아니라 조직의 모든 활동에 적용된다. 기획, 집행, 그리고 평가뿐만 아니라 인사, 예산, 정보, 작전, 정책, 마케팅, 생산, 연구, 교육 등 요소별 관리나 내용별 활동에 적용된다.

둘째, 조직의 이념은 추상적이고 보편적이다. 조직의 목표가 구체적이고 특정적이라면 조직의 이념은 추상적이고 보편적이다. 조직의 이념은 모든 활동에 적용되어야 하므로 추상적이고 보편적이어야 한다. 이들은 추상적이므로 쉽게 합의할 수 있지만 가치가 대립할 때는 합의의 도출이 매우 어려울 때도 있다. 예컨대, 정부조직에서 민주성을 추구할 것인가, 아니면 능률성을 추구할 것인가? 기업조직에서 조직구성원의 만족을 높일 것인가? 사회적 책임을 완수할 것인가? 등이다.

셋째, 조직의 이념은 조직의 지도 정신이나 지도 지침이다. 조직의 이념은 조직의 활동을 지도하는 정신적 특성과 지침으로서 특성을 갖는다. 조직의 이념은 조직이 활동하는 데 방향을 제시해 주는 원천이며, 조직에서 업무 처리의 일반적인 기준과 원칙이고 조직의 활동을 평가하는 기준이 된다. 조직의 이념은 사실보다는 가치에 관련되어 있다. 사람들이 가치관에 따라 행동하듯이 조직도 조직의 이념에 따라 그것을 지향하면서 활동한다.

2) 조직 이념의 활용

조직의 이념이 존재하는 모습은 매우 다양하다. 다른 말로 표현하면 조직의 유형, 기능은 물론이고 조직이 처한 시공간적 · 문화적 배경에 따라 조직의 이념은 달라질 수 있다는 것이다. 즉, 정부조직과 기업조직, 그리고 사회조직의 이념은 각각 다르다. 그리고 개별 조직의 이념은 모(母)조직의 이념을 추구하게 된다. 예컨대, 국 · 공립학교가 공익을 추구한다면 사립학교는 사익을 추구한다. 정부조직들도 조직의 이념은 다르며, 기업조직들의 경우도 마찬가지다.

조직의 이념은 명시되거나 선언되기도 한다. 설립의 근거가 되는 법령이나 정관(定款)에 명시되기도 하며 최고관리자나 창업자와 후계자에 의해 선언되기도 한다. 보통 정부기관은 국정철학이나 시정방침으로, 기업조직은 경영 이념, 경영철학, 경영원칙이나 사시(社是)로, 학교조직은 건학(建學) 이념으로, 그리고 종교조직에서는 사목방침으로 표출된다.

주요 조직들의 조직 이념을 예시하면 다음과 같다.

참고

주요 조직 이념

- 정부조직과 공공기관의 조직 이념
  - 보건복지부: 사회통합, 지속가능성 확보, 일자리 창출
- 기업의 조직 이념
  - 삼성전자주식회사(경영 이념): 인재와 기술을 바탕으로 최고의 제품과 서비스를 창출해 인류사회에 공헌한다.
  - 현대자동차(경영철학): 무한책임정신, 가능성의 실현, 인류애의 구현
  - 두산중공업(경영 이념): 고객은 우리의 스승이고, 품질은 우리의 자존심이며, 혁신은 우리의 생활이고 인재는 우리의 보배다.
  - 롯데호텔(정신): 고객 사랑의 마음
- 사회문화교육 조직의 조직 이념
  - 한국예술종합학교(설립 이념): 창조적 소수, 전문예술인 양성
  - 육군사관학교(교훈): 지, 인, 용
  - 가천길병원(설립 이념): 박애, 봉사, 애국

한편 주요 조직들은 조직 이념과는 별도로 핵심 가치(core values)를 제시하면서 행동의 기준으로 삼고 있다. 핵심 가치는 영속적이고 내재적인 신념의 정체성, 사고행동의 기준을 의미한다.

핵심 가치의 내용은 개별 조직마다 다르지만 관리적 내용은 공통적으로 들어가는 경우가 많다. 예컨대, 열린 경영, 미래에 대한 강조, 고객(국민) 중시, 글로벌 중시, 인재 중시, 신뢰 강조, 상생 추구, 그리고 초일류 기업이나 조직 등이다.

방송사, 신문사 등 언론기관은 중립성이나 공정성이 요구되며, 정부기관 역시 공정성, 형평성이 요구되는 경우가 많다.

주요 조직의 핵심 가치를 예시하면 다음과 같다.

참고

주요 조직의 핵심 가치

- 정부조직과 공공기관의 핵심 가치
  - 대법원: 자유, 평등, 정의
  - 감사원: 바른 감사 바른 나라
  - 국회예산정책처: 전문성, 중립성, 신뢰성, 독립성
  - 한국주택토지공사(LH): 청렴공정, 미래혁신, 소통화합, 안전신뢰, 상생협력
  - 한국전력공사: 환경, 보건, 안전
- 기업조직의 핵심 가치
  - 삼성전자: 인재 제일, 최고 지향, 변화 선도, 정도 경영, 상생추구
  - POSCO: 고객 지향, 도전 추구, 실행 중시, 인간 존중
  - 현대자동차: 도전적 실행, 소통과 협력, 고객 최우선, 글로벌 지향, 인재 존중
  - 금호고속: 고객행복, 윤리경영, 환경안전경영
  - 하나은행(하나정신): 자주, 자율, 진취의 세 가지 정신적 가치
- 사회문화교육 조직의 핵심 가치
  - Green Peace: 환경감시, 비폭력 방법, 재정적 자립, 환경문제 공론화, 해결책 제시
  - EBS: 정체성 강화, 혁신, 개방과 공유
  - 서울아산병원: 나눔과 배려, 사실과 성과 중시, 정직과 신뢰, 미래 지향, 공동체 중심 사고
  - 한국영화진흥위원회: 창의성, 전문성, 향유, 신뢰

2. 조직에서 이익

조직이 추구하는 이념들은 명시적으로 제시된 것들도 있지만 추상적이고 규범적인 채 존재하기도 한다. 조직의 의사결정이나 행위를 판단할 때 중요 고려 요소들을 발견할 수 있는데 이익의 관념과 윤리의 관념이 그것이다. 이익의 관념은 조직의 성격에 따라 공익과 사익의 구분이 유용하다. 공익과 사익은 조직이 추구하는 대표적인 가치 중의 하나다. 공익은 정부조직에서, 사익은 기업조직에서 추구하는 이념이다.

1) 공익

공익(公益, public interest)이란 "특정 사회의 기본적 가치로서 성질을 갖는 불특정 다수인의 이익"이라고 정의할 수 있다(민진, 2006). 공익은 개인에 국한된 사익이나 특

정한 집단이나 계층에 국한된 이익이 아니며, 특정 조직에 국한된 이익도 아니다. 공익은 국민 다수가 공유하면서 누릴 수 있는 이익으로서 사회공동체의 생존과 유지, 그리고 번영과 관련된 이익이다.

모든 정부조직은 공익을 추구한다. 그들은 그 기능과 형태와 관계없이 공익을 추구한다. 국가기관이나 중앙정부는 국가라는 정치적 공동체의 이익, 즉 국가이익(national interest)을 추구하나 지방자치단체는 지역공동체에 국한된 자치단체의 이익을 추구한다. 국가이익과 지방자치단체의 이익은 서로 일치할 수도 있지만 때로는 경쟁적이어서 국가이익을 추구하다 보면 특정 지방의 이익을 침해할 수 있으며, 그 반대의 경우도 성립한다. 지방자치단체의 이익의 차이는 자치단체 간에 서로 갈등을 유도하기도 한다.

정부기구 외에도 많은 공익단체가 있다. 소위 시민사회단체(NGOs)는 조직활동을 통하여 조직 자신의 이익을 추구하는 것이 목적이 아니라 공익을 추구하려는 것이다. 예컨대, 이들 단체로는 흥사단, YMCA, YWCA, 경제정의실천시민연합(경실련), 환경운동연합, 한국소비자연맹 등 소비자보호단체, Green Peace, 그리고 국경없는 의사회 등은 공익을 추구하는 사회조직들이다.

그런데 일 국가의 이익을 추구하는 것은 다른 국가의 이익을 증대시키기도 하지만 침해하기도 한다. 국가 간의 관계를 해결하기 위해 많은 국제기구가 만들어졌는데, 예컨대 국제연합(United Nations), 국제올림픽위원회(IOC) 등이 그것이다. 이들 기구는 국제사회의 안녕과 평화, 체육의 발전 등 지구촌의 이익, 세계사회의 공존 번영이라는 공익 가치를 추구한다. 이 경우에도 특정 국가에게는 이익을 주지만 다른 국가에는 손해와 피해를 주기도 한다.

2) 사익

사익(私益, private interest)이란 좁게는 개인의 이익을 의미하나 넓게는 특정한 사람·집단·기업·조직·직업·지역 등의 이익까지를 포함한다. 사익은 조직활동의 결과가 쪼개어져서 분배될 수 있는 것을 전제로 한다. 모든 사적 조직은 조직 자체의 이익, 즉 사익을 추구한다. 바꾸어 말하던 그들은 이익의 증대를 바라며, 손해의 감소를 바란다. 기업은 사적 이익이 귀속되는 대표적 조직이다.

모든 기업조직은 기본적으로 사익(私益)을 추구한다. 기업조직은 일반적으로 이윤의 극대화를 추구하지만 때로는 매출액이나 판매고의 극대화를 추구하기도 한다. 기업조직은 조금이라도 이익이 있으면 그곳으로 달려가나 손해를 볼 것으로 판단되면 발을 뺀다. 그렇지만 기업이 정당한 영업 활동을 통하여 이윤을 추구하는 행위는 경제적 가치를 창출하는 행위로서 칭찬을 받아 마땅하다. 그런데 어떤 기업은 불법적이고 부당한 방법으로 이익을 추구하기 때문에 소비자로부터 외면당하지만 어떤 기업은 사회적으로 공헌함으로써 소비자들의 환영을 받는다.

기업조직이 얻는 이익은 먼저 주주를 포함한 투자자들에게 배분되며, 다음으로 관리자나 근로자들에게 보수나 수당의 형태로 보상된다. 그러나 조직이 손해를 크게 볼 때는 주주나 기업의 주인, 그리고 이사들이 책임을 지기도 한다. 기업의 이익은 단기적으로는 이윤의 규모를 통해 확인되지만 중·장기적으로는 기업의 성장가능성과 발전가능성을 통해 평가받는다.

대부분의 이익집단(interest group)은 자신의 집단적 이익을 추구한다. 대표적인 이익집단으로는 전국경제인연합회, 한국노동조합총연맹, 대한변호사회 등을 들 수 있다. 이들은 집단구성원들의 이익을 전체적으로 대변하며 추구한다.

3) 공익과 사익의 갈등과 혼재

공익은 불특정 다수의 이익이므로 공동체를 구성하는 많은, 다수의 개별이익을 보장하고자 한다. 따라서 공공조직의 활동으로 이익을 보는 다수가 있지만 손해를 보는 소수도 있게 된다. 따라서 공공의 목적을 위해 침해된 사적 이익을 사회적 차원에서 보호하고 보상해 줄 수 있는 체제가 필요하다.

사익을 추구하는 것은 궁극적으로 공동체의 이익, 즉 공익에 기여할 수 있으나 때로는 사적 이익을 가져오거나 다른 조직이나 다른 공동체 구성원의 이익을 해치는 경우가 있다. 이때는 사적 활동으로 인해 공동체에 미친 손해만큼 환수하고 제재를 가해야 한다. 또한 개인이나 기업이 사회적 공헌 등을 통해 공동체의 이익을 직접으로 기여할 경우 세제감면 등의 방법으로 사회적 책임성을 보상해준다.

어떤 조직들은 공익과 사익을 동시에 추구하기도 한다. 정당조직들은 권력의 획득이라는 사적 이익과 정책을 통한 국가에의 봉사를 통해 공익을 증진시킨다. 공기업이나 각종 협회, 조합 등의 경우 한편으로는 공익을, 다른 한편으로는 사익을 추구하며 왔다 갔다 한다. 사립학교, 언론사, 그리고 종교조직은 그들의 사회적 기능을 통해 사익과 공익을 동시에 추구한다.

그런데 최근에는 기업조직도 경제적 이익인 자본가의 이익이나 이해관계자의 이익의 극대화는 물론이고, 비경제적 기업 목적을 추구하는 것으로 관측된다(신유근, 1986: 131). 즉, 기업이 비경제적 목적인 사회적 책임을 확대해 가고 있는데, 최근에는 사회적 기업의 형태로 발전하고 있다.

정부기관 및 공공기관, 그리고 시민사회조직에서 때때로 조직의 이익이라기보다는 최고관리자나 대표자, 그리고 관리자계층의 이익을 위해 조직이 활동을 하는 경우가 있다. 이것은 조직의 이익이 아니라 개인의 이익으로 구분되어 인식되어야 한다.

참고

사회적 기업

사회적 기업(social enterprise)이란 취약 계층에 사회 서비스 또는 일자리를 제공하거나 지역 사회에 공헌해 지역주민의 삶의 질을 높이는 기업을 뜻한다. 국내에서 사회적 기업 인증을 받으려면 근로자 중 취약 계층이 30% 이상이거나, 제공하는 서비스의 수혜자 중에 취약 계층이 30% 이상이 되어야 한다는 등의 조건을 갖춰야 한다.

교보생명과 '일하는 재단'이 공동으로 재원을 출연해 2003년 다솜이재단을 만들었다. 이는 주로 저소득층 환자들을 무료로 간병해 주는 곳이다. 이외에도 SK 그룹은 2006년 '행복나눔재단'을 만들어 행복을 나누는 도시락 사업을 하고 있다. 삼성그룹은 '희망네트워크'를 만들어 공부방사업을 하며, 포스코는 2011년 '포스코에코하우싱'을 만들어 조립형 주택사업을 한다.

자료: 중앙일보, "함께 크는 기업", 2011.9.22, C3

3. 조직에서 윤리

1) 조직에서 윤리의 의의

윤리(倫理, ethics)란 인간 행위의 선악(善惡)과 정오(正誤)를 판단하는 기준이다. 윤리는 행위의 옳고 그름을 나타내는 것으로 인간으로서, 조직인으로서 반드시 해야 할 일과 하지 않아야 할 일을 구분시켜 준다. 윤리는 좋음과 싫음이 아니라 정당함과 부당을 의미한다. 따라서 다분히 도덕적 판단이 따른다.

조직의 윤리적 측면에서 공공조직은 공직윤리로, 기업조직은 기업윤리로 불리고 있다. 윤리적 행위의 주체는 사람이지만 그 행위의 뿌리는 최고관리자라든가 조직의 이익과 직결되는 경우가 많다.

조직윤리는 적극적으로 조직이 사회에 봉사하거나 조직목적을 성공적으로 달성하는 것보다는 소극적으로 옳지 않은 행위를 했을 때 더욱 부각된다. 합법적인 행위 중에서도 비윤리적이고 비도덕적인 행위가 있다는 것이다. 물론 불법적이면서 비윤리적인 행위는 말할 것도 없다.

조직윤리와 관련해서 뇌물 공여, 거짓말, 인권 말살, 그리고 환경 파괴 등이 주로 비난의 대상이 되어 왔다. 뇌물 기업, 거짓말하며 책임을 소비자나 국민에게 전가하는 조직, 인권을 침해하는 공권력 기관이나 사기업, 환경을 파괴하면서 회사의 이익만을 추구하는 기업들은 비윤리성에 대해 비난을 받는다.

사례 **조직윤리와 거짓말, 책임**

- **세월호 침몰사건과 직원의 사회적 책임**: 인천과 제주를 운항하던 여객선 세월호(청해진 해운 소속)는 2014년 4월 16일부터 18일 사이에 전라남도 진도군 조도면 부근 해역에서 완전 침몰하여 탑승인원 476명 중 304명이 사망 또는 실종하였다. 이들 중 대다수가 수학여행 중인 경기도 단원고 학생들이어서 국민을 안타깝게 하였으며 여론의 뭇매를 맞았고, 정부의 관리책임을 물어 정치적 쟁점화하였다. 공식적 침몰원인으로는 물살이 빠른 맹골 수도에서 무리한 항로변경, 과도한 선박의 개조와 증축, 과적 차량 및 인원의 승선 등 복합적이었으며, 다수 인명의 사망사고 책임, 거짓 신고 등을 이유로 회사는 2014년 인천-제주 간 운항면허가 취소되었으며, 한준석 선장 등 선박 승무원 일부는 승객보다 앞서 탈출하여 인명피해를 줄이지 않았다는 책임을 물어 법원에서는 징역형을 선고했다.
- **거짓말과 기업윤리**: 세계적 승용차 생산회사인 폭스바겐사는 배출가스와 소음 시험 성적서를 위조해서 미국, 독일 및 한국 정부 등에 제출했음이 밝혀져서 국제적으로 불신을 받고 있으며, 차량구입자들을 실망시켰다. 한편 임산부와 영유아의 폐질환으로 인한 의문사로 인해 식품의약품안전청의 고발과 검찰청의 수사를 받은 옥시 레킷 벤키저사(Reckitt Benckiser Group PLC)는 가습기 살균제의 유해성을 몰랐다는 주장이 거짓으로 판명되었으며, 이에 따라 시민단체들이 주도하여 한국시장에서 불매운동이 확산되었다.

자료: http://ko.wikipedia.org 2016.8.11 등 일간신문 참조;
머니투데이 뉴스, 2016.6.7; 다음백과사전

2) 조직윤리의 제도화

조직에서 윤리는 도덕적으로 지켜져야 하지만 이를 규범적으로 강제하여야 실효성이 크다. 따라서 많은 조직들은 조직윤리를 제도화하고 있다. 조직윤리의 제도화에 대해 각종 조직의 관심은 매우 높아지고 있으며 정부는 전체 공무원과 공공기관에 대해, 기업들은 그룹과 개별 기업 단위 등으로 윤리규정이나 윤리규범을 두고 있다.

정부의 경우 1980년대에 '공무원의 신조에 대한 규정'을 둔 바 있고,[1] 2003년부터 '공무원 행동강령'을 마련해 시행해 오고 있으며, 기타 지방의회 의원의 행동강령, 공직유관단체의 행동강령도 마련해 적용하고 있다.

2015년에는 소위 '김영란 법'으로 부르고 있는 「부정청탁 및 부정수수의 금지에 관한 법률」(법률 제13278호, 2015.3.27 저정, 2016년 9월 시행)을 제정하여 공직사회(언론 및 교육계 포함)에 부정부패를 방지하기 위한 노력을 하고 있다. 이 법에 따르면 공직자가 직무관련성과 관계없이 100만 원을 받으면 형사 처벌된다.

사기업 영역에서는 세계적으로는 'IBM의 행동강령'[2]이 소개되어 왔으며, 우리나라에서 삼성그룹, SK그룹, 현대그룹 등 대부분의 그룹에서 이를 규정해 시행하고 있다.

세계적 지식정보산업의 총아인 구글(Google)의 행동강령(Google Code of Ethics)에는 사용자에게 봉사, 서로에 대한 존증, 이해충돌 회피, 기밀 유지, 구글의 재산보호, 재정건전성 및 책임보장, 법에 대한 복종 등이 제시되고 있다(http://invester.google.com/corporate/code-ofconduct.html 2018.1.10 검색).

한국의 대표적 그룹 중의 하나인 SK의 윤리규범에서는 주주에 대한 책임, 사업 파트너와의 관계, 고객에 대한 자세, 사회에 대한 역량 등을 포함한다(SK 윤리규범, 2011.8.27 인터넷 검색).

---

1) '공무원의 신조(信條)'는 공무원윤리헌장의 이념과 정신을 공무원들이 행동화할 때 지켜야 할 기본 강령이다. 그 주된 내용으로는 ① 국가에는 헌신과 충성을, ② 국민에게 정직과 봉사를, ③ 직무에는 창의와 책임을, ④ 직장에선 경애와 신의를, ⑤ 생활에는 청렴과 질서를 등이다(총무처, 1981: 6).

2) IBM의 기업행위규칙은 IBM이 종업원에게 기대하는 윤리적 행동 기준과 그 수준을 제시하는 데 목적이 있다. 그 내용은 ① 모든 면에서 공정성을 추구, ② IBM의 규모 과시 금지, ③ 상호 호혜적 거래의 금지, ④ 확정된 계약에 대한 영업행위의 금지, ⑤ 뇌물, 선물 및 지나친 접대행위의 금지, ⑥ 협력회사의 상호 간섭의 금지 등이다(김영진, 1994: 263-271).

사례 **윤리규범(공무원 행동강령과 삼성전자의 윤리규범)**

조직인의 윤리를 강화하기 위해 조직은 각종 윤리헌장, 강령, 그리고 규정 등을 마련한다. 여기서는 한국 정부의 '공무원 행동강령'과 우리나라 대표 기업인 삼성전자의 '윤리규범'을 소개한다.

- **'공무원의 행동강령'**: 부패 방지 및 국민권익위원회 설치와 운영에 관한 법률에 근거해 제정되었으며, 그 주된 내용으로는 ① 공정한 업무 수행을 해치는 지시에 대한 처리, ② 이해관계 직무의 회피, 특혜의 배제, 예산의 목적 외 사용 금지, ③ 인사 청탁과 이권 개입 방지, 직위의 사적 이용 금지, 알선과 청탁 등의 금지, ④ 금품수수 금지, 금전의 차용 금지, 공용물의 사적 사용과 수익의 금지, ⑤ 기타를 들고 있다.
- **삼성전자주식회사의 'Business Guidelines'**: 삼성전자는 2005년 '삼성전자 행동규범', 2016년에는 '행동규범가이드라인'을 수정・보완하여 실시하고 있다.
  금전, 현금성 자산, 선물 등 어떤 금품도 받지 않는다. 과도한 식사, 골프 및 술 접대 등 향응을 제공받지 않는다. 개인적으로 금전을 빌리거나 빌려주지 않는다. 당사의 유・무형 정보자산이나 내부정보를 유출하지 않는다. 당사의 인력이 경쟁사에 스카우트되도록 주도하거나 협조하지 않는다.

자료: 대통령령 제32661호, 2020.6.2. '공무원 행동강령'. 국민권익위원회원회 제공;
삼성전자주식회사, 홈페이지 검색. 2024.2.8

3) 조직윤리의 실천

많은 공사조직에서는 조직윤리를 실천하기 위해 윤리강령의 제정에 그치지 않고 이를 위해 전략을 세우고, 관리 부서를 설치하며, 윤리 교육을 하는 등 노력을 기울이고 있다.

정부에서는 소위 '김영란 법'을 제정하여 강제성이 따르도록 제도화하였으며, 중앙정부 수준에서는 감사원을, 개별 조직 수준에서는 감찰실, 감사관실, 감사담당관실, 인권보호담당관, 청렴담당관, 윤리지킴팀 등을 설치하여 공직 윤리업무를 운영하고 있다. 한국전력주식회사 등 공공기관들은 자체 감사실 등을 설치 운영하고 있다. 한편 기업에서는 그룹별 혹은 개별 회사별로 윤리경영을 실천하기 위한 기구 등이 설치되어 있다.

사례 **NH농협의 윤리경영**

NH농협은 청렴한 농협, 투명한 농협, 그리고 깨끗한 농협이라는 슬로건을 내걸고 신뢰받는 농협상을 제시하고 있다. 실천방법은 윤리규범, 전담조직, 그리고 실천프로그램 등이다. 특히 NH농협에서는 '청렴계약제도'를 제정하여 운영하고 있다.

- **윤리규범**: 윤리헌장, 윤리강령, 그리고 임직원행동강령
- **전담조직**: 윤리경영위원회, 준법지원부
- **실천프로그램**: 교육프로그램, 홍보프로그램, 감시감독
- **평가와 환류**: 농협준법지수평가, 계열사윤리지수 평가, 간부직원 청렴도 평가

자료: http://www.nonghyuɔ/Html/Ethics/Introduce/meaning.aspx 2024.2.8 검색

4) 조직의 사회적 책임

많은 공사조직은 조직윤리와 더불어 사회적 책임성(social responsibility)을 요구받고 있다. 정부기관은 원래 직접 공익을 추구하나 민간기관(기업)은 사익을 추구하며 간접적으로 공익을 추구한다. 따라서 기업에게 사회적 책임이 더 강조된다. 정부기관에서는 군대 등 일선기관과 공공기관들이 사회적 책임을 하기 위한 사업을 하고 있다.

사회적 책임은 조직의 지속가능개발(sustainable development)과 관련하여 논의되고 있다. 조직이 단기적인 업적을 달성하는 것에서 벗어나 중·장기적으로 존속하고 국민과 소비자로부터 사랑과 신뢰를 받기 위해서, 즉 지속가능한 개발을 위해서 사회적 책임을 다해야 한다는 것이다.

사회적 책임이란 사회적 의무, 사회적 반응, 그리고 사회적 대응성이라는 개념으로 나뉜다. 사회적 의무(social obligation)란 기업이 법이 허용하는 범위 안에서 합법적인 행위를 해야 한다는 의미다. 사회적 반응(social reaction)이란 기업이 현재의 규범, 가치, 그리고 실적 기대에 부응해서 활동해야 한다는 의미이다. 사회적 감응성(social responsiveness)이란 공공의 문제나 미래의 사회적 이슈에 대해 민감하게 반응해야 한다는 의미다(Donnelly et al., 1998: 86-89).

사회적 책임은 조직이 원래의 기능이나 목적 이외에 사회의 구성원으로써 책임있는 역할을 하는 것을 의미한다. 이것은 주로 자연 및 환경보호, 이해관계자에 대한 고려, 그리고 사회공헌 등으로 구분된다.

자연 및 환경보호는 조직이 속해 있는 지역사회나 국가, 그리고 세계의 환경보호에 초점을 맞춘다. 조직은 주로 사회적 활동을 하지만 제조업 기구들은 자연환경을 파괴하는 경우가 많다. 특히 산림목재산업 분야의 기업들은 숲과 생태계를 파괴할 가능성이 높고, 화학제품회사들은 환경을 오염시킬 가능성이 크므로 이들에게 자연과 환경의 보호를 요구한다.

이해관계자에 대한 고려는 조직 내의 노동조합, 주주 등 이해관계자, 조직 밖의 협력기관, 그리고 정부와 좋은 관계를 맺어가는 것을 의미한다.

사회공헌 활동은 한 사회를 구성하는 사회적 약자, 불우한 이웃에 대해 도움을 주는 활동이다. 고아원 등 사회복지시설의 방문과 봉사, 재능 기부, 장학재단 등 공익법인의 설치와 운영 등은 대표적 사회공헌 활동이다.

미국연방정부는 사회적 책임을 다하는 기업을 선정함으로써(Ron Brown Award for Corporate Leadership) 정부가 기업에게 사회적 책임을 다하도록 유도한다(Hellrigal et al., 1999: 204).

제 2 절 조직에서 임무(미션)와 비전

1. 조직에서 임무

1) 임무의 의의와 기능

(1) 임무의 의의

조직관리에서 임무(任務, mission) 혹은 사명(使命)은 전략적 관리가 조직이론가 및 조직실천가들의 관심을 받으면서 비전과 더불어 강조되어 왔다. 임무와는 별도로 정부조직이나 공익법인들에서는 조직의 설립목적으로 강조되어 왔다.

조직에서 임무는 수행되어야 할 행동과 이유를 명백히 알려 주는 과업이나 목적을 의미한다(Gehri, 1992: 1). 임무 혹은 사명은 조직이 하는 일, 해야 할 일로 사회가 조직에 부여한 역할과 기능을 나타낸다. 그것은 조직의 활동과 사업 영역을 나타내기도 한다.

조직에서 임무는 이윤을 추구하는 것은 아니다(Thompson & Strickland, 2001: 33).

공익을 추구하는 것이 조직의 임무는 아니다. 공익이나 이윤은 조직이 임무를 수행한 결과다. 또한 임무는 비전과 구별된다. 임무는 조직이 하는 일이 무엇인가에 대한 것인데 반해, 비전(vision)은 조직이 되고자 하는 상태를 말한다.

(2) 임무의 기능

조직에서 임무의 기능은 다음과 같다. 첫째, 조직관리에서 임무 혹은 사명은 조직이 존재하는 이유를 나타낸다. 사회에는 수많은 조직이 있다. 이들 조직은 나름의 목적이 있으며 다른 조직과 구분되는 특색이 있다. 조직의 임무는 특정 조직만이 갖는 정체성(identity)을 보여준다.

둘째, 조직에서 임무는 가치, 사회적 책임, 윤리적 원리, 그리고 조직의 관리 철학 등을 포함한다. 조직은 어떤 가치를 실현하기 위해 만들어진다. 조직활동은 결국 어떤 가치를 실현하는 과정에서 일어난다.

참고

주요 조직의 임무와 사명(mission)

- 정부기관: **국민권익위원회**: 부패방지, 권익구제, 국민소통과 제도개선
  법무부: 법질서 확립, 인권 옹호, 법무 서비스 제공
  헌법재판소: 헌법을 수호하고 국민의 기본권을 지킴
  기상청: 신속하며 정확하고 가치 있는 기상 서비스의 제공
- 공공기관: **한국교육방송**(EBS): 학교교육 보완, 평생교육과 민주적 교육 발전
  한국소비자원: 소비자의 권익보호, 소비생활 향상 도모
  한국전력공사: 전력수급의 안정으로 국민경제발전에 이바지
  국립암센터: 국민을 암으로부터 보호, 암환자의 삶의 질 향상
- 사기업: **(주)리바트**: 삶의 공간을 예술로 디자인하여 고객의 삶의 가치를 향상
  패션그룹형지(주): 고객, 구성원, 파트너의 아름다운 조화를 바탕으로 행복한 패션문화 창출
  에스.엠.엔터테인먼트(S.M. Entertainment Co. Ltd.): 연예매니지먼트, 음반사업, TV프로그램 제작
- 국제기구: **UNESCO**(국제연합교육과학문화기구): 유엔의 특별기구로서 평화를 구축하고, 질병을 퇴치하며, 교육, 과학, 문화, 통신, 그리고 정보를 통해 지속가능한 발전과 문화 간 대화를 한다

Green Peace: 연약한 지구가 해결책, 변화, 그리고 행동에 관한 목소리를 들을 수 있도록 하기 위해 존재한다.

자료: 각 조직의 홈페이지에서 검색. 2011.8.24/2016.8.16/2024.2.8

셋째, 조직의 임무는 관리 업무와 관리 구조를 설계하는 출발점이다. 조직의 임무는 조직이 활동하는 우선순위, 전략목표, 계획작성, 그리고 업무 할당 등의 기초이다(David, 2004: 53). 또한 조직의 임무는 조직의 비전을 만들기 위해 거쳐야 할 선행 단계이며, 조직의 임무나 사명은 조직의 상위 목표이고 핵심적 기능이다. 잘 규정된 임무는 차하위 목표와 계획을 개발할 때 기초가 된다.

넷째, 조직의 임무는 조직 이해관계자 간의 의사소통을 위한 좋은 수단이다. 임무를 작성하거나 수정하면서, 그리고 임무를 확인하면서 주요 이해관계자들(예: 기업의 경우 이사회, 최고관리자와 임직원, 노동조합, 주주, 그리고 소비자 등. 정부의 경우 국민, 국회, 행정수반과 장·차관, 고위공무원과 기타 직업공무원, 지방자치단체장과 의회의원, 공공기관 임직원 등)은 조직의 임무를 통해 의사소통의 질을 높인다. 위의 〈참고〉는 주요 조직들의 임무와 사명을 예시한 것이다.

2) 임무의 존재와 기술

(1) 임무기술서의 의의

조직의 임무와 사명은 문장의 형태로 제시되거나 선언되는 경우가 보통이다. 이를 임무기술서, 임무선언서, 사명기술서 혹은 사명선언서라고 부른다. 여기서는 '임무기술서(任務記述書, mission statement)'로 통일하여 사용한다. 임무와 사명이 어디에, 어떻게 표현되고 있는가는 임무의 효용도에 영향을 준다. 임무기술서는 조직에 따라 그 길이, 내용, 형식, 그리고 특징이 다를 수 있다.

조직의 임무나 사명이 공식적으로 기술되기도 하지만 명백하게 기술되지 않는 경우도 많다. 공공조직, 시민사회조직(NGO 등)은 비교적 임무나 사명을 뚜렷하게 명시하는 경우가 많으며, 주로 법률이나 행정규칙, 그리고 정관 등에서 '설립 목적'이나 '임무'라는 형태로 제시되며, 때로는 임무기술(예: UNESCO의 임무)로 확인되기도 한다. 하지만 사기업의 경우는 회사의 정관 등에서 사업 영역의 형태로 존재하며 명확하게 부각되지 않고 있다.

(2) 임무기술서의 구성 요소와 조건

임무기술서에 포함되어야 할 구성 요소에 대하여 많은 학자와 실천가들은 다음의 아홉 가지를 제시한다. 그것은 고객, 제품과 서비스, 시장, 기술, 조직의 생존·성장·이윤에 대한 관심, 철학, 자기개념, 공적 이미지, 고객관심 등이다(David, 2004: 63).

임무기술서는 무엇(what), 누가(who), 그리고 어떻게(how)가 포함되어야 한다(Thompson & Strickland, 2001: 34-35). 고객이 원하는 것이 무엇인가? 누구를 만족시킬 것인가? 그리고 조직의 활동, 우수성, 기술, 그리고 고객에게 전달하고 싶은 가치와 원하는 것을 전달하기 위해 어떻게 할 것인가의 방법이 포함되어야 한다.

임무기술서가 효과적이려면 그것은 명확하고, 잘 정의되며, 가치가 함축되고, 그리고 어느 정도 짧을수록 좋다고 한다(민진·민나온, 2013: 100).

(3) 임무기술서의 정의와 개발

임무기술서의 정의와 개발은 조직의 종류에 따라 다르다. 정부조직에서는 소수의 담당자와 최고관리자들이 주축을 이루어 법령을 제정하면서 조직의 임무와 목적을 정의한다. 기업이나 시민사회조직에서는 법인체나 조직의 정관을 만들면서 임무를 정의한다. 조직의 임무가 이미 법규화되어 있는 경우에는 새로이 임무를 재해석하여 임무기술서를 개발할 때 필요한 논리를 제공한다.

여기서 공식적인 임무의 기술(mission statement)은 조직의 기본적인 업무 범주와 작용을 정의해 넓게 서술한 것이며, 유사한 다른 조직과 구별되게 한다. 임무기술의 내용은 종종 시장과 고객에 초점을 맞추며, 바람직한 노력의 분야를 규정한다. 일부 임무기술서는 회사의 가치, 제품의 질, 회사의 위치, 직원에 대한 태도 등 회사의 특징을 묘사하기도 한다(Daft & Marcic, 1998: 201-202).

단순히 조직의 임무(혹은 사명)를 정의하는 것은 조직에서 임무감(sense of mission)을 만들어내는 것과는 다르다. 조직에서 임무감을 창출하기 위해서는 임무는 내용, 신뢰성, 그리고 긴박감이 있어야 한다. 내용(content)은 사람들이 하는 일에 기여할 수 있도록 하는 것이며, 신뢰성(credibility)은 조직이 실제로 하는 일을 나타내는 것이고, 긴박함(urgency)은 조직이 절실히 요구하는 것이다(Cardona & Rey, 2008: 71).

일반적으로 임무를 개발할 때 사용하고 있는 방법은 다음과 같다. 우선 임무기술서에 대한 관련 저서나 논문을 수집하여 관리자들에게 배포하고 관리자로 하여금 임무기술을 작성하게 하여 임무기술 담당기구에 제안하게 한다. 이 기구에서는 제안된 조직의 임무를 정리하여 하나의 통합된 문서로 만든 후 관리자들에게 배포하고 이를 수정, 추가, 삭제 및 보완한 대안을 제출한다.

3) 임무의 공유와 관리

(1) 임무 공유의 의의

조직 임무(미션)의 공유 또는 공유된 임무(사명, shared mission)는 좀 더 상위 계층의 임무를 돕기 위해 책임을 지는 것으로 부서, 기능 영역, 그리고 지역 단위 등으로 구분된다. 예컨대, 조직의 사명(임무)으로부터 부서별 임무, 기능 단위별 임무를 추출한다. 부서별 임무 대신에 '부서별 목표'를 사용하기도 한다.

임무를 공유하기 위해서는 포괄성, 보완성, 그리고 일관성이라는 기준이 요구된다. 포괄성(inclusion)이란 개별 임무가 전체 임무에 기여하는 것이며, 보완성이란 개별 임무 간에 다툼이 없이 서로 돕는 것이고, 일관성(consistency)이란 시간적으로 앞뒤가 맞는 것이다.

(2) 임무 공유와 관리

사명 혹은 임무를 정의하기 위한 매뉴얼이나 절차를 구비하여 따르는 것은 이점보다는 위험이 높다. 다만 임무를 정의할 때는 그것을 결정할 때 누가 참여하는가? 사람들과 의사소통이 쉬워야 하고 상급기관의 승인을 받아야 한다.

그런데 임무기술서를 개발할 때 가능한 한 많은 관리자들이 참여하는 것이 구성원의 관여와 몰입을 높이기 때문에 바람직하다. 모든 관리자들이 임무기술 작업에 참여하면 그 이후의 집행과 평가가 훨씬 쉬워진다(David, 2004: 54). 임무기술서 작성 과정에서 조직 내부의 관리자뿐만 아니라 조직 외부의 전문가도 참여하여 조언할 수 있다.

조직의 임무와 목적은 영원불멸의 것은 아니다. 조직이 임무를 완전히 달성했거나 달성이 불가능할 때는 조직을 없애든지 새로운 조직으로 태어나기 위해 임무를 재설정하고 재정의하여야 한다. 또한 환경 변화에 따라서 임무의 부분적 변경이 가능하다.

2. 조직에서 비전

1) 비전의 의의와 기능

(1) 비전의 의의

조직관리에서 비전(vision)은 전략적 관리(strategic management)가 조직이론가 및 조직실천가들의 관심을 끌면서 임무 혹은 사명과 더불어 중요한 관심 주제로 등장했다. 비전은 조직에서 추구해야 할 가치 영역에 해당한다.

비전의 사전적 의미는 시력, 시각, 상상력, 보이지 않는 것을 마음 속에 그리는 통찰력, 직감을 통한 상상도, 미래도, 보이는 것, 눈에 띄는 광경을 의미한다(김세우, 2007: 15).

비전은 조직의 미래에 대한 개괄적 청사진(road map)으로서 고객과 기술 관점, 그리고 추구해야 할 가치 및 제품 시장, 개발시켜야 할 역량, 관리를 통해 만들어가는 조직의 종류 등 세부적 특성을 제공한다. 또한 조직에서 비전은 조직의 미래를 전망하는 힘으로서 조직이 염원하는 바람직한 모습, 변화해야 할 방향을 제시한다.

임무는 비전과 구분된다. 임무는 조직이 하는 일이 무엇인가에 대한 것인데 반해, 비전은 조직이 되기를 원하는 상태이다.

(2) 비전의 기능

첫째, 조직에서 비전은 조직의 장기적 생존과 발전에 기여한다. 비전은 조직의 장기적 지향점을 제시한다. 비전은 조직의 현재 실상이나 가까운 미래를 넘어 장기적으로 먼 미래의 이상을 제시한다. 따라서 비전은 조직구성원에게 미래에 대한 전망을 가능하게 하며, 조직은 비전에 기초하여 전략적 계획을 세우고 이를 집행한다.

둘째, 조직에서 비전은 효율적 관리의 수단이다. 비전은 예산, 인력, 그리고 정보 등 조직 자원의 동원, 배분, 그리고 관리를 위한 방향과 지침을 제공한다. 또한 비전은 기획관리와 조직관리 등 조직관리를 합리적이고 효율적으로 하게 한다. 비전에 따른 조직관리는 자원과 노력의 집중과 선택을 가능하게 한다.

셋째, 조직에서 비전은 조직의 이해관계자 간 의사소통을 촉진하는 수단이다. 비전을 작성하거나 수정하면서, 그리고 확인하면서 주요 이해관계자들은 조직의 비전을 통해 공감대를 형성하고 개인의 비전을 조직의 비전으로 연결시켜 준다. 비전은 조직의 전략적 관리를 위한 좋은 소통 수단이다.

참고

한국 주요 조직의 비전(2013년, 2024년)

- 행정조직: 국가인권위원회: 사람이 사람답게 사는 세상
  국방부: 21세기 선진 정예 강군 육성
  서울시 교육청: 꿈의 학교, 행복한 서울 교육
- 공공기관: 한국전력공사: Smart Energy Creator, KEPCO
  한국은행: 국가경제의 안정과 발전을 이끔
  한국장학재단: 세계 최고의 인재 육성 학자금 지원
- 사기업: 삼성전자: 미래사회에 대한 영감, 새로운 미래창조
  LG: 일등 LG
  POSCO(포항제철): Better World with Green Steel(2023)
  신한은행: World Class Financial Group
  대한항공(KAL): 세계항공업계를 선도하는 글로벌항공사
- 대학교: 서울대학교: 세계 수준의 종합연구대학
  이화여자대학교: 기독교정신에 기초한 세계 최고의 여성지도자 육성
  한국학중앙연구원: 세계와 함께하는 한국학의 본산
  국방대학교: 국가안보를 선도하는 세계일류 국방대학교

자료: 각 조직의 홈페이지에서 검색. 2013.12.5/2016.8.16

2) 비전기술서

(1) 비전기술서의 의의

마음과 머리에서 상상하는 비전이 구체화되어야만 현실의 비전으로 승화한다. 보통 조직의 비전은 문장의 형태로 제시되거나 선언되면서 구체화된다. 이를 '비전기술서(vision statement)' 혹은 '비전선언서'라 부른다.

비전기술서는 임무기술서나 조직의 목적에서 도출된다. 비전기술서가 조직의 미래 위치나 희망하는 상태를 명확하게 나타내는 것이라면, 임무기술서는 핵심 업무와 포괄적인 조직의 사명을 나타낸다(Bryson, 1997). 비전기술서는 조직의 임무와 이해관계자를 구체적으로 연결시켜 준다. 그것은 꿈에 의해 비전으로 나타나며, 임무기술서에 나

타난 조직의 목적을 달성하기 위해 사용되는 하나의 전략이다(Rekate, 2002).

(2) 비전의 구성 요소

콜린스(James C. Collins)와 포라스(Jerry I. Porras)는 비전의 구성 요소로 핵심 이념과 비전화된 미래를 들고 있다(존 코터, 1999: 40-82).

핵심 이념(core ideology)은 조직의 영구적인 특성을 뜻하며 핵심 가치와 핵심 목적으로 구성되어 있다. 핵심 가치(core value)는 조직의 본질적이면서 지속적인 신조로서 조직 내부자들에게 중요하다. 핵심 가치는 시간이 지나도 변하지 않아야 하며, 모든 조직에 보편타당한 핵심 가치는 없다. 핵심 목적(core purpose)은 조직의 존재 이유를 나타내는 것으로서 적어도 100년 이상 지속되어야 할 정도로 변하지 않으며 변화를 불러일으킨다.[3)]

비전화된 미래(envisioned future)는 크고 어렵고 대담한 목표 BHAG와 생생한 묘사로 구성되어 있다. BHAG(Big Hairy Audacious Goals)는 10년 내지 30년 정도의 노력이 필요한 수준을 요구한다. 생생한 묘사(vivid description)는 BHAG를 성취함으로써 향후 어떤 미래를 가질지에 대한 선명하고 매력적이며 구체적인 묘사를 말한다.[4)]

(3) 좋은 비전기술서의 조건

저자는 이상적인 비전기술서가 갖추어야 할 조건을 내용적 측면과 형식적 측면으로 구분하여 제시한다(민진 · 민나온, 2016: 133-136).

비전의 내용적 구성 요소로는 미래지향성, 우수성, 그리고 핵심가치 등을 들 수 있다. 첫째, 비전은 시간 선상에서 미래를 지향한다. 그것은 과거나 현재가 아니라 다가올 미래에 대한 것이다. 둘째, 비전은 우수성을 포함한다. 비전을 설정할 때는 비교 대상을 설정하는 것이 보통이며, 이때 사용하는 용어가 동종 분야의 최고, 제일, 탁월, 우수, 그리고 선진 등이다. 우수성은 구체적인 방향과 전략을 선택할 때 크게 기여한다. 셋째, 비전은 핵심가치를 나타낸다. 조직은 분야별로 혹은 창업자의 가치관에 따라 특유한 가치가 존재한다. 예컨대, 기업은 생산성이, 대학교는 창의성이, 그리고 정부기관

---

3) 핵심 가치의 예로는 기업의 경우 머크(Merck)사는 과학에 기반한 혁신 추구 등을, 소니(Sony)사는 일본 문화와 국가 지위의 선양 등을 들고 있다. 또한 핵심 목적으로는 기업의 경우 머크사는 인류 삶의 보존과 개선을, 소니사는 공익을 증진하는 기술 발전과 적용의 즐거움 공유를 들고 있다.

4) 포드(Ford)자동차사는 1900년대 초에 자동차를 대중화하는 것을 BHAG로 내세웠다. 또한 말 대신에 자동차가 도로를 차지할 것이라고 묘사했다.

은 공공성이나 국민의 신뢰가 각각 강조된다. 핵심 이념과 부합되는 비전을 개발해야 한다.

한편 비전의 형식적 · 절차적 구성 요소로는 비전의 존재양식, 비전 표현의 간결성, 그리고 비전과 실행계획의 연계성 등이다. 첫째, 비전의 존재양식은 비전이 문장화 또는 선언되었는지를 의미한다. 둘째, 비전 표현의 간결성은 조직구성원 간의 소통가능성에 대한 것으로 비전이 몇 마디 단어로 표현되어야 함을 의미한다. 비전은 구성원들의 공감을 얻을 수 있어야 하며 의사소통에 무리가 없어야 한다. 즉, 비전의 의미는 전달이 잘되고 간결해야 한다. 셋째, 비전과 실행계획의 연계성은 세부추진전략, 달성목표, 그리고 비전 포인트 등이 비전기술서에 포함되어 있는가의 문제로서 비전의 실현 가능성을 평가하게 한다. 비전을 실현하기 위한 제반 활동과 목표 간에는 정합성이 있어야 한다.

3) 성공적인 비전의 개발과 관리

(1) 비전기술서의 작성

누가 비전을 작성할 것인가? 조직의 최고관리자가 독단적으로 비전을 제시할 수도 있고, 조직구성원들의 대표자가 모여 합의를 이루는 과정을 밟을 수도 있으며, 전체 구성원이 참여할 수도 있다. 그런데 조직의 규모가 커지면 전체 구성원의 합의를 구하기는 어렵게 된다. 비전기술서를 작성하는 일은 일상적인 업무가 아니므로 '비전작성위원회(가칭)' 등을 두어 업무를 전담하게 하는 것이 효율적이다. 그리고 비전에 대한 아이디어는 여러 가지 경로를 통해 수집하되 핵심 대표자들이 비전을 확정해야 한다. 비전기술서의 작성 방법은 다음과 같다.

첫째, 다수의 관리자가 비전기술서를 작성하는 과정에 참여하는 것이다. 비전기술서를 개발할 때 가능하면 많은 관리자들이 참여하는 것은 그들이 조직에 관여하는 정도가 높아지기 때문에 공감대 형성이 쉽고 동기부여가 용이하다. 하지만 그것은 시간, 노력, 그리고 비용이 많이 든다는 단점이 있다. 비전기술서를 개발할 때 사용하는 방법은 임무기술서를 개발할 때의 그것과 같다.

둘째, 최고관리층이나 외부자가 주도하는 방법이다. 모든 관리자들이 조직 전체로서 미래상을 제시하는 것은 쉽지 않다. 오히려 최고관리자나 최고관리층, 그리고 이사회 구성원들이 평소에 조직의 생존과 번영, 그리고 미래에 대해 관심이 많기 때문에 그들이 주도하는 것이 효율적이다. 그런데 실제 비전기술서를 작성하는 과정에서 조직 내부의 관리자뿐만 아니라 조직 외부의 전문가들이 참여하여 조언하기도 한다.

(2) 비전의 관리와 한계

비전의 관리와 한계는 다음과 같다. 첫째, 조직의 비전은 공유되지 않으면 별로 소용이 없다. 즉, 비전은 모든 조직구성원이 공유하면 할수록 그 효력은 커진다. 조직의 비전은 비전 작성 과정에 조직인들의 참여를 높이고 비전 선포식 등을 통해 공유도를 높일 수 있다(예: 숙명여자대학교의 '숙명 2030 비전' 선포식). 구성원의 진정한 참여와 몰입이 없이는 비전을 달성하기 어렵다.

둘째, 조직 비전의 실현 가능성을 높이기 위해 최고관리층은 구체적 노력을 기울여야 한다. 조직의 모든 활동은 비전에 맞춰 전략적으로 관리되어야 한다. 즉, 전략과 실천 계획들은 비전과 연결되어야 한다. 따라서 최고관리자의 높은 관심과 큰 역량이 요구된다. 비전지향적 관리가 이루어져야 한다.

셋째, 조직에서는 비전을 주기적으로 관리하고 점검해야 한다. 비전의 대상 기간은 단기적으로는 5년 정도, 중・장기적으로는 10년 정도를 기간적 범위로 한다. 비전에서 미래가 특정 연도라고 정해진 경우에는 그 기간이 도래하기 전에 비전의 달성 여부를 평가하고 비전을 재설정할 것인지를 결정하여야 한다. 조직이 내건 비전을 달성한 이후에는 조직목표가 방향성을 상실하므로 시대에 따라 지속적인 개선이 요구된다. 일정한 시간이 지나면 조직의 비전을 점검해야 한다.

비전이 갖는 한계로서 미래의 불확실성으로 인한 명확한 비전 제시의 곤란, 리더십의 단절에 따른 비전의 계속성 제약 등을 들 수 있다. 조직의 성공을 위해서는 이러한 한계를 극복해야 한다.

한편 조직의 유형에 따라서 비전의 내용이나 실천이 달라질 수 있다. 민간 기업에서 비전은 비교적 유용성이 높게 인정되고 있지만 정부기관 등 공공 부문에서는 아직 활발하지 않은 것 같다. 공공 부문에서도 조직생태계 속에서 자기 조직의 위상을 평가하고 임무를 확인한 후 비전을 설정하여야 한다.

제 3 절 조직의 목표

1. 조직목표의 의의, 기능과 특성

1) 조직목표의 의의

버스나 배, 그리고 비행기에 출발지가 있다면 반드시 도착지가 있듯이 인생에는 목표가 있고 조직에도 목표가 있다. 조직은 목표를 향해 운영되며 목표를 달성하고자 한다.

조직목표는 학자들에 따라 다양하게 인식되고 정의되는데, 대체로 그것은 "조직이 달성하려는 미래의 바람직한 상태, 조건이나 산물"로 정의된다. 그런데 목표라는 용어에 대해 미국 학자들은 목표(objective, target)와 목적(goal, aim) 등으로 구분해 사용하기도 하나 여기서는 이들을 묶어서 목표로 부르기로 한다. 또한 목표라 하더라도 경영목표, 행정목표, 전략목표, 경영지표, 목적 등 다양한 형태로 사용하고 있다. 다만 설립목적에서 '목적'은 여기서 제외하고 임무에서 다룬다.

참고

주요 조직의 목표

- 정부: **기상청**(발전목표): 첨단기상기술 확보와 기상 인프라 구축, 글로벌 기상·기후 공동체 구축 등
  산림청(전략목표): Green Infra, Green Life, Green Leadership
  국립극장: 완성도 높은 공연예술제작 및 보급 확산, 고객감동서비스 확대, 극장 경영의 효율성 강화
- 공공기관: **한국장학재단**(경영목표): 국가장학금의 효율적 운영을 통한 세계 최고의 인재 육성, 학자금 지원기관으로 위상 정립
  KBS(2024 경영지표): 공정과 혁신으로 새로운 KBS
- 사기업: **NH농협**(Vision의 3대 목표): 초일류 농축산물 유통그룹, 대한민국 금융 리더, 지역종합센터
  삼성전자: 매출 280조 원 달성, 세계 최고 인재가 일하고 싶어하는 기업 외
- 정당: **더불어민주당**(목적, 당헌당규): 공정평등사회, 보편적 복지, 한반도 평화통일

	국민의힘(목적, 당헌당규): 자유민주주의와 시장경제를 기본 이념으로 국가안보 우선
■ 대학:	**숙명여자대학교**: 전인적 품성과 합리적 지성을 갖춘 글로벌 리더 육성
	KAIST(신문화전략): 창의인재, 융복합연구, 글로벌인재, 기술가치창출, 소통신뢰

자료: 각 조직의 홈페이지에서 검색. 2011.8.21/2013.12.8/2016.8.16

그동안 조직연구자들은 조직의 다른 영역에 비해 조직목표에 관해 관심이 부족한 듯하다. 최근에는 조직의 유효성이나 효과성에 관한 논의나 목표관리에 대한 관심이 높아지고 있다. 따라서 조직의 중요한 부문의 하나인 조직목표에 대한 정확한 인식과 조직의 전략적 수단의 하나로 조직목표를 관리하는 지혜가 요구된다.

2) 조직목표의 기능

조직에서 목표는 왜 필요한가? 목표가 조직에 주는 역할이나 기능은 무엇인가? 이에 대해서는 여러 가지가 제시되고 있으나(양창삼, 1990; 오석홍, 2020; 윤재풍, 2014; Daft, 2007; Etzioni, 1964), 대체로 다음 세 가지 기능으로 요약할 수 있다.

(1) 조직활동에 대한 방침의 제시

조직은 하나의 생명을 가진 유기체로서 활동을 시작해 계속하게 되는데 이때 방향타의 역할을 하는 것이 그 목표다. 조직은 조직의 목표가 인도하는 방향으로 활동을 하므로 조직의 사고와 행동에 영향을 준다. 따라서 조직의 목표는 조직활동에 방침(guides to action)을 제시한다.

(2) 조직활동의 정당성 근거

조직은 의도적인 행위체라 할 수 있다. 조직의 목표는 조직 자체나 조직활동의 정당성을 제공하는 기초가 된다. 따라서 조직은 탄생하면서부터 조직의 목표를 제시하고 조직환경의 변화가 있을 때 조직목표의 변동을 통해 정당성을 추인받는다. 공식조직은 물론 비공식적 조직도 목표를 갖고 있다. 조직의 목표로서 정당성을 확보하려면 구성원 등 관계자의 합의나 동의를 필요로 한다. 따라서 정부조직은 헌법이나 법률의 규정에 따라, 기업조직 등 법인 형태의 조직들은 정관을 작성해 허가를 받아야 하며, 친목모임 등은 구성원들의 합의에 의해 각각 목표의 정당성이 부여된다.

(3) 조직의 효과성 평가 기준

조직활동의 성공과 실패의 일차적인 판단 기준은 효과성이다. 효과성은 좁은 의미에서는 조직의 목표달성도를 의미하는 것으로 목표달성도가 높은 조직일수록 좋은 조직이라 하겠다. 목표가 효과성의 평가 기준이 되려면 제시된 목표의 확인과 측정이 가능해야 한다. 질적 목표보다는 양적 목표가 측정이 쉽다.

3) 조직목표의 특성

(1) 조직목표의 일반적 특성과 조건

조직목표의 특성은 전략적 수준, 전술적 수준, 그리고 운영적 수준에서 조직목표들에 포함되어 있다(Daft & Marcic, 2004).

첫째, 구체성과 측정 가능성이다. 목표는 가능하다면 이윤 10% 상승과 같은 구체적인 숫자로 표현되어야 한다. 모든 목표가 숫자화될 수는 없다. 또한 조직목표는 시간적 한계가 명시되어야 한다. 시간적 한계는 목표 달성이 측정될 수 있는 날짜를 구체화하는 최종 시간이다. 조직의 상층부에서는 목표는 질적이면서 양적이다.

둘째, 조직목표는 핵심적 결과 영역을 포괄해야 한다. 조직목표는 조직의 부서나 업무와 관련해 4~5개 활동을 확인해야 하는데, 이들은 조직의 실적을 대표하는 핵심 영역이어야 한다.

셋째, 조직목표는 도전적이나 현실적(challenging but realistic)이어야 한다. 목표는 도전적이지만 현실적으로 달성할 수 있어야 한다. 목표의 달성이 너무 쉬우면 동기가 부여되지 않으며, 목표가 달성이 너무 어려우면 포기하게 된다.

넷째, 조직목표는 보상과 연계된다. 목표의 궁극적 영향은 보수 인상, 승진, 그리고 포상이 목표 달성에 기초되는 정도에 달려 있다. 목표를 달성한 사람, 집단, 그리고 부서는 보상을 받아야 한다.

(2) 조직목표의 모호성

민간조직에 비해 공공조직의 목표는 더 모호하고 목표 달성 여부를 평가하는 데 어려움이 크다. 이것을 조직목표의 모호성이라 한다. 그런데 조직목표가 효과적이려면 그것은 모호하기보다는 단순해야 한다.

조직목표의 모호성(organizational goal ambiguity)은 "조직목표가 경쟁적 해석을 가능하게 하는 정도"로 정의할 수 있으며, 이는 사명 이해의 모호성, 지시적 모호성, 평가적 모호성, 그리고 우선순위 모호성의 4차원으로 구분할 수 있다(전영한, 2004: 53-57).

사명 이해의 모호성이란 어떤 조직의 사명(mission)을 이해하고 설명하고 의사소통할 때 발생하는 경쟁적 해석의 정도를 말한다. 지시적 모호성이란 어떤 조직의 사명이나 일반적 목표들을 그 사명을 달성하기 위한 구체적 행동지침으로 전환할 때 발생하는 경쟁적 해석의 정도를 말한다. 평가적 모호성이란 어떤 조직의 사명을 얼마나 달성했는지 그 진전을 평가할 때 발생하는 해석의 정도를 말한다. 끝으로, 우선순위의 모호성이란 다수의 조직목표들 중 우선순위를 결정할 때 발생하는 경쟁적 해석의 정도를 말한다.

2. 조직목표의 구조와 유형

1) 조직목표의 구조

(1) 목표와 수단의 연쇄

조직목표는 목표와 수단의 연쇄(ends-means chain) 관계를 바탕으로 하고 있다. 즉, 특정 목표는 바로 위 상위 목표를 달성하기 위한 수단이 되고 바로 아래 하위 목표에 대해서는 상위 목표가 되며, 하위 목표는 다시 차하위 목표로 이어진다. 이처럼 조직의 목표들 간에 계층제적 위계질서를 이루고 있다. 상위 목표일수록 하위 목표에 비해 더 추상적이고 일반적이나, 하위 목표일수록 상위 목표에 대한 수단이 되며 더 구체적이다.

쿤츠와 와이리히(Koontz & Weihlich, 1993)는 목표의 위계로 사회경제적 목표, 사명, 조직의 전반 목표, 좀 더 구체적인 전반 목표, 부문 목표, 부서 및 단위 목표, 그리고 개별 목표 등으로 제시하고 있으며, 기타 여러 학자가 이에 대해 제시하고 있다. 저자는 조직의 역할과 사명, 조직의 목표, 부문별 목표, 그리고 하위 단위나 개인별 목표로 목표와 수단이 연쇄 관계를 갖고 있다고 본다. 실제로 정부조직 및 기업조직에서는 미션(임무)과 비전 → 전략목표 → 전략계획의 순으로 목표-수단의 연쇄 관계를 이룬다.

이처럼 목표와 수단이 연쇄 관계를 이룸으로써 조직활동의 통일성이나 일관성을 확보할 수 있으며 자원의 효율적 이용을 도모할 수 있다.

그림 3-1 목표의 수준: 목표와 수단의 연쇄

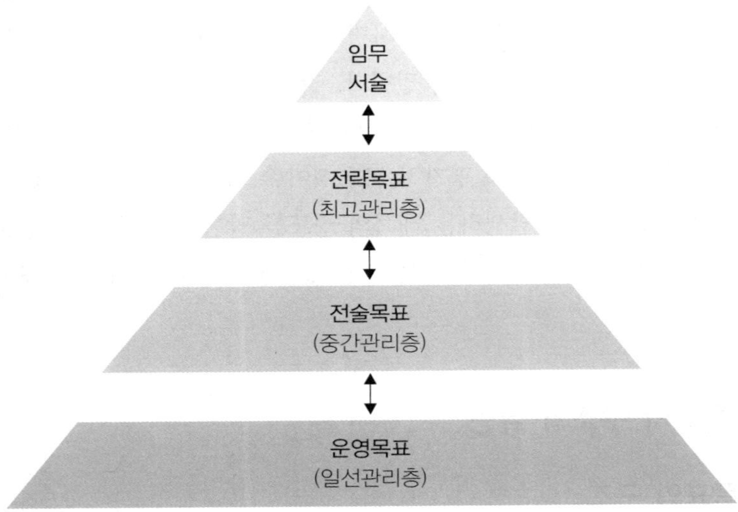

자료: Daft & Marcic(2004: 199).

(2) 조직목표의 수

조직에서 목표의 수는 하나일 수도 있지만 여러 개일 때도 있다. 전자를 단수 목표, 후자를 복수 목표 또는 다원 목표라 한다. 예컨대, 복수 목표로 기업의 경우 이윤극대화의 목표에 판매고 극대화 목표, 그리고 사회적 책임 목표가 추가될 수 있으며, 대학의 경우 교육과 연구의 목표에 사회봉사의 목표가 추가될 수 있다. 정부의 경우 경제목표로서 물가의 안정과 고용의 증대, 국제수지 흑자화 등이 목표로 제시되기도 한다.

복수조직 목표의 장점으로는 한 목표의 달성이 다른 목표의 달성에 기여할 수 있으며, 많은 사람의 지지를 확보할 수 있고, 여러 직무의 수행으로 심리적 침체감이나 단조로움을 제거할 수 있으며, 우수한 인재의 등용이 가능하다. 한편 복수조직 목표의 단점으로는 목표 간의 대립과 갈등이 일어나며, 목표 간의 우선순위가 달라질 수 있고, 복수의 목표를 동시에 달성할 수 있는 능력의 한계가 있으며, 한정된 자원을 확보하기 위한 경쟁이 치열해질 가능성이 있다.

복수 목표가 서로 충돌할 때 이를 해결하는 방법으로 네 가지 방법이 소개되고 있는데 만족 원리, 순차적 관심, 우선순위의 결정, 그리고 목표의 변경이 그것이다(Daft,

2007). 만족 원리란 여러 가지 목표를 최대 달성하기보다는 만족할 만한 수준에서 목표를 달성하는 것이다. 순차적 관심이란 조직이 가장 시급한 목표를 먼저 달성하고 다음 목표로 이동하는 것이다. 우선순위의 결정이란 목표 간에 우선순위를 매겨 순위에 따라서 목표를 달성하는 것이다. 끝으로, 목표의 변경이란 환경 변화에 따라 목표를 변경시키는 것을 말한다.

2) 조직목표의 유형

조직목표의 유형은 다양하지만 여기서는 공식성, 성질, 조직과 활동을 분류 기준으로 제시하고자 한다.

(1) 공식성 유무: 공식적 목표와 실질적 목표

공식적 목표란 조직이 공식적으로(명문으로) 설정해 추구하는 목표이며, 정부의 경우 정부조직법이나 관계 법령에, 기업조직이나 사회조직의 경우에는 정관이나 설립 규약 등에 나타나 있다. 이에 반해 실질적 목표란 조직이 실제로 추구하는 목표인데, 이를 운영적 목표나 비공식적 목표라고도 부른다.[5] 공식적 목표와 실질적 목표는 서로 일치할 수도 있으나 불일치할 수도 있다. 양자가 일치할수록 바람직하지만 행정 주체의 무능력이나 일시적으로 국민의 지지를 획득하기 위해 위장된 공식적 목표를 갖는 경우가 있다.

(2) 질적 목표와 양적 목표

조직의 목표는 목표에서 서술되는 특성에 따라서 질적 목표와 양적 목표로 구분할 수 있다. 질적 목표는 서술된 목표의 내용이 가치를 함축한 것이거나 추상적인 것이며, 측정이 쉽지 않다. 이에 반해 양적 목표는 서술된 목표의 내용이 사실을 나타낸 것이거나 구체적인 것으로 측정이 쉽다. 예컨대, 경찰청에서 '교통사고 없는 사회의 건설'이라는 목표와 '교통사고율 10% 줄이기'라는 목표를 비교할 때 전자가 질적 목표라 한다면 후자가 양적 목표에 해당한다.

삼성전자에서는 2016년 조직의 목표를 양적 목표와 질적 목표로 구분하여 제시한다. 전자로는 매출 4,000억 달러, IT 업계의 압도적 1위, 글로벌 Top 5를 든다. 후자로는 혁신적인 기업, 존경받는 기업, 세계 Top 10, 신규시장을 만드는 창조적 리더, 세계

5) 에치오니(Etzioni, 1964: 6-7)는 공식적 목표를 공언된 목표, 실질적 목표를 진정한 목표라고 부른다.

최고의 인재가 일하고 싶어하는 기업이다(http://www.samsung.com/sec/aboutsamsung 2016.8.11). 이렇게 보면 질적 목표는 양적 목표와 상호 보완적이라 할 수 있다.

(3) 구체적 목표와 일반적 목표

조직의 목표는 목표의 추상성과 구체성에 따라 구체적 목표와 일반적 목표로 구분할 수 있다(Fink, Jenks, & Willits, 1983: 31-33). 예컨대, 전자는 '사회 정의의 실현'을 목표로 하는 경우이며, 후자는 '세계 100대 제조업에 진입하는 것'을 목표로 하는 경우다.

구체적 목표는 명백한 목표와 평가의 척도를 제공하며 신뢰도가 높고 자원계획이 용이하다. 또한 시간에 따라 우선순위를 결정할 수 있으며, 조작적인 비용 산출이 가능하다는 장점이 있으나, 개인과 집단 간에 차별을 유도하며 하위 목표와 궁극적 목표의 조화를 어렵게 하는 단점도 있다. 한편 일반적 목표는 융통성과 주도성이 보장되고 전체적인 시각이 유지되며 진보를 판단하는 기준을 제공하는 장점이 있으나, 너무 막연하고 해석상 여지가 남아 있으며, 결과적으로 조직구성원들의 몰입을 감소시키는 단점도 있다.

3. 조직목표의 형성과 변동

1) 조직목표의 형성

조직목표는 조직의 계층에 따라 주어지기도 하지만 그것을 직접 형성하거나 설정해야 할 때도 있다. 상위계층으로 올라갈수록 조직의 목표를 형성해야 하며, 하위계층으로 내려갈수록 상위 목표에 따라서 부문 목표나 하위 목표를 형성하게 된다.

조직에서 목표를 설정하는 방법은 상향식 방법과 하향식 방법으로 구분할 수 있다. 상향식 방법은 아래에서부터 위로 계층을 올라가면서 목표를 설정하는 것인데 반해, 하향식 방법은 상부층에서 목표를 설정해 이를 아래로 위임하는 형식이다.

일반적으로 조직의 목표를 설정할 때는 조직 내의 관리자들의 참여는 물론 조직 외부의 고객이나 전문가들의 참여를 확보해 다수의 의사를 반영하되 전문성도 살리는 방법이 효과적이다. 그리고 조직이 놓인 환경이나 미래에 부딪히게 될 조직의 환경 변화를 정확하게 예측한 후 합의에 의해 결정하는 방식을 택하는 것은 민주사회의 모습이라고 생각한다. 그런데 한번 형성된 조직의 목표는 조직활동의 근거를 이루기 때문에 처음 조직의 목표를 설정할 때 좀 더 합리적으로, 민주적으로 결정해야 한다.

또한 조직목표를 효과적으로 형성하려면 초점(focus), 도전(challenge), 충분한 기간(breadth), 그리고 우선순위(priority)가 중요하다(Quingley, 1993: 38-39). 목표가 지나치게 많으면 그것은 조직의 노력을 분산시킨다. 3~5개 정도로 초점이 모아져야 한다. 목표는 조직이 도전할 수 있도록 도전적이어야 하며, 매년 바뀌어서는 안 되고 우선순위가 제시되어야 한다.

2) 조직목표의 변동

조직목표는 고정 불변의 것이 아니며 변화가 가능하다. 조직의 환경이 변화하고 조직의 목표, 그리고 정책과 사업의 목표가 달성되거나 달성이 불가능하면[6] 조직목표를 변동시킨다. 또한 조직구성원이 의도하는데 따라서 조직목표는 변동될 수 있다.

(1) 목표의 전환

목표의 전환(displacement) 또는 대치란 본래 설정한 1차적인 목표, 즉 종국적인 가치를 2차적인 수단적 가치로 전환시키는 것이며 목표를 왜곡하는 현상이다. 가장 흔한 목표의 전환 현상은 목표와 수단 간의 우선순위를 바꾸는 것으로, 원래의 수단이 목표가 되고 원래의 목표는 수단이 된다.

목표가 전환되는 현상의 원인으로는 조직 내 소수 간부의 권력과 지위의 강화, 정책·규칙·절차에 집착, 유형적 목표의 추구, 그리고 조직 내부 문제의 중시 등을 들 수 있다.

조직 내의 최고관리자나 소수 간부는 조직 내에서 자기의 지위나 권력을 획득한 후 이를 계속 유지하고 확보하기 위해 본래의 조직목표를 자기들의 지위를 유지하기 위한 목표로 대치시키는 경향이 있는데, 이를 미첼스(R. Michels)는 '과두제의 철칙(iron law of oligarchy)'이라 한 바 있다.

조직이 목표를 달성하기 위한 수단은 정책, 규칙, 절차 등인데, 이들에 대한 과도한 집착은 본래의 조직목표를 달성하기 어렵게 한다.

---

6) 제13회 대구 세계육상선수권대회에서 10-10(10개 종목 톱 10 진입) 목표 달성에서 실패한 한국 육상이 내년 런던 올림픽과 이후의 세계대회에 대비해 선수 육성 체제를 근본적으로 개선한다. 대한육상경기연맹은 2011년 9월 7일 정기회의를 열고 '육상 스타 만들기'를 최우선사업으로 확정했다(스포츠한국, 2011. 9.8).

조직목표의 상위 목표는 무형목표로서 대체로 추상적이고 모호하기 때문에 좀 더 구체적인 하위 목표를 추구하기 쉬운데 이렇게 되면 목표의 전환 현상이 일어난다.

조직의 내부 문제를 중시하다 보면 조직의 외부 문제나 환경 문제에 대해 경시하게 되어 목표의 전환 현상이 일어난다.

(2) 목표의 승계 · 폐지 · 다원화 · 확대

목표의 승계란 목표가 실현되었거나 혹은 이룩될 수 없는 경우에 새로운 목표로 대체되는 것으로 조직에서 목표가 없으면 조직활동의 정당성이 결여되기 때문에 이런 현상이 일어난다. 목표의 폐지란 조직의 목표를 이미 달성했거나 달성이 불가능해 그것을 취소하거나 철회하는 것인데, 목표를 규정한 조직이나 정책과 계획이 소멸되면 목표는 자동적으로 없어지기도 한다. 목표의 다원화란 종래의 목표에 새로운 목표를 추가하는 것이며, 목표의 확대란 종래의 목표의 범위를 확대하는 것이다.

4. 조직목표의 관리

1) 전략적 목표관리

전략적 관리에서는 임무(혹은 사명)와 비전에 이어 전략 목표를 세우고 이에 따라 추진 과제를 선정한다. 이때 전략 목표의 대상기간은 1년 단위일 수도 있고 중 · 장기적으로 5년 정도를 설정할 수도 있다. 따라서 조직목표는 위에서 아래로, 즉 최고관리층에서 일선관리층으로 내려가면서 목표를 관리하고, 최하위 단계에서는 계획, 사업과 추진과제의 성과지표에 따라 성과를 평가하여 목표달성도를 따진다.

EBS는 2024년 전략목표로 추진과제 3대 분야를 선정하였다. 한국전력공사는 중 · 장기목표로 4개의 전략방침과 이를 구체화한 8개의 전략과제를 제시하였다. 병무청은 4개의 전략목표를 제시하였다.

참고

주요 조직의 전략목표

- 정부기관: 병무청
  - 4대 전략목표: 투명하고 공정한 병역이행, 적기에 적정한 입영과 동원, 보충역제도 등 합리적 운영, 병역이행이 존중받는 신뢰구현
- 공공기관: EBS
  - 2024년 추진과제 3대 분야: 정체성 강화(생애주기별 평생교육 강화화 등), 디지털혁신 분야(대국민 디지털역량 강화 등), 자립경영 분야(공적 재원 확대 등)
- 사기업: POSCO
  - 2024년 9대 전략 분야: 저탄소 체제, 친환경미래제품, 원가경쟁력, DK, 기술(R&D), Block화 대응, 해외성장, ESG경영, 인적경쟁력

2) 목표관리

목표관리(management by objectives: MBO)는 조직의 하위계층에서 조직구성원들의 자발적인 참여에 의해 자신이나 자기가 소속한 부서(예: 과나 계)에서 일정 기간 달성해야 할 목표량(혹은 작업량)을 결정해 관리의 효율을 높이자는 관리 기법으로 조직의 목표가 좀 더 장기적·추상적·타율적인 조직의 규범이나 기준임에 비해, 목표관리에서의 목표는 좀 더 단기적·구체적·자율적인 관리의 수단이다.

목표관리의 특징은 달성해야 할 목표를 조직구성원이 스스로 결정하고, 목표 달성을 위한 방법을 구성원의 재량에 맡기며, 자기통제 하에 업무를 수행하고 평가함으로써 개인 능력을 개발하는 것이다.

목표관리의 과정은 먼저 최고관리층이 조직 전체의 목표를 설정한다. 그 다음 관리자들은 조직 및 부서에 부여된 목표를 구성원들과 협의해 개인이 달성할 수 있는 목표를 설정한다. 집행이 계속되는 동안 점검하며 최종적으로 평가하고 이 결과를 환류시켜 다음 단계에 반영한다.

목표관리의 장점은 가장 현실적인 목표를 달성할 수 있으며, 조직구성원들은 자기통제의 기회를 갖고, 성과의 평가가 객관적이 된다. 그러나 목표관리의 한계점은 제도화되기까지에는 시간이 많이 들고, 양적 평가는 가능하나 질적 평가는 곤란하며, 최종 결과에 지나치게 집착해 목적이 수단을 정당화할 가능성이 크다.

토의과제

❶ 자신이 좋아하는 조직을 하나 제시한 후 이 조직이 추구하는 이념, 임무, 비전, 그리고 핵심가치를 확인하라.

❷ 정부기관, 공공기관, 사기업, 시민사회단체 등의 임무와 비전은 어떻게 다른가?

❸ 대학과 병원의 조직목표를 확인하고 이를 어떻게 실천해나가는지를 토론하라.

제 3 편

조직구조와 조직 형태

제4장

조직구조의 의의, 체계와 모형

조직구조는 조직의 가장 기초가 되는 개념이며 핵심적인 요소다. 대부분의 조직은 많은 직무와 이를 담당하는 직원들로 구성되어 있으며, 이들은 서로 조정되고 협동하면서 업무를 수행한다. 조직인이 조직의 임무와 목표를 달성하기 위해서는 그들의 행위를 체계화해야 하며, 이런 과정에서 조직구조가 형성된다.

이 장에서는 조직구조의 의의와 체계, 조직구조의 기본 변수와 상황 변수, 조직구조의 설계모형 등을 중심으로 다루기로 한다.

제1절 조직구조의 의의

1. 조직구조의 개념과 특성

1) 조직구조의 개념

조직구조(組織構造)란 무엇인가? 조직구조에 대한 연구자들의 정의는 매우 다양하다. 조직구조를 구체적으로 정의하는 연구자들도 있고, 조직구조의 변수인 복잡성, 공식성, 그리고 집권성을 제시하기도 하고, 아예 조직구조를 정의하지 않고 논의를 전개하는 경우도 허다하다. 조직구조를 구체적으로 정의한 경우에도 이를 다시 두 가지로 분류할 수 있다.

첫 번째 분류는 조직구조를 조직에서 업무나 권한 체계로 보는 것으로 정태적 측면이 강조된다. 즉, 민츠버그(Mintzberg, 1983)는 조직구조를 "과업의 분화와 통합의 정도"로 정의하며, 로빈스(Robbins, 1990)는 조직구조를 "업무의 분화와 권한의 계서제"로 이해한다. 존스(Jones, 1995: 12)는 조직구조를 "조직의 목표를 달성하기 위해 사람들을 조정하고 자원의 사용을 통제하려는 규칙, 임무, 권위 관계의 공식적 체계"로 이해한다. 오스본 등(Osborn et al., 1980)은 조직구조를 "한 체계 내의 사람과 집단의 공식적 역할과 관계"로 이해한다.

두 번째 분류는 조직구조를 조직인의 교호작용으로 보는 견해로 조직 내부의 동태적 측면을 강조한다. 오석홍(2020: 262), 그리고 카스트와 로젠츠웨이그(Kast & Rosenzweig, 1974)는 조직구조를 "조직구성원의 정형화된 교호작용(patterned interaction)"으로 정의한다. 조직구성원들은 조직 속에서 조직의 목표를 달성하기 위해 서로 협동하면서 끊임없이 상호작용을 계속한다. 이러한 계속적인 교호작용 속에서 조직구성원들의 행위의 정형이나 유형이 형성된다는 것이다.

그런데 첫째와 둘째의 정의는 조직구조의 어느 한 면만을 강조해서 조직구조를 온전히 이해하는 데 제약을 줄 수 있다. 따라서 저자는 조직구조를 "조직구조의 기본 변수인 복잡성, 공식성, 집권성이 배열되어 있는 조직 내부의 동태적 형상"으로 정의하고자 한다.

2) 조직구조의 특성

조직구조는 구조화 측면, 동태적 측면, 복수, 그리고 다양성 등의 특성이 있다.

첫째, 조직구조는 조직의 구조화라는 과정적 측면이 있다. 조직의 구조화는 조직의 일을 구체적인 임무로 나누고, 이들 간에 조정이 이뤄질 수 있도록 하는 것이다. 즉, 조직을 구조화한다는 것은 다른 여러 가지 활동이 있지만 분업과 조정을 가장 주된 활동으로 한다.

둘째, 조직구조는 동태적이다. 조직의 구조라고 하면 얼핏 건물의 구조가 연상된다. 건물의 구조는 1층, 2층, 그리고 고층일 수도 있고, 시멘트 · 벽돌 · 흙으로 만들어지기도 하며, 단용도 · 다용도 건물일 수도 있다. 이처럼 건물의 구조는 보는 시각에 따라서 다양하기는 하지만 그것은 정태적이고 고정적이라는 데 공통점이 있다. 이에 반해 조직의 구조는 상대적으로 동태적이고 역동적이다. 그것은 조직구성원들이 조직을 움직이기 때문이다. 따라서 조직구조는 단순히 조직의 편제나 기구도만은 아니라는 것이다.

셋째, 조직구조는 복수로 존재한다. 하나의 조직 속에 조직구조가 하나만 있는 것은 아니다. 조직 내의 수평적 분화나 수직적 계층에 따라서 상이한 조직구조가 있을 수 있다. 예컨대, 대학교를 보면 학생·교무 업무와 교수의 수업 업무에 대한 것은 학교의 중요한 업무이지만 구조가 다르며, 후자의 경우 더 많은 재량권이 부여되고 있다.

넷째, 조직구조는 다양한 형태를 띠고 있다. 조직구조는 동태적이기는 하나 일정한 형상, 즉 모습을 지닌다. 가장 대표적인 것은 역시 베버(Max Weber)가 제시했던 관료제 조직일 것이다. 이것은 대규모 조직으로서 분업화·집권화 및 공식화 정도가 높은 조직의 형태다. 이 밖에도 애드호크라시(adhocracy), 사업부제조직, 직능조직, 행렬조직 등이 있으며, 단순조직과 복잡조직도 있고, 기계적 조직과 유기체적 조직도 있다.

2. 조직구조의 종류

조직의 기본 구조의 종류로는 해야 할 '일'을 중심으로 한 '직능구조'와 권한[1])을 중심으로 한 '지배구조'로 나눌 수 있다.

1) 직능구조

직능구조(職能構造, functional structure)는 조직구조의 가장 핵심적인 구조로서 조직이 최대의 성과를 달성하기 위해 '해야 할 일'을 구성원의 능력에 맞춰 형성시킨 결합체다. 직능구조는 구성원의 '일'의 구조로서 직위나 직무로 나타난다. 조직의 직능구조는 전체의 직능이 부분 직능으로, 부븐 직능은 다시 하위 부분의 직능으로 세분되며, 마지막으로 구성원 개개인의 직능으로 편성된다. 이를 역할이라고 부른다.

직능구조는 구조를 형성할 때 기능별 직능구조와 목적별 직능구조로 나뉜다. 기능별 직능구조란 과업의 기능 요소에 따라 조직구조를 형성하는 것으로, 예컨대 기업에서 연구개발, 판매, 생산, 구매, 재무와 같이 구조화시키거나, 행정기관에서 연구부서, 사업부서와 관리부서로 구조화시키거나, 학교에서 교육부서, 지원부서, 관리부서로 구조화시키는 것을 들 수 있다.

---

1) 최종태(1985)는 지배구조를 '권력'의 개념으로 설명하나 저자는 '권한'의 개념으로 설명하는 것이 옳다고 본다.

대상(objective)별 직능구조란 과업의 목적 요소에 따라 구조를 형성하는 것으로 제품의 종류별로, 지역별로 구조화한다. 예컨대, 가전제품 제조회사에서 TV, 냉장고, 에어컨 등으로 담당구조를 나누거나 수도권, 충청권, 호남권, 영남권으로 지역 담당 부문을 나누는 경우다. 대상별 직능구조와 기능별 직능구조가 단독적으로 이용되기도 하지만 서로 혼용되기도 한다.

2) 지배구조

(1) 지배구조의 의의

지배구조(支配構造)란 권한(權限, authority) 분포에 기초를 두고 형성된 조직구조다. 여기서 권한이란 제도적 권력을 말하며 사실상의 권력은 아니다. 조직에서는 그 목표를 수행하는 과정에서 어느 기관은 결정하고 지시 · 명령 또는 감독하며, 어느 기관은 이를 수용하면서 집행하고 실시하며, 어떤 기관은 누구에게 업무의 수행 결과와 실적에 대하여 책임을 진다.

지배구조에서 지배의 주된 내용은 목표설정, 업적평가, 설립통제, 그리고 임원 임면 등이다. 이것은 직위와 직위의 관계이면서 동시에 그 직위들이 모여 집단을 이루면 기관 대 기관의 관계로 확대된다.

자본주의 사회가 발전함에 따라 기업의 소유와 경영이 구분되면서 지배구조가 관심을 받아왔기 때문에 경영학에서 주로 지배구조가 발전되어 왔다. 한편 정부조직에 있어서는 외부 통제나 거버넌스와 관련하여 논의되어 왔으며, 군대에서는 통수권과 지휘구조로 논의되어 왔다. 예컨대, 공공기관에 대해서 「공공기관의 운영에 관한 관리기본법」에 의해 운영의 자율성과 책임성이 논의되고 있다.

(2) 지배구조의 유형

지배구조는 지배의 주체와 지배의 대상이 조직이 경계에 있는가 아니면 밖에 있는가에 따라 내부지배구조와 외부지배구조로 나뉜다.

내부(內部)지배구조는 지배의 주체가 조직의 내부에 있는 경우로서 공공기관(공기업 포함)이나 사기업, 그리고 기타 법인체에서 볼 수 있는 것처럼 이사회와 집행기관(CEO: 최고경영자)의 관계에서 볼 수 있다. 이사회가 집행기관을 임면하고, 사업계획을 승인하며, 독립기구인 감사에 의해 회계검사를 받는다. 그리고 집행기관은 조직의 실적에 대해 이사회에 책임을 진다.

외부(外部)지배구조는 지배의 주체가 조직 외부에 있는 경우로서 공·사기업의 경우 주주, 소비자, 채권단, 정부기관 또는 지주회사 등이 책임을 묻고 집행진의 인사상 임면에 영향을 미친다. 정부부처의 경우 행정수반, 회계검사기관, 국회, 사법부, 그리고 국민 등이 지배하는 위치에 있다.

지배구조는 명령 라인에 따라 단일지배구조와 다원지배구조로 나뉜다. 단일(單一)지배구조는 상사가 부하에 대해 포괄적인 지휘감독권을 가지며, 부하는 한 사람의 상사에게만 책임을 진다. 다원지배구조는 업무나 기능 영역에 따라 복수의 지배가 존재하는 경우로서 담당 업무에 대해서는 기능부서의 지시와 명령을 받지만 인사, 예산, 정보, 시설 등 기능 영역에 대해서는 기능부서의 지시와 명령을 받는다(예: 매트릭스 조직에서 볼 수 있으며, 군대 조직에서 작전지휘는 작전사령부로부터 받지만, 행정 및 관리 지휘는 각 군 본부로부터 받는다).

(3) 조직의 종류와 지배구조의 발현

조직의 종류에 따라 독특한 지배구조가 제시되고 있다.[2] 정부조직에서는 행정부와 국회의 관계, 그리고 행정부에서 감사원과 같은 감독구조, 검찰청에서의 감찰부 등이 지배구조와 통제 등에 관한 관계를 보여주며 또한 지방자치단체장과 지방의회의 관계도 들 수 있다. 한편 기업이나 법인에서는 이사회와 집행기관의 관계를 들 수 있다.

3. 조직구조의 체계

조직구조를 이해하기 위해 조직구조의 기본 변수는 무엇이며, 그들에 영향을 주는 상황 요인 등을 체계적으로 살펴보는 것이 좋다. 조직구조의 기본 변수로는 복잡성, 공식성, 그리고 집권성을 들고 있다. 이러한 조직구조에 영향을 미치는 변수를 상황 변수 또는 상황적 요인이라고 하는데 조직의 규모, 기술, 환경, 전략, 그리고 권력의 통제 등을 든다. 한편 조직구조의 기본 변수를 이루는 기초를 조직구조의 기초 요인이라 한다.

2) 프로축구단의 소유 형태와 관련하여서는 순수기업형, 협동조합 형태(순수시민구단형), 지역형, 그리고 비영리법인 형태가 제시되고 있다(김은경, 2014). 국·공립대학의 지배구조에 대해서는 교수모형, 법인화모형, 이사회모형, 이해관계자모형, 그리고 혼합모형이 제시되고 있다(Williams et al., 1987; 이영환·김신복, 2011 재인용).

조직구조의 기본 변수들이 조직 또는 조직구조의 형태를 구성한다. 논의의 전개에 따라서 이들을 따로 구분해 설명하나 이들의 관계를 체계적으로 이해하는 것이 조직구조의 현상을 이해하는 데 도움이 된다. 다만 이 책의 구성에 따라서 조직환경 등은 별도로 다룬다. 조직구조의 체계를 [그림 4-1]과 같이 나타낼 수 있다.

그림 4-1 조직구조의 체계

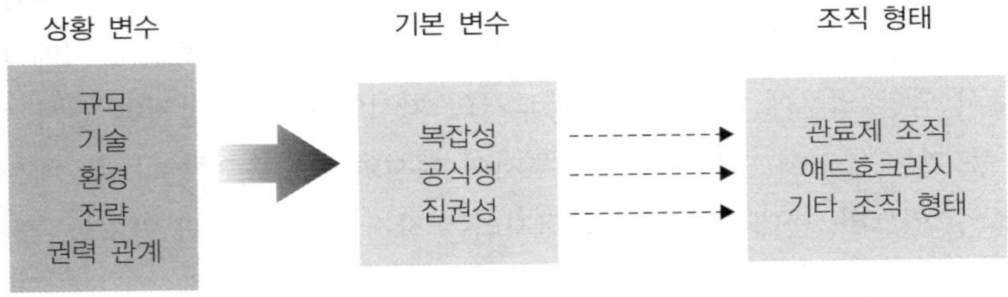

4. 조직구조 설계의 기본 개념과 원리

조직구조의 설계에 대해 조직연구가들은 여러 가지 원리를 제시하고 있다. 여기서는 조직구조 설계의 개념과 주요 원리를 간단하게 살펴본다.

1) 조직구조 설계의 기본 개념

(1) 직위

조직구조 설계의 기본 개념으로는 직위, 권한, 그리고 역할 등을 들 수 있다. 조직의 기본 구성 단위는 직위(職位, position)다. 따라서 직위는 조직구조의 세포 단위로서 역할을 한다(최종태, 1985: 399). 직위는 조직의 직능구조 및 지배구조의 기초 단위이다. 직위는 조직 내의 한 사람에게 부여된 조직상의 지위(status)로서 직무와 책임을 포함한다. 즉, 한 사람이 수행해야 할 직무와 이와 관련해 주어진 권한(authority)과 의무 등을 포함한다. 한 사람이 수행해야 할 업무의 내용을 보통 역할(role)이라 한다.

직위는 과업(task)과 구분된다. 과업이란 직위에 포함된 개개의 일의 최소의 수행 단위로서 더 쪼갤 수 없는 일의 단위를 말한다. 조직 속의 한 사람은 역할을 수행하면서 여러 가지 과업을 수행한다. 예컨대, 파출소 소장은 파출소에 소속되어 있는 경찰들을 지휘하고 감독하며, 관내 주민들을 보호하고, 상부 경찰서에 보고하며, 인근 동장과 유기적인 협조 관계를 유지하는 과업을 하는 것이다.

(2) 권한

권한(authority)이란 보통 합법적인 권력을 말한다. 권한은 행위에 정당성을 부여하는 것이다. 이러한 정당성은 선거나 법규에 의해 부여된다. 권력이란 정당한 권력, 즉 합법적(혹은 합헌적)으로 부여된 권력과 그렇지 못한, 즉 불법적이거나 위법적인 권력으로 나눌 수 있다.[3] 폭력이나 직권 남용 등은 후자에 해당한다. 따라서 권한은 권력의 한 부분이라고 할 수 있다. 권한은 권위로 불리기도 한다.

권한이 있으면 영향력이 생긴다. 영향력(influence)은 행사자가 수용자의 행위에 의도적 또는 비의도적으로 영향을 미치는 능력이다. 권력을 "의도적인 영향력의 하나"라고 보거나 "영향력 행사의 특수한 한 형태"로 보는 견해(Lasswell & Kaplan, 1950; Wrong, 1979; 이학종, 1987)가 옳다고 생각한다. 영향력은 행위와 태도의 모든 변화를 포함하나, 권력은 의도성을 강조하며 권력행사자가 원하는 특정한 방향과 행위가 있다는 것이다. 그리고 상관과 부하와의 관계에서 볼 때 상관은 부하에게 권력과 영향력을 행사하고, 부하는 상관에 대해 일정한 범위 내에서 영향력을 행사할 수 있다.

조직의 권한 및 권력의 원천(source)을 식별하기 위해 먼저 권력을 조직상의 권력과 개인적인 권력으로 나누고, 다음에 조직상의 권력은 직무 권한과 영향 능력으로, 개인적 권력은 행사자 측면과 수용자 측면으로 구분한다.

그림 4-2 권력 원천의 분류 체계

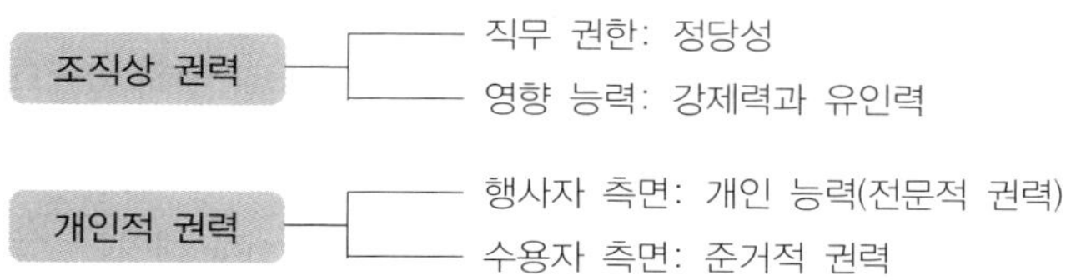

자료: 민진(2014).

3) 권력과 권한의 구분이 모호해지고 있으며 그 이유로, 권한 개념의 확대, 조직연구자들의 권한의 사회학적 측면의 관심, 조직 내의 권력 관계 및 권한 관계의 보완, 양자의 변동을 들고 있기도 하다(오석홍, 2020).

권력의 원천으로는 직무상 권력은 업무의 정당성을, 영향 능력은 강제력과 유인력을 들 수 있다. 또한 개인적 권력으로서 행사적 측면은 개인 능력을, 수용자 측면은 준거 능력을 들 수 있다.

2) 조직구조 설계의 원리

조직구조의 고전적 원리는 분업과 조정의 원리로 구분할 수 있다(오석홍, 2020: 308-311). 구조의 분화, 즉 분업에 관해 핵심적인 원리는 분업의 원리, 부성화의 원리, 참모조직의 원리 등이다. 한편 구조의 조정과 통합에 관한 원리는 조정의 원리, 계층제의 원리, 명령 통일의 원리, 통솔 범위의 원리 등을 들 수 있다.

분업의 원리(division of work principle)는 분업의 불가피성과 필요성을 강조하는 것으로 일은 가능한 한 세분해야 한다는 원리다(오석홍, 2020). 부성화(部省化)의 원리(departmentalization principle)는 동질적이거나 유사한 업무를 묶어 조직 단위를 형성해야 한다는 원리다. 귤릭(Gulick, 1937: 15-35)은 일찍이 부성화의 원리를 제시한 바 있다. 그는 부문화의 기준으로서 목적 또는 기능, 과정 또는 절차, 수혜자 또는 취급물, 그리고 지역 또는 장소의 네 가지를 제시했다.

조정의 원리(coordination principle)는 권한의 구조를 통해 분화된 활동을 통합해야 한다는 것이다.

계층제[4]의 원리(principle of hierarchy)란 권한과 책임의 정도에 따라 공식조직을 구성하는 사람들 간에 상하의 등급 및 계층을 설정해 각 계층 간에 권한과 책임을 배분하고, 명령 계통과 지휘-복종 관계의 체계를 확립하는 것을 의미한다(박연호 · 오세덕, 1995: 248). 한편 계층제는 상승의 유인(誘引)이라고 지적된다(유종해, 2000).[5]

명령 통일의 원리(unity of command principle)는 조직구성원은 한 사람의 상관으로부터만 지시와 명령을 받고, 한 사람의 상관에게만 보고를 해야 한다는 것이다. 명령 통일의 원리의 예외는 참모조직이나 매트릭스 조직에서 발견할 수 있다.

통솔 범위(혹은 감독 범위)[6]의 원리(span of control principle)는 상관이 부하를 효

4) 톰슨(V. A. Thompson)은 계층제를 역할의 체계라고 보나 무니(J. D. Mooney)는 권한과 책임의 정도에 따라 직무를 등급화한 것으로 본다.

5) 계층제는 상관이 부하를 조정하고 통제할 수 있도록 하며, 계층의 높이에 따른 차별적인 보상(예: 상위 계층일수록 높은 보수와 많은 권한과 책임을 가지며, 낮은 계층일수록 낮은 보수와 적은 권한과 책임을 갖는다)을 통해 조직구성원들의 근무 의욕을 자극시킨다. 즉, 인간은 끊임없이 좀 더 높은 자리로 상승하고자 하는 욕망이 있는데 계층제가 이 욕망을 충족시켜 준다는 것이다.

율적으로 통제하고 감독하기 위해 대상 인원의 범위를 적절하게 제한해야 한다는 원리다.

제 2 절 조직구조의 기본 변수

조직구조의 기본 변수란 역할·지위, 그리고 권력·권한이 갖고 있는 특성이나 정도를 나타낸 것으로 조직구조를 설계하고 비교하며, 그리고 분석할 때 사용할 수 있는 개념들로서 복잡성, 공식화, 그리고 집권화를 들고 있다(Hall, 1992; Robbins, 1990; 오석홍, 2020; 최종태, 1985). 이에 따라 각각 구조를 설계한다.

1. 복잡성과 구조 설계

1) 복잡성의 의의

복잡성(複雜性, complexity)이란 조직 내에 존재하는 활동이 분화(分化)되어 있는 정도(degree of differentiation)를 가리키는 말이며, 수평적 분화, 수직적 분화, 그리고 장소적 분산의 세 가지 요소로 구성되어 있는데(Hall, 1992; Robbins, 1990), 이들 3요소의 정도가 높을수록 조직의 복잡성은 높아진다.

수평적 분화(水平的分化, horizontal differentiation)는 조직이 수행하는 업무를 조직 구성원들이 나눠 수행하는 양태를 말한다. 수평적 분화의 현상은 부문화와 직무 전문화 등으로 나타난다. 부문화(部門化, departmentalization)란 수평적으로 업무를 분화할 때 한편으로 조직 전체의 일을 업무의 유사성이나 기타 특성에 따라 나누는 것이며, 다른 한편으로 전문화된 직무들을 유사성에 따라 부분적으로 통합시키는 활동을 말한다. 직무 전문화(職務專門化, job specialization)는 부문화된 업무들의 집합을 좀 더 세분해서 특수화한 것으로 분업화(分業化)라고도 한다. 부문화된 업무들의 집합은 계속적으로 분화되면서 최종적으로 조직인 개인이 담당해야 할 업무가 규정된다. 이것이 개인

6) 통솔 범위에 영향을 주는 요소로는 조직 방침의 명확성 정도, 객관적 표준의 이용 가능성, 부하의 과업 성격, 전문 보좌관의 이용 가능성, 부하의 능력, 지역적 위치, 환경의 안정성 등이 제시되고 있다(Koontz & Weihrich, 1993).

참고

수직적 분화의 예

- **행정부:** 우리나라의 중앙행정기관은 보통 장관-차관-실·국장-과장-담당(사무관)-주무관(6급, 7급)의 6계층으로 나뉘어 있다. 실장 아래 국장급 심의관이 있는 경우가 많다.
- **대기업:** 우리나라의 회사의 경우 보통 사장-부사장-전무이사(혹은 상무이사)-이사-부장-차장-과장-대리-담당의 9계층으로 이뤄져 있다.

의 직무이며 역할이다.

수직적 분화(垂直的分化, vertical differentiation)란 조직 내의 책임과 권한이 나뉘어 있는 계층의 양태를 의미하는 것으로, 이를 나타내는 지표로는 조직 내의 계층의 수, 계서제의 깊이 또는 조직구조의 깊이를 들 수 있다. 수직적 분화는 대체로 수평적 분화의 정도에 따라 영향을 많이 받는다. 수평적 분화가 클수록 수직적 분화도 크다.

장소적 분산(場所的分散, spatial dispersion)은 특정 조직의 하위 단위나 자원이 지역적, 지리적, 그리고 장소적으로 분산되어 있는 것을 뜻하며, 이를 나타내는 지표로는 공간적으로 분리된 업무 수행 장소의 수, 물적 시설이 장소적으로 분산되어 있는 정도, 분산된 시설과 주된 사무소와의 거리, 장소적으로 분산된 인원 수 등을 들 수 있다. 예컨대, 국세청의 소속기관인 세무서는 보통 시·군·구에 1개씩 있지만 관세청의 소속기관인 세관은 항구나 공항 등에 1개씩 있기 때문에 세무서가 세관보다 장소적 분산도가 높다고 할 수 있다.

2) 복잡성의 장·단점

분업화를 하는 이유는 스미스(Adam Smith)의 '분업론'[7]에서 살펴볼 수 있는 것처럼 능률성 혹은 생산성을 높일 수 있기 때문이다. 인간의 능력은 지적, 육체적, 기술적으로 한계가 있는데, 직무의 전문화는 이들을 보완해 준다. 지나친 전문화는 조직인을 기계화하고 비인간화시키며, 조정을 어렵게 하는 단점이 있다(양창삼, 1990; Argyris,

7) 스미스는 유명한 『국부론』에서 못핀 제조공장의 예를 들어 분업화를 설명한다. 즉, 그는 한 사람이 철사를 뽑아 자르고 끝을 뾰족하게 하며 머리 부분에 납땜질을 하다 보면 하루에 열 개 정도밖에 만들 수 없으나, 이를 동작별로 구분해 분업하면 10명이 하루에 48,000개를 생산할 수 있다고 지적한다(Smith, 1925).

1957). 따라서 직무의 전문화는 개인에게 역할을 분담시킴으로써 분업의 이익을 극대화하고 비용을 줄일 수 있는 정도에서 마무리되어야 한다. 분업화는 필연적으로 조정과 통합을 필요로 하게 된다. 분업화 자체가 통합이나 조정으로 이어지지 않을 경우에는 조직의 분업화가 조직의 분열을 초래할 수 있기 때문이다.

3) 부문화와 직무전문화

부문화(部門化)는 앞에서 언급한 직능구조에 따라 대체로 기능별 혹은 대상별로 이뤄지나, 직원의 수에 영향을 받는다. 대상 목적별 부문화는 제품별, 고객별, 지역별 및 과정에 따라 세분될 수 있다. 이들 기준은 한 조직 내에서 독자적으로 활용되기도 하지만 대체로 복합적으로 사용된다. 부문화의 수준이나 정도는 조직의 기능이나 규모, 그리고 조직의 계층에 따라 달라지나 집단으로서 효율을 극대화하고 구성원의 만족을 최대화할 수 있는 수준에 이르도록 한다.

조직의 부문화는 조직의 초기 단계에서는 기능별 부문화로 시작한다. 그러나 사업부서들이 생겨나고 사업부서의 규모가 커지면 사업부서 내에 기능부서가 다시 생기게 된다. 그런 연후에 기능부서와 사업부서 간에 갈등이 생긴다.

직무전문화(職務專門化, job specialization)는 부문화된 업무들의 집합을 좀 더 세분해서 특수화한 것으로 분업화라고도 한다. 부문화된 업무들의 집합은 계속적으로 분화되면서 최종적으로 조직인 개인이 담당해야 할 업무가 규정된다. 이것이 개인의 직무이며 역할이다. 직무전문화의 최종점은 직위 형성의 단계다. 직위 형성은 별도로 다루겠다.

참고

부문화의 예시

- **분야별 부문화**: 보건복지부, 교육부, 산업통상자원부/전자회사, 섬유회사, 건설회사
- **기능별 부문화**: 생산부, 판매부, 구매부, 연구개발부
- **제품별 부문화**: 항공 면허, 운전 면허, 선박 면허/자동차비디오부, 에어컨부, TV부
- **고객별 부문화**: 노인국, 청소년국, 부녀자국/일반고객부, 특수고객부
- **지역별 부문화**: 경기도청, 대전광역시청, 해남군청/대구지사, 평창지사, 제주지사
- **과정별 부문화**: 열처리부, 용접부, 조립부, 마무리부/기획부, 집행부, 평가부

4) 다계층조직과 소계층조직

조직은 계층의 수에 따라서 다계층조직(多階層組織, tall organization)과 소계층조직(小階層組織, flat organization)으로 구분할 수 있는데, 이것은 통솔 범위나 감독 범위에 따라 달라진다. 보통 계층의 수와 통솔 범위는 반비례한다고 볼 수 있다.[8] 따라서 다른 조건이 동일하다면 통솔 범위나 감독 범위가 증가하면 계층의 수는 감소하고, 그 반대로 통솔 범위가 감소하면 계층의 수는 증가한다고 보겠다. 최근에는 다계층조직의 문제점[9] 때문에 계층의 수를 줄이는 계층 단축화의 원리가 관리 기법으로 제시되고 있다.

2. 공식성과 구조 설계

1) 공식성의 의의

공식화(公式化, formalization) 또는 공식성이란 조직 내의 직무가 표준화되어 있는 정도를 가리키는 말이다. 다시 말해, 공식화란 조직 내에서 누가, 어떤 일을, 어떻게, 언제 수행할 것인가를 규정한 정도라고 할 수 있다. 조직에 따라서는 이러한 표준화의 정도가 세밀하게 규정되어 있는 경우도 있고, 그 정도가 낮아서 업무 수행에 융통성이 많은 경우가 있다. 전자를 "공식화 수준이 높다"고 하고 후자를 "공식화 수준이 낮다" 혹은 "비공식적이다"라고 하여 공식화와 비공식화가 함께 쓰인다. 다시 말해, 공식화와 비공식화는 동일 직선상에 놓인 정도의 차이라고 하겠다.

행정조직에서 공식화 수단은 헌법, 법률, 그리고 행정명령 등인데 하위 수준에서는 절차, 내규, 규정 등이 있다. 예컨대, 세무 업무에 대해서는 조세법시행세칙이 있어 세무행정에 종사하는 공무원이 업무를 수행하는 근거 규정이 되고 있다. 기업이나 연구소의 경우에는 공식화의 수단으로 정관이나 규정, 업무편람 등을 두고 있다.

공식화를 측정할 때는 직무기술서와 규정의 구체화 정도, 감독의 정도, 하위자나 관

---

8) 예컨대, 40명으로 구성된 어느 조직이 있다고 하자. 통솔 범위가 3명 정도일 때 제1 감독 계층은 9명, 제2 감독 계층은 3명, 제3 감독 계층은 1명으로 네 개의 관리계층이 있어야 한다. 그런데 통솔 범위가 3명에서 6명으로 늘어난다면 제1 감독 계층은 6명, 제2 감독 계층은 1명으로 세 개의 관리계층만 있으면 된다.

9) 다계층조직의 문제점으로는 조직의 경직성, 조직의 보수성과 환경 적응의 곤란, 인간의 지배도구화 등이 제시된다(Sharkansky, 1970: 81).

리자에게 부여되는 재량의 정도, 작업의 표준화 정도, 문서화 정도 등의 지표를 사용한다(양창삼, 1990: 218).

2) 공식화의 종류

공식화의 종류로는 직무에 의한 공식화, 작업 흐름에 의한 공식화, 그리고 규칙에 의한 공식화로 구분할 수 있다(Mintzberg, 1979).

직무에 의한 공식화는 직무를 수행하는 방법과 행동을 명세화하는 방법으로, 직무기술서나 직무명세서를 들 수 있다. 이것은 직무를 수행할 때 담당자가 언제, 무엇을, 어떻게 하는가를 규정한다. 이 방법이 가장 많이 활용된다.

작업 흐름에 의한 공식화는 작업 순서에 따라서 여러 사람이 순차적으로 담당해야 할 내용을 규정한 것이다.

규칙에 의한 공식화는 모든 상황, 모든 직무, 그리고 모든 작업 흐름에서 조직구성원들이 지켜야 할 규칙을 정하는 것이다. 이것은 규정, 예규, 내규, 훈령 등으로 서술된다. 예컨대, 인사명령서, 기안문서 등을 들 수 있다.

3) 공식화의 효용과 비효용

조직은 공식화를 통해 조직구성원의 행위를 규제하며, 조정을 촉진하고, 서비스의 공평성을 확보하며(Perrow, 1986; Robbins, 1990; Mintzberg, 1979), 조직활동의 안정성과 예측 가능성을 높여줌으로써 조직의 효과성을 높일 수 있다.

첫째, 조직은 공식화를 통해 조직구성원의 행위를 규제할 수 있다. 조직구성원은 그들의 욕구 · 성격 · 능력 · 가치관 · 사회적 배경 등의 차이로 인해 조직목표나 조직 방침에 거슬리는 행동을 할 수 있다. 그런데 공식화를 하게 되면 조직구성원들은 규정 등에 따라 행동을 하게 되므로 그들의 변이성을 줄일 수 있게 된다.

둘째, 조직의 공식화는 조직의 활동 비용을 줄이게 한다. 조직구성원은 표준운영절차(standard operational procedure: SOP)를 통해 짧은 시간에 더 적은 노력으로 업무를 수행하도록 한다. 따라서 내규 · 규정 · 절차 등을 잘 정비하면 불필요한 감독이나 관리작업을 줄이게 되어 감독 비용을 절감할 수 있고 결국 조직의 효과성을 높일 수 있다(예: 국세청민원사무처리규정, 온라인게임 표준약관).

셋째, 조직의 공식화는 관리의 예측 가능성과 안정성을 높여준다. 법규나 규정, 편람 등을 통한 일관성 있는 업무 수행은 관리의 안정성을 높여주고 미래 활동에 대한 예측 가능성도 높여줄 것이다. 이것은 조직의 내·외에서 적용될 수 있다.

넷째, 조직의 공식화는 고객에 대한 평등한 서비스를 촉진한다. 관공서, 은행, 학교 등 고객 서비스를 주로 하는 조직일수록 고객에 대한 평등한 서비스 정신이 필요하다. 따라서 이런 조직에서는 공식화를 하는 것이 불평등을 감소시키는 데 도움을 준다.

그런데 조직의 공식화 수준이 너무 높으면 활동의 융통성이 제약을 받는다. 사업이나 관리 업무에 대해 너무 자세하고 구체적으로 규정하면 관리자의 재량의 범위는 축소될 것이며, 이로 인해 조직이 변화하는 조직환경에 적응하기가 힘들 것이다.

4) 공식화의 결정 요인

조직이 공식화 수준과 정도를 결정할 때는 앞에서 제시했던 공식화의 효용과 비효용, 그리고 다음에 제시할 결정 요인 등을 고려해야 한다. 조직의 공식화에 영향을 미치는 주요 변수는 직무의 성질, 조직의 규모, 관리계층, 조직환경 등이며, 구체적 내용은 다음과 같다.

단순 반복적이며 비숙련 직무일수록 공식화의 정도는 높아질 것이다. 예컨대, 고위직의 정책결정 업무보다는 하위직의 집행 업무 등은 단순 반복적인 업무가 많은데 후자는 업무편람 등에 의해 수행하는 것이 효과적이다.

조직의 규모가 클수록 공식화의 정도는 높아질 것이다. 조직의 규모가 작으면 사람에 의해 조직을 관리할 수 있으나 규모가 커지면 그것은 불가능하고 법령이나 규정·관례 등에 의해 조직을 관리하는 것이 효과적이다.

관리계층에 따라서 조직의 공식화는 달라진다. 즉, 관리계층이 높을수록 비공식화가, 낮을수록 공식화 수준이 높은 것이 보통이다.

조직환경이 안정적일수록 공식화의 정도가 높아질 것이다. 사회 변동이 심한 곳에서는 제도나 규범의 적용이 비현실적일 때가 많고, 규범의 이탈자나 파괴자가 많은데 반해, 사회 변동이 약한 안정된 사회에는 제도나 규범과 현실이 일치하며 규범 준수자나 규범 옹호자가 많게 된다. 따라서 조직환경이 안정적일수록 공식화의 정도가 높아진다.

3. 집권화와 구조 설계

1) 집권화의 의의와 장 · 단점

(1) 집권화의 의의

집권화(集權化, centralization) 또는 집권성은 조직 내의 권한 배분의 양태에 대한 것으로 주로 의사결정의 권한이 어느 개인 · 계층 · 집단에 집중되거나 위임되는 정도를 의미한다. 따라서 조직의 최고관리자나 상층부에 의사결정권이 집중되어 있으면 집권화의 정도가 높은 것이고, 반대로 하위자나 하층부에 위임되어 있으면 집권도가 낮다고 하는데 이 경우를 분권화가 높다고 부른다. 그러므로 집권화와 분권화는 서로 반대의 의미를 갖는다. 그렇지만 이 두 개념은 서로 분리될 수 없고 연속선상의 상태를 나타내는 개념으로 보는 것이 바람직하다.

그런데 집권화의 문제는 조직 전체, 개인 간의 문제, 조직 단위 간의 문제, 계층 간, 그리고 기능 간의 문제로서 다뤄질 수 있다. 특히 행정조직에서 집권화나 분권화의 문제는 대통령과 행정 각부와의 관계, 중앙행정기관과 지방자치단체와의 관계, 행정부처 내에서 결정기관과 집행기관의 관계, 행정부처 내의 계층 간의 관계(예: 장 · 차관과 국장), 그리고 기능 간의 관계(예: 예산실의 예산권) 등으로 나타나고 있으므로 집권과 분권의 대상이 무엇인지에 따라 고찰해야 한다.

(2) 집권화와 분권화의 장 · 단점

집권화나 분권화는 각각의 장 · 단점을 갖고 있다. 먼저 집권화의 장점을 살펴본다. 집권화는 업무 수행의 통일성을 촉진시키며, 업무의 통합과 조정을 쉽게 하고, 업무를 신속하게 처리할 수 있게 한다. 한편 집권화는 획일주의, 권위주의, 형식주의 등 관료제의 병폐를 구조화시키며, 구성원 특히 하위 계급자들의 자발적인 창의력을 감퇴시킨다.

분권화의 장 · 단점은 집권화의 장 · 단점의 반대이나, 분권의 장점만 살펴보면 그것은 참여 의식을 고취하고, 유능한 관리자를 양성할 수 있으며, 현지 실정에 맞도록 업무를 처리할 수 있고, 의사소통을 개선하며, 최고관리자의 부담을 경감시켜 준다.

2) 조직에서 집권화나 분권화를 촉진하는 요인

조직에서 집권화나 분권화를 촉진하는 요인으로는 여러 학자가 제시하고 있는데(오석홍, 2020; 유종해, 2000; 윤재풍, 2014; 양창삼, 1990), 이를 다음과 같이 정리할 수 있다.

조직인의 측면에서는 상급관리층이 강력한 리더십을 갖고 있거나 하위층의 능력이나 자질이 부족할 때는 분권화보다는 집권화가 바람직하다. 특히 권위주의적이고 카리스마적인 리더십이 있거나 부하들의 능력이나 기술이 부족할 때는 집권화가 가속된다.

업무 내용의 측면에서는 조직의 여러 하위 부서 간에 통일성이 요구되는 업무, 중요한 업무, 비용이 많이 드는 업무는 집권도가 높을 때 더욱 효과적이다. 조직 내의 정책 활동이나 관리의 획일성·통일성이 요구되는 업무는 한 부처나 한 기관에 집중하는 것이 바람직하다. 연방국가에서 외교·국방 업무를 집권시키거나, 국가계획 기능, 인사 기능, 예산 기능을 특정 기구에 집중시키는 것이 효과적이다. 또한 조직의 사활에 관련된 중요한 업무는 조직의 상층부에서 결정하고 단순한 업무는 조직의 하층부에서 결정하는 것이 효과적이다. 그리고 비용, 즉 예산이 많이 드는 사업의 의사결정은 상급기관이 결정하는 것이 바람직하다.

조직의 규모와 역사의 측면에서는 조직의 규모가 작거나 그 역사가 짧을수록 집권화가 효과적이다. 소규모 조직에서는 업무의 조정과 통제가 쉽기 때문에 집권이 바람직하다. 또한 조직의 역사가 짧으면 업무 수행을 위한 관례나 전통이 세워져 있지 않기 때문에 상층부에 의사결정권이 집중되는 것이 이롭다.

조직환경의 측면에서는 조직이 위기나 난국에 처하거나 환경 변화가 극심할 때일수록 집권화가 바람직하다. 특히 전시나 준전시(準戰時) 등 국가적 위기에는 모든 권력이 전시내각이나 위정자에게 집중되는 경향이 있으며, 기업이 부도가 나거나 몰락 직전에는 회장이나 사장 등에게 의사결정 권한이 집중되는 경향이 있다.

그 밖에 기술과 통신이 발달되면 될수록 집권적 조직이 바람직하다. 과거에는 지리적 경계나 거리에 따라 통신이 두절되었으나 통신시설이 급격히 발달하고 컴퓨터 등 의사결정을 지원할 기술의 발달은 조직에서의 의사결정권을 상층부에 집중시키게 하고 있으며 이것은 보편적인 현상이다.

한편 분권화의 촉진 요인은 앞에서 언급한 집권화의 촉진 요인으로 제시한 것의 반대에 해당한다. 즉, 최고관리층이 민주적 리더십을 가지고 있거나 부하의 능력이나 자질이 우수할 때, 업무의 내용이 전문적이거나 사소할 때, 예산이 적게 드는 사업일 때, 조직이 대규모이거나 역사가 길 때, 조직환경이 안정적일 때는 분권화가 바람직하다.

그 밖에도 조직이 주변 환경에 신속하게 대응하고자 할 때, 하위조직의 실정에 적합한 관리를 하고자 할 때, 조직구성원의 자발성과 창의성을 북돋우고자 할 때, 하위 계층에 훈련의 기회를 제공하고자 할 때는 분권화가 효율적이다.

3) 권한 위임과 책임 확보

(1) 권한의 위임

조직에서 권한의 출발점은 보통 조직의 상층부에 있으며 계서제 조직에서 더욱 심하게 나타난다. 조직의 규모가 커지면 어떤 형태로든 간에 권한을 위임해야 한다. 권력이나 권한의 위임이 없는 경우에는 조직의 성과나 산출에 부정적인 영향을 미치기 때문이다. 권한의 위임이 능사는 아니기 때문에 위임을 적절하게 설계해야 한다.

권한 위임의 당위성, 즉 권한을 위임할 것인가 안 할 것인가는 권한 위임의 효과성을 분석한 후 실시해야 한다. 즉, 권한을 위임함으로써 조직의 효율성을 높일 수 있다면 권력을 위임해야 한다. 물론 권한 위임자와 수임자 간에 권한 관계와 의존 관계에 따라서 권력 위임이 자연적으로 제기될 수 있다. 그리고 조직 내・외에서 특정한 사건이 터짐으로써 권한 위임의 필요성이 제기되기도 한다.

권한 위임의 전략은 급진적 전략과 점진적 전략으로 구분할 수 있다. 권한 위임은 기능의 위임과는 약간 달리 점진적으로 접근하는 것이 바람직하다. 즉, 위임 후 나타날 장애물이나 어려움을 사전에 면밀하게 분석해야 한다. 그리고 위임에 유리한 상황과 불리한 상황이 있으므로 이런 요소들을 고려해야 한다. 예컨대, 위임자나 수임자가 권한의 위임에 우호적인 태도를 보인다면 좀 더 적극적으로 위임해야 한다. 다음으로 권한 위임의 대상 범위나 활동 등을 명시하고 권한 위임 이후의 권한 감독 관계를 재설정한다(박기찬, 1993: 190-219).

권력이나 권한의 위임이 좀 더 효율적이려면 합리적으로 직무분석에 의해 권한 배분이 이뤄져야 하며, 권력 배분이나 권한 배분이 책임 회피의 수단이 되어서도 안 되고, 권한, 책임, 그리고 의무의 균형 관계가 이뤄져야 한다(김태룡, 1993: 219-220).

(2) 부당한 권력 행사의 제한과 책임 확보

권력의 정당한 행사는 조직활동에 필수적이며 조직의 효율성을 높이는 데 기여하게 된다. 그러나 부당한 권력의 행사는 조직구성원들을 심리적으로 좌절시키며 불안하게 만든다. 결과적으로 조직의 효율성을 낮추게 된다. 따라서 부당한 권력의 행사를 제한하고 정당한 권력의 행사를 조장할 수 있는 방법들이 모색되어야 한다. 그런 책임 확보의 방법들로는 제도화의 방법과 관리적 방법 등을 들 수 있다.

제도화의 방법이란 이상적인 권력 행사의 내용이 법규나 규정 등에 포함되어 인간의 자의적인 권력의 행사로부터 수용자를 보호하며, 나아가서 사용자 본인도 보호하도록 하는 것이다. 권력 행사의 범위와 내용, 그리고 권력행사자와 수용자의 책임 문제 등을 법규화한다. 권력 행사 과정에서 이른바 '법에 의한 행정', '법에 의한 관리'의 원칙이 지켜져야 한다는 것이다.

관리적 방법이란 관리 체계나 조직문화와 관련되는 방법이다. 먼저 권력 행사의 위법 부당성을 감독하고 감시할 수 있는 관리 체계가 내부적으로 잘 확립되어야 한다. 또한 전문가에 대한 의존 가능성을 낮추기 위해 전문 인력의 수급에도 관심을 기울인다. 권력행사자의 주관적 판단보다는 조직구성원의 객관적 판단에 의존할 수 있도록 개인 활동이나 근무에 대한 보상이 객관적 기준에 의하고, 이에 따라 시행되는 관례가 형성되며, 권력의 남용이나 일탈을 제어할 수 있는 조직문화를 만들어 가는 것이다.

제 3 절 조직구조의 상황 변수

조직구조의 형성에 영향을 미치는 변수들을 상황 변수라고 하며, 결정 요인이라고도 부른다. 상황 변수로 주로 언급되는 것은 규모, 전략, 기술, 환경 등이다. 조직구조의 상황 변수는 조직구조를 설계할 때 고려해야 할 요소이기도 하다.

1. 조직 규모와 조직구조

1) 조직 규모의 의의

조직의 규모는 조직구조의 결정에 영향을 주는 주요 변수로서 인식된다. 그런데 조직의 규모가 무엇인지에 대해서는 개념적으로 미숙한 상태(오석홍, 2020)에 있다. 지금까지 조직의 규모를 나타내는 변수나 측정 지표로는 '조직구성원의 수'로 파악되고 있으나 이것이 조직 규모의 다양한 측면을 포함하지 못하기 때문에 물적 수용 능력, 인력, 투입 또는 산출 및 자원을 조직 규모의 중요 구성 요소로 제시하고 있는 정도다(Kimberly, 1976). 여기서 물적 수용 능력이란 병원의 경우 병상의 수, 인력은 의사 등 직원의 수, 그리고 투입 또는 산출은 고객, 즉 환자의 수, 자원은 병원의 순자산 등을 뜻한다. 규모를 측정하는 경우에도 전일제 상근 근무자(full time employee)라야 적절한 지표가 되며, 시간제 근무자나 계절제 근무자를 포함시킬 경우 비교의 합리성을 해친다.

2) 조직 규모와 조직구조

조직 규모와 조직구조의 관계는 학자들 사이에 서로 다른 의견을 가지고 있어서 한 가지로 단언할 수 없다. 그러나 개괄적으로 살펴보면 다음과 같다.

규모가 커지게 되면 어느 정도까지는 복잡성이 증대하다가 어느 수준부터는 체감한다(Mileti et al., 1977). 조직 규모가 커지면 대체로 전문화가 지속되다가 일정한 수준에 도달하면 조금씩 전문화가 계속된다. 중소기업의 경우 규모와 복잡성은 상관관계가 높으나 대기업에는 규모와 복잡성 간에 관계가 별로 없다. 규모와 지역적 분산은 관계가 크다.

규모가 커질수록 조직의 행동은 더욱 공식화되어 간다(Mintzberg, 1979). 규모가 커지면 직접적 감독보다는 공식화된 규제 조치를 사용함으로써 조직은 더욱 비인간화된다.

그리고 규모가 커지게 되면 분권화가 촉진된다. 소규모 조직에서는 집권적인 의사결정을 통해 강력한 통제를 할 수 있다. 그러나 대규모 조직에서 권한의 위임은 불가피하다.

사례 **조직 규모와 조직구조(우체국)**

우체국은 우리 생활과 매우 밀접한 서비스 조직 중 하나다. 우체국의 사무는 우편업무, 우체국택배, 국제특송(EMS) 및 우체국쇼핑, 우체국예금보험, 전자금융 업무에 관한 것이다.

우체국은 5급 이상의 공무원을 장으로 한다. 우체국의 조직 규모를 간접적으로 측정할 수 있는 것은 우체국장의 직급이다. 대체로 특별시, 광역시의 각 구와 시·군·구에 하나씩 있는 우체국에는 4급(서기관) 공무원이 우체국장이다.

서울 시내의 경우 직원 규모는 관내 우체국을 포함해 약 150명 내외다(본국의 직원 수는 약 100명). 각 우체국은 고객과 더욱 가까워지기 위해 관내에 작은 우체국을 동별로 하나씩 두고 있다. 이를 관내 우체국이라 하는데 직원의 수는 5명 내외다. 예컨대, 서울 강동우체국과 서울 은평우체국은 각각 지원과, 우편물류과, 영업과, 경영지도실의 3개 과 1실을 두고 있다. 그리고 관내우체국과 우편취급실을 두고 있다.

한편 은평우체국의 관내 우체국으로는 동별로 갈현, 구파발, 불광, 수색, 연신내, 그리고 응암 우체국 등이 있으며, 5급이 장이다.

자료: 『과학기술정보통신부와 그 소속 기관직제』(대통령령 제33974호, 2023.12.19).
서울강동우체국, 서울은평우체국 홈페이지 참조

2. 조직의 전략과 조직구조

조직의 전략이 조직구조와 관계가 있을 것이라는 데에 대해서는 많은 연구자가 동의한다. 조직구조가 전략에 영향을 미친다는 주장과 전략이 조직구조에 영향을 미친다는 주장이 있으나 후자가 다수설이라 할 수 있다. 전략(strategy)이란 조직의 주요 목적, 목표와 이를 달성하기 위한 수단에 관한 기본적인 방침과 계획을 의미한다. 특히 전략은 미래 지향적이고 환경 변화에 대한 대응, 집중성, 발전성을 띠고 있다.

챈들러(Chandler, Jr., 1962)는 "조직구조는 전략에 뒤따른다"라는 주장을 한 바 있으며, 차일드(Child, 1972)도 기업가의 전략적 결정이 조직구조를 결정한다고 한 바 있다. 채넌(Channon, 1973), 러멜트(Rummelt, 1974), 내단선(Nathanson, 1980) 등은 챈들러의 가설을 부분적으로 혹은 전면적으로 지지하고 있다(한정화, 1991: 31).

사례 **KBS의 사업본부 체제**

KBS는 한국의 대표적 국영방송사이다. KBS는 이사회와 사장 및 부사장, 감사로 구성되어 있다. 집행부는 본부와 센터, 실로 구성되어 있다. 본부는 편성본부, 보도본부, 제작1·2본부, 기술본부로 구조화되어 있고, 센터는 라디오센터, 드라마센터, 제작기술센터로 구조화되어 있다. 실은 전략기획실이다.

편성본부는 다시 멀티플랫폼전략국, 멀티플랫폼편성국, 국제방송국, 어나운서실, 영상제작국으로, 보도본부는 재난미디어센터, 통합뉴스룸, 시사제작국, 스포츠국, 보도영상국으로 각각 분화되어 있다.

자료: http://www.about.kbs.co.kr/index.html_2024.2.12 검색

3. 조직 기술과 조직구조

1) 조직 기술의 의의

기술에 대한 개념 정의는 어렵고 다양하다. 연구자들이 사용해 온 기술에 대한 조작적 정의나 지표의 예를 보면 '작업 과정에서 사용되는 지식', '업무의 곤란성과 다양성', '원자재의 경도', '자재와 업무에 대한 관리의 용이성', '작업 과정의 통합성', '불확실성', '통일성', '예외의 수와 탐색 과정의 성격', '다양성', '예측가능성' 등이다(Robbins, 2003; 오석홍, 2020).

즉, 연구자들은 기술을 측정하는 지표를 설정하는 데 원자재의 성질이나 작업 과정의 특징과 거기서 사용하는 지식에 두고 있다. 그러나 조직에서 기술에 관한 개념을 정의할 때 대체로 의견의 일치를 보이고 있는 정의(定義)로서는 "조직 내에서 투입물(inputs)을 산출물(outputs)로 변환시키는 과정 또는 방법"을 들 수 있다(양창삼, 1990).

조직에서 다루는 기술은 대상 영역에 따라 전체 조직, 하위 수준의 조직 단위, 그리고 개인적 직무의 수준으로 구분해 볼 수 있다(Robey, 1986). 기술은 넓은 의미에서 조직이 하는 일을 의미한다. 예컨대, 학교에서는 교육이 주임무이고, 병원은 치료가 주임무이며, 공장은 생산이 주임무이고, 백화점은 판매가 주임무이며, 경찰서는 치안 서비스가 주임무다.

조직의 하위 단위에서의 기술은 조직 전체의 기술과 차이가 있다. 예컨대, 대학교 조직의 경우 교육이 기본 임무이지만 여러 단과대학(예: 공과대학이나 사회과학대학 등), 교무처, 학생처, 사무처, 국제교류처, 도서관, 생활관, 기타 후생조직(예: 식당, 구내매점 등)이 있다. 이 중 단과대학이 교육이라는 기술을, 도서관은 도서의 대출과 열람 등의 기술을, 사무처 등은 행정관리라는 기술을 각각 사용한다. 개인이 담당하는 직무 역시 구체적인 기술이나 도구를 사용한다. 이를 [그림 4-3]과 같이 나타낼 수 있다.

그림 4-3 조직의 전환 과정으로서 기술

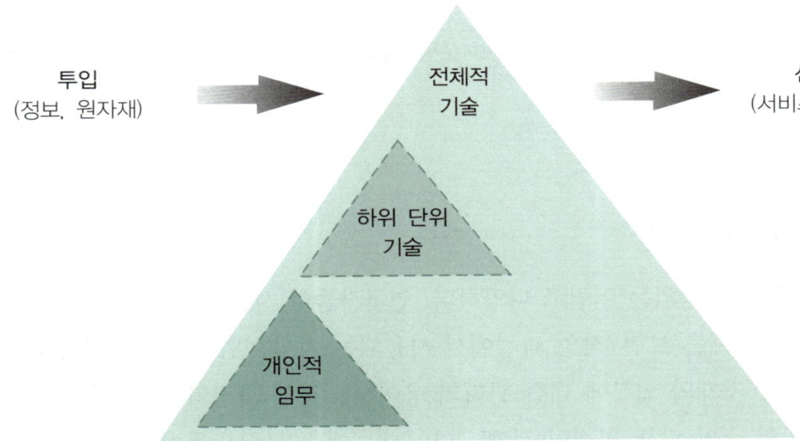

자료: 로베이(Robey, 1986: 138)를 참조해 재구성.

2) 조직 기술과 조직구조

기술과 조직구조의 관계를 조직의 기본 변수인 복잡성, 공식성, 그리고 집권성 등 조직구조의 여러 차원과 관련시켜 살펴보기로 한다.

첫째, 기술과 복잡성의 관계다. 대체로 일상적인 기술일수록 복잡성은 낮고 비일상적인 기술일수록 복잡성은 높을 것이다. 기술적인 다양성이 크면 조직구조는 분화하는 경향이 있다. 비일상적일수록 작업이 정교해지고 고객의 기호에 맞춰야 하므로 전문가의 활용이 커진다.

둘째, 기술과 공식성의 관계다. 대체로 일상적인 기술일수록 공식성은 높고 비일상적인 기술일수록 공식성은 낮을 것이다. 즉, 일상적인 기술일수록 예측 가능성이 높기 때문에 하위 수준에서는 작업 규칙 및 업무편람 등이 더욱 필요하고 유용할 것이다.

셋째, 기술과 집권성과의 관계다. 기술과 집권화의 관계는 상관도가 낮다고 본다(최종태, 1985). 즉, 양자의 관계에는 다른 변수들의 개입에 따라서 영향을 받는다는 것이다.

다음으로 기술과 조직구조의 적합성 문제를 살펴본다. 조직에서 기술과 조직구조는 적합할수록 조직의 효과성이 높고 성공적이라는 것이다(Daft, 2007; Woodward, 1965;

Perrow, 1970; Pfeffer et al., 1974; 조석준, 1985). 조직을 목표 달성의 수단으로 보는 합리적 모형에서는 조직이 생산하는 재화와 서비스에 대해 관심을 기울인다. 페로(Perrow, 1970)는 직원들이 수행하는 업무가 잘 이해되고, 예측 가능하며, 일상적이고 반복적이면 관료제 조직이 가장 능률적이라는 것이다. 페퍼 등(Pfeffer et al., 1974)은 일상적인 업무를 수행하는 조직이 융통성 있고, 고도로 적응적인 구조와 절차를 채택한다면 조직은 비능률적인 것이라고 하면서 페로의 견해를 지지한다(박광국, 1995).

3) 기술의 분류

기술에 대한 분류는 연구자마다 다르고 특색이 있다. 조직에서 기술 문제를 고려할 때 의미가 있다고 여겨지는 기술의 유형을 찾아보기로 한다.

(1) 과정으로서 기술과 기법으로서 기술

조직에서 기술이 사용되는 의미는 과정으로서 기술과 도구나 기법으로서 기술로 구분할 수 있다. '과정'으로서 기술이란 조직 내의 투입물을 산출물로 변환시키는 과정이나 방법 등의 추상적인 특성을 나타내는 것으로 학술적으로는 전자를 많이 사용하고 있다. 한편 '기법(tool or techniques)'으로서 기술이란 조직에서 사용하는 구체적인 도구나 기법을 말한다(Robey, 1986). 예컨대, 컴퓨터, 복사기, 자동응답기, 무인우주선 등 무수하게 많다. 이들은 조직의 규모나 구조에 영향을 미친다. 은행에서 자동현금지급기는 인력 규모를 줄이고 공장에서 자동화된 기계는 인력을 대체한다. 그러나 후자에 대해서는 조직의 혁신이나 쇄신에서 주로 다루고 있으며 실무자들이 더 많은 관심을 보이고 있다.

(2) 톰슨의 분류

톰슨(Thompson, 1967)은 업무와 작업 과정의 성격에 따라서 길게 연결된 기술, 중개 기술, 그리고 집약적 기술로 구분한다.

길게 연결된 기술이란 여러 가지 행동이 순차적으로 의존적인 관계를 이룰 때 쓰이는 기술을 말한다. 일관작업 체제의 기술이 그것이다.

중개 기술이란 상호 의존 상태에 있거나 서로 의존하기를 원하는 고객들을 연결시키는 데 활용되는 기술이다. 예컨대, 전화국은 송화자와 수화자를 연결시키며, 직업소개소는 구직자와 구인 조직을 연결시키고, 은행은 돈의 수요자와 공급자를 연결시킨다.

집약적 기술이란 복합적인 기술의 집합체로서 개별적인 필요에 따라 그때그때 기술을 배합하고 조정한다. 예컨대, 의사의 환자 치료, 건축주의 요구에 따른 건축설계소의 건축 등을 들 수 있다.

(3) 페로의 분류

페로(Perrow, 1970)는 기술을 "도구나 기계의 도움을 받든 않든 간에 어떤 대상을 변화시키기 위해 그 대상에 가하는 모든 행동"이라고 본다. 그는 조직이 처리하는 원자재(raw material)에 따라서 기술을 분류한다. 즉, 그는 원자재를 처리하는 과정에서 맞게 되는 예외적 사례의 수와 원자재의 처리에서 채택하는 탐색 과정을 교차 배열함으로써 기술의 유형을 분류한다. 여기서 탐색 과정은 분석 가능한 일상화된 탐색 과정과, 분석 불가능한 탐색 과정으로 구분한다. 예외적 사례의 수란 원자재를 처리하는 과정에서 자극의 변칙성과 문제의 다양성에 관련된 지표다. 소수의 예외와 다수의 예외로 나뉜다. 즉, 이들 두 가지 차원을 배합하면 기술은 기능(craft), 비일상적(nonroutine) 기술, 일상적(routine) 기술, 공학적(engineering) 기술로 구분된다.

기능은 분석 불가능한 탐색과 소수의 예외가 있는 기술이다. 이것은 공예산업 등 소규모 공장에서 사용하는 기술이다. 비일상적 기술이란 분석 불가능한 탐색과 다수의 예외가 있는 기술이다. 이것은 우주항공산업이나 원자력산업에서 사용하는 기술이다.

일상적 기술이란 분석 가능한 탐색과 소수의 예외가 있는 기술이다. 이것은 기계류의 부품처럼 표준화된 제품을 대량으로 생산하는 기술이다. 공학적 기술이란 분석 가능한 탐색과 다수의 예외가 있는 기술이다. 이것은 건축 기술을 들 수 있다.

표 4-1 페로의 기술 분류

	소수의 예외	다수의 예외
분석 불가능한 탐색	기능	비일상적 기술
분석 가능한 탐색	일상적 기술	공학적 기술

4) 기술의 특성을 나타내는 성질

기술의 특성을 연속선으로 나타낼 수 있는 특성들을 살펴보면 다음과 같다.

첫째, 일상성(日常性, routineness)이다. 일상성이란 업무 처리의 규칙성, 반복성이 높은 특성을 의미한다. 따라서 일상적 기술은 자동화되고 표준화된 작업에 많이 이용된다. 일상적인 기술일수록 문제를 처리하는 과정에서 예외가 적고 비일상적일수록 예외가 많다. 일상적일수록 대량생산이 가능하다. 일상성과 비일상성을 [그림 4-4]와 같이 기술의 연속선상에 놓을 수 있다.

둘째, 숙련도다. 기술을 습득하는 데 드는 노력, 기간 등의 정도에 따라 고숙련도와 저숙련도로 구분할 수 있다. 고숙련도 기술일수록 기술적으로 복잡성이 크다고 볼 수 있다. 고숙련의 기술 인력을 양성하고 훈련시키는 데 많은 비용이 소요되며, 기술자의 자율성, 전문성과 윤리성이 강조된다. 고숙련 기술은 조직보다는 조직구성원 개인에게 더 의존하게 된다. 고숙련도와 저숙련도를 [그림 4-5]와 같이 연속선상에 놓을 수 있다.

셋째, 업무 간 상호 의존성이다. 조직이 원자재를 다루는 과정에서 상하 간에, 횡적으로 유기적인 연계의 정도에 따라서 높은 상호 의존성과 낮은 상호 의존성으로 구분할 수 있다. 상호 의존도가 크면 조정과 통합의 정도도 커져야 조직활동의 효과를 높일 수 있다.

그림 4-4 기술의 일상성

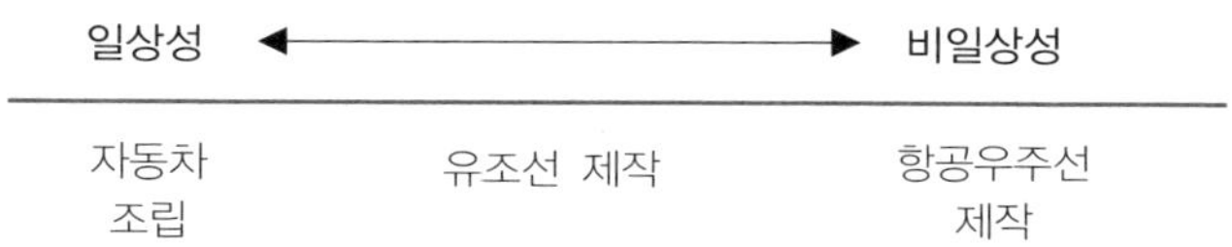

그림 4-5 기술의 숙련도

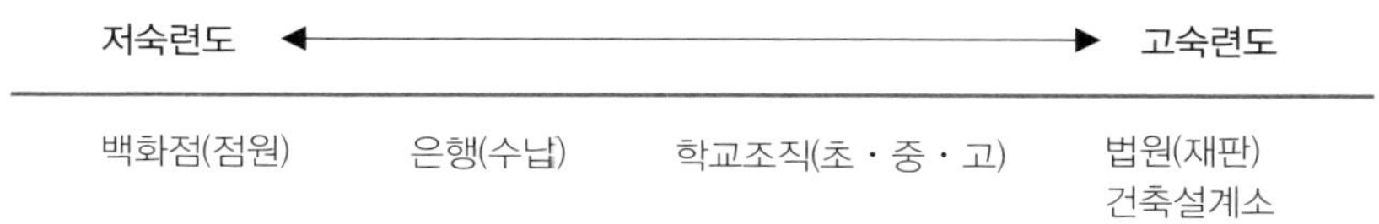

제 4 절 조직구조의 설계모형

1. 기계적 구조와 유기적 구조

1) 기계적 구조

기계적 구조(機械的構造, mechanistic structure) 아래에서는 고전적 조직모형에 기반을 두고서 조직을 구조화하는 것으로, 기능별로 업무를 전문화하고, 복잡한 부문화를 거치며, 개인의 직무전문화를 시킨다. 또한 권한과 책임을 명백하고 세밀하게 규정한다.

조직은 환경 변화에 대해 기민하게 적응하지 못하기 때문에 경직적이라 할 수 있다. 기계적 구조 아래에서는 상사와 부하 간에 수직적인 인간관계가 강조되며 수직적 의사전달이 활발하다. 즉, 상사는 명령하고 부하는 이에 복종한다. 기계적 구조모형은 관료제 모형(bureaucracy model)에서 가장 잘 나타난다.

2) 유기적 구조

유기적 구조(有機的構造, organic structure) 아래에서는 각자의 직무, 권한, 책임이 고전적 조직론에서와 같이 명확하고 상세하게 규정되어 있지 않다. 명령 통일과 계서제의 원칙이 엄밀하게 적용되지도 않는다. 조직이 문제의 해결에 모든 관심을 기울인다. 발생하는 문제에 따라서 권한과 책임의 소재가 달라진다.

조직은 환경 변화에 신축적으로 대응한다. 유기적 구조 아래에서는 문제 해결을 위해 각 부문 간의 협조를 강조한다. 따라서 수평적 인간관계가 강조되고, 수평적 의사소통이 좀 더 활발하게 전개되며 정보와 조언이 전달된다. 유기적 구조모형은 애드호크라시 모형(adhocracy model)에서 가장 잘 나타난다. 또한 이것은 민첩한 조직(agile organization)으로 응용되고 있다. 민첩한 조직은 작은 팀의 법칙, 고객의 법칙, 네트워크의 법칙이 지배한다(Stephen Denning, *The Age of Agile*, 2018).

3) 평가 및 종합

번스와 스토커(Burns & Stalker, 1961)는 조직환경이 정태적이고 확실할 때 기계적 구조가 효율적이라고 한다. 그들은 조직환경이 동태적이며 불확실할 때 유기적 구조가 효율적이라고 한다. 또한 그들은 조직환경의 속성에 따라서 조직구조의 설계 방법이 달라져야 한다는 것을 제시한다.

한편 우리나라에서도 기업조직을 대상으로 김인수(1980)가 기계적 조직과 유기적 조직을 연구한 바 있다. 그는 우리나라의 전자산업과 같이 조직환경의 변화가 불확실한 부문에서는 유기적 구조가 효율적이라는 것이다.

기계적 구조와 유기적 구조의 특성과 조건에 관해 제시된 내용들을 요약해 정리하면 〈표 4-2〉와 같다. 여기서 특성이란 각 구조의 특성을 의미하며, 조건이란 각 구조가 효율적인 조건들을 의미한다.

표 4-2 기계적 구조와 유기적 구조의 비교

		기계적 구조	유기적 구조
특성	직무의 범위	구체적 정의	포괄적 정의
	규칙과 절차	많음	적음
	책임	명백	불명확
	위계질서	계층제	네트워크(분산된 채널)
	보상 체계	객관적	주관적
	인간관계	공식적	비공식적
	상호작용	수직적	수평적
	의사소통의 내용	명령과 보고	조언과 정보
조건	조직목표	명백	모호
	직무	단순, 분해 가능	복잡, 분해 불가능
	환경	정태적, 확실	동태적, 불확실
	성과 측정	가능	불가능
	권위	합법적	도전받음

자료: 로베이(Robey, 1986: 104)의 내용을 수정해 재구성.

2. 관료제와 애드호크라시

1) 관료제

관료제(官僚制, bureaucracy)는 근대 사회가 산업사회로 발전되어 가는 과정에서 만들어진 개념으로 근대 사회의 구조가 복잡해지고 기술이 고도화되며, 그리고 이에 수반해 관리사무의 질적 변화 및 양적 확대 등에 대응하기 위한 대규모 조직으로 합리적·합법적 지배가 제도화된 조직을 의미한다.

베버(Max Weber)는 관료제론 연구 등으로 20세기 최고 사회과학자의 한 사람으로 인정받고 있다. 그의 관료제 모형은 조직학계에 지대한 공헌을 했으며 이에 대한 수정과 비판이 끊이지 않고 있다. 베버의 관료제 모형은 조직의 구조 형성에 관한 고전적인 모형의 한 전형이라 할 수 있다. 그의 관료제 모형은 인간의 합리적이며, 예측 가능하고 질서정연한 측면에 착안한 합리적 공식적 모형이다(오석홍, 2020). 베버의 관료제 모형은 기계적 조직관에 입각한 것이다. 또한 관료제 모형은 기능적 합리성을 강조한다. 즉, 목표 달성의 수단으로서 조직을 강조한다. 이 모형은 공식적 조직구조, 폐쇄적 조직관, 조직의 역기능을 고려하지 않은 이론 모형이다(윤재풍, 2014). 그는 관료제가 어떤 조직보다도 기술적 우위성을 지닌다고 주장했다.

여러 학자가 관료제 조직의 특성을 제시하고 있는데 저자는 이들을 법규의 지배, 분업화, 계서제, 직무 수행의 몰주관성, 업무의 전문성, 직업성, 문서주의로 제시하고자 한다.

앞에서 살펴본 것처럼 관료제는 장점(순기능)도 많지만 단점(역기능)도 있다(Cayer & Wesschler, 1988). 먼저 역기능을 살펴본 후 순기능을 서술한다.

관료제의 역기능이란 본래 의도한 것과 다른 변화가 구조·기능에 야기되어 조직목표 달성에 장애가 되는 현상을 말하며 관료제의 병리 현상이라고 말한다. 머튼(R. K. Merton), 톰슨(V. A. Thompson), 블라우(P. M. Blau), 셀즈닉(P. Selznick), 크로지에(M. Crozier) 등에 의해 연구되었는데, 관료제의 역기능으로는 관료제의 병리적 관료 행태, 환경 적응 능력의 부족과 관료제의 관료에 대한 억압과 좌절을 든다. 관료제의 병리적 관료 행태로는 동조과잉, 서면주의, 무사안일주의, 할거주의, 그리고 전문화로 인한 무능을 들고 있다.

관료제는 앞에서처럼 병리적 측면 등 역기능도 있지만 그것보다는 긍정적 측면인 순기능 때문에 더욱 존재의 의의가 있는 것이다. 그것은 관료제의 목표 달성 수단성(目標達成手段性), 관리 지향성(管理指向性), 관료 지향성(官僚指向性), 그리고 사회가치 지향성(社會價値指向性)이다.

2) 애드호크라시

애드호크라시(adhocracy)는 관료제의 반대 개념이라 할 수 있다. 애드호크라시는 관료제 조직과는 달리 유연성, 적응성, 대응성, 그리고 혁신성이 높은 유기적 조직이다(양창삼, 1990: 596).

애드호크라시는 조직구조의 기본 변수에 따라서 복잡성, 공식성, 그리고 집권성이 낮은 조직구조의 형태를 띠고 있다(Robbins, 1990; 양창삼, 1990; 최종태, 1985). 이 모형은 탈관료제모형이나 반관료제모형으로 받아들여지고 있다.10)

애드호크라시의 장점은 조직의 환경적응력이 우수하고 문제 해결 지향적이어서 주어진 목표를 해결하는 데 매우 효율적이다. 또한 혁신적인 사업을 하는 데 매우 유익하다. 애드호크라시의 단점은 구성원들 간에 갈등이 일어날 가능성이 크다. 즉, 명백하게 역할을 규정하지 않기 때문에 역할갈등을 일으킬 가능성이 크다.

애드호크라시의 조직 형태로 가장 많이 소개되는 것은 매트릭스 조직과 태스크 포스, 위원회조직, 그리고 동료형 조직(collegial organization)이다. 그런데 위원회조직과 동료형 조직은 엄밀하게 애드호크라시로 분류될 수 있는지 문제가 된다. 위원회조직은 상임위원회와 임시위원회로 구분할 수 있을 뿐더러, 동료형 조직도 대학의 학과조직에서 볼 수 있듯이 거의 상설이기 때문이다. 매트릭스 조직과 태스크 포스 조직은 별도로 조직의 형태에서 다뤘으므로 여기서는 자세하게 설명하지 않겠으며 다만 팀형 조직만 논의한다.

팀(team)형 조직은 근래에 조직에서 많이 활용하는 조직구조의 형태다. 팀조직의 특성은 다음과 같다(임창희, 1995: 95). 팀은 작업의 계획, 실행, 통제, 개선을 직접 담당한다. 팀은 자체적으로 목표를 설정하고 스스로 작업을 감독한다. 팀은 작업 일정, 예산 수립, 주문 재고 관리 등을 스스로 한다. 팀은 자체 인력 충당, 교육훈련도 스스로 한다. 끝으로, 팀이 생산하는 재화나 서비스의 질을 책임지는 사람은 바로 팀 구성원이다. 팀조직의 설계 유형은 문진형, 대부대과제형, 프로젝트형, 복합 기능형으로 구분할 수 있다(임창희, 1995: 106-120).

3) 관료제 및 애드호크라시의 비교

이상의 논의를 바탕으로 관료제와 애드호크라시를 비교하면 〈표 4-3〉과 같다. 이들

10) 오석홍 교수는 관료제에 대한 대칭 모델로서 탈관료제나 반관료제적 모형을 제시하고 있다. 오석홍은 베니스(W. G. Bennis)의 적응적·유기적 구조, 커크하트(L. Kirkhart)의 연합적 이념형, 화이트(O. White, Jr.)의 경계관념의 타파, 테이어(F. C. Thayer)의 계서제 없는 조직, 린덴(R. M. Linden)의 이음매 없는 조직, 네트워크 조직 등을 제시하고 있다(오석홍, 2020: 358-378).

은 구체적으로 다음과 같다.

관료제가 계서제적 형태를 띠는 반면, 애드호크라시는 계서제를 없애는 것이다. 관료제는 구조가 복잡하고 분산성을 띠는 반면, 애드호크라시는 총체적이며 유기적이다. 관료제가 공식성이 높은 반면, 애드호크라시는 규정이 모호하고 유동적이다. 관료제 구조는 집권성이 높은 반면, 애드호크라시는 분권적이다. 관료제의 조직환경은 안정적이고 정태적인 반면, 애드호크라시의 조직환경은 동태적이고 불확실하다. 관료제의 조직기술은 일상적이고 단일 기술인 데 반해, 애드호크라시의 기술은 비일상적이고 문제해결적이다. 관료제의 조직인은 경제인을 가정하는데, 애드호크라시의 조직인은 복잡인을 가정한다. 관료제의 조직 규모는 큰 데 반해, 애드호크라시의 조직 규모는 작고 외부 조직과 협조적이다. 관료제의 조직 생명을 반영구적인 데 반해, 애드호크라시의 조직 생명은 일시적이고 잠정적이다.

현실 사회에서 조직구조는 관료제 모형과 애드호크라시 모형의 어느 사이에 존재하게 된다. 현재로서는 관료제를 완벽하게 대신할 만한 수단으로서 다른 장치나 기구를 아직까지는 발견할 수 없기 때문이다. 그러므로 애드호크라시 모형에서 아이디어를 얻으면서 관료제 모형을 수정하고 보완해 현대 사회에 적합한 조직구조 모형으로서 변화시켜야 할 것이다.

표 4-3 관료제와 애드호크라시의 비교

		관료제	애드호크라시
조직구조의 기본 변수	복잡성	복잡성과 분산성 높음	낮음, 총체적, 유기적
	공식성	높음	낮음, 규정의 모호함
	집권성	높음	분권적, 네트워크
조직환경		정태적, 안정적	동태적, 불확실
조직기술		일상적	비일상적, 문제해결적
조직인		경제적 인간	복잡인, 상호 의존 관계
조직 규모		큼	작음
조직생명		반영구적	일시적, 잠정적

토의과제

❶ 조직의 지배구조로서 정부의 국회와 법인(기업 등)의 이사회를 비교하라.
❷ 조직 기술은 조직구조에 어떤 영향을 미치는가?
❸ 스미스(Adam Smith)는 『국부론』에서 왜 분업을 강조하는가?
❹ 베버(Max Weber)의 관료제 모형 이론이 나오게 된 사회적 배경을 논의하라.
❺ 프로 축구팀과 아마추어 축구팀을 비교하라.

제5장

조직 형태

조직구조의 형태는 분류 기준에 따라 다양하게 제시할 수 있다. 분류 기준으로는 복잡성, 집권성과 분권성, 공식성, 그리고 기타 기준 등을 들 수 있다. 이 장에서는 이들 기준에 따라서 중요한 조직구조의 형태를 살펴보기로 한다.

제1절 조직 형태의 개관

앞에서 조직구조의 기초적 내용을 살펴보았다. 여기서는 조직구조의 여러 가지 형태를 고찰한다. 설명의 편의상 조직구조의 형태를 분류하면 다음과 같다.

첫째, 공식성(公式性)에 따라 공식조직과 비공식집단으로 나눌 수 있다. 공식조직(公式組織, formal organization)은 조직목표를 달성하기 위해 법령 등에 의해 공식적으로 업무와 역할을 할당하고, 권한과 책임을 부여하는 조직이다. 한편 비공식집단(非公式集團, informal group)은 구성원 상호 간의 접촉이나 친근 관계로 인해 형성되는 조직으로서 구조가 명확하지 않은 조직인데 비공식집단으로 표현되기도 한다.

둘째, 집권성(集權性)・분권성(分權性)에 따라 조직은 독임형 조직과 합의형 조직으로 나눌 수 있다. 즉, 의사결정권이 한 사람에게 있는가 여러 사람에게 나뉘어 있는가에 따른 분류다. 전자를 독임형, 후자를 합의형이라 부른다. 대부분의 조직은 독임형(獨任型)을 띠고 있다. 정부기관의 경우 각급 행정부처(청)[行政部處(廳)]는 장관・처장·청장 등이 행정에 관해 최종적인 의사결정권을 갖고 있다. 기업의 경우 회사의 회장이나 사장이 최종적인 의사결정권을 갖고 있다. 한편 합의형 조직(合議型組織)은 조직의 의사결정권이 여러 사람에게 나눠어 있는 회의(會議)나 위원회(委員會) 등으로 대표적인 예는 입법부인 국회, 법원의 재판부, 행정부의 국무회의, 법인체(재단법인이나 사단법인)의 이사회, 종교단체의 종무회의, 경제단체인 전국경제인연합회, 사회단체의 각종 협의회, 그리고 대의원회의 등을 들 수 있다. 일반적으로 회의체 조직에서는 의사결정권이 있으나 위원회형 조직에서는 의사결정권만 있고 이를 대외적으로 표시할 권한은 없다.

셋째, 조직은 분업화(分業化)에 따라 ① 결정기관·집행기관·평가기관, ② 중앙기관·지방기관, ③ 주무기관·부속기관, ④ 계선기관·참모기관으로 구분된다.

조직은 정책 과정이나 관리 과정에 따라서 결정·집행·평가(決定·執行·評價)조직 등으로 구분될 수 있는데, 중앙기관은 결정 업무를, 대부분의 중앙기관과 지방의 일선기관은 집행 업무를, 그리고 감사원 등은 평가 업무를 담당한다.

조직은 관할 지역 범위에 따라서 중앙기관(본부)과 지방기관(혹은 일선기관)으로 구분될 수 있다. 중앙기관은 정부조직의 경우 중앙행정기관을, 기업의 경우 회사의 본점을 의미한다.

조직은 조직 간의 주종 관계에 따라 주무기관과 부속기관으로 구분된다. 부속기관이란 행정권(行政權)이나 경영권(經營權)의 직접적인 행사를 임무로 하는 기관에 부속해 그 기관을 지원하는 기관을 말한다. 예컨대, 각종 시험연구기관(예: 임업시험장이나 제약연구소), 교육훈련기관(예: 중앙공무원교육원이나 기업의 연수원), 문화기관(예: 중앙국립극장), 의료병원(예: 경찰병원이나 삼성의료원), 제조기관(예: 각종 공장), 자문기관(예: 민주평화통일자문회의) 등이 그것이다.

조직은 업무 수행 관계에 따라 계선기관과 참모기관으로 구분할 수 있다. 계선기관(系線機關)이란 상하의 명령-복종 관계를 가진 수직적·계층적 구조의 계열을 형성하는 것으로 조직의 근간을 이루고 있다. 예컨대, 중앙행정기관의 경우 장관-차관-국장-과장-담당의 순으로, 기업의 경우 사장-부사장-전무이사-이사-부장-차장-과장으로 이어지는 것이 그것이다. 한편 참모기관(參謀機關)이란 계선기관이 그 기능을 원활하게 수행할 수 있도록 지원·조성·촉진하는 기관으로서 자문·권고·협의·조정, 정보의 수집과 분석·연구, 기획과 통제, 인사·회계·법무·홍보·조달 등의 기능을 행사한다. 예컨대, 총무과, 차관보, 기획관리실, 담당관, 비서관, 각종 정책자문회의, 교육기관, 연구소 등이 그것이다. 계선기관과 참모기관의 관계를 권한의 위임과 관련시켜 논의를 전개하기도 한다.

넷째, 복합적 기준에 따라 직능부제(職能部制), 사업부제(事業部制), 프로젝트 조직, 매트릭스 조직, 그리고 네트워크 조직 등으로 구분된다.

다음에서는 위에서 분류한 기준 중에서 가장 많이 언급되고 있는 공식조직과 비공식집단, 위원회와 공동관리구조, 계선기관과 참모기관을 다루며, 관료제 조직과 복합적 기준에 따른 분류는 별도로 다루기로 한다.

제 2 절 공식조직과 비공식집단

1. 공식조직과 비공식집단의 의의와 특징

1) 공식조직과 비공식집단의 의의

조직은 공식성(公式性) 여부에 따라 공식조직과 비공식집단으로 나눌 수 있다. 공식조직(公式組織, formal organization)은 조직목표를 달성하기 위해 법령이나 정관 등에 의해 공식적으로 업무와 역할을 할당하고, 권한과 책임을 부여하는 조직이다. 한편 비공식집단(非公式集團, informal group)은 구성원 상호 간의 접촉이나 친근 관계로 인해 형성되는 조직으로서 구조가 명확하지 않은 조직인데 비공식집단으로 표현되기도 한다. 공식조직이 전형적인 조직이라면 비공식집단은 공식조직을 전제로 한 것이다. 조직의 동태적인 면을 이해하려면 공식적 조직과 더불어 비공식집단에 대한 이해가 동시에 이뤄져야 한다.

2) 공식조직과 비공식집단의 특징

공식조직은 인위적 · 문서화 · 조직 지향 · 능률의 논리 · 가시적 · 전체적 질서를 특성으로 하는데 반해, 비공식집단은 자연적 · 비문서화 · 개인 지향 · 감정의 논리 · 불가시적 · 부분적 질서를 특성으로 한다(유종해, 2000: 115-116).

첫째, 조직의 생성과 소멸의 면이 다르다. 공식조직은 인위적·계획적으로 생성되고 소멸되지만 비공식집단은 자연발생적이며 자연소멸적이다. 공식조직은 조직의 목표를 달성하기 위해 인위적으로 만든 것이나, 비공식집단은 조직구성원들의 욕구나 희망에 따라 자연적으로 형성되고 소멸된다.

둘째, 문서화 여부가 다르다. 공식조직은 문서화되어 있으나 비공식집단은 문서화되어 있지 않다. 공식조직의 외양은 조직기구 도표에 나와 있으나 비공식집단의 그것은 그렇지 않다. 공식조직의 활동들은 문서화된 법규와 규정을 기본으로 하여 운영되나 비공식집단에서는 그때그때마다 인간관계에 의해 운영된다.

셋째, 지향의 대상이 다르다. 공식조직은 조직 자체의 목표 달성을 우선시하나 비공식집단은 조직구성원의 욕구 충족을 우선시한다. 공식조직에서는 조직의 구조나 관리 등에서 모두 조직목표의 달성을 위한 통합과 조정을 강조하나 비공식집단에서는 구성원의 다양성과 개성이 강조된다.

넷째, 지배의 논리가 다르다. 공식조직에서는 구성원 개개인들이 대규모 조직의 하위 구성단위로서 존재하기 때문에 개개인의 감정보다는 조직이 추구하는 목표 달성의 극대화를 위해 능률(성)의 논리에 의해 지배된다. 그러나 비공식집단에서는 구성원들의 인간관계에 바탕을 두므로 상하 간에, 동료 간에 인간적 우호감과 정서 등에 의존하는 등 감정의 논리에 의해 지배된다.

다섯째, 가시성(可視性) 여부가 다르다. 공식조직은 문서화되어 있고 대규모 조직이기 때문에 가시적·외면적인데 반해, 비공식집단은 자연발생적이고 대부분 소집단이어서 비가시적·내면적이다. 하지만 비공식집단은 구성원들에게는 가시적이다.

여섯째, 질서의 범위가 다르다. 공식조직의 범위는 전체적 질서라고 할 수 있으나 비공식집단의 범위는 부분적 질서이다. 왜냐하면 비공식집단이 공식조직의 안에 있기 때문이다. 공식조직이 계서제의 정상에서 최하위층까지 이르는 것인데 반해, 비공식집단은 공식조직의 어느 일부에 분산되어 있는 것이다.

2. 공식조직의 형태: 계서제 조직과 팀제 조직

1) 계서제 조직과 팀제 조직의 의의

계서제 조직은 관료제 조직의 특색을 보여주는 조직 형태로서 계층적인 구조에서 뻗어나가는 형태로 여러 계층이 서로 연결되어 있다. 이 조직구조에서 각 계층은 상위 계층에서 명시된 목표와 지시를 받아 하위 계층에 전달하며, 정보와 의사결정이 위에서 아래로 흐른다. 계서제 조직은 부(部)와 과(課), 국(局)과 과(課)의 피라미드형 구조를 갖는다(ChatGPT 참고).

팀제(team) 조직은 팀이 주어진 목표를 달성하기 위해 협력하고 조화롭게 일하는 형태를 말한다. 팀원들은 각자의 역할과 책임을 가지며 효과적인 커뮤니케이션과 협업이 중요하다. 팀제 조직은 유연성과 높은 업무 효율성을 추구하며, 다양한 의견과 역량을 결합하여 창의적인 해결책을 찾는 데 기여할 수 있다(ChatGPT 참고).

계서제 조직은 관료제적 조직의 특색을 갖는 데 반해, 팀제 조직은 애드호크라시적 특색(유기체적 특색)을 갖는다. 상대적으로 정부조직에서는 계서제적 형태를, 기업에서는 팀제 조직 형태를 선호하는 것 같다.

2) 계서제 조직과 팀제 조직의 비교

계서제 조직과 팀제 조직을 비교하면 다음과 같다.

첫째, 계층구조 면에서 계서제 조직은 각 직무와 역할이 정의된 명확한 계층구조를 갖는다. 이는 조직 내에서 업무의 분담과 책임을 명확하게 하고, 업무 분담이 고정적이다. 이에 반해 팀제 조직은 업무의 공식화 수준이 낮으며, 팀에게 업무의 분담이 유동적이다.

둘째, 의사결정 면에서 계서제 조직은 상부와 중앙에 의사결정 권한이 집중되어 있으며, 팀제 조직은 팀과 팀원에게 의사결정 권한이 분산되어 있다. 따라서 계서제에는 업무의 통제가 심하나 팀제 조직에는 업무의 자율성과 융통성이 높다. 팀제 조직에서 자율적이고 창의적인 분위기에서 동기부여될 수 있다.

셋째, 의사소통 면에서 계서제에서는 정보 흐름과 의사소통이 수직적이다. 상의하달, 즉 상부의 지시와 하부의 품의제에 따라 의사가 소통되며, 정보의 흐름은 부서 내에서도 폐쇄되고 독점된다. 한편 팀제 조직에서는 정보의 흐름과 의사소통이 수평적이다. 팀장과 팀원들 간의 정보의 흐름이 개방적이고 공유가 강조된다.

넷째, 관리 면에서 계서제 조직에서는 부서의 목표는 상부에서 주어지며, 상부조직에 대한 기여도로서 부서의 조직 성과를 평가하고, 보상은 개인에게 주어진다. 한편 팀제에서는 팀 자체적으로 팀의 목표를 설정하며, 이 목표의 달성도로서 팀의 성과를 평가하고 팀 전체로서 평가받는다. 팀원 전체의 협업과 팀원 개인의 창의성이 강조된다.

다섯째, 조직 환경면에서 계서제 조직은 명시된 역할과 계층적인 통제구조를 통해 조직이 효율적으로 운영되도록 지원하며, 복합한 조직환경에서 안정성과 일관성을 유지하게 한다. 한편 팀제 조직은 변화가 심한 조직환경 속에서 자율성과 융통성으로 환경에 적응하게 한다.

3. 비공식집단의 형성, 기능과 관리

1) 비공식집단의 형성

비공식집단은 현재의 직책, 과거의 관계, 그리고 개인적 특성이나 욕구에 따라 자연적으로 형성되고 소멸된다. 비공식집단의 형성 원인을 간단하게 살펴보면 다음과 같다.

첫째, 현재의 계급 · 지위, 그리고 근무지 등이 같은 경우 비공식집단이 형성될 수 있다. 업무의 협조 관계 등으로 인해 자연스럽게 비공식 관계가 형성되고 사람이 바뀌면 바뀐 사람이 멤버가 된다. 예컨대, 사무관 모임이나 영업과장 모임, 충남지역 기관장 모임이나 강원지역 지점장 모임 등이 그 예다.

둘째, 과거의 관계, 즉 출신 학교, 출신 지역, 과거의 직장, 그리고 혈연 등 귀속적 사유에 의해 비공식집단이 형성되기도 하고, 자격시험이나 승진임용시험의 동기생들로 구성되는 실적에 의해 형성되기도 한다. 전자의 예로는 특정 조직 내의 경기고 동문회, 제주지역 향우회, 민씨 종친회 등을 들 수 있으며, 후자의 예로는 공채 12기 동기회 등을 들 수 있다.

셋째, 기타 개인적 욕구 · 취미 · 사상 · 이념 · 종교 등이 비슷하거나 같기 때문에 비공식집단이 형성되기도 하는데, 불교클럽, 스포츠댄스동호회, 산악회 등이 그 예다.

2) 비공식집단의 기능과 통제

비공식집단이 공식조직 내에서 어떤 역할과 기능을 행사하는가를 살펴보자. 먼저 비공식집단의 순기능을 보면 다음과 같다.

첫째, 비공식집단은 구성원들에게 심리적으로 안정감을 누릴 수 있게 한다. 대규모 공식조직은 조직구성원들에게는 너무 크고 거대해서 쉽게 접근하기가 어렵고 때로는 소외감마저 느끼게 한다. 비공식집단에 참여함으로써 조직구성원은 소속감을 느끼며 안정감을 느낀다.

둘째, 비공식집단은 조직구성원들에게 서로의 행동 기준을 제시해 줄 수 있다. 그렇지만 공식조직이 조직구성원에게 모든 행동의 기준을 제시해 줄 수는 없다.

셋째, 비공식집단은 공식조직의 능력을 보완해 준다. 공식조직은 엄격한 규율과 질서를 강조하는데, 이것만으로 조직이 원만하게 운영될 수는 없다.

넷째, 비공식집단은 융통성과 느슨함을 통해 계층제의 경직성을 완화해 준다. 또한 비공식집단은 공식적 의사소통을 비공식적 의사소통을 통해 보완함으로써 의사소통을 좀 더 원활하게 한다.

다음으로 비공식집단의 역기능을 보면 그것은 부분적 이익을 강조해 정실 행위가 만연하며, 구성원 간에 적대 감정을 부추기고 유언비어 등 헛소문을 퍼뜨리는 등 전체적 질서를 해칠 수 있다. 때로는 비공식집단 간에 갈등과 대립이 격화해 전체 조직의 분위기가 크게 손상될 때가 있다. 이런 경우는 주로 조직 내의 자원의 할당이나 인사 문제에서 비롯된다.

그런데 비공식집단을 완전히 제거하는 것은 비경제적이고 무모하다. 따라서 비공식집단에 대한 적절한 통제와 지휘 감독이 요청된다(유종해, 2000; 박연호・오세덕, 1995). 비공식집단을 통제하려면 먼저 그것의 존재 유무를 확인해야 한다. 다음으로 비공식집단의 활동을 분석한 뒤 그것이 공식조직의 활동을 방해하는지 아니면 기여하는지 구분해야 한다. 그런 다음에 비우호적인 비공식집단의 지도자를 발견해 통제하는 것이 효율적이다. 그런데 비공식 지도자가 되는 계기를 보면 연령, 선임, 기술적 능력, 근무 위치, 그리고 헌신적 봉사 태도 등을 들 수 있다.

비공식집단의 통제 방법으로는 다음과 같은 것을 들 수 있다(윤재풍, 1985; 유종해, 2000; 박연호・오세덕, 1995).

첫째, 공식적 조직의 목표와 비공식집단의 목표를 일치시킨다.

둘째, 관리자는 비공식집단의 존재를 이해해 줌으로써 양 조직 간의 대립과 갈등을 해소하고 구성원의 불안감을 해소시킨다.

셋째, 관리자는 조직구성원이 직무에 대한 만족감과 공식조직에 대해 자부심을 갖도록 민주적 리더십과 인간관계적 관리 기법을 발휘한다.

넷째, 비공식집단의 지도자를 발견해 공식적 목적을 이해시키고 이에 협조하도록 유도한다.

다섯째, 전술한 통제 방법으로 통제가 불가능할 경우 구성원을 전출하고 격리시키는 방법 등을 통해 강제적으로 통제하거나 최후의 방법으로 비공식집단 자체의 결성을 허용하지 않는 것이다. 그러나 비공식집단의 통제에는 한계가 있다.

3) 한국의 조직에서 비공식집단의 관리

한국의 조직에서 비공식집단 긍정적 측면과 부정적 측면이 공존한다. 특히 정적(情的) 문화의 유산으로 인해 지연(地緣), 혈연(血緣), 학연(學緣) 등 귀속적 요인들에 의해 비공식집단이 인사 부문에 많은 영향을 주고 있으므로 조직의 관리자는 비공식집단의 기능을 존중하고 인정하면서도 그 폐해를 최소화할 수 있는 인간관계적 노력(예: 김영삼 대통령의 하나회 척결 조치 등)이 요구된다.

제 3 절 위원회와 공동관리구조

1. 위원회

1) 위원회의 의의

위원회(委員會)는 여러 유형의 조직에서 활용되고 있는 합의형(合議型) 조직의 한 형태다. 행정부의 각종 행정규제위원회, 입법부의 상임위원회(예: 국방위원회), 대학에서의 교무위원회, 기업에서의 이사회, 임금위원회, 그리고 국제연합(UN)에서의 안전보장이사회 등은 대표적인 위원회 조직이다.

위원회란 복수인으로 구성되는 합의제 기관을 말한다. 이것은 독임형 조직과 반대되는 개념으로 특정 문제에 대한 심의와 합의에 의한 결정을 그 특징으로 한다.

첫째, 위원회조직은 특정한 주제를 심의하고 결정한다. 위원회에서 모든 문제를 토의하거나 결정하지는 않는다. 위임받은 범위 안에서 구체적인 문제, 중요한 문제만을 다룬다. 때로는 위원회 구성원 간에 이해관계가 상반되거나 입장의 차이가 큰 문제가 의안으로 상정되기도 한다. 위원회의 명칭을 보면 한정적 의미를 갖는 수식어가 붙는다. 예컨대, 재무위원회, 인사위원회, 수권위원회, 올림픽유치추진위원회, 경제사회이사회 등을 들 수 있다.

참고

위원회의 예시

- **KBS 이사회:** KBS는 독립성과 공공성을 보장하기 위해 경영에 관한 최고 의결기관으로 이사회를 두고 있다. 이사회는 이사장을 포함한 이사 11인으로 구성되며 임기는 3년이다. 이사는 각 분야 대표성을 고려해 방송통신위원회에서 추천하고 대통령이 임명한다. 이사회는 방송의 공적 책임에 관한 사항, 방송의 기본 운영계획, 예산 및 결산, 공사의 경영평가 및 공표, 사장 및 감사의 임명 제청, 부사장 임명 동의, 지역방송국의 설치 및 폐지, 다른 기업체에 대한 출자, 정관의 변경 등 공사의 주요 정책을 심의·의결한다.
- **교육부의 관련 위원회:** 장관의 교육 분야에 관한 정책 결정과 관련하여 국가교육위원회, 교육개혁자문위원회, 그리고 사회관계 장관회의를 두고 있다.
- **삼성전자의 위원회:** 삼성전자의 이사회는 그 결의에 따라 경영위원회, 감사위원회, 사외이사후보추천위원회, 기타 이사회가 필요하다고 인정하는 위원회를 둘 수 있다(정관 제28조의2).

둘째, 위원회조직은 합의성(合議性)을 띤다. 즉, 여러 사람이 집단적으로 의사결정에 참여하고 공동으로 책임을 진다는 점이다. 참여하는 구성원은 특정 부문을 대표할 수 있는 사람들로 구성된다. 개인보다는 집단을 강조한다. 집단은 2인 이상에서 출발하나 보통은 홀수인 3인 이상을 의미하며 그 규모가 다수이기는 하지만 모여서 의논할 수 있는 범위로 한정한다. 합의의 내용은 가결이나 부결인데, 합의의 형식은 원칙적으로 다수결이나 예외적으로 만장일치에 따른다. 문제나 사안의 특성과 경중에 따라서 표결의 원칙이 결정된다.

셋째, 위원회조직은 심의(審議)하고 결정한다. 위원회조직은 관심 있는 주제를 검토하고, 의견을 교환하며 문제의 진위나 정오를 판단한다. 이해관계가 상반될수록 충분한 검토가 요구된다. 만약 권한이 주어진다면 중요한 정책을 결정하기도 한다. 예외적으로 위원회조직이 구체적으로 집행하기도 하나 그때는 위원회 산하에 별도의 집행조직을 두고 있을 때다. 심의의 심도를 높이기 위해 위원회 내에 소위원회를 두는 경우도 있다.

2) 위원회의 유형

조직에서 위원회조직은 의사결정의 독자성과 집행 능력의 보유에 따라 단독기능형(commission)과 보조기능형(committee)으로 구분할 수 있다. 전자는 독자적인 의사결정 권능을 갖는 기관으로 집행위원회, 독립규제위원회 등을 포함하며, 후자는 특정 조직으로부터 심의나 조정권을 위임받은 하위 단위로서 특정 조직에서 위임한 업무를 수행한다.

위원회조직은 정부조직에서 집행(행정)위원회 · 독립규제위원회 · 자문위원회 · 조정위원회 등으로 구분할 수 있으며, 기업에서는 주로 자문위원회나 조정위원회로 활용된다.

집행(행정)위원회[執行(行政)委員會]는 독자적인 결정권을 행사할 수 있는, 즉 행정관청으로서 기능을 하는 합의제 기관이며 독립성을 필요로 할 때 활용되는 조직 형태이고, 그 결정은 구속력을 갖는다. 우리나라의 선거관리위원회, 국가인권위원회, 과거의 비상기획위원회 · 사회정화위원회 · 공안위원회 · 중앙인사위원회 등은 이 유형에 속한다.

독립규제위원회(獨立規制委員會)는 자본주의나 산업화가 초래한 경제적 · 사회적 병폐를 바로잡기 위해 만들어진 것으로, 우리나라의 공정거래위원회, 노동위원회 등이 여기에 해당한다. 국제기구로서 국제연합(UN)의 안전보장이사회 등도 이와 유사한 기능을 하는 것으로 볼 수 있다.

자문위원회(諮問委員會)는 특정의 개인이나 조직 전체에 대한 자문에 응하게 할 목적으로 설치된 참모기관의 성격을 지닌 합의제 조직으로서 각국에서 가장 많이 활용된다. 우리나라의 각종 정책자문위원회, 법제조사위원회, 그리고 행정개혁위원회 등이 있는데, 이들은 자문적 기능을 수행할 뿐이므로 그들의 자문은 법적 구속력이 없다.

조정위원회(調整委員會)는 상이한 여러 의견 · 입장 · 이해관계를 조정 · 통합해 합의에 도달하려는 목적으로 설치된 합의제 조직으로 단순한 건의권만 있는 경우도 있고 의결권(議決權)이 있는 경우도 있다. 대부분의 위원회는 어느 정도 조정의 기능을 하고 있다. 예컨대, 우리나라의 경제장관회의, 치안관계대책회의, 그리고 정보협의회 등이 여기에 해당한다.

3) 위원회의 장 · 단점

위원회조직은 대부분의 조직에서 광범위하게 활용되고 있다. 먼저 위원회조직의 장점을 살펴보고, 다음에 단점을 검토하기로 한다.

(1) 위원회의 장점

위원회의 장점으로는 정책과 관리의 계속성 확보, 이해관계의 조정, 조직 내부의 조정, 조직인의 참여와 원활한 의사소통 등을 들 수 있다.

첫째, 정책과 관리의 계속성을 확보할 수 있다. 독임제에서는 1인의 최고관리자가 임명되거나 면직됨으로써 정책과 관리의 변동을 야기하기 쉽다. 위원회는 위원들의 구성 방법을 통해 신분 변동의 시기를 조정할 수 있다. 즉, 위원이 한두 사람 바뀌더라도 위원회의 다수는 변동되지 않는다는 것이다. 따라서 정책과 관리의 기조가 쉽게 흔들리지 않고 구성원들이나 고객들에게 더욱 안정감을 줄 수 있다.

둘째, 이해관계를 조정할 수 있고 좀 더 신중하고 공정하게 결정할 수 있다. 조직의 문제를 풀어갈 때는 흔히 이해관계가 상반되거나 입장의 차이가 있는 경우가 많다. 국회에서 정당 간의 이해관계는 예산결산위원회 등에서 토론되어 타협을 볼 수 있다. 기업의 이사회에서는 이해관계가 있는 대표자들을 선정해 결정할 수 있다. 인사위원회에 근로자 대표를 포함시키는 경우는 여기에 해당한다. 그렇게 함으로써 좀 더 신중하고 공정한 의사결정을 할 수 있다.

셋째, 조직 내부 각 부문의 조정을 촉진한다. 조직은 다양한 조직 단위로 분화하게 되는데 위원회조직이 기관 간, 부문 간의 협조와 조정을 확보하는 한 수단이 될 수 있다. 조직의 한 부문의 업무와 활동이 다른 부문의 그것들과 유기적으로 연결되고 있기 때문에 관련 부문의 대표자들로 구성된 위원회를 활용하면 더욱 효율적이다.

넷째, 조직인의 참여와 원활한 의사소통을 도모할 수 있다. 위원회는 조직의 의사결정에 더 많은 사람의 참여를 가능하게 하여 참여자들로 하여금 조직의 사정을 정확하게 인식하게 할 뿐만 아니라 동기를 부여한다. 그리고 위원회에 참여함으로써 관리자로서 학습을 할 수도 있다. 위원회 활동을 통해 조직의 정보들이 고르게 분배될 수 있기 때문에 조직의 경직성이 완화된다.

표 5-1 위원회조직의 장 · 단점

장점	단점
정책과 관리의 계속성 확보	의사결정의 지연과 과다 비용
이해관계의 조정	타협에 의한 의사결정
조직 내부의 관리 조정	결정에 대한 책임의 회피
조직인의 참여와 원활한 의사소통	

(2) 위원회의 단점

위원회의 단점은 의사결정의 지연과 과다 비용, 타협에 의한 의사결정, 그리고 결정에 대한 책임의 회피 등을 들 수 있다.

첫째, 위원회의 의사결정은 신속하지 못하며 비용이 많이 든다. 독임제 조직이 최고관리자에 의해 신속하게 의사결정이 이뤄질 수 있는데 반해, 위원회조직은 시간이 많이 걸리고 비용이 많이 든다. 위원회의 소집, 위원회의 운영 과정에서 의견의 대립이 있게 되면 결정을 하는 데 시간이 많이 걸린다. 위원들의 위원회 참석은 부문별 업무수행자들의 경우 자기의 업무를 수행하는 시간을 빼앗기 때문에 이른바 기회 비용이 생겨 금전적 손실을 가져올 수 있다.

둘째, 위원회의 결정이 타협에 의해 이뤄질 가능성이 많다. 위원회의 결정이 최적의 의사결정이 되지 아니하고 다수 위원들의 최소공배수만을 반영하는 타협에 의해 결정될 수 있다는 것이다. 한쪽이 '갑'을 양보하고 다른 한쪽이 '을'을 양보해 타협하는 것이 가능하다. 즉, 어느 누구에게도 손해를 입히지 않는 흥정에 의한 결정을 할 수 있다.

셋째, 결정에 대한 책임의 회피 현상이 많게 된다. 위원회의 결정은 책임의 공유와 분산을 특색으로 한다. 그렇기 때문에 위원 개인은 절대적인 책임감을 느끼기 어렵고 위원 어느 누구도 진실한 책임자가 되기 어렵다.

4) 위원회의 효율적인 운영

위원회의 장 · 단점은 위원회조직이 갖고 있는 한 특성들이다. 이들은 위원회를 어떻게 운영하는가에 따라 그 정도가 강화되거나 약화될 수 있다. 위원회의 단점을 극복하기 위해 관리자들이 참고할 수 있는 지침을 제시한 와이리히와 쿤츠(Weirich & Koontz, 1993)의 견해를 소개한다.

첫째, 권한의 내용을 확인해야 한다. 위원회의 권한이 의사결정을 위한 것인지, 권고를 위한 것인지, 심의를 위한 것인지, 토론을 통해 쟁점에 대한 통찰력을 위원장에게 주기 위한 것인지를 확인해야 한다.

둘째, 위원회의 규모를 확정한다. 위원회의 규모는 위원회의 심의를 증진시킬 수 있고, 그 직무에 요구되는 폭이나 전문성을 포함하기에 충분해야 하지만 시간을 낭비하거나 우유부단을 초래할 정도로 많아서는 안 된다는 것이다. 최적의 규모로 5~6명을 지적하고 있으며 15명이 넘어서면 위원회가 기능을 발휘하기 어렵다고 한다.

셋째, 위원은 요구되는 자질을 갖춰야 한다. 위원회가 성공하기 위해서는 위원들이 그들이 봉사하는 이익집단이나 근무하는 부서의 대표자가 되어야 한다. 그들은 필요한 능력을 갖추고 있어야 하며, 의사소통을 잘할 수 있는 능력이 요구된다. 그리고 부적절한 타협에 의해서보다는 종합적인 집단사고를 통해 집단의 결정에 도달할 수 있는 능력을 갖춰야 한다.

넷째, 토의 주제는 주의깊게 선정되어야 한다. 위원회의 업무는 집단토의에서 처리될 수 있는 주제에 한정되지 않으면 안 된다. 관할권에 관한 토의와 전략의 설정 등은 집단토의에 적합하나 기술적인 주제는 전문가의 분석에 의존하는 것이 적합하다. 위원회를 효과적으로 운영하기 위해서는 관련 정보가 사전에 잘 회람되어서 위원들이 회합 전에 그 주제를 연구할 수 있어야 한다.

다섯째, 적합한 위원장의 선택이 요구된다. 위원장은 회의를 계획하고 의제를 준비하며 위원들에게 연구의 결과가 유용함을 사전에 인식시키고, 토의나 진행을 위해 명확한 제안을 하며, 그리고 회의를 능률적으로 주재함으로써 위원회가 갖는 단점을 최소화할 수 있다.

여섯째, 회의록의 작성과 보존이 필요하다. 위원회가 효과적으로 운영되려면 회의록을 회람하고 검토해야 한다. 최종적으로 회의가 마무리될 때까지 회의록은 수정될 수 있어야 한다.

우리나라의 경우 각종 위원회가 수없이 많이 설립되어 있으나 유명무실한 사례도 상당수 있으므로 위원회의 좀 더 적극적인 운영이 요청된다. 위원회의 위원 구성은 다분히 주무 관할 부처의 영향을 많이 받고 있으므로 전문가로서 구성되기보다는 이해관계자나 인간관계에 의해 형식적으로 임명되고 있어서 앞으로는 위원들의 임명에 더욱 합리성을 띠어야 할 것이다. 요컨대, 회의를 위한 위원회여서는 안 되며 좀 더 생산적인 위원회의 운영이 요구된다.

2. 회의체구조와 공동관리구조

회의체 조직은 합의제 형태의 대표적 형태다. 회의체구조로는 국회와 지방의회의 본회의, 대법원의 전원재판부와 헌법재판소의 전원재판부, 정당의 전당대회, 인민대표회의와 의원총회, 기업의 이사회, UN총회 등을 들 수 있으며 이들은 보통 최종적인 의사결정권을 갖는다. 이러한 회의체구조를 뒷받침하기 위해 사무처, 사무국 등의 집행기구를 두는 것이 보통이다. 그런데 대부분의 회의체구조가 최종적 의사결정권을 갖기는 하지만 회의체 조직의 내부 역학 관계에 따라서 회의체구조가 실제적 권한을 갖지 못하고 집행기구가 실권을 갖는 경우도 있다.

참고

회의체구조 예시

- **국회 본회의**: 국회는 최종적으로 국가 의사를 결정하는 대표적 기관으로 지역구의원과 비례대표의원으로 구성된다. 나라에 따라서는 단원제 국가와 양원제 국가가 있다. 본회의는 국회의원 전원으로 구성된 본회의에서 법률안, 예산안, 조약안 등 중요한 국가 의사를 심의・의결한다(http://www.assembly.go.kr 2024.1.23).
- **대법원의 전원합의체**: 대법원은 법원 심판의 최종 심판기관으로서 대법원장을 포함하여 14인으로 구성되는 합의제 국가기관이다. 대법원의 심판권은 전원합의체와 4인 이상으로 구성된 부(部)에서 행사한다. 대법원은 각급 법원의 재항고사건과 명령과 규칙이 헌법과 법률에 위반되는가를 심판한다(http://ccourt/supreme.kr 2024.1.23).
- **헌법재판소의 전원재판부**: 헌법재판소는 전원재판부와 지정재판부로 나뉜다. 헌법재판소는 원칙적으로 전원재판부를 구성하여 심관하며 위헌법률심판, 탄핵심판, 권한쟁의심판, 그리고 헌법소원심판의 권한을 갖는다(http://www.ccourt.kr/kor 2024.1.23).
- **정당의 전당대회 혹은 전국대의원회의**: 정당의 최고의결기관으로는 대의원으로 구성되는 전당대회(국민의힘)나 전국대의원대회(더불어민주당)가 있다. 이들은 10,000명 내외로 구성되며 당강령의 채택과 개정, 당의 해산과 합당에 관한 사항, 대통령후보의 선출 등 중요 의사를 최종적으로 확정한다(http://www.peoplepowerparty.kr, http://www.theminjoo.kr 2024.1.23).

한편 공동관리구조(collegial structure)는 정당, 대학교, 연구소, 법률법인 등 고도의 전문적 조직 등에서 활용하고 있는 조직구조로 조직의 중요한 결정에 전원이 참여한다. 예컨대, 대학교에서 신규 교수를 채용할 때 해당 학과의 교수 전원이 투표 등을 통해 1차적으로 채용을 결정한다. 공동관리구조는 분권화 수준이 매우 높은 자율적 조직이다.

제 4 절 계선기관과 참모기관

1. 계선기관과 참모기관의 의의

역사상 참모기관은 주로 군사 부문에서 활용되었다. 그러나 군대조직 이외의 다른 분야에서는 참모기관이 크게 활용되지 못하다가 20세기에 들어와 조직관리자들과 조직연구자들은 참모기관에 대해 높은 관심을 보이고 있다.

현대 사회는 다원사회, 정보화사회, 그리고 국제화사회라 할 수 있다. 따라서 의사결정 과정에서 정보나 지식의 중요성이 가중되고 있으며, 이런 현상은 전통적으로 조직의 근간을 이루는 계선기관이 참모기관의 기능에 의존하지 않을 수 없도록 했다. 특히 정부나 기업에서 정책과 전략의 형성 기능이 중요해지면서 각 조직의 최고관리자들을 위한 참모들의 역할이 강조되고 있는데, 대통령 비서실이나 회장 비서실이 그 대표적인 예다.

계선기관(系線機關, line services)이란 상하의 명령-복종 관계를 가진 수직적・계층적 구조의 계열을 형성하는 것으로 조직의 근간을 이루고 있다. 예컨대, 중앙행정기관의 경우 장관-차관-실・국장-과장-담당의 순으로, 기업의 경우 사장-부사장-전무이사-이사-부장-차장-과장으로 이어지는 것이 그것이다.

한편 참모기관(參謀機關, staff services)이란 막료기관(幕僚機關)이라고도 하는데, 계선기관이 그 기능을 원활하게 수행할 수 있도록 지원, 조성, 그리고 촉진하는 기관으로서 자문, 권고, 협의, 조정, 정보의 수집과 분석, 연구, 기획과 통제, 인사, 회계, 법무, 공보, 조달 등의 기능을 행사한다. 예컨대, 총무과, 차관보, 기획관리실, 담당관, 비서관, 각종 정책자문회의, 교육기관, 연구소 등이 그것이다.

조직에서 계선기관은 보편적이며 조직의 중심을 이룬다. 따라서 여기서는 참모기관을 중심으로 고찰하되, 양 기관의 비교를 통해 참모기관의 특성을 부각시키고자 한다.

2. 참모기관의 종류와 유형

참모기관의 종류와 유형으로는 여러 가지가 제시되고 있는데,[1] 여기서는 ① 개인참모, 일반참모, 특별참모의 구분과, ② 조언 및 자문기관과 가정적 기관의 구분을 보기로 한다.

1) 참모기관의 종류: 개인참모, 일반참모, 특별참모

참모의 종류로는 군대에서는 개인참모, 일반참모, 특별참모로 구분하고 있다.

개인참모는 계선기관의 상관이 그의 업무 중에서 위임한 사소한 사항들을 처리하며, 조직 전체에 대한 지원보다는 상관 1인에 대해서만 봉사하는 참모다. 개인 비서, 보좌관, 그리고 전속부관 등이 그 예다.

일반참모는 조직 전체의 목표 달성을 위해 계선기관을 지원하는 참모로서 군에서는 인사, 정보, 작전, 군수, 관리, 민심 등의 업무를 담당한다.

특별참모는 계선에 대한 전문적 지원 업무 중에서 그 업무 내용이 일반참모보다도 더욱 특수화・전문화・기술화되어 있는 참모를 말한다. 이들은 관리자(혹은 지휘관)의 참모이면서 자체적으로는 단위 지휘관이다. 예컨대, 공병・병참・정비・통신・의무・헌병・경리・수송・감찰・법무참모 등이 그 예다.

[그림 5-1]은 군대조직(보병사단)에서의 조직도다. 사단장의 참모로서 개인참모, 특별참모, 일반참모가 있고, 계선기관으로 3개 보병연대와 1개 포병연대가 있다. 연대급에도 참모가 있다.

1) 화이트(White, 1955)는 서비스형의 참모기관과 자문형의 참모기관으로 구분한다. 홀덴, 피시와 스미스(Halden, Fish, & Smith, 1941)는 참모기관을 자문형, 서비스형, 조정형, 그리고 통제형으로 구분한다.

그림 5-1 참모조직: 군대조직에서의 참모(보병사단의 경우)

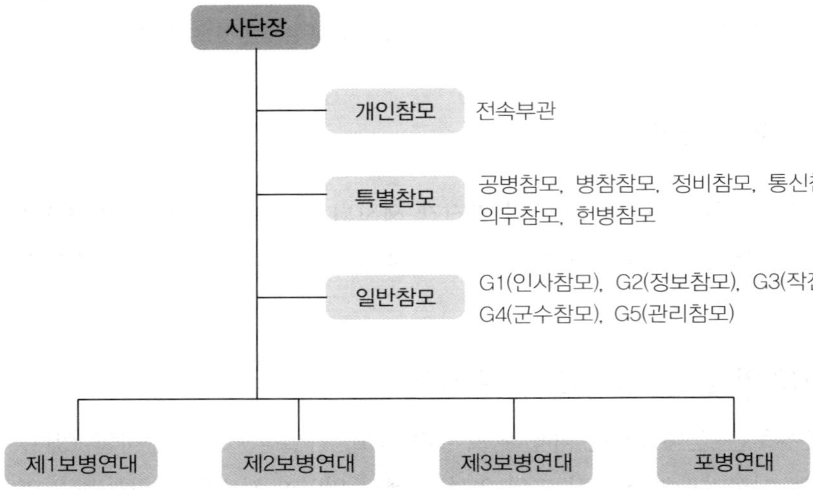

2) 참모기관의 유형: 조언 및 자문기관과 가정적 기관

(1) 조언 및 자문기관

대부분의 참모기관은 최고관리자 혹은 고위관리자들의 의사결정을 지원하기 위해 전문적인 지식과 정보를 제공하며 자문하는 기능을 한다.

전형적으로 비서실에서 하는 역할이 여기에 해당한다. 행정부의 경우를 보면 대통령 비서실이나 국가안전보장회의 등이, 기업의 경우 회장 비서실이 여기에 해당한다. 이러한 기관들에게는 정보나 자료를 조사하고 분석하는 일이 핵심적 업무가 된다.

(2) 가정적 기관

어떤 조직이든지 조직의 직접적 목표를 달성하는 기관을 간접적으로, 특히 가정적으로 지원하는 기구가 있는데 이를 가정적 기관이라 한다. 총무부나 총무과, 서무과 등이 여기에 해당한다. 조직의 주된 활동에 필요한 인사, 조직, 예산, 물자, 시설, 홍보, 법제, 기타 서무 업무를 담당하는 기구들이다.

3. 계선기관과 참모기관의 비교와 관계

1) 계선기관과 참모기관의 특징

계선기관과 참모기관의 특징을 살펴보면 다음과 같다.

첫째, 조직목표의 달성이라는 면에서 보면 계선기관은 조직의 목표를 직접 달성하며, 참모기관은 계선기관의 활동에 영향을 줌으로써 간접적으로 기여한다.

둘째, 조직에서 사용하는 권한의 면에서 보면 계선기관은 의사결정의 권한과 이를 집행하는 권한이 있는데 반해, 참모기관은 의사결정에 대한 조언의 권한이 있다.

셋째, 조직 원리의 면에서 보면 계선기관에서는 계층제의 원리와 명령 통일의 원리가 적용되나, 참모기관에서는 기관장의 인격을 확장한다.

넷째, 고객의 면에서 보면 계선기관은 재화나 서비스 공급의 대상인 고객과 직접 대면하나, 참모기관은 기관장이나 주요 관리자를 대면한다.

2) 계선기관과 참모기관의 장 · 단점

계선기관과 참모기관의 장점과 단점은 다음과 같다(유종해, 2000: 238-239).

계선기관의 장점으로는 권한과 책임의 한계가 명백하며, 활동이 매우 신속하고 능률적이며, 조직의 안정성을 확보해 준다. 한편 계선기관의 단점으로는 계선기관의 장이 독단적인 의사결정을 할 수 있으며 전문지식의 활용이 제한된다는 점이다. 계선기관은 소규모 조직에 적합하다.

참모기관의 장점으로는 기관장의 통솔의 범위를 확대시키고, 수평적 업무의 조정이 용이하며, 전문지식을 합리적으로 이용할 수 있고, 조직의 신축성과 동태성을 확보해 준다. 참모기관의 단점으로는 참모는 최종적인 책임을 지지 않으며 의사소통상에 혼란이 있을 수 있다. 참모기관은 대규모 조직에 적합하다.

3) 계선기관과 참모기관의 관계

계선기관과 참모기관은 기능상 분업이 되어 있다. 즉, 계선기관은 조직목표를 직접 달성하기 위해 대외적으로 고객에게 직접 서비스를 제공하거나 규제하는 등 대외 업무를 담당하며, 대내적으로 명령, 지시, 감독의 기능을 담당하나, 참모기관은 조직에서 간접적으로 조직목표에 기여하는데 대내적으로 관리적 기능과 조언적 기능을 수행한다.

그런데 현실적으로는 계선기관과 참모기관 간에 불화와 갈등이 존재한다(Pfiffner & Sherwood, 1960; Novogrod, 1964; 유종해, 2000). 특히 여기서 불화와 갈등은 계선기관과 정책과 사업의 조언 및 기획 작성과 조사연구를 담당하는 참모기관 간에 주로 일어난다.

이처럼 갈등이나 불화가 일어나는 원인으로는 계선기관이 좀 더 현실 지향적·집단적·보수적인데 반해, 참모기관은 미래 지향적·개인적·개혁적이라는 점에서 비롯된 것이며, 특히 최고관리자를 중심으로 한 지위나 영향력의 확대 때문에 일어나기도 한다.

따라서 계선기관과 참모기관의 협동과 조화를 위해서는 기능과 업무의 한계를 명확히 하고, 서로 간에 접촉을 증가시키며, 인사 교류나 교육훈련을 시키고, 기관장의 적절한 조정이나 중재 노력이 요청된다.

참모의 기능과 역할이 제대로 정착한 조직은 군대조직이다. 다른 조직들에서도 참모제도가 활용되고 있으나 그 정도와 모습이 매우 다양하다.

우리나라의 경우 기획관리실 등이 참모기관으로서 활용되고 있으나 참모기관이 계선기관화하는 경향이 있는데, 이는 전통적인 계선 위주의 조직문화와 참모기관의 역할에 대한 인식 부족에서 비롯된 것이다.

특히 조언을 주된 기능으로 하는 참모기관은 충분한 정보가 있어야 하는데 이런 정보의 상당수는 계선기관으로부터 획득해야 한다. 그런데 계선기관의 참모기관에 대한 인식과 협조 부족으로 참모기관이 충분한 자료의 분석이 없이 조언을 할 수 있고 그로 인해 참모기관의 능력을 의심받는 경우가 있다.

제 5 절 다양한 형태의 조직구조

조직구조의 형태는 여러 가지다. 조직구조의 설계에 따라 직능부(국)제 조직, 사업부제 조직, 프로젝트 조직, 매트릭스 조직, 그리고 네트워크 조직 등이 제시되고 있다.

1. 직능부(국)제 조직

직능부(국)제 조직[職能部(局)制組織, functional structure]은 전체 조직을 직능별·기능별·분야별 분류에 따라 조직화시키는 것이다(Daft, 2007). 이것은 같은 종류, 같은 부문의 일을 하나의 관리자 밑에 집단화시키는 것으로 가장 보편적인 조직화 방법이다. 직능부(국)제 조직을 기능형 조직이라고도 한다. 기업에서는 생산, 기술, 마케팅, 인사, 연구 개발, 재무 등으로 조직화하는 것이 보통이다. 행정조직의 경우는 부처별로 매우 다양한데 보건복지부의 경우 보건의료정책실, 건강정책국, 보건산업정책국 등으로 조직화한다.

직능부(국)제 조직을 형성하게 되면 규모의 경제성을 확보할 수 있으며, 인력과 장비를 절약할 수 있고, 분야별로 전문성을 확보할 수 있는 장점이 있다. 그러나 그 단점을 보면 조직이 경직성을 띠게 되어 각국 각과가 자기 국과(局課)의 이해에 지나치게 얽매이는 이른바 할거주의화할 가능성이 많으며, 국과 국 사이에 정보 및 사람의 흐름이나 협조가 잘 안 될 가능성이 있고 일반 관리자의 양성이 어렵게 된다. 따라서 적절한 조정과 인사 교류 등을 통해 이런 문제점을 해소해야 할 것이다.

그림 5-2 직(기)능형 조직구조

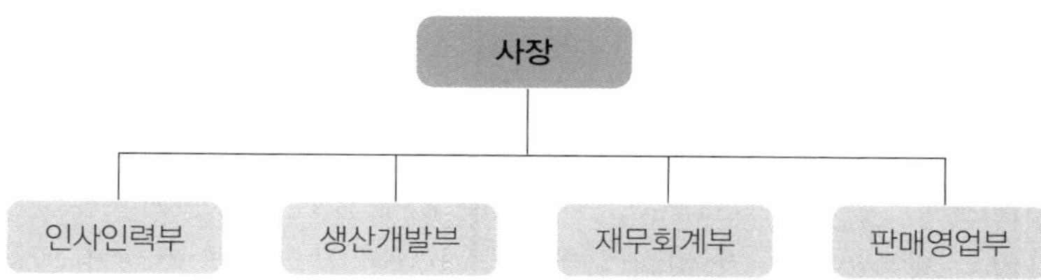

2. 사업부제 조직

사업부제 조직(事業部制組織)은 직능별 부문조직과는 달리 조직 내에 자주성을 가진 통일적인 관리 단위를 형성하기 위한 조직 형태로서 조직의 분권화·다양화·조직혁신 등에 힘입어 개발되어 왔다. 사업부제 조직에서는 전체의 업무가 서비스의 내용, 지역 또는 고객별로 분할되어 각각의 하부사업에 대해서는 업무 수행에 필요한 자원·

권한, 그리고 책임이 부여되는 사업부(본부)가 설립된다(Daft, 2007). 예컨대, 국방부의 각 군 본부(육군본부 · 해군본부 · 공군본부), 서울시의 지하철건설본부, KBS 대전지역영업총본부, 대한항공의 우주항공사업본부 등이 그것이다.

사업부제(본부제) 조직은 기능과 규모의 증대에 따라 형성되기도 하며(예: 구 내무부 치안국이 치안본부로 승격), 그 전문성을 확보하기 위해 형성되기도 한다. 사업부제 조직은 조직 내의 전략적 의사결정 기능을 보강하고, 합리성을 확보해 주며 혁신을 유도하고, 조직의 하위 단위에 자율과 책임을 동시에 제공하는 등의 특성이 있다.

사업부제 조직의 신설은 필연적으로 모조직의 직능조직과의 관계에 문제를 야기한다. 또한 사업부제 조직은 본사(혹은 본부)로부터 독립되어 있으나 본사와 유기적인 관계를 맺는다. 본사는 사업부에 재무, 법률, 세금 등 지원 서비스를 담당하고 감독자로서 역할을 한다. 사업부제 조직에서는 어느 선에서 권한과 책임을 위임하고 위임받느냐가 중요시되며, 하위 사업부(본부)들이 많을 때에는 최고관리층이나 모조직의 적절한 조정과 통제가 요구된다. 행정조직보다는 기업조직에서 사업부제가 많다.

사업부제의 장점은 관리자의 양성에 도움을 주며, 한 사업부의 성패가 전체의 사업에 크게 영향을 미치지 않고, 최고관리자는 장기적인 전략적 문제에 관심을 기울이게 된다. 이에 반해 단점으로는 사업부마다 기능 부서를 둠으로써 자원의 낭비를 초래하고, 전체 조직 간에 조정의 문제가 남는다(양창삼, 1990: 613-614).

3. 프로젝트 조직

프로젝트(project) 조직이란 특정한 목표를 달성하기 위해 일시적으로 조직 내의 인적 · 물적 자원을 결합하는 조직 형태다(박우순, 1996). 프로젝트 자체가 특정 사업계획을 수행하기 위해 시간적으로 유한성을 갖고 있으므로 프로젝트 조직도 임시적 · 잠정적이다. 즉, 프로젝트 조직은 해산을 전제로 하여 임시로 편성된 일시적 조직이며, 신규 · 혁신적 · 비일상적인 과제의 해결을 위해 형성되는 동태적 조직이다. 예컨대, 우리나라의 경우 구 건설부의 신도시건설기획단, 구 내무부의 지방자치기획단, 기업의 신제품개발팀 등이 그것이다. 프로젝트 조직의 특성은 다음과 같다.

첫째, 프로젝트 조직은 프로젝트별로 분화해 조직화를 도모한다.

둘째, 프로젝트 조직은 임시적 · 일시적이다.

셋째, 프로젝트 조직은 권한의 계층제적 요소보다는 직무의 역할을 강조한다.

넷째, 프로젝트 조직의 장은 그 조직을 관리하는 데 전반적인 책임과 권한을 갖는다.

사례 **올림픽 조직위원회**

올림픽 조직위원회(Organizing Committee for Olympic Games)는 1908년 제4회 런던대회부터 조직된 기관으로 국제올림픽위원회(IOC)에서 올림픽 개최 도시가 결정되면 개최국의 국가올림픽위원회(NOC)는 개최의 권한을 위임받아 올림픽 준비를 위해 개최 도시와 협력하여 올림픽 조직위원회를 설립한다.

1988년 제24회 서울올림픽을 치르면서 서울올림픽 조직위원회가 1981년 설립되었다. 2008년 베이징(北京)에서 치른 베이징올림픽을 위해 베이징올림픽 조직위원회가 설립되었으며, 2018년 평창에서 치른 동계올림픽을 위해 평창동계올림픽 조직위원회가 설치된 바 있다.

이처럼 올림픽 조직위원회는 한시적인 기구로서 설립되었다가 임무를 마치면 폐지된다.

자료: Daum 백과사전 정리. http://100.daum.net/encyclopedia/view/do?docid=17XXXX5288

프로젝트 조직에서는 조직 내의 팀워크가 무엇보다도 중요하며 기존 조직 내에 존재하므로 기존 조직과의 업무나 권한의 조정이 필요하고 프로젝트 관리자의 뛰어난 리더십과 추진력이 요구된다.

4. 매트릭스 조직

매트릭스(혹은 행렬) 조직이란 활동을 직능 · 기능 부문으로 전문화시키면서 전문화된 부문들을 프로젝트로 통합시킬 단위를 갖기 위한 조직적 요구에 부응하기 위해 고안된 조직으로 복합구조라고도 한다(오석홍, 2020).

매트릭스 조직의 형태는 미국 항공우주국(NASA)의 조직에서 시작되어 은행, 병원, 대학, 정부기관, 그리고 기업체에 도입되었으나 현재 그렇게 많이 적용되지는 않고 있다. 매트릭스 조직은 본사(중앙기관)와 지사(일선기관)의 관계에서 지사나 지점을 설치할 때 많이 발견된다. 행정 부문에 전형적으로 존재하는 매트릭스 조직으로는 지방자치단체와 재외 공관조직을 들 수 있다. 예컨대, 특별시 · 광역시 · 도의 각 국(局)들은 중앙행정기관의 업무를 그 지역 범위 안에서 시행하는 것이 보통이다. 즉, 전라남도청의 농림국은 농림축산식품부의 기능 중 전라남도에 해당하는 것만 실시한다. 기업이나 사회조직의 경우에 지사(지점)의 조직구조는 본사 조직의 축소판이며 본사의 해당 부서로부터 감독과 통제를 받는다.

매트릭스 조직의 특성은 다음과 같다. 매트릭스 조직은 두 조직구조, 즉 직능구조와 프로젝트 구조가 서로 보완 관계에 있다. 또한 매트릭스 조직에서 한 사람의 부하는 두 사람의 상사를 갖고 있다. 따라서 명령 통일의 원칙이 적용되기 곤란하다. 예컨대, 미국 주재 한국 대사관의 노무관은 고용노동부 장관과 주미 대사의 감독을 동시에 받게 된다.

매트릭스 조직을 형성할 때는 두 가지 구조가 공존하므로 권한과 책임이 명백해야 하며, 구성원들의 강한 성취 욕구를 충족시켜 주어야 하고, 조직구성원의 참여감을 증진시키며, 구성원들 상호 간, 그리고 구성원과 직능 기관(예: 도의 농림국장과 농림축산식품부의 관계) 간에 일어날 수 있는 갈등을 해소시킬 수 있어야 한다.

매트릭스 조직의 장점은 기존의 조직구조에 비해 조직 하부 단위 간의 벽을 허물 수 있으며, 기능적 전문가들 간의 의사소통을 원활하게 한다. 또한 조직에서 숙련된 전문가들의 활용을 극대화시키며, 비용과 질에 대한 관심을 동시에 증대시킨다. 그리고 그것은 환경이 불확실하거나 달성해야 할 목표가 둘일 때, 그리고 복수의 생산물을 갖는 중급 규모의 조직에 유용하다. 이에 반해 단점으로는 전반적으로 관료제 구조가 갖는 장점이 사라지는데, 구성원들의 역할 갈등이 생기고, 기능 팀과 생산 팀 간에 자원의 이용에 대한 갈등이 생기며, 권위와 책임이 진공 상태에 놓이게 되고, 잦은 회합과 갈등 해소를 위한 회의 때문에 시간의 소모가 많게 된다(Daft, 2007; Jones, 1995: 156).

매트릭스 조직의 개념적 그림을 그려 보자. 어떤 조직에서 A, B, C, D의 네 가지 프로젝트를 하려고 한다. 하나의 프로젝트를 하려는 데 필요한 기능 부서들은 개발부, 계약부, 법률부, 검사부, 디자인부, 인사부라고 하자. 그 조직은 개별 프로젝트별로 팀장을 임명해 프로젝트를 계획하고 완수하도록 권한과 책임을 부여한다. 이어서 각 기능 부서에 소속된 전문가를 한사람씩 선발해 팀원으로 충원한다. 프로젝트 팀이 구성되면 팀별로 모여 활동을 개시하며 프로젝트를 진행한다. 프로젝트가 진행되는 과정에서 팀원들은 팀장으로부터는 물론이고 원래 소속한 기능 부서로부터 지시와 조언을 받고, 보고한다. 이러한 관계를 〈표 5-2〉와 같이 나타낼 수 있다.

표 5-2 매트릭스 조직구조

	개발부	계약부	법률부	검사부	디자인부	인사부
프로젝트 A 팀장	개A	약A	약A	검A	디A	인A
프로젝트 B 팀장	개B	약B	약B	검B	디B	인B
프로젝트 C 팀장	개C	약C	약C	검C	디C	인C
프로젝트 D 팀장	개D	약D	약D	검D	디D	인D

범례: '개D'는 원 소속 기능 부서는 개발부, 수형 중인 프로젝트는 D프로젝트.

5. 네트워크 조직

네트워크 구조는 전통적 조직의 경계를 초월해 수평적 조정과 협력의 개념을 확장한 구조다. 오늘날 많은 조직은 자기보다 효율적으로 업무를 수행할 수 있는 다른 조직에게 아웃소싱(out-sourcing) 형태로 업무의 일정 부분을 맡기고 있는데 공공 부문보다는 민간 부문에서 더욱 두드러진다. 몇몇 기업은 아웃소싱을 극단적으로 활용해 가상 네트워크 구조(virtual structure)를 만들고 있다(Daft, 2007).

가상 네트워크 조직은 네트워크를 통해 외부 전문가들을 연결하는 핵심 중추로 볼 수 있다. 한 지붕 한 조직 아래 내에 회계, 디자인, 마케팅, 유통 등 모든 기능을 모아두는 것이 아니라 이들을 각각 외부에서 독립적으로 수행하는 기업들을 네트워크를 통해 중앙사무소에 연결하는 구조다.

이러한 구조는 주로 개인용 비디오 레코더를 처음으로 만들어낸 티보사(Tivo, Inc)와 같은 초창기 기업에게 적합한 구조다. [그림 5-3]은 티보사의 단순화된 네트워크 구조의 예다.

네트워크 조직의 강점은 설비나 시설에 막대한 투자를 하지 않고도 제품이나 서비스 개발을 신속하게 할 수 있으며, 인력관리 문제에 부담을 덜 느낀다. 따라서 환경 변화에 유기적으로 대응할 수 있는 기동성 있는 조직이다.

이에 반해 네트워크 조직의 약점은 통제가 완벽하게 이뤄질 수 없으며, 협력업체와 문제가 생기게 되면 조직 전체가 위험에 빠질 수 있다. 또한 조직원의 충성심을 확보하기 어렵다.

그림 5-3 티보(Tivo)사의 부분적인 가상 네트워크 구조

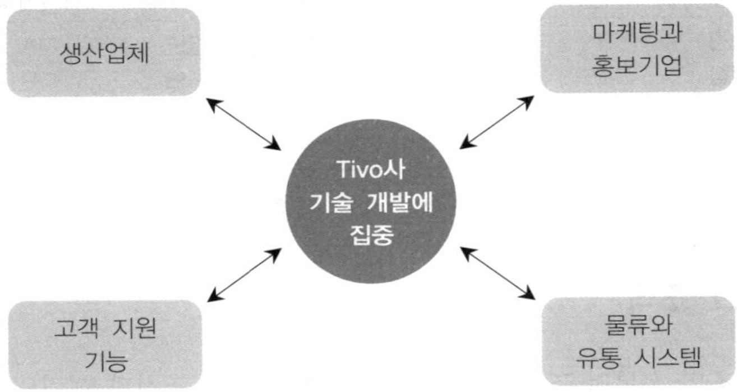

자료: 다프트(Daft, 2007).

여기서 가상조직(virtual organization)에 대해 간단히 살펴본다. 가상조직은 특정한 조직이 그 구성 요소 중 물리적 속성을 결여하고 가상의 공간, 사이버 공간에 발현된 전자공동체이다. 따라서 가상조직은 인지적(perceptual) 조직이라 할 수 있다(김난도, 1997; 권기성 · 최진석, 1997; Markus, Manville, & Arges, 2000).[2)]

토의과제

❶ 참모와 계선의 기능상 차이를 비교하고 그들 간의 갈등 유무를 토론하라.
❷ 우리나라에서 공식조직 안에 있는 비공식조직(집단)들은 어떤 기능을 하는가?
❸ 종합병원은 매트릭스 조직인가?
❹ 네트워크 조직의 예를 찾아 네트워크 구조의 실제를 살펴보라.

---

2) 한국에서 가상조직에 대한 연구로는 김난도, "가상조직의 등장과 조직연구에의 이론적 · 실천적 함의," 『한국행정학보』, 제31권 제1호, 1997; 권기성 · 최진석, "가상조직: 조직모형에 대한 새로운 접근", 『한국행정학보』, 제31권 제4호, 1997을 들 수 있다.

제 4 편

조직행위와 조직문화

제6장

조직인

조직을 구성하는 변수 중 조직인은 조직구조와 함께 가장 중요한 비중을 차지해 왔다. 조직인은 조직의 구성원이면서도 조직을 실질적으로 운영하고 관리하는 인자(因子)이기 때문이다.[1] 여기서는 조직과 조직의 행위자로서 조직인에 초점을 맞춰 논의하고자 한다.

제1절 조직과 개인의 관계

1. 조직과 조직인의 조화와 균형

1) 조직과 조직인의 관계

조직은 자신의 유지와 보존, 그리고 성장과 발전을 도모하려 하며, 조직을 통해 조직의 생산적 목표를 달성하고자 한다. 조직 속의 개인 역시 조직에서 개인의 욕구나 목표를 달성하려 한다. 다르게 표현하면 조직은 조직의 목표 달성을 극대화하려는 경향을 보이는 데 반해, 조직인은 개인의 욕구 만족을 극대화하려는 경향이 있다. 따라서

1) 조직론 또는 조직관리론 등에서 이 문제는 '조직 내의 인간'(오석홍, 2020), '심리 체제'(윤재풍, 2014), '조직심리학'(조석준, 1990), '미시적 조직론'(하미승, 2015), '조직행위론'(강정대, 1995), '인간행동의 이해'(김경수 · 김공수, 2019) 등으로 다뤄진다.

조직 속에서 조직목표와 개인목표는 서로 갈등과 대립의 관계가 있다고 생각될 수 있으나 반드시 그렇지만은 않고 서로 조화·공존의 관계도 있다고 보인다. 스토그딜(R. Stogdill), 피프너(J. Pfiffner), 셔우드(E. Sherwood) 등은 바로 이런 입장을 지지한다.

즉, 스토그딜은 조직인은 자기의 지식·기술·노동·태도·가치관·성격 등으로 조직에 영향을 미치며, 조직은 조직인에게 지위·역할·구성원의 자격 등을 통해 개개인에게 영향을 미치고, 조직과 조직인은 실적·상호작용·기대·보강을 통해 상호 교류를 한다는 것이다. 피프너와 셔우드(Pfiffner & Sherwood, 1960)도 구성원이 조직목표에 기여하는 사회화 과정, 조직이 구성원의 자아실현에 기여하는 인간화 과정, 그리고 사회화와 인간화가 동시에 추구되는 융합화(融合化) 과정을 제시하고 있다.

[그림 6-1]은 조직과 조직인의 관계를 나타낸 것이다. [그림 6-1]에서 개인은 ← 방향(△$A^0B^0C^0$에서 △$A^2B^2C^2$)으로 갈수록 조직에 깊숙이 관여해 결과적으로 조직의 목표 달성과 개인의 목표(욕구) 달성을 동시에 극대화시킬 수 있으며, → 방향(△$A^2B^2C^2$에서 △$A^0B^0C^0$)으로 갈수록 조직과 개인은 서로 이완되고 멀어지게 될 것이다.

조직과 조직인은 정도의 차이는 있을지 모르지만 서로 완전히 일치하거나 불일치하는 점의 중간 어느 지점에 존재하게 된다. 조직의 규모가 커지면 조직과 대부분의 조직인은 일체감을 느끼기 어렵게 될 것이며, 그 반대도 성립할 것이다. 조직의 중심부, 그리고 상층부에 있는 조직인은 조직과 높은 일체감을 갖게 되지만 조직의 변방이나 하

그림 6-1 조직과 조직인의 관계도

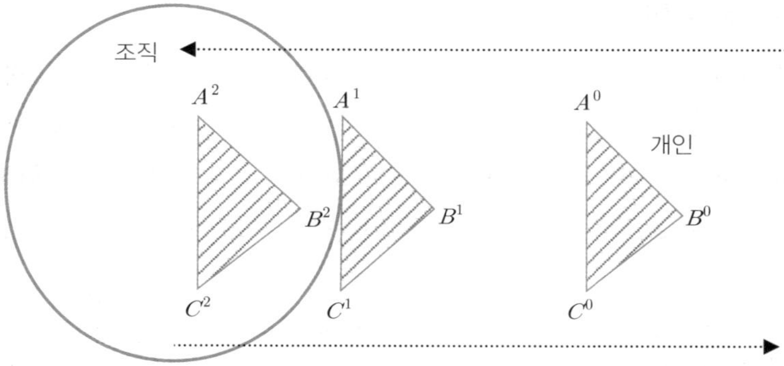

층부에 있는 조직인은 낮은 일체감을 갖게 된다. 그런데 조직인이 갖는 개인차는 본질적인 것이고 매우 다양하다는 것을 간과해서는 안 된다. 그렇다고 조직 내에서 강조되는 통일성을 무시할 수도 없다. 어느 선에서 다양성과 통일성을 조화시킬 수 있는가가 관건이 될 것이다.

2) 개인의 가치와 조직의 가치의 균형화

조직과 조직인의 관계에 미치는 영향 요인은 여러 가지가 있지만 이 중에서 목표 및 가치의 충돌과 조화 문제가 비교적 중요하다. 개인의 목표 및 가치와 조직의 목표 및 가치가 같거나 다를 때 조직과 조직인의 관계에 다양한 형태로 영향을 미치기 때문이다.

조직관리자는 조직의 목표와 개인의 목표가 균형을 갖도록 해야 한다. 조직이 조직인에게 주는 유인(incentive)이 그가 기대하는 욕구 수준에 이르지 못하면 그의 공헌(contribute)을 확보할 수 없다. 조직이 조직인의 공헌을 지속적으로 얻기 위해서는 조직은 각 구성원에게 충분한 유인을 제공해야 한다(김석회, 1995: 14-15).

조직과 조직인의 공동의 기반을 조성하기 위해 가치를 객관적으로 측정할 수 있는 객관적 기준이 필요한데 균형(balance), 생존성(viability), 정렬(alignment), 그리고 진정성(authenticity)을 들 수 있으며, 이들이 각각 정도가 높을 때 효과적이다(Hultman & Gellerman, 2002: 15).

균형이란 가치들이 상대적으로 적당하게 강조되는 정도를 의미한다. 생존성이란 가치들이 현재의 업무 문화에서 작동할 수 있는 정도를 말한다. 정렬이란 개인의 가치 간에, 개인, 집단, 그리고 조직의 가치 간에 양립 가능한 정도를 의미한다. 진정성이란 가치가 솔직하게 사용될 수 있는 정도를 말한다.

3) 조직 유형과 조직과 개인의 특수 관계

조직 유형에 따라서 조직과 개인의 관계가 이론적으로 구분될 수 있다는 것이 에치오니(A. Etzioni)의 견해다. 에치오니는 조직에서 복종의 관계의 유형에 따라 조직을 분류하고 있다. 여기서 복종(compliance)이란 부하를 통제하기 위해 상관이 동원하는 권력과 그에 대한 부하의 관여 사이에 형성되는 관계로 파악된다.

권력(power)이란 행위자가 다른 행위자에게 영향을 미치는 능력으로서 에치오니는 수단에 따라서 권력을 강압적 권력, 공리적 권력, 규범적 권력으로 구분한다. 강압적 권력은 물리적·육체적 수단을 통해 통제하고 영향력을 행사하는 것이다. 공리적 권력이란 물질적 자원과 보수를 통해 통제하고 영향력을 행사하는 것이다. 규범적 권력은 위신·존경·애정·관용과 같은 사회 규범을 통해 통제하고 영향력을 행사하는 것이다.

관여(關與, involvement)는 어떤 대상에 대한 행위자의 정서적·평가적 정향을 의미하는데 소외적 관여, 타산적 관여, 도덕적 관여로 구분한다. 소외적 관여란 조직의 권력에 대해 가장 소극적이고 부정적인 반응을 보인다. 타산적 관여란 조직의 권력 행사에 적극적으로나 소극적으로나 찬성도 반대도 하지 아니하고 단순히 조직에 참여해 물질적 이득이나 보상에만 관심을 기울인다. 도덕적 관여란 조직의 권력 행사에 대해 가장 강력하고 적극적인 반응을 보인다.

에치오니는 권력의 종류와 관여의 종류에 따라서 각각 세 가지씩의 조직 유형을 조합하고 있는데, 그것은 강압적(强壓的) 조직, 공리적(功利的) 조직, 규범적(規範的) 조직이다. 강압적 조직에서는 상관은 부하를 억압하고 강제하며, 부하는 강한 소외감을 느낀다. 강제수용소나 교도소를 들 수 있다. 공리적 조직에서는 상관은 물질적 보상 수단을 갖고 있으며, 부하는 이해득실을 따져 관여한다. 사기업이나 이익집단을 들 수 있다. 규범적 조직에서는 상관은 위엄, 존경, 그리고 애정이라는 수단을 갖고 있으며, 부하는 강한 충성심을 갖는다. 교회, 사찰, 대학, 이념 정당을 들 수 있다. 이를 요약하면 〈표 6-1〉과 같다.

표 6-1 에치오니의 조직 유형

조직 유형	복종의 구조		조직의 예
	상관	부하	
강압적 조직	강압적 권력 (억압·강제)	소외적 관여 (강한 소외감)	강제수용소, 교도소
공리적 조직	공리적 권력 (물질적 보상)	타산적 관여 (이해 득실 따짐)	사기업, 이익집단
규범적 조직	규범적 권력 (위엄·존경·애정)	도덕적 관여 (충성심)	교회, 사찰, 대학, 이념 정당

2. 조직인 행위의 기초

1) 조직인의 행위 체계

조직인이 조직에서 하는 행위는 여러 가지 형태로 존재한다. 개인 행위로도 존재하며 집단행위로서도 존재한다. 열심히 근무하거나 게으름을 피우기도 한다. 다른 사람과 다투기도 하지만 협력하기도 한다. 상관의 지시에 잘 따르기도 하고 반대하거나 의사표시를 아예 하지 않기도 한다.

조직인의 행위를 이해하기 위해 조직인의 행위 체계를 검토하는 것이 좋겠다. 우선 조직행위의 기본 체계는 개인적 특성, 개인의 심리적 상태, 그리고 개인 행위로 구성된다. 이를 간단히 설명하면 다음과 같다.

첫째, 개인적 특성으로는 성격, 욕구, 능력, 기대, 기타 특징을 들 수 있다.

둘째, 개인의 심리적 상태는 조직에서 개인이 느끼는 학습, 지각, 태도를 포함한다. 여기에는 직무만족도, 자아실현도, 소외감, 관여도, 심리적 탈진도 등이 있다.

셋째, 개인 행위는 직무 행위와 조직시민행동 등으로 나타난다.

조직인의 심리적 상태에 영향을 주는 요소는 개인적 특성을 포함해 직무상 요인, 조직적 요인, 그리고 조직환경적 요인을 들 수 있다. 이들의 관계를 [그림 6-2]와 같이 나타낼 수 있다. [그림 6-2]에서는 조직적 특성, 개인적 특성, 직무상 특성, 그리고 조직환경적 특성이 개인의 심리적 상태에 영향을 미치고 개인의 심리적 상태는 개인(혹은 집단)의 행위에 영향을 미친다. 이 단계에서 동기부여가 개입한다. 이 장에서는 조직인의 개인적 특성과 개인의 심리적 상태를 좀 더 중점적으로 다룬다.

그림 6-2 **조직인의 행위 체계**

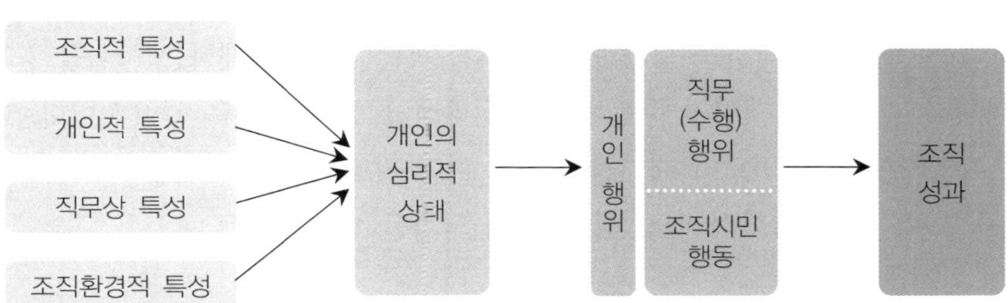

여기서 조직적 요인으로는 조직의 목표 · 구조 · 규모 · 보상 체계 · 관리 등을 들 수 있고, 직무상 요인으로는 과제의 중요도, 자율성, 직무 수행 결과에 대한 지식, 과제 수행 기술의 다양성, 과제의 정체성, 과제의 난이도 등을 들 수 있다. 조직환경적 요인으로는 사회 변동, 사회 제도, 경제 상태, 근무 형태 등을 들 수 있다.

2) 학습, 지각, 태도

조직에서 개인은 조직에서 일어나는 현상을 보고, 배우며, 느낌으로써 특정한 태도를 형성하고 이에 따라 조직행위를 하게 된다. 즉, 개인이 원래 타고난 성격 등에 의해 행동이 영향을 받지만 개인의 경험도 행동에 영향을 많이 준다. 이들을 차례로 살펴본다.

(1) 학습

학습은 개인 행위의 형성과 변화에 큰 영향을 미친다. 학습(learning)이란 지속적인 강화에 의한 연습이나 경험의 축적에 의해 행위를 유발하게 하거나 변화하게 하는 수단이다. 학습이론은 자극과 반응의 연속이라는 조건화이론[2]에 의해 잘 설명된다. 학습 수단으로는 '강화의 관리(management of reinforcement)'가 제시된다(Schermerhorn, Jr. et al., 2008: 125-127). 강화의 종류는 긍정적(적극적) 강화와 부정적(소극적) 강화가 있는데 전자로는 칭찬을, 후자로는 처벌을 들 수 있다. 즉, 특정 행위에 대해 칭찬을 계속하면 그 행위는 반복되며, 계속 처벌을 강화할수록 그 행위는 줄어든다.

(2) 지각

지각(perception)이란 환경에 대한 영상을 형성하는 과정에서 외부로부터 들어오는 감각적 자극을 선택 · 조직 · 해석하는 과정이다(신유근, 1982; Chung & Megginson, 1981). 지각은 환경이나 상황을 자기 나름대로 이해하고 판단하는 것이다. 즉, 지각은 사람이 다른 사람이나 사물을 평가하는 것이다. 객관적으로 존재하는 사실을 강조하는 것이 아니라 지각하는 개인의 주관적이고 심리적인 상태를 더욱 중요시한다. 따라서 지각은 각양각색일 수 있으며 개인적 특성에 따라 달라지는데, 이것은 특히 개인의 성격, 욕구 수준, 기타 사회적 배경 등에 의해 영향을 받는다.

---

2) 개에게 음식을 주면 개는 침을 흘린다. 개에게 음식을 주면서 동시에 종소리를 울리면 개는 역시 침을 흘린다. 그런데 개에게 음식을 주지 않고 종소리만 울려도 개는 조건반사적으로 침을 흘린다는 것이다.

(3) 태도

태도(attitude)란 인간, 물건, 그리고 관련 상황에 대해 특별한 영향을 끼친 경험을 통해 형성된 마음의 상태를 말한다(Gibson et al., 1998). 또한 태도는 어떤 대상에 대해 개인이 갖는 좋고 나쁨의 정도를 말한다(Pinder, 1982). 저자는 태도를 "특정의 대상에 대해 개인이 갖고 있는 마음의 상태"로 정의하고자 한다. 대상에는 특정한 사람, 물건, 지역 등이 포함된다.

태도는 감정적 요소, 인지적 요소, 그리고 행태적 요소로 구성되어 있다. 감정적(affective) 요소란 어떤 대상에 대해 좋아하고 싫어하는 감정이다. 인지적(cognitive) 요소란 어떤 대상에 대해 갖고 있는 신념이나 의지를 의미한다. 행태적(behavioral) 요소란 어떤 대상에 대해 특정한 형식으로 행동하려는 태도를 의미한다. 태도의 가장 일반적 표현이 직무만족도다. 그 밖에 자기효능감이 있다.

3) 근무 형태: 재택근무를 중심으로

근무 형태는 직무특성과 관계가 깊다. 동기부여에 영향을 주는 주요 근무 형태로는 파트 타임제, 유연근무제, 재택근무제 등이 있는데 여기서는 재택근무를 중심으로 다룬다.

(1) 재택근무의 의의(나무위키 자료)

재택근무(재택근무, work from home: WFH)는 근로자가 사업장이 아니라 본인의 집이나 그 주변에서 스마트폰, 컴퓨터 등 정보통신기기를 활용하여 공간의 제약 없이 근무하는 노동 형태이다. '오픈 오피스(often office)'라 부르기도 한다.

사업장으로 출근과 퇴근을 하지 않는 근무 형태이므로 본사와 연락 및 작업을 할 수 있는 기기와 연결망이 필수적으로 갖추어 있어야 한다. 일반적으로 재택근무자라 하면 집에서 일을 하기는 하지만 월급장이는 이므로 작업마다 대가를 받는 프리랜서나 집에서 물건을 만들어 납품하는 가내수공업과는 의미가 다르다.

재택근무는 국내・외에서 스타트업 개발팀, 혹은 컴퓨터 소프트웨어업 분야에서 활용되고 있다. 국외의 경우 오토매틱, 프릭셔널 게임즈 등이 전 사원이 재택근무를 한다. 한국에서는 최근 '코로나19 사태' 이후 재택근무가 각광을 받은 바 있다.

(2) 재택근무의 근무 형태와 주요 사용 기기

재택근무자는 처음부터 재택근무자로 채용하는 경우와 정규 입사하여 부서 이동으로 재택근무를 하는 경우로 나뉜다. 전자는 확인작업 등 단순 업무에 그치는 경우가 많으며 신체적 부담이 적고 전문성이 거의 없는 사람도 근무가 가능하고 주부나 장애인들이 많이 지원한다. 재택근무하는 전문적 일자리는 IT 계열 회사가 많다. 단순 코딩이나 웹디자인 등이 그것이다. 이들은 모두 「근로기준법」의 적용을 받는다. 재택근무가 불가한 업무들은 콜센터 등은 법적 문제가 얽혀 있어서 부적합하고, 택배 등의 물류업이나 건설업은 물리적 이유로 부적절하다.

재택근무자의 업무환경은 근로자의 주거지가 곧 업무공간이 된다. 개인이 보유하거나 회사가 지급하는 컴퓨터, 휴대폰 등을 사용하여 업무를 보기 때문에 이들을 사용할 수 있는 능력이 필수적이다.

재택근무에서 사용하는 기기는 ① 컴퓨터, 노트북, 스마트폰, ② 이메일과 메신저, ③ 실시간 컴뮤니케이션, ④ 원격제어 프로그램, ⑤ 비디오 챗, ⑥ 프로젝트 관리기구, ⑦ 업무시간 관리기구(wakatime), ⑧ 문서 등 자산 보안기구 등이다.

(3) 재택근무의 장 · 단점

재택근무의 장점은 다음과 같다. 조직(회사 등)에게는 생산성이 높고, 경비가 절감되며, 국제적 수준의 성과를 낼 수 있다. 재택근무자에게는 라이프 스타일을 보장하며 육아가 수월하고 주거 비용문제를 덜어주며, 통근 시간을 절약시킨다. 그리고 직장 상사들의 갈굼에서 벗어날 수 있다. 가족과도 함께할 수 있는 시간이 많아진다. 기타 코로나 같은 전염병에 대응할 수 있고, 교통수요가 감소한다.

단점으로는 정보유출의 가능성이 있고 소통이 비효율적이다. 근로 시간이나 근로 중 업무태도를 파악하기 어렵다. 따라서 업무성과 평가를 위한 별도의 관리도구가 필요하다. 또한 전기 요금 등을 가정에 전가한다.

3. 동기부여

1) 동기부여의 의의

조직관리에서 개인적 특성을 살펴보는 중요한 이유는 조직인의 동기를 유발해 직무

수행 수준을 높임으로써 조직의 효과성을 높이려는 것이다. 왜냐하면 인간이 일정한 행동을 하도록 하는 근원이 바로 동기(motive)이기 때문이다. 그런데 동기의 기본 속성으로는 인간 행동의 활성화, 통로화, 그리고 유지성을 들 수 있다(한덕웅, 1985: 27-28).

부연해서 설명하면 동기는 인간이 행동하도록 촉발하며 그 방향을 설정하고 지속시키는 정신적인 힘 또는 정신작용의 과정을 말한다. 따라서 직무 수행 동기는 직무와 관련된 행동을 시작하고 그 방향, 특성, 지속 시간 등을 결정하는 일련의 정신적인 힘이다(Schermerhorn, Jr. et al., 2008; 오석홍, 2020).

2) 동기부여이론

동기부여이론을 그 기반을 이루는 심리학 이론과 조직행태론으로 구분해 살펴본다.

인간 행동의 동기를 부여하는 이론을 중요한 것으로는 쾌락주의, 본능설, 추동이론, 그리고 인지이론 등을 들 수 있다(한덕웅, 1985: 36-59). 쾌락주의(hedonism) 원리란 사람은 쾌락을 추구하고 고통을 회피하려는 경향이 있다는 것이다. 따라서 그는 의도적으로 행동할 수 있다. 본능설(instinct theory)에서 본능은 모든 종류의 행동을 일으키게 하는 생래적인 에너지의 출처를 의미한다. 따라서 행동은 본능의 결과다.

추동이론(drive theory)은 일정한 자극에 의해 일정한 행동이 형성되고, 이렇게 형성된 행동이 계속 유지되는 기제에 대해 기계론적으로 설명될 수 있다고 본다. 즉, 과거의 일정한 행동이 좋은 결과를 가져왔으면 인간은 그 활동을 반복하는 경향이 있으며, 그와 반대로 과거의 행동으로 인해 좋지 못한 결과나 처벌을 받으면 인간은 그 활동을 반복하지 않고 피하게 될 것이다. 인지이론(cognitive theory)에서 동기는 행동을 일으키는 동물이나 인간의 인지적 요인에 의해 영향을 받는다. 그런데 일정한 자극은 사람에 따라 다를 수 있다.

동기를 부여하는 방법은 여러 가지고 이론도 다양하다. 학자들은 동기부여에 관한 접근 방법들을 동기부여의 내용이론과 과정이론으로 구분해 설명하기도 한다. 내용이론은 동기를 유발하는 원인의 내용을 설명하는 것으로 욕구이론이 그 중심을 이룬다. 과정이론이란 어떤 과정을 거쳐서 어떻게 동기가 유발되는가를 설명하며 이 과정에 관여하는 변수들 간에 어떤 상호작용이 있는지에 관한 이론으로서 기대이론, 공정성이론 등을 들 수 있다.

그런데 조직인들은 그들이 갖는 여러 가지 개인적 특성으로 인해 조직에 대해 영향을 주고 있으며, 또한 그들은 조직의 동일한 조치나 행위에 대해 각각 다르게 지각하는 것이 보통이다. 조직인의 개인 행위나 집단 행위에 영향을 주는 요소로는 앞에서 언급한 것처럼 개인적 특성, 직무상 특성, 조직적 특성, 환경적 특성, 기타 요인을 들 수 있다. 이 중 개인적 특성으로는 욕구, 태도 및 신념, 지각, 흥미, 성별, 지능, 신체적 특성, 교육, 경험, 연령, 포부 수준 등과 사회적 배경을 들 수 있다.

제 2 절 조직인의 성격 · 욕구 · 능력 · 기대

1. 조직인의 성격

1) 성격의 의의

성격(personality)이란 시간에 따라 계속성을 갖는 사람들의 심리적 행위(사고, 느낌 및 행위)에서 공통성과 차별성을 결정짓는 일련의 안정된 특징과 경향으로, 사회적 · 생리적 운동의 압력에 따라 쉽게 변할 것 같지는 않는 것을 말한다(Maddi, 1980: 10). 다시 말해, 성격이란 개인이 갖고 있는 특성, 경향, 그리고 기질의 집합이라 할 수 있다.

개인의 성격에 영향을 주는 요소는 유전적 · 문화적 · 사회환경적 특성을 들 수 있다. 사람은 부모에게서 물려받은 유전자에 의해 성격을 형성한다. 사람은 그가 속해 있는 지역이나 국가의 문화적 특성에 따라 성격을 형성하거나 변화를 겪는다. 예컨대, 사람은 유교적 문화권에서 더욱 권위주의적이며, 기독교적 문화권에서 더욱 민주적이다. 사람은 그가 현재 살고 있는 사회의 환경적 특성에 따라 성격 형성이나 변화에 영향을 받는다.

성격은 흔히 고정 불변의 것으로 알고 있지만 반드시 그런 것은 아니며, 그것은 조직생활을 하면서 변화될 가능성이 많다. 성격은 단기적으로 변화하지는 않지만 장기적으로 변화할 수 있다. 또한 성격은 개인의 노력은 물론 조직의 노력에 의해서도 상당한 정도로 변화가 가능하다.

성격은 개인차를 두드러지게 보여준다. 조직 내의 인간들은 서로 다른 성격을 갖고 있다. 개인의 성격이 그의 조직행위에 영향을 주고, 개인의 조직행위가 조직의 여러 활동과 성과에 알게 모르게 영향을 준다. 따라서 조직인의 성격에 대한 이해가 필요한 것이다.

조직과 관련해 볼 때 조직인의 성격은 5대 성격 특질, 성격유형론, 그리고 성격변화론으로 구분할 수 있다.

2) 성격의 특질과 측정: 5대 성격 특질과 MBTI

성격이란 한 사람을 다른 사람과 구분시키는 상대적으로 안정적인 심리적 속성의 집합이다. 심리학자들은 지금까지 수천 개의 심리적 속성을 제시하고 있지만 그 중에서 5대 특질과 MBTI가 가장 많이 인용된다.

(1) 5대 성격 특질(The 'Big Five' Personality Traits)

다섯 가지 성격적 특성은 유순함(agreeableness), 집중도(conscientiousness), 정서적 안정(emotional stability), 외향성(extraversion), 개방성(openness)이다(Moorhead & Griffin, 2004: 92; Luthans, 2005: 202).

① 유순함: 다른 사람과 잘 어울리는 능력으로 유쾌한, 순응하는, 성격 좋은, 예의 바른, 따뜻한, 그리고 다른 사람들과 좋은 관계를 가지는 의미를 뜻한다. 이것은 높고 낮음(high-low)으로 측정한다.

② 집중도: 한 사람이 초점을 두고 있는 목표의 수를 말한다. 조직화된, 잘 훈련된, 노력을 많이 하는 의미를 가진다. 이것은 높고 낮음으로 측정한다.

③ 정서적 안정: 정서적으로 안정된 기분의 상태이며 침착한, 편안한, 행복한, 불안하지 않은 등의 의미를 가진다. 반대어는 정서적 불안(negative emotionality)이며 변덕스러운 등의 의미를 가진다. 이것은 많고 적음(less-more)으로 측정한다.

④ 외향성: 관계를 갖는 것이 편안한 것으로, 사교적인, 수다스러운 등의 적극적인 뜻을 가진다. 반대어는 내향성(introversion)으로 관계를 갖는 것이 더 큰 심리적 불안을 가져온다.

⑤ 개방성: 새로운 아이디어를 즐기는 능력, 그리고 새로운 것을 배우면 그 결과 변화할 수 있는 능력으로 신념이나 이해관계의 엄격성을 지칭한다. 이것은 많고 적음으로 측정한다.

(2) MBTI(Myers-Briggs Type Indicator)

성격을 네 가지 차원 — 에너지의 방향, 인식, 판단, 그리고 생활방식 — 으로 구분하여 측정하는 것으로 조직인은 물론이고 일반인도 이를 활용하고 있는데 MBTI 성격검사가 그것이다. 여기서는 성격은 좋고 나쁨이 없으며, 자신이 갖고 있지 않은 성격 요소를 개발하여 보다 원만한 성격을 갖게 하는 방향을 제시한다(김경수 · 김공수, 2019; McGrae & Costa, jr, 1989).

첫째, 방향 차원은 외향과 내향으로 구분하며, 외향(extroversion)은 밖으로부터 에너지를 얻으나, 내향(introversion)은 자신의 내부에서 얻는다.

둘째, 대상의 인식 차원으로 감각과 직관으로 구분하며, 감각(sensing)은 경험에 의존하며, 직관(intuition)은 상상력과 육감에 의존한다.

셋째, 정보 판단 차원은 사고와 감정으로 구분하며, 사고(thinking)는 합리적이고 논리적인 판단을, 감정(feeling)은 정서적 판단 의해 결정한다.

넷째, 생활방식의 차이 차원은 판단(judging)과 인식(perceiving)으로 구분하며, 판단은 분명한 목적과 방향에 따른 철저한 생활방식을, 인식은 상황에 따른 유연한 생활방식을 의미한다.

MBTI 성격유형검사는 개인의 성격을 16가지로 구분하며, 총 60개 문항으로 자기보고식으로 측정한다. 이를 통해 성격적 특성과 행동의 관계를 설명한다.

3) 성격유형론

성격유형론으로는 프레스서스, 다운스,[3] 그리고 코튼[4]의 유형론이 비교적 많이 소개되나 이들은 유사하다. 여기서는 프레스서스의 유형론을 소개하고자 한다.

(1) 프레스서스의 유형론

프레스서스(R. Presthus)는 대규모 조직, 즉 관료제 조직에 반응하는 인간의 유형으로 세 가지 — 상승형, 무관심형, 모호형 — 를 들고 있다(Presthus, 1978).

상승형(上昇型)은 조직의 요구에 적극적으로 순응해 조직의 규범을 준수하고 개인

3) 다운스(A. Downs)는 행정관료들이 달성하려는 목표의 유형에 따라 다섯 가지의 유형 — 출세가형, 현상유지형, 열중형, 창도자형, 경세가형 — 으로 구분한다(Downs, 1967).

4) 코튼(C. C. Cotton)은 개인이 조직 내의 권력구조에 적응하는 유형들을 독립인형, 외부흥미인형, 조직인형, 동료형으로 구분한다. 조직인들은 그들 간에 권력의 보유나 발휘가 균형이 이뤄지도록 노력한다는 것이다(Cotton, 1976).

의 영달을 도모하는 성격으로서 관료형(官僚型, bureaucratic type)이라고 한다. 상승형은 조직의 계층제 내의 비교적 상층부에 있는 사람들 중에서 발견되는 유형으로 조직과 자신을 일체화시키며 고도로 권력 지향적이고 자신감을 갖는다. 무관심형(無關心型)은 조직의 요구에 소극적인 반응을 보이며, 조직에 대해 소외감을 느끼지만 조직에서 평범한 생활을 해 나간다. 무관심형은 조직의 하위 계층에 있는 대다수 사람에게서 나타날 수 있는 성격 유형이다. 모호형(模糊型)은 조직이 내세우는 성공이나 권력에 대한 보장을 거절하지도 못하고 또 이것을 위해 경쟁하지도 않는 성격 유형으로 참모나 연구직 등에서 많이 발견된다.

(2) 기타 유형

맥클랜드(D. D. McClelland)는 성취 욕구가 강한 사람들의 행동 특징은 개인적으로 책임을 지는 상황을 좋아하며, 계산된 모험을 즐겨하고 명확한 환류가 있기를 바란다고 한다(McClelland, 1961).

4) 아지리스의 성격변화론

아지리스(C. Argyris)에 의하면, 한 개인이 어린이에서 어른이 되는 과정에서 성격의 변화를 거치게 되는데, 어린이의 성격이 미성숙한 상태라면 어른의 성격은 성숙한 상태에 해당하며, 이러한 성격 변화는 하나의 연속선상에 있게 된다. 즉, 어린이의 미성숙 상태에서 어른의 성숙 상태로의 변화는 다음의 일곱 가지로 나타난다는 것이다(Argyris, 1957).

그림 6-3 아지리스의 성격 변화: 미성숙에서 성숙으로

미성숙성 →	성숙성
수동적 행위	능동적 행위
의존성	독립성
행동 양식의 제한	다양한 행위
얕은 관심	깊은 관심
단기적 안목	장기적 안목
종속적 지위	대등 또는 우월한 지위
자아의식 결여	자아의식과 자기통제

그런데 아지리스는 고전적 조직설계(즉, 관료제 조직 등)가 인간의 성숙한 상태를 저해한다고 주장하면서 직무 확대, 부하 중심적 리더십을 통해 조직이 인간의 성숙한 상태를 조성해 주어야 한다고 한다.

2. 조직인의 욕구

1) 욕구의 의의

조직인의 욕구란 성격과 더불어 동기부여이론의 기초를 이루고 있다. 인간은 자신의 욕구를 충족시키기 위해 행동하며 자신의 욕구 충족과 관련이 없는 일들은 가능한 한 회피한다. 욕구가 충족되면 만족하고 욕구가 충족되지 않으면 불만족한다.

욕구란 무엇인가? 욕구(needs)란 인간이 어떤 시점에서 지각하는 결핍(deficiency)에서 비롯된 필요 또는 갈망이다(Aldag & Kuzuhara, 2002). 욕구에는 강한 것도 있고 약한 것도 있으며, 일시적인 것도 있고 지속적인 것도 있다. 둘 이상의 욕구가 동시에 발현할 때는 상위 욕구가 우세한 현상을 보인다.

욕구는 힘을 만들어내는 요인이다. 결핍은 인간의 내면적 긴장을 조성한다. 사람은 그러한 긴장 때문에 빚어진 바람직하지 못한 상황을 해소하기 원한다. 욕구의 충족은 욕구로 인한 긴장을 해소시키는 과정에서 또는 그 결과에서 얻는 만족을 말한다(오석홍, 2020). 욕구가 좌절되면 이를 해결하기 위해 공격하려는 경향이 있다. 좌절이 클수록 공격이 더 부추겨지며, 좌절된 동기나 욕구가 클수록 공격하고자 하는 마음이 커지고 좌절을 많이 할수록 공격하는 경향이 커진다(Weiner, 1980).

욕구에 관한 연구 중 조직 분야에서 가장 많이 소개되고 있는 것은 머슬로(A. H. Maslow)의 '욕구5단계설(欲求五段階說)'과 허즈버그(F. Herzberg)의 '욕구충족요인 이원론(欲求充足要因二元論)' 등일 것이다.

2) 머슬로의 욕구5단계설

머슬로(Maslow, 1970)는 인간의 욕구가 단계를 이루고 있다고 한다. 그가 제시한 욕구 5단계는 ① 생리적 욕구, ② 안전의 욕구, ③ 사회적 욕구, ④ 존경의 욕구, ⑤ 자아실현의 욕구인데, 이들은 순차적으로 발현된다. 즉, 생리적 욕구가 어느 정도 충족되어야 안전의 욕구가 나타나는 식으로 차상위의 욕구가 나타나고 충족된다. 생리적 욕구가 가장 하위의 동물적 욕구라면 자아실현의 욕구는 가장 상위의 인간의 욕구다. 그리고 일단 충족된 욕구는 동기유발 요인으로서 의미를 상실한다. 이를 간단히 나타내면 [그림 6-4]와 같다.

그림 6-4 머슬로의 욕구 5단계

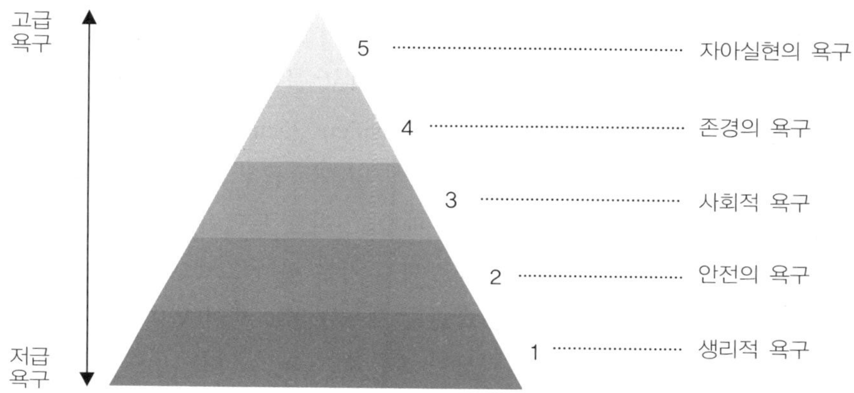

이들 욕구를 간단히 설명하면 다음과 같다.

첫째, 생리적 욕구(physical needs)란 인간이 삶을 영위하는 데 가장 필수적인 욕구로서 의식주에 관한 욕구, 호흡·배설·성생활 등에 관한 욕구를 들 수 있다.

둘째, 안전의 욕구(safety needs)란 공포나 혼란으로부터 오는 정신적·육체적 위험으로부터의 보호, 경제적·사회적 안정의 지속, 현재 상태의 보전 등과 관련된 욕구다.

셋째, 사회적 욕구 또는 애정의 욕구(social or love needs)란 가족·친구·애인·동료 등 이웃과 친근하게 사랑을 나누면서 살고자 하는 욕구와 어느 집단·조직·사회에 속하고자 하는 욕구다.

넷째, 존경의 욕구(esteem needs)란 다른 사람들로부터 인정을 받고자 하고 스스로 긍지나 자존심을 가지려 하는 욕구다.

다섯째, 자아실현의 욕구(self-actualization needs)란 자신의 잠재력을 최대한 이용하고 발휘하며 개발하고, 자신의 이상이나 목표를 실현하려는 욕구다.

한편 앨더퍼(C. P. Alderfer)는 머슬로의 욕구 5단계를 줄여서 생존 욕구(existence

needs), 대인관계 욕구(relatedness needs), 성장 욕구(growth needs)의 세 단계를 제시하고 있다. 이를 'ERG 이론'이라 한다(Alderfer, 1976).

3) 허즈버그의 욕구충족요인 이원론

허즈버그(F. Herzberg)는 조직에서 불만족 요인과 만족 요인을 구분하면서 불만족스러운 요인이 해소되었다고 해서 꼭 만족의 상태에 이르는 것이 아니라고 한다. 그리고 불만족 요인을 위생 요인으로, 만족 요인을 동기부여 요인으로 지칭하기 때문에 그의 이론은 동기위생 요인이론(動機衛生要因理論)이라고 불리기도 한다(Herzberg, 1966).

불만족 요인 또는 위생 요인(dissatisfiers or hygiene factors)은 조직구성원의 불만을 야기하는 데 작용하는 요인으로, 대체로 그들이 일하는 근무 환경에 관련되며, 구체적으로는 정책, 임금, 근로 조건, 감독자와의 관계, 그리고 동료와의 관계들이 포함된다. 이 불만 요인들은 양약과 같이 질병을 치료해 주기는 하나 그렇다고 환자에게 건강을 가져다주는 것은 아니다. 따라서 불만 요인을 제거한다고 해서 만족을 보장하는 것은 아니다.

만족 요인 또는 동기부여 요인(satisfiers or motivators)은 그들이 담당하는 직무의 성취, 인정, 업무 자체, 책임, 그리고 승진 등에 관련된 것으로 직무에 흥미를 느끼고 몰입해 그것을 통해 자아실현이나 성취를 해야만 만족에 이른다.

[그림 6-5]는 허즈버그의 개념적 틀을 간단히 나타낸 것이다.

그림 6-5 허즈버그의 개념적 틀

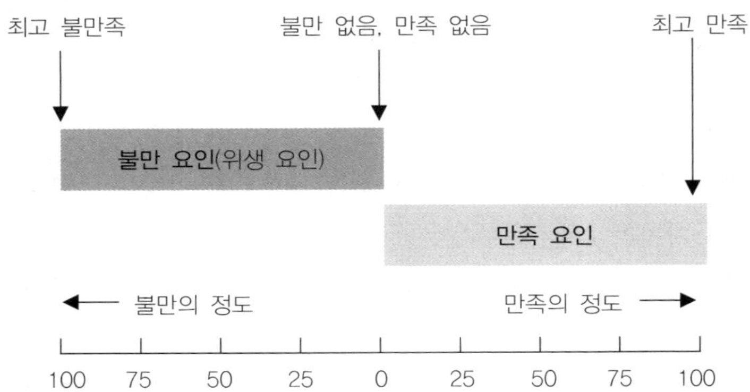

3. 조직인의 능력

1) 능력의 의의

조직인의 능력으로는 적성(aptitude)과 능력(capability)를 들 수 있다. 적성이란 개인의 학습 능력을 의미하며, 능력이란 개인이 주어진 직무에 요구되는 과업을 수행할 수 있는 현재의 능력을 반영하고 여기에는 지식과 기술이 포함된다. 달리 표현하면 적성은 잠재적 능력을, 능력은 현재적 능력을 의미한다(Schermerhorn, Jr. et al., 2008: 53). 능력과 구분되는 역량(competency)이란 우수한 성과의 원인이 되는 개인의 내적 특성으로서 직무 수행을 통해 나타나는 능력, 재능, 적성이다(최동석, 2002: 22-23). 역량은 주요한 동기유발 요인이 된다.

지금까지 적성과 능력을 나타내는 지수로는 지적 능력을 나타내는 IQ(intelligence quotient) 점수가 주를 이뤘으나, 최근에는 감정이나 정서적 능력을 나타내는 EQ(emotion quotient) 점수도 추가되어 주목을 받고 있다.

2) 이성형과 감성형

인간은 이성과 감성을 갖는 존재다. 이성형은 이성이 좀 더 강한 사람을, 감성형은 감성이 좀 더 강한 인간을 의미한다. 이상적인 인간은 감성적 지성을 갖는 자다.[5] 감성적 지성인은 감성과 이성 사이의 적절한 균형감을 갖고, 어느 하나에 의해 완전히 지배받지 않는 사람이다(이대희, 2007).

이성(理性, reason)은 인간의 논리적 사고 능력을 의미하며, 논리적이라는 말과 함께 계산적이고 비주관적이며 비감각적인 특성을 포함한다. 그런데 이성과 비슷한 말로 지성이 있다. 지성이란 한 사람이 가지고 있는 합리적 추리, 판단, 인지, 환경 대응 능력을 의미하며 통계적으로는 IQ로 나타낸다.

감성(感性, emotion)이란 인간이 각각 지각을 통해 어떤 대상을 느끼고 이해하며 반응하는 성질을 말한다. 감성은 감정들 속에 내포되어 있는 마음 작용의 원리를 의미한다. 보통은 감성과 감정을 섞여 사용한다. 그런데 감성은 동기에 연료를 대며, 동기는 우리의 지각을 촉발한다(Goleman, 1999: 106). 감성은 긍정적인 면과 부정적인 면을 갖는다. 전자는 기쁨, 사랑, 행복감 등이고, 후자는 분노, 두려움, 미움 등이다(이대희,

5) 이성과 감성에 대한 내용은 주로 이대희(2007)를 참조.

2007: 104-105).

4. 조직인의 기대

조직인의 욕구는 욕구 충족(혹은 불충족)과 직무 수행의 관계를 설명하는 데 한계가 있다. 이런 한계를 보완하기 위해 욕구 충족(혹은 불충족)과 직무 수행 사이에 기대(期待, espectation)라는 요인을 개입시킨다. 기대에 관한 논의는 브룸(V. H. Vroom)의 선호・기대(選好・期待)이론과 포터(L. W. Porter)와 롤러(E. E. Lawler)의 업적・만족이론을 들 수 있다. 여기서는 기대이론과 관계가 있는 공정성이론을 함께 소개한다.

1) 브룸의 선호・기대이론

브룸(Vroom, 1965)은 특정한 원인 행위와 결과 행위의 연결 가능성(즉, 기대)과 결과 행위에 대한 선호도에 따라서 직무 수행상 동기부여의 정도가 결정된다고 한다. 예컨대, 승진을 중요하다고 생각할 때 열심히 일을 하면 승진이 될 것이라는 기대(이것은 조직인이 혼자 생각하는 주관적 확률임)에 따라서 일을 열심히 할 것이냐 말 것이냐가 결정된다는 것이다. 다시 말해, 아무리 열심히 일해도 승진할 가능성이나 기회가 없다면 일할 의욕이 상실된다. 한편 조직인이 승진에 대해 중요하게 생각하지 않는다면 설사 일을 열심히 해서 승진할 가능성이 높다 하더라도 열심히 일할 의욕이 생기지 않는다. 따라서 동기의 강도는 기대(예: 직무 수행 노력과 승진・전보・보수 인상・기타 혜택 등 인사 변수의 연결 가능성 정도나 확률)와 선호(위의 인사 변수들에 대한 개인적 선호도나 가치)에 따라서 좌우되는 것이다. 이를 간략하게 나타내면 다음과 같다.

동기의 강도=(결과 행위에 대한) 가치×(원인 행위와 결과 행위 간의) 기대

2) 포터와 롤러의 업적・만족이론

포터와 롤러는 종전의 욕구이론들의 욕구 충족→직무 수행 의욕 향상이라는 기본 개념구조에 대해 비판하면서 거꾸로 직무 수행의 성취 수준이 직무 만족의 요인이 될 수 있다고 한다(Luthans, 2005).

즉, 조직인들은 직무를 수행한 후 그 업적에 따라서 내재적 보상이나 외재적 보상을 받게 된다. 여기서 내재적 보상이란 조직의 통제 하에서 얻는 보수・승진・지위・안전

과 같은 것이다. 어쨌든 조직인들은 실적이나 업적에 대한 보상이 주관적으로든 객관적으로든 다른 사람과 비교해서 공평하거나 적절하다고 지각하면 만족을 하게 되지만 불공평하거나 불공정하다고 지각하게 되면 불만을 하게 된다는 것이다. 예컨대, 열심히 근무하면 승진할 것으로 기대하면서 야근 등 초과 근무를 했는데도 불구하고 자기보다 열심히 근무했다고 생각되지 않는 다른 사람은 승진을 하고 자기는 승진을 하지 못했다면 그는 자기 업적과 노력에 대한 조직의 보상이 불공평하다고 느끼게 되어 그 후로 열심히 일할 의욕을 상실하게 된다는 것이다.

3) 애덤스의 공정성이론

애덤스(J. S. Adams)는 개인의 행위는 타인과의 관계에서 공정성을 유지하는 방향으로 동기가 부여된다는 것이다. 여기서 공정성(equity)이란 자신의 투입과 산출과의 비율을 타인의 그것과 비교해 그들이 대등하면 공정하다고 지각하고, 대등하지 못하면 불공정성을 느끼는 것이다. 이때 타인보다 상대적으로 적게 보상받는 과소 보상의 경우 개인은 부당하게 대우받는다고 느낄 것이며, 타인보다 상대적으로 많이 보상받는 과잉 보상의 경우 일종의 죄책감을 느낀다. 따라서 조직관리자는 조직인들을 공정하게 보상해야 한다는 것이다(Adams, 1965).

제 3 절 조직에서의 인간관, 심리적 상태와 관리전략

1. 인간관과 관리전략

1) 인간관의 문제

인간을 어떻게 보는가는 중요한 가치에 대한 것으로서 철학적 문제다. 맹자(孟子)는 인간의 성선설(性善說)을, 순자(荀子)는 인간의 성악설(性惡說)을 주장해 일찍이 인간 본성을 다뤘다.

조직론에서 인간관의 문제는 조직관리의 대상으로서 조직인을 어떻게 관리하는 것이 가장 효과적이냐 하는 고전적인 관리적 접근과 조직인의 인간적 측면을 강조한, 즉 인간의 존엄성과 가치가 조직 내에서 보장되어야 한다는 인본주의적 접근으로 대별될 수 있다. 그런데 조직론에서 인간관은 관리적 접근에서 동기부여이론과 더불어 소개되고 있다.

조직에서의 인간관은 크게 인간성이 시간의 흐름에 따라 발전하고 성장한다는 성장이론(成長理論)과 단순히 인간성의 차이를 강조하는 유형론(類型論)으로 나눌 수 있다. 성장이론에서는 아지리스(C. Argyris)의 성숙·미성숙이론, 이미 언급한 머슬로(A. H. Maslow)의 욕구5단계설 등이 있으며, 유형론에는 맥그리거(D. McGregor)의 X이론과 Y이론, 샤인(E. H. Schein)의 경제적 인간·사회적 인간·자아실현적 인간·복잡한 인간 등이 가장 대표적이다. 이들을 간략하게 소개한다.

2) 성장이론

아지리스(Argyris, 1957)는 성숙·미성숙이론을 통해 인간 성격의 변화, 특히 성장을 제시한다. 인간의 성격은 미성숙한 상태에서 성숙한 상태로 변화한다는 것이다. 그리고 이러한 성격 변화는 성숙과 미성숙을 각각 양끝으로 하는 연속선상에 있게 된다.

머슬로의 욕구5단계설은 인간의 성장을 시사하는 욕구이론이라 할 수 있다. 즉, 그는 이미 앞에서 언급했던 것처럼 인간의 욕구는 생리적 욕구 → 안전의 욕구 → 사회적 욕구(또는 애정의 욕구) → 존경의 욕구 → 자아실현의 욕구 단계를 밟으면서 발현하기 때문에 순차적으로 연결되어 있다고 한다.

성장이론에 의하면, 조직은 인간의 성장 가능성을 인정하고 성장을 도와줌으로써 조직 자체의 성장을 도모할 수 있다고 본다.

3) 인간관의 유형론

(1) 맥그리거의 X이론과 Y이론

맥그리거(McGregor, 1960)는 관리자가 조직구성원을 관리하는 근거로서 이론적 가정이 무엇인가에 따라 조직의 성격이 결정된다고 전제하고, 이 가정을 X이론과 Y이론이라고 명명했다.

X이론에서 인간의 가정은 대부분의 인간은 일을 싫어하고, 책임을 회피하며, 안전을 추구하고 수동적으로 다른 사람이 명령해 주기를 바란다. 이 같은 인간들을 관리하기 위해 '당근과 채찍' 전략이 필요하다. 즉, 일면으로 일을 열심히 시키기 위해 달콤한 유

인(誘引)을 제공하고, 반면 열심히 하지 않는 사람들에 대해 강제와 억압적 방법을 사용한다는 것이다.

그런데 맥그리거는 X이론적 인간관을 현대인에게 적용하기에는 부적절하다고 하면서 Y이론을 제시한다. Y이론에서 인간은 원래 일을 좋아하며 부지런하고, 조건만 갖춰진다면 책임을 지려 하고 창의성을 발휘하며, 자아실현적 욕구 충족에 의해 동기가 유발된다는 것이다. 따라서 Y이론에서 인간관리 전략은 조직인이 스스로 문제를 해결하고 자아실현의 욕구를 충족시킬 수 있도록 여건을 조성시켜 주는 것으로 이것은 아지리스의 성숙인에 대한 방법과 유사하다고 보겠다.

(2) 샤인의 인간관

샤인(Schein, 1980)은 기존의 조직 내에 인간에 대한 가정들에 관한 이론들을 다음의 네 가지 관점, 즉 합리적·경제적 인간관, 사회적 인간관, 자아실현적 인간관, 복잡한 인간관으로 분류하면서 이 중 가장 현실적인 인간관은 복잡한 인간관이라고 지적한다.

합리적·경제적 인간관은 인간은 스스로 이익을 극대화하도록 행동한다는 인간관으로 인간은 합리적·기계적으로 움직이며, 인간은 경제적 유인에 의해 동기가 부여되고, 인간은 조직에 의해 조작되고 통제되며, 인간의 감정은 비합리적인 것이므로 통제되어야 한다는 것 등을 내용으로 한다. 이런 인간관을 지지하거나 함축하는 이론들은 관료제론, 과학적 관리론, X이론적 인간관, 미성숙인, 생리적 욕구·안전적 욕구의 추구자 등이다.

사회적 인간관은 인간의 사회적 동굴성을 강조한 것으로, 조직에서 사회적 욕구와 귀속(혹은 애정) 욕구를 강조한 인간관이다. 인간은 조직 속에서 자연스럽게 비공식적 인간관계를 형성하고, 거기서 심리적 안정과 위안을 얻으며, 조직과 자신을 일체화시킨다. 이런 인간관을 지지하는 이론들은 인간관계론, 애정의 욕구 또는 관계 욕구 등이다.

자아실현적 인간관은 인간의 자아실현·자기 성취나 자기 완성을 강조하는 인간관으로 자아실현인·Y이론·성숙인 등에서 보인다. 이런 인간들에 대한 관리전략으로는 직무 충실, 자기 계발, 내적 보상, 그리고 참여적 방법들을 들 수 있다.

복잡한 인간관은 위의 세 가지 인간관이 지나치게 인간을 단순화하거나 일반화했기 때문에 현실적인 인간에게는 적용하기가 부적합하다는 것으로서 그 내용은 인간은 그의 연령 등 개인적·사회적 배경에 따라서 차이가 많으며, 그가 담당하는 직무와 소속된 조직의 성격에 따라 다르고, 그의 욕구와 조직의 관리전략이 상호작용하면서 변화한다는 것이다. 이런 복잡한 인간들에 대한 관리전략으로는 개인차를 진단하고 이에 의거해 조직인을 관리하는 상황 조건적 관리전략이 요구된다.

4) 조직인의 다양성과 관리

지식정보사회가 되면서 조직인의 다양성이 커지고 있으며, 이를 적극적으로 인정하려는 경향이 있다. 따라서 조직인들의 다양성을 인정하고 이에 따라 조직인을 관리해야 효과를 높일 수 있다.

조직인의 행위를 예측하는 데 비교적 중요하다고 인정되는 것들은 조직인의 성격, 욕구, 기대, 능력 — 지능(IQ), 감성(EQ) — 등이다. 실제 조직에서 이들은 다양한 형태로 존재한다. 이들에 영향을 미치는 것으로는 타고난 때부터 갖고 있는 비교적 생래적인 측면과 조직생활을 할 때까지 여러 가지 경험 등에서 얻어지는 학습된 것, 그리고 현재 그가 갖고 있는 여러 가지 자원, 관계와 특징으로 구분할 수 있다.

그림 6-6 조직인 행위의 다양성: 생래적·학습의·현재적 차원

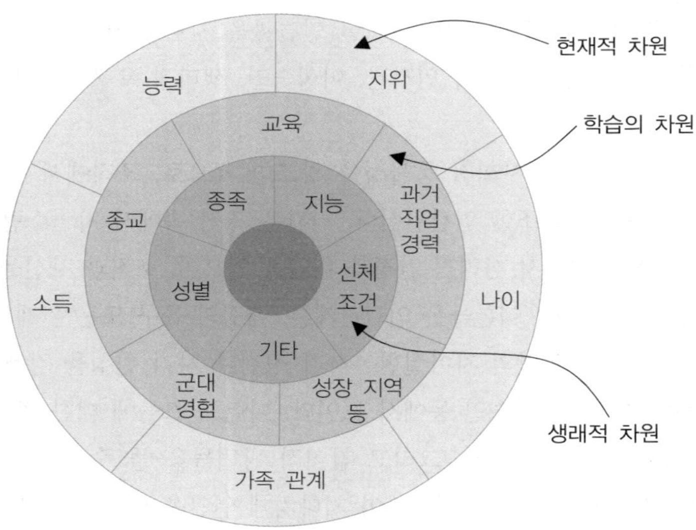

자료: 로덴과 로스너(Loden & Rosner, 1991: 20)의 연구를 수정해 저자가 작성.

생래적 차원으로는 종족, 성별, 지능, 신체적 조건, 기타 등을 들 수 있다. 이것은 자신이 결정할 수 있는 것이 아니라 주어진 것이며 유전적인 것이다. 단 지능과 신체적 조건은 타고나지만 생후에 변화 가능성이 있다.

학습의 차원으로는 교육, 종교, 군대 경험(혹은 사회 경험), 과거 직업 경력, 그리고 성장 지역 등을 들 수 있다. 개인이 태어나 자라면서 겪는 다양한 경험은 그의 현재적 차원에 영향을 주기도 하지만 현재의 그의 심리적 상태에 영향을 준다. 성장 지역은 농촌과 도시로, 사회적 교류가 심한 곳과 그렇지 않은 곳으로 구분할 수도 있다. 사회화의 정도를 통해서도 심리적 변화를 예측할 수 있다.

마지막으로, 현재적 차원에 관한 것으로 그의 지위, 능력, 소득, 나이, 가족 관계(부부, 자녀 등) 등이다. 이 중 소득과 지위, 가족 관계 등은 어느 정도 측정이 가능하나 능력을 측정하는 것은 어렵다.

특히 세대는 최근 'MZ세대'라는 용어 때문에 논란이 많다. MZ세대는 밀레니얼세대와 Z세대를 아우르는 용어이다. MZ세대는 독특한 특성을 갖는다고 본다.

참고

MZ세대

MZ세대는 2020년대의 젊은이들을 일컫는다. MZ세대는 밀레니얼세대와 Z세대를 아우르는 용어이다. 그 이전 세대를 보면 '전쟁전 세대'는 1945년 이전에 태어난 자들이고, '베이비부머'는 1945년부터 1965년 사이에 태어난 자들이며, 'X세대"는 1966년과 1979년 사이에 태어난 자들이고, '밀레니얼세대'는 1980년부터 1995년 태어난 자들이며, 'Z세대'는 1996년 이후에 태어난 자들을 말한다.

자료: 바비 더피(Bobby Duffy) 지음, 이영래 옮김(2022), 『세대감각(*Generations*)』.

2. 조직인의 심리적 상태와 관리전략

1) 긍정적 심리 상태[6)]

(1) 직무 만족

직무 만족(job satisfaction)이란 자신이 담당하는 직무와 관련해 느끼는 전반적인 만족의 정도를 뜻한다. 직무 만족이 유쾌한 또는 긍정적인 감정의 상태라면 직무 불만족은 불유쾌한 또는 부정적인 감정의 상태라 하겠다. 한편 사기(士氣, morale)는 욕구 충족이나 직무 만족에서 비롯되는 것으로 직무 만족과 함께 조직인에 의해 경험될 수 있는 긍정적인 감정의 상태이지만 직무 만족이 개인적·현재적 상태라면 사기는 집단적·미래적 상태라 할 수 있다. 직무 만족이 과거의 직무 수행에 대한 만족 여부를 강조하는 데 반해, 사기는 현재 및 미래의 직무 수행을 위한 기초로서 이해하는 것이 바람직하다. 직무만족도가 직무 수행에 영향을 주는 것이 일반적이나 거꾸로 직무 수행의 결과에 대한 보상의 지각이 직무 만족에 영향을 주기도 한다.

(2) 자기 성취나 자아실현

자아실현 또는 자기 성취(self actualization)는 자기의 잠재력을 최대한 이용하고 발휘하며 이상적인 자기가 되는 것으로서 조직에서 자신의 모든 능력을 현재 최대한 발휘하며, 미래에 발휘할 수 있도록 자신의 잠재력을 개발하는 것뿐만 아니라 자신의 꿈이나 이상을 실현하고 자신의 인생관 등을 굽히지 않으면서 조직에서 생활해 나가는 상태라고 하겠다(민진, 1986).

(3) 조직몰입

조직몰입(organizational commitment)이란 자기가 속한 조직에 대해 동일시, 몰입, 일체감, 애착심을 나타내는 것을 의미한다(Mowday, Porter, & Steers, 1982). 조직몰입이 높으면 이는 조직이 추구하는 가치나 목표에 대한 신뢰의 정도가 높고 수용 정도가 크며, 조직을 위해 애쓰려는 의사가 강하고, 조직의 구성원으로서 남아 있으려는 의도도 강하다. 조직몰입은 조직 전체에 대한 태도라는 점에서 직무 자체에 대한 태도인 직무만족도와는 구분된다.

---

6) 긍정적 심리 상태는 긍정심리학, 긍정적 조직행태론과 밀접한 관계를 맺고 있다. 루탄스(Fred Luthans, 2007: 3)는 이를 심리적 자본(psychological capital: PsyCap)이라 한다.

(4) 자기효능감

자기효능감(self efficacy)이란 사람이 어떤 상황에서 적절히 잘할 수 있다는 믿음을 말한다(Gist, 1987; Schermerhorn, Jr et al., 2008). 자기효능감은 자기통제의 한 부분으로서 자신의 행태에 영향을 크게 미친다. 자기효능감은 나는 내가 일을 잘 해낼 수 있다는 것을 한쪽 끝으로 하며, 나는 일을 잘 해낼 수 없다는 것을 다른 한쪽 끝으로 한다(Kreitner & Kinicki, 2001: 143). 자기효능감이 높을수록 성공할 가능성이 크고, 그것이 낮을수록 실패할 가능성이 크다. 자기효능감은 이전의 성공과 실패의 경험, 자신과 타인의 경험 등을 학습하고 지각하면서 형성된다.

2) 부정적 심리 상태

(1) 조직에서의 스트레스

조직에서의 스트레스(stress)는 조직인이 느끼는 부정적 심리 상태의 일종으로 환경의 요구가 어떤 개인의 능력이나 그가 가진 자원을 초과하거나 개인이 요구하는 것을 환경이 마련해 주지 못할 때 느끼는 심리적 압박감을 의미한다(Schuler, 1980; 신유근, 1982). 따라서 스트레스는 직무 불만족과 깊은 상관관계가 있기는 하지만 이들은 서로 구분되며 스트레스가 심하게 되면 심리적 불안과 초조는 물론 질병에까지 이를 수 있다. 그러나 조직에서의 일상생활은 스트레스의 연속이라 할 수 있으며, 적절한 스트레스의 존재는 오히려 조직생활의 촉진제가 될 수도 있다.

(2) 조직에서의 소외감

조직에서의 소외감(疎外感)은 무력감, 무의미성, 무규범성, 고립감, 자기 소원을 포함한다. 무력감은 조직인이 조직의 여러 활동에 별로 영향을 미치지 못하고 있다고 느끼는 것이며, 무의미성은 조직인이 자신이 하고 있는 일이 본인이나 사회에 어떤 의미를 갖는지 모르는 것이다. 무규범성이란 조직인이 사회적 규범의 파괴로 좌절감과 절망을 느끼는 것이며, 고립감은 조직인이 그가 접촉하는 동료 · 상관 · 부하로부터 고립되어 있다고 느끼는 것이다. 끝으로, 자기 소원이란 조직인이 자신의 인간적 가치마저 무시하고 경원하는 감정이다(Seeman, 1959; 윤재풍, 2014). 특히 조직에서의 소외감은 대규모 조직, 공식적 조직의 전형인 관료제 조직에서 두드러지게 나타난다.

(3) 역할 갈등과 역할 모호성

역할 갈등은 어떤 역할 담당자에게 상반된 역할이 주어졌을 때 이들을 동시에 수행할 수 없기 때문에 느끼는 심리적 부담이라고 할 수 있다. 예컨대, 다양한 명령 체계에 의해 지시받을 때 느끼는 역할 갈등, 전문적 능력과 일반 관리자로서 능력이 동시에 요구되는 역할 갈등, 부하들에게 동기를 부여하고 동시에 상관의 지시를 철저하게 이행해야 할 때의 역할 갈등, 대외적 봉사와 대내적 조직 능률을 지켜야 할 때의 역할 갈등 등을 들 수 있다.

한편 역할 모호성은 어떤 역할 담당자가 수행해야 할 임무·책임·권한, 그리고 업무 처리 방법에 대한 정확한 정보가 주어지지 않을 때 느끼는 심리적 부담의 정도라 할 수 있다.

3) 조직시민행동

개인이 조직 안에서 수행하는 행위는 직무 수행 행위와 같은 '역할 행위'와 직무 수행 이외의 '역할 외 행위'로 구분할 수 있는데, 후자, 즉 자발적인 역할 외 행위를 조직시민행동(organizational citizenship behavior)이라 한다. 조직시민행동이란 자유재량적 행위로 공식적인 보상 시스템에 의해 직접적으로 또는 명시적으로 인식되지 않으며, 집합적으로 조직의 효과성을 돕는 개인들의 역할 외 행위다.

조직시민행동은 이타적인 행동, 양심 행동, 스포츠맨십, 예의 행동 및 참여 행동으로 구성된다(Organ, 1988). 이타성(利他性, altruism)은 조직과 관련된 업무나 문제에 대해 특정 인물을 도와주려는 직접적이고 의도적이며 자발적인 행동을 말한다. 양심성(良心性, conscientiousness)은 조직에서 요구되는 최소 수준 이상으로 업무를 수행하는 것을 말한다. 스포츠맨십(sportsmanship)은 불평불만을 하거나 사소한 문제에 대해 번거로운 고충 처리를 하지 않으며, 조직 내 사건에 대해 험담하지 않는 것을 말한다. 예의성(禮儀性, courtesy)은 자신의 의사결정이나 참여 여부에 따라 다른 사람이 영향을 받을 때 문제가 발생할 것을 사전에 예방하는 것을 말한다. 시민의식(civic virtue)은 조직 내 활동에 관해 책임감을 가지고 참여하는 활동을 말한다.

참고

조직생활 실태조사: 공무원을 중심으로

한국행정연구원에서는 공직생활 실태조사를 매년 실시하고 있다. 연구원은 2017년부터 2021년까지 '공직생활 실태조사'를 하였는데 Pulse Survey 방법을 활용하였다. 연구원은 매년 1회, 층화표본추출방법으로 E-mail 웹조사를 하고 있고, 2017년에는 공무원 총 3,117명(중앙 및 지자체공무원), 2018년 4,000명, 2019년 4,339명, 2021년 4,000명을 대상으로 실시하였다.

연구원은 ChatGPT로 설문데이터의 트렌드를 파악하고 있다. 주요 문항은 업무량, 근무환경, 업무수행에 필요한 자원의 제공, 교육과 능력발전, 협업과 의사소통, 조직몰입, 직무만족, 이직의도 등 10문항이다.

자료: HRKIM, October 03,2023; brunch.co.kr 2011.8.24 검색

토의 과제

❶ 성격에 가장 큰 영향을 미치는 요인은 유전인가? 환경인가?
❷ 조직인의 다양성을 제시하고 어떻게 관리할지 말해 보라.
❸ 조직에서 동기를 부여하는 데 돈, 권력, 명예, 그리고 기타 요인 중 무엇이 가장 중요할까?
❹ 조직시민행동과 사회 시민행동은 차이가 있는가?

제7장

조직 내의 집단, 갈등과 리더십

이 장에서는 조직에서 집단과 갈등의 문제를 다룬다. 그리고 조직에서 중요한 조직행위인 리더십 문제를 자세하게 다룬다.

제1절 조직 내의 집단과 갈등

1. 집단의 의의와 유형

1) 집단연구의 의의

조직이 있는 곳에는 불가피하게 집단이 있다. 많은 조직인은 조직 그 자체보다도 조직 내의 집단 속에서 주로 조직생활을 경험한다. 조직도 조직인을 직접 상대하기보다는 집단을 통해 간접적으로 상대하는 것이 다반사이며 훨씬 쉽다. 그런데 조직 내의 집단이라고 하면 비공식집단을 떠올리게 되는데 반드시 그런 것은 아니며 공식집단과 비공식집단이 공존한다. 조직관리론에서는 위 양자를 모두 중요시해야 한다고 생각한다. 조직이론사의 관점에서 보면 인간관계론, 집단역학론, 조직에서의 갈등관리론 등이 조직 내 집단 문제에 대한 관심을 가지는데, 여기서는 집단의 정의와 유형, 집단의 형성과 소멸, 집단 특성의 결정 요인, 그리고 집단의 관리 문제로 구분해 살펴보기로 한다.

2) 집단의 의의

(1) 집단의 정의

집단은 여러 가지로 정의할 수 있으나(오석홍, 2020; Schermerhorn, Jr. et al., 2008; Truniansky & Hare, 1998), 저자는 집단을 "공동 목표를 달성하기 위해 조직된 소수의 상호 의존적이고 상호작용적인 인간의 집합체"라 정의한다. '집단(group)'이라는 용어는 팀(team)이나 승무원(crew)과 교환하여 사용되고 있지만[1] 집단이 다른 개념들을 포괄한다. 예컨대, 집단으로는 조직 내의 과(課)나 계(係), 위원회, 학과, 소단위 출장소, 그리고 각종 비공식집단을 들 수 있다.

집단의 정의에 포함된 개념적 요소를 살펴보면 다음과 같다.

첫째, 집단은 소수의 인원으로 구성된다. 집단은 최소한 2인 이상으로 구성되는 사회적 집합체다. 규모의 최대 한계에 대해서는 제한이 없으며(신유근, 1982), 보편적인 결론이 아직은 없으나 주기적으로 직접적인 대면과 접촉이 가능한 정도로 국한된다고 본다. 다수는 집단을 형성하더라도 그것은 이미 집단이 아니고 조직으로 변한다.

둘째, 집단은 공동의 목표를 달성하고자 한다. 공식집단은 조직이 부여한 부분적인 임무와 기능을 수행하며, 비공식집단도 나름으로의 인간적 욕구를 충족시키려 하는 공동의 목표가 있다. 그들은 상호 의존 관계를 통해 공동의 목표를 달성한다. 따라서 그들 간에 일정한 질서와 규범이 존재한다.

셋째, 집단은 집단구성원 간에 상호작용하고 상호 의존한다. 집단구성원은 일상적으로, 지속적으로 상호 간에 교호작용을 계속한다. 버스 속에서 우연히 같은 좌석에 앉았다고 해서 집단이 아니다. 집단구성원 간에는 어느 정도 장기간 상호작용을 계속하며, 상호 간에 기대가 존재하고 상호 간의 행위에 대해 예측 가능성이 있다.

(2) 집단과 멤버십

멤버십(membership)이란 집단에서 한 사람과 다른 사람의 관계를 의미한다. 집단(group)과 멤버십은 매우 밀접한 관련이 있다. 집단은 집단의 구성원이라는 개념으로 언급될 때가 많기 때문이다. 멤버십은 자발적 멤버십과 비자발적 멤버십으로 구분된다. 전자는 구성원이 원해 집단의 구성원이 되는 경우이고, 후자는 본인이 원하든 원하지

---

1) 팀(team)은 보통 스포츠 집단을 지칭하며, 승무원(crew)은 특정한 기술을 다루는 집단(예: 배나 비행기)을 의미한다(Truniasky & Hare, 1998: 90-92).

않든 간에 구성원이 되는 것이다(Napier & Gershenfeld, 1996: 63-78).

한 사람이 한 조직 내의 여러 개 집단의 구성원이 될 때는 구성원으로서 관여(commitment)의 정도가 다를 수 있다. 집단마다 다른 특성이 있기 때문이다.

또한 한 사람이 조직 밖의 집단의 구성원이 될 수도 있다. 예컨대, 교사가 전교조의 구성원이 될 수도 있고 안 될 수도 있으며, 회사원이 민주노총의 회원이 될 수도 있고, 한국노총의 회원이 될 수도 있다. 이때는 한 집단구성원과 다른 집단구성원 간에 갈등과 경쟁이 있을 수 있다.

3) 집단의 유형

집단의 유형은 여러 가지로 구분할 수 있으나 여기서는 가장 많이 언급되고 있는 공식집단과 비공식집단으로 구분해 살펴본 후 성원자격집단과 준거집단에 대해 소개한다.

(1) 공식집단과 비공식집단

공식집단(formal group)은 조직의 공식적인 목적에 결부된 임무를 수행하도록 하기 위해 조직이 의식적으로 만든 집단이다(Schermerhorn, Jr. et al., 2008: 145). 공식집단은 조직의 공식적 요청에 따라, 즉 조직계획에 따라 형성되고 존재한다. 공식집단은 존속 기간을 기준으로 하여 지속적 집단과 잠정적 집단으로 구분된다(오석홍, 2020). 지속적 집단이란 조직의 과, 팀, 참모기관, 상설위원회처럼 존속 기한이 명시되어 있지 않은 공식집단들을 말한다. 잠정적 집단이란 일시적인 임무를 수행하기 위해 만들어진 임시위원회, 태스크 포스, 프로젝트 팀 등을 들 수 있다.

비공식집단(informal group)은 개인적 욕구 충족을 위해 만들어진 자발적 집단을 말하며(Schermerhorn, Jr. et al., 2008: 146), 각종 친목집단이나 동문회 등을 말한다.

(2) 성원자격집단과 준거집단

성원자격집단(成員資格集團, membership group)은 어느 개인이 속해 있는 집단이고, 준거집단(準據集團, reference group)은 어느 개인이 속해 있고 아니고 간에 그의 행위에 영향을 미치고 또 그가 속하고 싶어하는 집단으로 그 개인이 자기 평가의 기준 또는 그의 성격이나 태도의 근원으로 삼는 집단을 의미한다(신유근, 1982).

준거집단이란 1942년 하이만(T. Heimann)이 제시한 개념으로 한 개인이나 집단이 스스로를 판단하고 바른 방향으로 정립하기 위해 참고로 하는 기준으로서의 집단이다. 사람들은 어떤 중요하고 어려운 일에 봉착했을 때 평소에 존경하고 판단이 정확한 사람들이 이 경우 어떻게 대처할 것인가를 생각한다. 이 경우 우리가 기준으로 생각하는 사람들을 준거집단이라 부른다.

2. 집단의 형성, 집단구조, 그리고 집단 특성

집단은 왜 형성되고 소멸하는가? 집단의 구조는 무엇인가? 집단역학과 집단 특성의 결정 요인은 무엇인가 등을 살펴보기로 한다.

1) 집단의 형성과 소멸

집단의 형성과 소멸은 공식집단과 비공식집단으로 구분해 살펴볼 수 있다. 공식집단은 조직의 방침과 계획에 따라 형성되고 소멸되나, 비공식집단은 자연발생적으로 형성되고 소멸한다.

공식집단은 과업의 달성과 문제의 해결을 위해 만들어진다. 이것은 조직에서 공식집단이 존재하는 일차적 이유다(신유근, 1982). 여기서는 비공식집단의 집단 형성의 원인을 중심으로 살펴보기로 한다(오석홍, 2020; Napier & Gershenfeld, 1996).

개인 간의 매력이 집단 형성의 원인이 된다. 즉, 사람들 사이에 서로 이끌리는 관계가 형성되면 그것은 집단에의 참여 내지 집단의 형성을 가져오는 중요한 계기가 될 수 있다. 서로 이끌리는 요인으로는 장소적인 근접성, 외모, 교호작용하는 사람들 간의 유사성 등을 들 수 있다.

집단의 목적과 활동이 집단 형성의 원인이 된다. 개인이 집단의 활동을 보고 매력을 느껴 집단에 참여할 수 있다. 집단의 활동이 자기의 이념이나 신조, 그리고 취미 등과 일치하거나 집단구성원들이 성공적인 사람들일 때 서로 집단을 형성하거나 기존의 집단에 참여하게 될 것이다.

집단구성원으로서 자격이 집단 형성의 원인이 된다. 집단구성원이 된다는 것 자체가 집단 참여의 유인이 될 수 있다. 특히 집단구성원의 자격이 제한되어 있는 경우가 더욱 그러하다.

사람들은 집단에 참여함으로써 집단 외에서 어떤 목적을 추구하려 한다. 예컨대, 조직 내에서 동문회 등에 가입함으로써 조직 내의 각종 정보를 획득하고자 하는 경우가 있다.

2) 집단구조

집단의 구조에는 집단의 규범, 집단구성원의 역할과 지위, 권한과 책임, 집단응집성(group cohesiveness)과 집단구성원 간의 거리 등이 포함된다. 다만 집단구성원의 역할과 지위, 권한과 책임은 조직구조에서 다룬 바 있기 때문에 여기서는 중복을 피하기 위해 관련된 논의를 생략한다.

집단규범이란 집단구성원이 준수해야 할 것으로 기대되는 기준이나 규칙을 의미한다(Northen, 1969). 집단규범은 집단구성원의 행동의 틀을 제공하고 그들의 행동을 평가하며 예측할 수 있는 기초를 제공한다. 집단규범은 집단구성원으로 하여금 그것을 준수하게끔 압력을 가한다. 집단규범에 반하는 것이 일탈(逸脫)이다.

집단응집성이란 집단구성원이 집단에 대해 갖는 매력으로 정의할 수 있으며, 구성원이 집단 내에서 적극적으로 활동하고 집단을 떠나지 못하게 하는 강력한 힘이다(Donnelly, Jr., 1998: 321). 다시 말해, 응집성이란 집단의 단결성을 말한다. 응집성(凝集性)은 집단 내의 결속과 행동의 통일, 그리고 집단구성원 간의 긴밀한 유대의 수준을 말해준다. 응집성이 강한 집단에서는 구성원들이 공통된 가치와 행태를 지니며 집단규범을 잘 준수한다. 응집성이 강한 집단의 사람들은 그러한 집단에 속한다는 사실 자체에서 상당한 만족을 얻는다(오석홍, 2020).

소시오메트리(sociometry)는 집단구성원 간의 친근도를 측정하기 위한 것으로 모레노(J. L. Moreno)에 의해 고안된 것이다. 소시오메트리는 집단구성원 상호간에 타인을 선택, 기피, 무관심 등 여러 가지 기준이나 척도에 의해 측정하고 파악하는 것이다.

3) 집단역학의 의의

집단에서 구성원들의 상호작용은 집단을 정태적인 상태에서 동태적인 상태로 변형케 한다. 이처럼 상호작용하는 집단의 동태성을 연구하는 것을 집단역학(集團力學, group dynamics)이라 한다. 집단역학은 1930년대에 레빈(K. Lewin)이 처음 사용한 용어로 그 개념이 포함하는 범위가 학자들 간에 차이가 있으나 여기서는 레빈의 견해에 바탕을 두어 집단의 형성, 구조와 기능, 활동 등을 포괄하는 것으로 본다.

집단역학의 모형에 대해 스질라기와 월리스(Szilagyi & Wallace, Jr., 1983: 200)는 집단구성원의 특성, 상황적 요인이 집단의 발전에 영향을 주고 이것이 집단의 구조에 영향을 주며 그 결과 집단의 성과에 영향을 주는 것으로 모형을 작성하고 있다. 이는 집단역학에 대한 혜안을 제시해 준다는 측면에서는 크게 기여하고 있으나 독립 변수와 종속 변수 간에 인과관계가 명확하다는 전제 하에서 유용할 것이다. 그런데 현실의 관계는 명확한 선후 관계나 인과관계가 증명되기 어렵기 때문에 [그림 7-1]과 같이 평면적인 모형을 만들어 보았다.

즉, 집단의 임무 수행 활동, 집단구성원의 행태, 집단 자체의 존속 등을 결과 변수로 들 수 있다. 그리고 성과 등에 영향을 미치는 요인으로는 여러 가지를 들 수 있으나 크게 환경적 요인, 구성원 요인, 그리고 집단의 구조·관리·상황적 요인으로 구분할 수 있다. 이런 요인들이 개별적으로 혹은 상호작용을 하면서 집단의 성과에 영향을 준다는 것이다.

그림 7-1 집단 특성의 결정 요인

결정 요인(원인 변수)	결과 변수
환경적 요인	집단의 임무 수행 활동
구성원 요인	집단구성원의 행태
집단의 구조·관리·상황적 요인	집단 자체의 존속

4) 집단 특성의 결정 요인

(1) 환경적 요인

환경적 요인이란 집단을 둘러싼 외부적 환경의 총체로서 집단의 상위 체제인 조직 전체의 업무 배분, 조직구성원의 장소적 배치, 공식적 업무의 성격, 작업 시간의 배정, 그리고 집단의 생성과 활동에 관한 조직의 관리전략 등이다(오석홍, 2020).

조직 전체의 업무 배분은 공식적 집단의 규모를 결정하는 데 결정적이다. 그리고 같은 시간대에 같은 장소에서 근무하는 것은 집단의 형성을 촉진한다. 그런데 공식적 구조를 조직목표 달성의 주된 요인으로 간주하는 조직전략의 경우 비공식집단은 활성화되기 어렵다.

(2) 구성원 요인

구성원 요인이란 집단을 구성하는 구성원과 관련된 요인을 말한다. 집단의 특성에 영향을 미치는 요인은 앞의 조직에서의 개인이나 인간에서 언급한 인간적 특질들이 대부분 그대로 원용될 수 있다. 즉, 구성원의 성격, 욕구, 능력, 조직상의 지위, 기대, 과거의 경험 등이 그것이다.

지나치게 개인주의적인 성격을 갖는 구성원보다는 집단주의적 성향을 가진 구성원이 집단생활에 더욱 적극적일 것이다. 사회적 욕구가 충족되지 못한 구성원일수록 집단생활에 대한 만족도가 높을 것이다. 조직상의 지위의 차이가 클수록 집단으로서 일체감이 낮을 것이다. 집단구성원의 능력이 클수록, 경험이 많을수록 집단의 생산성과 효율성은 클 것이다.

한편 집단구성원의 구성이 동질적(homogeneous)일수록 일하기는 편하나 복잡한 업무 수행의 실적에는 한계가 있을 것이며, 구성이 이질적(heterogeneous)일수록 문제 해결의 풀은 넓으나 합의를 이루기는 어려울 것이다(Schermerhorn, Jr. et al., 2008: 150).

(3) 집단의 구조 · 관리 · 상황적 요인

집단 내의 구조, 즉 업무의 분화, 역할, 지위, 권한과 책임 등은 집단의 활동에 영향을 미칠 것이다.[2] 집단의 리더십, 의사소통, 의사결정 등의 방법과 체제 등 집단의 관리적 요인은 집단의 활동에 영향을 미칠 것이다. 또한 집단의 규범은 집단구성원의 활동에 영향을 줄 것이다.

집단의 상황적 요인으로는 규모, 사회적 밀도, 과업의 특성, 집단구조를 들고 있다(신유근, 1982). 집단의 규모가 집단의 기능에 영향을 주는 것으로 보는데 소규모 집단이 대규모 집단보다 구성원의 만족도가 높으며 문제 해결도 잘한다.[3] 또한 사회적 밀도(social density)가 집단활동에 영향을 줄 것이다. 여기서 사회적 밀도란 각 구성원의 도보 거리 안에 들어 있는 집단구성원의 수를 말한다. 과업의 특성은 복잡성에 따라 분

---

2) 집단의 통합 및 역할 분화 정도, 즉 높고 낮음에 따라 유형을 분류할 수 있다. 골프 팀은 둘 다 낮다. 팀원은 각자 경기를 하며 조정 정도가 낮다. 그러나 미식 축구 팀은 둘 다 높다. 이들의 배합에 따라 리더십 스타일이 달라진다(Truniansky & Hare, 1998: 92-93).

3) 문제 해결을 잘할 수 있는 적절한 규모는 5인에서 7인 사이라고 한다(Schermerhorn, Jr. et al., 2008: 150).

류되며, 이에 따라 집단의 성과가 달라진다는 것이다.

3. 집단갈등과 집단관리

1) 집단갈등의 의의와 종류

(1) 집단갈등의 의의와 원인

조직이 분화되면 다루게 되는 업무의 내용들이 달라지고 분화된 조직이 추구하는 목표가 달라지며, 상호 간에 역할기대의 차이가 생기므로 조직 내에서 집단 간에 갈등이 일어난다.

조직에서 집단갈등이란 조직 내의 집단 간의 대립적(對立的) 내지 적대적(敵對的)인 상호작용이나 교호작용을 의미하기 때문에 긴장이나 불안 심지어는 적개심을 느낄 수 있고, 이러한 심리적 상태는 행동으로 나타난다.

집단갈등은 집단 간의 상호 의존성이라는 조건에서 비롯된다. 갈등의 원인으로는 여러 가지가 제시되고 있지만(Daft & Marcic, 1998: 524-525; Donnelly, Jr., 1998: 324; Schermerhorn, Jr. et al., 2008: 314-315), 저자는 개인적 요인, 집단적 요인, 그리고 조직관리적 요인으로 구분할 수 있다. 개인적으로는 욕구나 지각의 차이, 집단적으로는 집단의 이익이나 목표의 차이, 조직관리적으로는 조직이 제공하는 자원의 제한 등이다.

집단 간의 갈등은 조직 내에 여러 가지 변화를 가져오며(Reitz, 1981: 419-421), 그 결과 조직에 순기능과 역기능을 하게 된다. 즉, 집단 간의 갈등은 집단응집력의 강화, 독재적 리더십의 등장, 과업 지향성 강조, 그리고 통일성의 강조 등의 변화를 가져온다. 또한 집단 간의 갈등은 지각의 왜곡, 의사소통의 감소, 그리고 다른 집단의 활동에 대한 엄격한 감시를 유발한다.

(2) 집단갈등의 종류

집단갈등의 종류로는 공식집단 간의 갈등, 준공식집단 간의 갈등, 비공식집단 간의 갈등으로 구분할 수 있다.

공식집단 간의 갈등은 어느 조직에서든지 발견할 수 있다. 이들은 다시 계층집단 간의 갈등, 기능집단 간의 갈등, 참모기관과 계선기관 간의 갈등, 그리고 기타 갈등으로 구분할 수 있다.[4)]

첫째, 계층집단 간의 갈등으로, 조직 내의 모든 계층 간에는 갈등이 일어날 수 있다. 관리계층 — 최고관리층, 상위관리층, 중간관리층, 하위관리층, 그리고 작업 계층 — 상호 간에 갈등이 존재할 수 있다. 사용자와 근로자 간의 분쟁은 계층 간의 갈등이 가장 첨예하게 드러나는 예에 해당한다.

둘째, 기능집단 간의 갈등으로, 조직이 수평적으로 분화되어 업무가 기능적으로 연결되는 집단 간에 갈등이 일어날 수 있는 가능성은 상존한다. 그 이유는 업무의 시간 선후에 따른 연계나 자원 배분상의 경쟁이 격화될 때 갈등이 생긴다. 예컨대, 정부부처의 정책사업부서와 기획관리지원부서의 갈등, 기업에서 생산부서와 영업부서의 갈등, 대학교에서 인문대학과 이공대학의 갈등에서 볼 수 있는 것처럼 사업부서별 갈등이 그것이다.

셋째, 참모기관과 계선기관의 갈등으로, 참모기관과 계선기관은 기본적인 역할과 기능이 다르며 기본적 인식과 지향도 다르다. 사회적 배경과 교육적 배경이 다를 때가 많다. 그리고 일반 참모기관과 관리 참모기관, 계선기관 간에도 갈등이 존재할 가능성이 크다.

한편 준공식집단 간의 갈등은 조직의 부문화에 따른 갈등을 제외한 어느 정도 제도화한 갈등을 의미한다. 이들에는 임용상의 신분이나 자격의 차이에 따른 갈등들이 포함된다. 예컨대, 기술직, 사무직(관리직), 그리고 기능직 간의 갈등을 들 수 있다. 화이트칼라와 블루칼라의 갈등과 상용 근로자와 임시 고용자집단 간의 갈등, 정무직과 행정직의 갈등 등도 여기에 포함된다.

끝으로, 자발적으로 형성된 비공식집단 간의 갈등도 무시할 수 없을 정도로 존재한다. 특히 인사관리와 관련해 승진, 전보, 해직 등 보상 면에서 사실상 비공식집단에 속해 있다는 이유로 특혜나 불이익을 받는 경우에 갈등은 생긴다.

2) 집단갈등의 과정

조직에서 집단갈등이 전개되는 과정을 집단 형성 단계, 집단 의식 단계, 집단 대립 단계, 그리고 집단 갈등 해결 단계로 구분해 살펴본다.

첫 번째 단계는 조직 내에서 집단이 형성되는 단계다. 집단으로 형성되는 것은 공식

4) 이것은 루단스(Luthans, 1995)의 견해에서 많은 것을 참고했다. 그는 집단 간 갈등의 유형으로 계층적 갈등, 기능적 갈등, 계선과 참모 간의 갈등, 그리고 공식집단과 비공식집단의 갈등으로 구분하고 있다.

집단과 비공식집단에 따라서 달라진다. 공식집단은 부문화 계획이나 전문화 계획 등 조직설계에 의해 수평적·수직적으로 그분되어 집단이 형성된다. 또한 직무설계 과정에서 직원들의 신분이나 직종에 따라서 집단화가 이뤄진다. 예컨대, 기술직과 사무직의 구분이 그것이다. 비공식집단은 자연발생적으로 형성된다.

두 번째 단계는 일단 형성된 집단의 구성원들이 집단구성원으로서 일체감을 갖는 단계다. 집단의 목표를 인식하게 되고, 구성원 간에 친밀감이 커지며, 다른 집단과 구분되는 일체감이나 동질감을 갖게 된다. 구성원들이 같은 집단인으로서 '우리' 의식을 갖게 되며 강한 유대감을 느낀다.

세 번째 단계는 집단 간의 대립이 현실화되는 단계로, 조직 내에서 문제를 처리하면서 집단 간의 이해가 충돌하거나, 협력이 되지 않아 불편을 느끼거나 불만스러운 상태가 지속되다가 집단 간에 대립과 싸움이 벌어진다. 이해가 충돌하는 경우를 보면 자원이나 기회의 제한으로 집단적 불이익을 초래할 수 있다. 또한 상대 집단에 대한 불만은 지각의 차이나 의사소통의 불완전으로 인해 상대 집단을 몰이해하는 데서 비롯되는 경우가 많다. 집단 간 조직의 보상 체제에 대한 불공평감이나 상대적 박탈감 등은 집단 간 대립을 크게 한다.

네 번째 단계는 집단 간 갈등이 해결되는 단계다. 집단 간의 대립과 싸움은 집단 간에 스스로 해결해 갈등을 완화하거나 해소하며, 때로는 제3자가 개입해 해결하기도 한다. 갈등을 해결하는 정도에 따라서 임시적 해결인 준해결과 갈등의 완전 해결로 구분할 수 있다. 이런 갈등은 갈등의 기폭제가 생길 때마다 반복되어 발생한다.

3) 집단의 관리

효과적인 집단이 되기 위해서는 집단으로서 정체감이 확립되어야 하고, 집단구성원들에게 동기가 부여되어야 하며, 단기와 중·장기에 걸쳐 집단이 그 목표 달성을 향해 나아가도록 해야 한다. 집단의 리더나 관리자는 리더십을 발휘해 효과적인 집단이 될 수 있도록 해야 한다.

집단 형성의 초기에는 집단으로서 정체감을 확립하는 데 더욱 노력을 집중해야 한다. 집단의 사명이나 기능을 확인하고 주지시키려면 적절한 의사소통이 필요하다. 집단으로서 정체감이 확립된 이후에는 집단구성원들이 개인으로서 자기의 임무를 충실하게 이행하면서도 집단으로서 응집력을 높이는 데 노력을 집중해야 한다. 중·장기적으로는 구성원들의 능력을 신장시키는 노력이 필요하다.

조직의 관리자는 집단 간의 경쟁과 갈등이 있을 때 이를 적절히 활용할 수 있어야 한다. 선의의 집단 간 경쟁은 조직에 활력을 불러일으키는 촉매제가 될 때가 많다. 집단 간 갈등은 바람직하기도 하지만 그렇지 못할 때도 많다.

집단의 관리에 대해서는 팀(team) 조직의 관리 방법을 준용하면 된다. 집단이 하나의 팀으로서 팀워크가 발휘되어야 한다. 집단구성원이 집합적인 책임감을 느낄 때 비로소 팀워크가 있다고 할 수 있다(Schermerhorn, Jr. et al., 2008: 160).

제 2 절 리더십

1. 리더십의 의의와 연구

1) 리더십의 의의

(1) 리더십의 중요성

리더십은 작게는 집단이나 팀에서부터 크게는 대규모 행정조직에까지 일정한 목적을 좀 더 효율적으로 달성하기 위해 만들어진 모든 유기체에서 존재한다. 예컨대, 행정 리더십, 기업 리더십, 군대 리더십, 학교장의 리더십, 시민사회단체장의 리더십, 성직자의 리더십, 팀장의 리더십, 영양사의 리더십 등 우리의 생활 주변에서 쉽게 발견할 수 있는 관리의 한 면이다.

모든 사회나 조직 · 집단이 지시한 대로, 예정된 대로 잘 움직여 나간다면 리더십이 그렇게 중요하지 않을지 모르지만, 사람들로 구성된 집단이나 조직에서는 인간적이며 가변적인 요인들이 많아 리더십의 존재나 발휘 여부는 중요할 수밖에 없으며, 특히 특정 조직이나 집단의 환경이 안정적일 때보다는 변동적일 때, 구성원의 구성이 단일적일 때보다는 다원적일 때, 리더십은 더욱 중요하게 된다.

(2) 리더십의 개념과 특성

리더십은 영어의 'leadership'을 우리나라 말로 번역해 쓰는 용어로 '지도성(指導性)'

으로 표현하기도 하고 '지휘 · 통솔'로 사용되기도 하나 대체로 '리더십'으로 통용해 사용한다.

그러면 리더십이란 무엇인가? 리더십에 대해서는 여러 학자가 다양하게 정의하고 있지만 저자는 리더십을 "사회적 단위(예: 집단, 조직, 국가 등)에서 지도자가 추종자(구성원)에게 영향을 미쳐 공동의 목표를 달성하도록 자발적으로 행동하게 하는 기술이나 과정"으로 정의하겠다.

리더십의 개념을 세분해 그 특성을 살펴본다.

첫째, 리더십은 지도자와 추종자의 관계에서 나타나는 현상이다. 인간관계는 수직적인 관계와 수평적인 관계로 구분할 수 있는데, 리더십은 지도자와 추종자라는 수직적인 관계를 상정한다. 지도자가 이끌고 추종자가 이에 따르는 관계다. 리더십은 지도자와 추종자의 상호작용 속에서 발생하고 변동한다. 공식조직에서는 지도자는 상관이고 추종자는 부하이나, 비공식집단에서는 동료 간에도 지도자와 추종자가 구분된다.

둘째, 리더십은 사회적 단위에서 발견할 수 있는 현상이나 개념이다. 사회적 단위로는 집단, 조직, 지역사회, 그리고 국가나 국제기구를 들 수 있다. 정치적 조직, 기업조직, 행정조직은 물론 각종 사회조직에서 리더십은 발견된다. 이 책에서 관심의 대상이 되는 사회적 단위는 조직이며, 조직 내에서도 집단이다. 따라서 군중 속의 선동가나 가정의 부모의 역할 등은 논외로 한다.

셋째, 리더십은 공동의 목표를 달성하는 데 기여하도록 영향을 주는 기술이나 과정이다. 조직 내의 문제라 하더라도 개인적 문제를 해결하는 데 관련되는 것은 리더십에 포함되지 않는다. 리더십은 사회적 단위 내의 공동의 목표와 이익을 증대시키는 것과 관련이 있다.

넷째, 리더십은 추종자의 자발적인 행동을 전제로 한다. 지도자의 강제적인 행동이나 강압적인 요구에 의해 추종자가 끌려온다면 그것은 진정한 의미의 리더십이 아니다. 추종자의 자발적 노력은 지도자의 권위에 의존한다. 즉, 정당한 권력에 바탕을 둔다. 그러나 때로는 정당성 없는 권력을 갖고 있는 지도자가 실제로 리더십을 행사하는 경우가 있다.

우리가 논의의 대상으로 하고 있는 조직에서 리더십(leadership)은 "조직구성원으로 하여금 조직의 목적을 달성하기 위해 자발적으로 행동하도록 영향을 주는 조직관리자의 기술이나 과정"을 의미한다.

리더십의 개념을 더욱 명백하게 하기 위해 관련되는 개념인 직권력과 관리를 비교해 보자.

리더십은 직권력(職權力, headship)과는 구별된다. 리더십은 부하나 추종자의 자발성에 의존하므로, 법이나 제도에 의해 강제성을 부여받은 직권력과는 다르다. 그러나 보통 직권력에 바탕을 둔 리더십의 영향력은 그렇지 않은 경우에 비해 훨씬 강력할 것이다. 따라서 예컨대, 과장이나 국장 또는 실장 등은 좀 더 하위의 직원들에게 조직의 목표 달성을 위해 자발적으로 행동하게끔 하는 능력이나 기술이 요구된다(민진, 1992).

그리고 리더십과 '관리'라는 개념을 구분할 필요가 있다. 리더십은 관리보다는 좁은 개념이다. 공식조직의 관리자는 기획, 조직, 그리고 통제와 같은 기능을 수행하는 데 책임이 있다. 그러나 지도자는 비공식집단에도 존재한다. 비공식 지도자는 조직에서 요구하는 관리적 기능을 수행하는 공식 지도자는 아니다. 따라서 지도자는 특별한 경우에만 관리자다(Gibson et al., 2000).

2) 리더십에 관한 연구

관리 분야에서 리더십에 관한 연구만큼 많은 것도 드물다. 그토록 많기 때문에 리더십에 관한 이론이나 접근 방법도 매우 다양하다. 여기서는 이들을 간단히 소개하고자 한다. 리더십의 연구는 자질론(속성론)에서 집단론과 상황이론으로 이어지고 있다.

(1) 자질론

초기의 리더십 연구에서는 효과적인 지도자의 자질을 규명하고 확인하는 데 관심을 두었다. 자질론의 범주에 포함되는 것으로 위인(greatman)접근법, 영웅(hero)접근법 등을 들 수 있다. 이런 접근 방법은 지도자가 갖고 있는 결정적인 자질이 발견될 수 있다는 데 근거를 둔다. 따라서 대부분의 연구는 성공적인 지도자의 지적, 감정적, 정서적, 육체적, 기타 개인적인 자질을 규명하도록 설계한다(Gibson et al., 2000). 이처럼 리더인 지도자가 갖춰야 할 자격이나 능력, 속성에 연구의 초점을 맞추고 있는 접근 방법을 자질론(trait approach) 또는 속성론이라고도 한다. 자질론에서는 지도자는 자질을 선천적으로 타고나거나 후천적으로 획득하며, 이러한 자질이 지도자와 추종자를 구별케 한다는 것이다. 지도자가 갖춰야 할 자질이나 속성으로는 지적 능력, 성격이나 태도 등을 들고 있다.

(2) 집단론

1940년대에 리더십 연구자들은 개인의 행동이 리더십 효과성에 어떻게 영향을 주는지에 대해 생각하게 되었다. 연구자들은 리더의 행태가 추종자의 성적이나 만족에 미치는 정도를 연구했다(Gibson et al., 2000). 이처럼 지도자와 추종자 간의 상호작용을 강조하는 접근 방법을 집단론(group approach), 상호작용론 또는 행태 접근(behavioral approach)이라고도 한다. 이 접근 방법에 따르면, 추종자들로 구성된 집단의 종류, 성격이나 내부구조에 따라 지도자와 추종자 간의 관계인 리더십의 내용이나 유형이 달라진다는 것이다. 집단론의 대표적 연구로는 미시간대학교의 직무 지향과 고용자 지향 연구, 오하이오대학교의 구조 주도(initiating structure)와 배려(consideration) 차원 연구를 들 수 있다.

(3) 상황이론

지도자의 자질과 행태의 가장 이상적인 배합을 발견하려는 연구는 모든 상황에 적합한 효과적인 리더십을 발견하지 못했다. 상황이론(contingency approach)의 리더십은 지도자 개인의 자질과는 관계없이 집단이나 조직의 성격, 직무의 특징, 리더의 권력, 태도와 인지, 시간·장소 등 환경적 요인이나 상황적 요인에 따라 달라진다는 입장으로 인간적 요인보다는 사회적 요인을 더욱 강조한다. 상황적 리더십에 대한 대표적 연구는 피들러(Fiedler, 1967)의 연구를 들 수 있다. 그를 뒤이어 허시 등(Hersey et al., 1982)이 추종자의 성숙 요인을 상황 요인으로 제시했다. 상황이론에 따르면, 행정 리더십과 기업 리더십은 다를 수밖에 없으며, 동일한 영역에서 리더십에서도 안정된 시대와 변화의 시대, 대규모 조직과 소규모 조직, 봉사조직과 규제조직 간의 리더십은 구분되어야 한다는 것이다.

(4) 기타 리더십 연구

위에서 제시한 세 가지 접근 방법 의에 여러 가지 다양한 접근 방법이 있지만 여기서는 권력과 영향력 접근 방법, 육성톤 접근 방법, 교환론 접근 방법, 그리고 의미부여 행위론 접근 방법으로 구분해 알아보기로 한다.

유클(G. A. Yucl)은 지도자의 권력의 양과 출처, 권력의 행사 방법에 큰 관심을 기울이고 있다. 또한 그는 권한의 재량, 지도자와 추종자의 역할 관계를 중심으로 접근한다

(Yucl, 1981).

육성론에서는 리더란 다른 사람이나 자신을 리더로 육성하는 사람들이라고 정의한다. 여기에 해당하는 리더십 이론으로는 수퍼 리더십(super leadership)과 셀프 리더십(self leadership)을 들 수 있다. 수퍼 리더란 다른 사람을 리더로 만드는 리더다. 수퍼 리더는 하급자들이 더 이상 자신을 필요로 하지 않는 상태로 인도하는 사람이다. 셀프 리더란 스스로를 리드해 나가는 사람을 의미한다(Manz & Sims, 1991).

교환론은 리더와 추종자 간의 사회적 교환에 초점을 두는 이론이다. 이를 LMX (leader-member exchange)이론이라고 한다. 이 이론은 리더와 하급자 중 한 사람의 관계에 관심을 기울인다. 리더가 추종자에게 혜택을 베풀면 추종자는 충성으로 보답한다. 이러한 관계가 정형화되면서 리더와 추종자 간의 관계의 질이 결정되고 그에 따라 결과가 달라진다. 리더와 한 사람의 추종자의 관계는 리더와 다른 추종자들 간의 관계에 부정적 영향을 미친다(Graen & Uhl-Bien, 1995).

이 밖에도 다양한 연구들이 있는데, 예컨대 서번트(servant) 리더십, 진정한(authentic) 리더십, 책임(responsible) 리더십, 그리고 변혁적 리더십 등이다(Tunbul & Ladkin, 2008: 15-19).

2. 리더십의 행위자: 지도자

1) 지도자의 의의

지도자는 여러 유형이 있을 수 있다. 예컨대, 정치지도자, 교향악단의 지휘자, 연극의 연출가, 조직 내의 관리자 등이 그들인데, 여기서는 조직 내의 지도자만을 그 대상으로 한다.

지도자는 조직 내에서 조직구성원의 행동에 영향을 미칠 수 있는 사람이다. 그런데 지도자(leader)는 관리자(manager)와 지휘관(commander)이라는 용어와 혼용되어 사용되고 있다. 관리자는 임명되나 지도자는 임명되지 않을 수 있고 비공식 지도자가 존재할 수 있다(Robbins, 1990: 370). 즉, 관리자는 공식적 권위(institutional authority)를 갖고 있으나 지도자는 꼭 그럴 필요는 없다는 것이다. 그런데 모든 지도자는 이념적으로는 관리자가 되어야 한다. 그러나 모든 지도자가 관리자로서 능력을 갖는 것은 아니다. 한편 군대에서는 지휘관(指揮官)이 지도자를 대신해서 사용되고 있다. 지휘관은 조직에서 권한, 의무, 그리고 책임이 명택하며, 지휘관과 부하 사이에는 명령과 복종의 관계가 형성되고, 전시에는 상관은 부하의 생살여탈권(生殺與奪權)도 가지고 있다. 따라서 지휘관은 지도자 중 특수한 형태의 하나로 이해한다.

2) 지도자의 기능

지도자의 역할이나 기능, 그리고 리더십의 기능에 대해서는 여러 학자가 견해를 제시하고 있다.[5] 여기서는 지도자의 역할과 리더십의 기능을 같은 뜻으로 이해해 사용하려 한다. 따라서 저자는 지도자의 기능을 방향 제시자, 내부 구심자, 대표자와 보호자, 동기부여자, 그리고 봉사자로서 구분허 설명하고자 한다.

(1) 방향 제시자

지도자는 추종자에게 그들이 소속되어 있는 조직이나 집단의 속성을 이해시키고 안내하는 자다. 추종자는 집단 내에서 무엇을 어떻게 해야 할지 모르는 경우가 많다. 따라서 지도자는 집단이나 조직의 임무와 역할을 규정하며, 목표와 비전을 강력하게 제시하고 정의한다. 지도자는 크게는 조직이나 집단 전체의 방향이나 지켜야 할 규범을 제시하기도 하며, 적게는 개인이 담당해야 할 임무나 역할을 제시하기도 한다.

(2) 내부 구심자

지도자는 집단이나 조직 내부의 가장 중심적인 인물이다. 다시 말해, 지도자는 조직 통합의 구심점으로서 조직인의 정서적 구심체다. 집단 내의 개인은 개인별로 능력, 자격, 지위, 동기, 그리고 이해관계 등이 다를 수 있기 때문에 쪼개져 분산될 수 있는 가능성이 크다. 따라서 지도자는 흩어져 있는 개인들의 힘을 모아 집단의 목표 달성을 위해 구성원 간의 단결을 도모하고 유지해야 한다. 그리고 지도자는 조직 혹은 집단 내에서 일어나는 각종 갈등과 대립을 조정과 중재를 통해 해결한다. 따라서 집단 내 의사소통의 중추로서 필요한 정보를 수집하고 전달한다.

---

5) 예를 들면, 셀즈닉(Selznick, 1973)은 조직의 임무와 역할의 규명, 목표의 구체화, 조직의 보전, 그리고 내부갈등관리를, 크레츠, 크러치필드와 밸런치(Krech, Crutchfield, & Ballanchey, 1962)는 조정, 장・단기 계획 수립, 정보의 공급원, 통제와 대표, 보상과 제재, 갈등의 조정과 중재, 솔선수범, 책임, 정서적 유대 결집의 대표자를 들고 있다. 유클(Yuc., 1981)은 과제 지향적 기능과 집단 유지의 기능으로 구분한다. 그리고 힉스와 굴렛(Hicks & Gullett, 1984)은 중재, 제안, 목표의 제시, 촉매, 보호 제공, 대표, 자극과 칭찬을 들고 있다. 한편 그린리프(Greenleaf, 1991)는 봉사 리더십을 제시한다.

(3) 대표자와 보호자

지도자는 조직이나 집단의 외부에 대해 그것을 대표하며 보호한다. 지도자는 집단의 상징이라고 볼 수 있다. 지도자는 집단의 최종적인 의사를 결정하여 결정된 의사를 대외적으로 공표한다. 지도자는 대외적으로 연계해 활동하거나 단독적으로 행동함으로써 집단의 이익을 증대시킨다. 집단의 안팎에서 집단을 파괴하거나 손해를 가하려는 의도나 행위를 예방하고 제거해야 한다. 지도자는 구성원의 이익을 보호하며 추종자 개개인의 신변이나 이익도 최대한으로 보호한다.

(4) 동기부여자

지도자는 추종자(부하)가 일을 시작할 수 있도록, 일단 일이 시작되면 계속적으로 진행할 수 있도록 촉매작용을 해야 하며 추종자의 행동에 자극을 주어 동기를 유발시켜야 한다. 지도자는 추종자의 장·단점을 밝혀주고, 장점을 조장하고 단점을 보완해 교육시키며 일을 할 수 있는 여건을 조성해 주어야 한다. 지도자는 일의 성과나 업적에 대해서는 칭찬이나 정당한 보상과 제재를 가함으로써 동기를 부여해야 하는데 공정한 신상필벌(信賞必罰)이 요청된다. 지도자는 때때로 추종자에게 지시하는 대신 "이런 식으로 하면 어떨까"라고 말하면서 각종 아이디어를 제공하며, 추종자의 경험 부족과 이해 범위의 부족을 지식과 경험, 폭넓은 사고로 보충해 준다.

(5) 봉사자

봉사자로서 지도자는 봉사가 제일의 의무인 사람으로서 다른 사람의 최우선순위가 봉사받아야 하는 것을 확신하는 사람이다. 봉사자로서 지도자는 다음과 같은 특성 — 듣기, 감정이입, 치료, 깨어 있기, 설득, 개념화, 예견 능력, 승무원 정신, 사람들의 성장에 대한 확신, 공동체의 건설 — 을 갖는다(Spears, 1995: 4-7).

지도자의 봉사자로서 특성을 강조하는 리더십 이론이 서번트 리더십(servernt leadership)이다. 서번트 리더십은 인간 존중을 바탕으로 구성원들이 잠재력을 발휘할 수 있도록 앞에서 이끌어주는 리더십이다. 서번트 리더십은 '섬기는' 러더십이라 하며, 그린리프(Robert K. Greenleaf, 1970; 1991)가 처음 제안하였다.

3) 지도자의 자질

지도자가 갖춰야 할 자질로서 여러 학자(Aldag & Kuzuhara, 2002; Manske, Jr.,

1990; 최재율 · 김희승, 1994 등)가 제시하고 있는데,[6] 저자는 이들을 지적 능력, 성격과 태도, 육체적 특성, 기타 능력 등으로 구분해 제시한다.

(1) 지적 능력

지도자는 추종자보다 지적 능력(intelligence)이 우월해야 한다. 지적 능력으로는 지능, 판단력, 전문적 능력, 기지 등을 들 수 있다. 지나치게 지도자의 지능(IQ)이 높으면 지도자와 추종자 간의 간격이 멀어진다. 그러나 어느 정도는 지능이 높아야 한다. 집단이나 조직이 처한 상황에 대한 지도자의 판단력은 조직이 중요한 의사결정을 할 때 필수적이다. 해당 부문에 대한 전문적인 지식도 지도자가 되기 위해서는 꼭 필요하다. 무엇보다도 중요한 지도자의 지적 능력은 평균적인 지능과 전문적 능력을 전제로 한 판단력이다. 과거의 해당 분야에 대한 경험, 미래에 대한 통찰력, 그리고 직관력이 있어야 상황 판단이 정확할 수 있다.

(2) 성격과 태도

지도자는 추종자와 구별되는 성격과 태도가 요구된다. 지도자가 최소한으로 갖춰야 할 특성으로는 책임감, 자신감, 솔선수범, 포용성, 도덕성 등이다. 먼저 자신감이 없으면 다른 사람을 이끌 수 없다. 조직은 다양한 사람들로 구성되므로 작은 잘못이나 이견에 대해 아량과 이해, 그리고 관용이 필수적이다. 지도자는 조직의 생존과 활동, 그리고 구성원의 행복을 책임져야 하며 자기희생 없이 추종자들의 동의와 협력을 유도할 수는 없다. 끝으로, 지도자는 추종자들로부터 신뢰를 받아야 하며, 그러기 위해서는 도덕적으로 깨끗해야 한다.

(3) 육체적 특성

효과적인 리더십과 관련해 제시되고 있는 특성으로는 나이, 키, 몸무게, 그리고 외모와 같은 특성들이다. 이들 특성과 조직의 효과성의 관계에 관한 연구들을 보면 긍정적인 관계가 있다는 견해와 별로 무관하다는 견해로 나뉜다. 그것은 조직의 특성이나 추

---

6) 최재율과 김희승(1994: 234-250)은 50여 명의 연구자들이 수행한 지도자의 자질에 대한 조사 및 연구결과를 바탕으로 지도자들의 개별적 특성들을 빈도별(여러 학자가 제시한 빈도)로 제시하고 있는데, 우선순위는 다음과 같다. ① 지성, ② 포용력, ③ 결단력, ④ 지식, ⑤ 적극성, ⑥ 추진력, ⑦ 설득력, ⑧ 책임감, ⑨ 선견지명, ⑩ 체력, ⑪ 상황 판단력, ⑫ 도덕성, ⑬ 이상과 비전, ⑭ 공정성, ⑮ 격려, ⑯ 쾌활, ⑰ 인화, ⑱ 사명감, ⑲ 자제력, ⑳ 지도 기술, ㉑ 융통성, ㉒ 헌신 봉사, ㉓ 총명성, ㉔ 기획력, ㉕ 용모와 풍채, ㉖ 경제력, ㉗ 개혁성.

종자의 특성에 따라서 달라질 수 있다. 그러나 외형적인 것보다는 건강과 그에 따른 강인한 체력, 그리고 정력은 리더십의 효과를 높이는 데 필수 조건이다.

(4) 기타 능력

기타 결단력, 조직 능력, 조정 능력, 의사소통 능력, 전략 형성 능력 등이 리더십의 효과성을 높이는 데 필요하다. 지도자는 현황에 대한 정확한 판단과 미래에 대한 통찰력을 바탕으로 하여 조직이나 집단이 필요할 때 적절한 의사결정을 내리는 결단력이 요구된다. 지도자는 쪼개진 개인이나 부문들을 조직화하고, 집단이나 개인 간에 이해가 상반될 때 이를 조절할 수 있는 인화(人和) 능력이 요구된다. 그리고 구성원들에게 정확하게 의사를 전달하고 이들을 설득할 수 있는 능력이 요구된다.

3. 리더십의 유형

리더십의 유형(style)에 대해서는 여러 가지로 지적되나 여기서는 가장 많이 소개되고 있는 리피트(R. Lippitt)와 화이트(R. White)의 권위형 · 민주형 · 자유방임형, 2분법적 분류형을 먼저 소개하고, 4분법적 분류형 두 가지와 최근에 제시되고 있는 거래형과 변혁형을 언급하고자 한다.

1) 권위형 · 민주형 · 자유방임형

리피트와 화이트는 미국의 보이스카우트 단원을 대상으로 리더십 유형을 비교했는데 민주형 리더십이 가장 바람직하다는 결론을 내린 바 있다. 권위형은 의사결정권이 지도자에게 집중되어 있고, 추종자에게 명령과 지시를 하며 직무 수행에 중심을 둔다. 민주형은 추종자의 참여 아래 의사결정을 하며 인간관계에 중심을 두는 리더십 유형이다. 그리고 자유방임형은 추종자에게 의사결정권을 위임하는 리더십 유형이다.

2) 인간 지향형과 직무 지향형의 2분법

여러 학자가 제시하고 있는 리더십의 유형을 살펴보면 하나는 조직구성원의 욕구 만족이나 인간관계를 중시하는 인간 지향형이며, 다른 하나는 조직의 목표나 직무의 성과 달성을 강조하는 직무 지향형이다. 그들에 따르면, 현실적으로 리더십 유형은 이들을 양극으로 하여 그 사이 어디에서인가 있다는 것이다.

이원론적 리더십 유형을 좀 더 자세하게 설명하면 다음과 같다. 즉, 인간 지향형 리더십은 참여형, 부하 중심형, 일반적 감독형, 직원 중심형, 집단 중심형, 관계 중심형인데 반해, 직무 지향형은 독재형, 상관 중심형, 세밀한 감독형, 생산 중심형, 지도자 중심형, 과업 지향형이라 할 수 있다.

3) 거래적 리더십과 변혁적 리더십

리더와 추종자의 관계는 서비스에 대한 보상의 교환에 치중하는가 아니면 리더가 추종자를 가르치고 변형하는가에 따라 전자를 거래적 리더십, 후자를 변혁적 리더십으로 부른다(Burns, 1978; Bass, 1985; Aldag & Kuzuhara, 2002; Bass & Riggio, 2006).

거래적 리더십(transaction or exchange leadership)이란 교환과 거래, 즉 상관은 부하를 인정해 주고, 일에 흥미를 부여하며, 금전으로 보상하며, 높은 실적을 올린 직원에게는 인센티브를, 낮은 실적을 올린 직원에게는 벌을 주는 것으로 상관과 부하의 상호작용을 강조하는 리더십이다. 변혁적 리더십(transformation leadership)[7]이란 임무, 성공의 비전, 공유하는 가치, 추종자들이 리더를 신뢰하고 확신할 수 있도록 유도하는 일종의 카리스마, 재활력, 추종자에 대한 권한 부여와 개발, 조직구성원들의 높은 관여와 실적을 호소하는 유사한 장치들을 강조한다.

번스(Burns, 1978)는 거래적 리더십과 변혁적 리더십을 엄격하게 구분하면서도 양자는 일직선상의 양끝에 있다고 강조한다. 레이니와 왓슨(Rainey & Watson, 1996)은 변혁적 리더십이 최고관리자나 정치가뿐만 아니라 중간관리자에게도 나타날 수 있다고 주장한다.

---

7) 베니스와 나누스(Bennis & Nanus, 1985)는 변혁적 리더십의 특징으로 비전에 관해 주의를 기울이며, 의사소통을 통해 의미를 전달하고, 배치를 통해 신뢰를 획득하며, 자신을 다스린다는 점을 제시한다. 또한 티치와 데바나(Tichy & Devanna, 1986)도 변혁적 리더십은 재활의 요구를 확인하며, 새로운 비전을 창조하며, 변화를 제도화한다고 한다. 한편 바스(Bass, 1985)는 변혁적 리더십의 특성으로 카리스마, 개별적 배려, 그리고 지적인 자극을 제시한다. 바스와 리기오(Bass & Riggio, 2006: 5-7)는 변혁적 리더십의 구성 요소로 이상적인 영향, 자극적 동기부여, 지적 자극, 그리고 개별적 배려를 제시한다.

참고

카리스마적 리더십(charismatic leadership)

카리스마적 리더십은 리더(지도자)가 구성원(추종자)에게 깊고 비범한 영향력을 미치기 위해 개인적 능력과 재능을 활용하는 리더십이다. 카리스마의 어원인 kharisma는 '신이 주신 능력'을 뜻한다. 일반적으로 카리스마는 구성원들 스스로 리더를 따르게 만드는 리더의 천부적인 능력, 영향력, 독특한 매력 등으로 해석된다.

이 개념은 1900년대 초 독일의 사회학자 베버(M. Weber)에 의해 카리스마적 권한에서 출발하였으며, 1977년 하우스(R. J. House)에 의해 리더십 이론에 적용되었다.

4. 리더십의 체계와 효과적인 리더십의 발휘

앞에서 리더십의 유형, 리더의 자질 등 리더십과 관련해 여러 가지를 개별적으로 살펴보았다. 이들의 관계를 체계화해 리더십의 본질을 이해하고 설명하며, 이를 바탕으로 예측할 수 있도록 하며, 나아가서 효과적인 리더십을 발휘하기 위한 방법을 모색하기로 한다.

1) 리더십의 체계

리더십과 관련된 변수는 지도자의 영향력 행사 행위가 독립 변수며, 추종자의 자발적인 행동이 종속 변수다. 추종자의 자발적인 행동은 조직의 효과성(목표달성도, 생산성과 직무만족도 등)에 영향을 준다. 그리고 리더십에 영향을 주는 요소들은 앞에서 살펴보았던 지도자 요인, 추종자 요인, 그리고 상황적 요인 등이다.8)

[그림 7-2]에서 볼 수 있는 것처럼 지도자의 지도 행동이 리더십 효과성에 영향을 미치며 리더십 효과성은 다시 조직효과성에 영향을 미친다. 지도 행동이 리더십 효과성에 영향을 미치는 과정에서 상황적 요인과 상호작용 요인이 영향을 미친다. 상호작용 요인은 지도자와 추종자의 상호작용을 의미하며, 상호 간의 역할기대와 만족 등이

8) 지금까지의 리더십에 관한 연구를 보면 리더십 유형과 조직의 효과성을 직접 연결해 상관관계를 분석하는 경우가 많았는데, 저자의 견해는 리더의 행동의 특성(또는 유형)과 조직효과성 사이에 리더십 효과성이 개입되어야 한다는 것이다. 리더십 효과성이 아니더라도 조직효과성에 영향을 주는 변수는 많다고 보기 때문이다. 또 다른 문제점은 추종자 요인이 상황적 요인에 포함됨으로써 리더십 자체의 개념에서 파생되는 지도자와 추종자의 심리적 관계와 상황적 요인이 구분되지 않는다는 점이다. 따라서 저자는 상황적 요인에서 지도자와 추종자에 관한 것은 따로 떼어내어 양자의 상호작용으로 본다.

그림 7-2 리더십의 체계

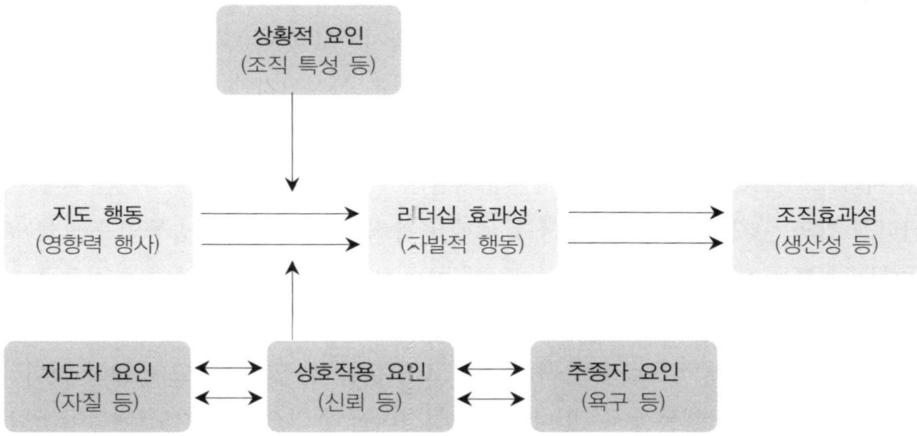

포함된다. 지도자 요인은 지도 행동에 영향을 미치며, 추종자 요인은 리더십 효과성에 영향을 미친다.

2) 리더십의 구성 요소

(1) 지도 행동

지도 행동이란 지도자가 추종자에게 영향력을 미치기 위한 모든 행동을 뜻하는데, 행동들의 내용이나 모양, 그리고 형식 등이 매우 다양하기 때문에 이들의 특성이나 유형을 분류해 논의하게 된다. 보통 앞에서 다룬 것처럼 리더십 유형(style)으로 설명되고 있으나, 이를 세분해 리더십 특성으로 제시되기도 한다. 리더십 유형을 관계 지향 행동 요인과 과업 지향 행동 요인으로 구분한 후 이들을 다시 전자를 초연성과 사려성, 후자를 생산성 강조와 추진성으로 구분한다. 유클(Yucl, 1985)은 지도자의 행동을 성과 강조 등 23개로 구분해 제시한다.9)

9) 유클(G. A. Yucl)이 제시하는 지도 행동은 성과 강조, 배려, 경력 자문, 추종자 격려, 칭찬 및 인정, 보상의 구조화, 작업 역할의 명확화, 목표 설정, 훈련과 지도, 정보 전파, 결정 참여의 조장, 위임, 기획, 개혁, 문제 해결, 작업의 촉진, 작업활동의 파악, 환경의 파악, 단위 부서의 대표, 협동과 팀워크의 촉진, 갈등의 관리, 비판, 규율의 집행의 23가지다.

(2) 리더십 효과성과 조직의 효과성

리더십의 결과나 산출을 평가하는 기준으로 조직의 효과성을 들고 있다. 여기에 추종자의 업적, 추종자의 만족도, 목표달성도를 포함시키고 있다(Gibson et al., 2000). 리더십의 궁극적 산출이 조직의 효과성을 높이는 것은 사실이지만 조직의 효과성은 리더십만의 결과도 아니고 중간의 단계를 거치게 된다. 저자는 그것을 '리더십 효과성(지도효과)'이라고 부르겠다.

리더십 효과는 지도자의 지도 행동에 의해 추종자가 자발적으로 공동의 목표를 위해 행동하는 정도를 의미한다. 이것은 지도 행동의 직접적 영향을 나타내는 것으로 개념적으로는 추종자가 지도 행동을 지각하고, 이에 적극적으로 수용하고자 하는 의지와 이 의지에 따라서 자발적으로 행동하는 정도로 구분할 수 있다. 지도 행동이 없더라도 추종자는 자발적으로 행동할 수 있다. 따라서 리더십 효과성이란 지도 행동이 있었을 때 추종자의 행동이나 태도와 지도 행동이 없었을 때 추종자의 행동이나 태도의 차이를 통해 확인할 수 있다.

(3) 상호작용

리더십의 주된 행위자는 지도자와 추종자다. 지도자의 개인적 특성은 지도 행동에 영향을 미치며, 추종자의 개인적 특성은 추종자의 반응에 영향을 미친다. 그리고 이들의 상호작용을 통해 리더십 효과성에 영향을 미친다.

리더십에 영향을 주는 지도자 요인으로는 지도자의 지능, 성격과 태도, 육체적 특성, 기타 의사소통 능력 등을 들 수 있다. 이 밖에도 영향력의 원천(정보, 자원 등), 지각된 권력의 유형, 추종자들에 대한 지도 경험 등을 들 수 있다.

리더십에 영향을 주는 추종자 요인으로는 추종자의 지능, 성격과 태도, 능력, 욕구, 성숙도, 추종자로서의 경험, 그리고 개인의 목표 등을 들 수 있다. 허시와 블랜차드(Hersey & Blanchard, 1982)는 추종자의 성숙도와 리더십 행위 유형의 관계를 연구한 바 있다. 추종자의 성숙도가 낮은 데서 높아지면서 지시적 리더십, 설득적 리더십, 참여적 리더십, 위임적 리더십으로 바뀌어야 한다고 한다.

지도자와 추종자의 상호작용 요인으로는 상대방에 대한 신뢰감, 역할기대 등을 들 수 있다. 상호작용 요인은 끊임없이 반복되는 상호작용 과정에서 확인되고 강화된다.

(4) 추종자 요인: 팔로어십

리더십에 비해 추종자에 관한 팔로어십(followlership)이라는 주제에 대해서는 밀도 깊게 연구되지 않았다. 리더와 추종자의 관계에서 전통적인 견해는 리더의 역할에 비해 추종자를 수동적이라고 보는데 반해, 현대적 견해는 그것을 능동적으로 본다. 팔로어십은 셀프 리더십(self leadership)에 관련된다. 팔로어십은 리더와 효과적인 추종자들 간의 상호작용을 강조한다. 효과적인 추종자들(effective followers)이 그들의 행태면에서 적극적이고 책임적이며, 자율적이고 비판적인 사고를 한다는 점이다.

켈리(Kelley, 1988: 145)에 의하면, 추종자는 효과적 추종자, 소외적 추종자, 양(羊), 그리고 예스 맨의 네 가지로 분류된다. 그는 추종자를 분류하면서 제1 차원으로 적극성과 소극성을 제시했고, 제2 차원으로 독립적 · 비판적 사고 대 의존적 · 비(非)비판적 사고를 제시했다. 이들은 [그림 7-3]과 같다.

'효과적 추종자(effective followers)'는 지도자나 조직에 가장 유익한 존재다. 효과적 추종자들은 네 가지 필수적인 자질을 갖는다. 첫째, 그들은 자기 관리와 자기 책임을 실천한다. 둘째, 그들은 자기중심적이거나 자기 세력 강화에 열중한다. 셋째, 효과적 추종자는 그들 자신의 능력과 전문성에 투자를 하며 최대한 효과를 내기 위해 에너지를 집중한다. 넷째, 그들은 용감하고 정직하며 신뢰할 만하다.

그림 7-3 추종자의 유형

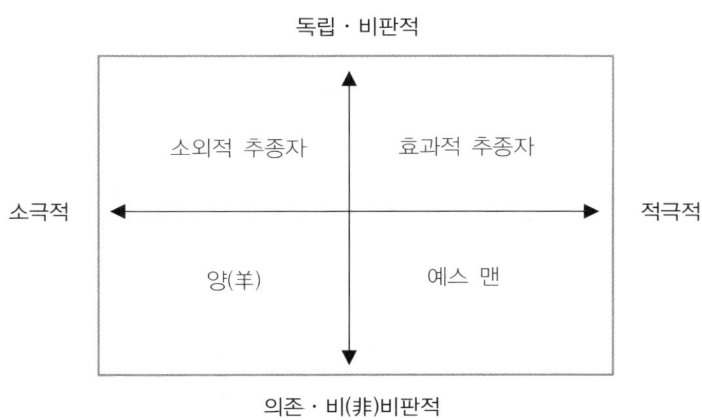

자료: 켈리(Kelley, 1988: 145).

(5) 상황 요인

리더십을 발휘할 때 상황 요인으로는 과업의 난이도 · 일상성 · 명백성 · 예측성, 집단의 구조 · 규범 · 응집성 등, 조직체의 방침 · 규칙 · 직업성 · 시간적 압박 · 환경 등을 들 수 있다.

시간적 압박이란 리더십이 발휘되는 기간의 장 · 단기로 이들도 상황 요인이 될 수 있다. 참여적 리더십은 단기보다는 장기에 좀 더 효율적이다. 그리고 장소적 공간 범위가 지역적인가 전국적인가도 상황 요인이 된다.

3) 효과적인 리더십의 발휘

앞에서 리더십의 체계를 살펴본 것처럼 대체로 리더십이 효과적이려면 지도자의 자질과 추종자의 개인적 특성, 지도자와 추종자의 상호작용, 지도자와 추종자가 다루는 직무의 내용, 그리고 이들을 둘러싼 상황 요인에 의해 리더십 유형을 결정하는 것이다.

이 중에서도 지도자의 자질과 권한이 무엇보다도 중요하다. 물론 지도자는 여러 가지 자질을 갖춰야 한다. 그러나 지도자가 갖춰야 할 최소한의 자질을 데이비스와 뉴스트롬(Davis & Newstrom, 1985: 102-104)은 지식(intelligence), 사회적 성숙성과 관용, 내적 동기와 성취욕, 그리고 인간관계 기술을 제시하고 있다. 지도자는 추종자에 대해 어떠한 권한을 가지고 있는가가 리더십 발휘에 영향을 준다. 공식적 · 합법적 · 보상적 권위를 갖고 있을수록 리더십을 발휘하기가 좋다.

지도자가 지도 능력이 다소 부족하더라도 어느 정도는 훈련과 교육을 통해 보완할 수 있다. 때로는 추종자가 지도자의 리더십을 보충해 주기도 한다. 그러나 지도 유형을 바꾸는 것은 매우 어렵다. 예컨대, 직무 지향형 리더십을 관계 지향형 리더십으로 전환하는 것은 매우 어렵다. 그러나 상황을 재설계한다거나 추종자를 변화시킴으로써 리더십의 효과를 높일 수는 있다.

4) 리더십의 개발

전통적으로 리더십의 개발(leadership development)은 이상적 리더의 자질이나 조건을 먼저 설정하고 현실적인 리더의 자질과의 차이나 부족을 보완하고 육성하는 것이다. 이를 결함모형(deficit model)이라 부른다.

그런데 제임스와 콜린스(James & Collins, 2008: 20-30)는 현대적 맥락에서 지각 능력, 해석 능력, 그리고 연계 능력을 육성할 것을 제안한다. 지각 능력(perceiving)은 자신과 조직환경을 있는 그대로 관찰할 수 있는 능력을 의미하며, 해석 능력(interpreting)은 그들이 놓여 있는 정치적 · 역사적 · 문화적 맥락을 정확히 읽고 이해할 수 있는 범위 내에서 행동의 틀을 정하는 능력을 의미하며, 끝으로 연계 능력(connecting)은 조직의 담론과 의제를 통역하며, 조직 내 · 외부와의 대화를 촉진하는 능력을 의미한다.

21세기에 부응하는 리더십을 개발하기 위해서는 추가적인 능력의 개발보다는 전체적인 인간 개발에 관심을 갖고 리더가 놓여 있는 상황이나 맥락을 강조하며 리더십을 체제의 동태성을 변화시키는 것으로 보아야 한다.

구체적으로 리더십을 개발하기 위해서는 다음과 같은 방법이 도움을 줄 것이다. 첫째, 교육 및 훈련 프로그램이다. 리더십 개발을 위한 훈련 및 교육프로그램의 운영이다. 둘째, 코칭 및 멘토링이다. 개별 리더에게 맞춤형 지도와 멘토링을 제공하여 개인의 강점과 약점을 식별하고 향상시킨다. 셋째, 실무경험이다. 리더십은 실무 현장에서 배우면서 익힌다. 군대에서는 지휘관의 경험을 할 수 있도록 하여 리더십 능력을 육성한다. 넷째, 360도 환류이다. 주변 동료, 하급자, 상급자, 고객 등 다양한 관점에서 피드백을 수집하여 개인의 리더십 역량을 키운다.

5. 상관과 부하의 관계 및 팀장의 리더십

1) 부하와 상관의 관계 관리

조직에서 권력이나 정치와 관련해 거의 언급되지 않고 있는 주제 중의 하나는 부하의 상관(상사)과의 관계다. 상관-부하의 관계는 상호적인 관계이므로 부하는 이 관계를 다루는 데 적극적인 역할을 해야 한다. 하지만 이 관계는 주로 상관에게만 맡겨져 왔다.

부하가 상관과의 관계를 관리하는 데는 다음의 세 단계를 거친다(Gabarro & Kotter, 1980: 92-100).

첫째, 상관과 상관이 놓인 맥락을 이해해야 한다. 상관의 목표와 목적을 확인하고, 그에게 가해지는 압력이 무엇인지를 알아보며, 그의 장점, 단점, 그리고 그가 좋아하는 업무 스타일 등을 확인해야 한다.

둘째, 부하 자신과 부하 자신의 욕구를 평가해야 한다. 부하는 자신의 강점과 약점을 평가하며, 자신의 개인적 성향을 확인하고, 자신의 상관의 권위와 관련한 의존적 성향 등을 확인한다.

셋째, 다음과 같은 관계를 개발하고 유지한다. 부하와 상관, 양자의 욕구와 스타일을 부합시키며, 상관에게 긍정적 · 부정적 정보를 충분히 제공해야 하며, 상관의 시간과 자원을 선택적으로 활용한다. 양자의 관계는 상호 기대에 따라 특징지어지며, 상호 의존성과 정직성에 의존한다.

2) 상관의 권한 행사와 부하의 수용

(1) 상관의 권한 행사의 의의

조직에서 권력을 행사하는 방법으로는 그 유형에 따라서 명시적 방법과 묵시적 방법, 자원의 배분과 상징의 배분 등으로 구분할 수 있다. 명시적 방법은 권력의 행사가 가시적인 경우다. 이는 다시 지시와 명령, 강요와 설득의 방법을 들 수 있다. 인사임면권은 그 대표적인 예다. 정상적인 권한의 행사는 별 문제가 되지 않는다. 묵시적인 방법은 외형상으로 드러나지 않는 행사 방법으로 무시하는 것 등을 들 수 있다. 자원의 배분은 주로 예산권의 행사와 관련이 있다. 부문별 · 기관별 예산의 배분은 권한 행사의 단면을 보여준다. 상징의 배분은 권한 행사자가 훈장 등을 수여함으로써 행사된다.

권한의 형태에 따라 권력의 행사 방법은 달라진다. 특히 강제적 권력을 행사할 때는 부하에게 규칙과 벌칙에 관한 정보를 미리 제공해야 하며, 위반 행위의 정도와 벌칙의 부과 정도를 합치시켜야 하고, 일관성 있게 벌을 부과해야 한다.

(2) 권한 행사의 수용

조직에서 행사된 권한에 대해 수용자가 반응하는 양태는 매우 다양하다. 순종에서 거부나 저항에 이르기까지 매우 다양하다. 에치오니(A. Etzioni)는 조직 권력의 유형론을, 스질라기(A. D. Szilagyi) 등은 영향의 과정을 제시하고 있다. 특히 권한이나 권위의 수용과 관련해 논의되고 있는 것이 무관심권, 수용권이다.

스질라기와 월리스(Szilagyi, Jr. & Wallace, Jr., 1983)는 권력 행사에 대한 반응을 영향의 과정이라 규정하고, 이를 순종, 일체화, 내재화의 세 단계로 구분한다. 순종(compliance)은 권력 수용자가 처벌을 피하거나 보상을 얻기 위한 반응이며, 일체화(identification)란 권력 수용자가 권력 행사자와 만족스러운 관계를 유지하기 위해 동일시하는 것이며, 내재화(internalization)란 권력 행사자가 요구하는 행동과 자신의 가치관의 적합성을 믿고 따르는 것이다.

참고

무관심권과 수용권

- **무관심권**: 무관심권(無關心圈, zone of indifference)은 버나드(C. Barnard)가 제시한 것으로, 상위자의 명령이나 의사소통이 아무런 이의 없이 부하에게 수용되는 경우로 상관의 명령이 너무 옳고 지당하기 때문에 거부해야 할 이유나 필요가 없는 것이다.
- **수용권**: 수용권(受容圈, zone of acceptance)은 사이먼(H. A. Simon)이 버나드의 무관심권을 수정해 제시한 것으로, 부하가 상관의 명령을 수용하는 것은 ① 정당한 명령은 물론, ② 정당한지 그렇지 않은지의 판단을 하지 않은 채로 수용하기도 하고, ③ 심지어는 불법성과 부당성이 확실한 명령마저 수용되는 경우가 있다고 하면서 위의 ②와 ③을 권위의 수용권이라 하고 있다.

(3) 권한 행사의 한계

조직에서 권력 행사는 공식적인 권한의 범위 내에서 이뤄질 때 수용의 정도가 높아진다. 권력의 행사가 권한의 범위를 벗어났을 때를 권한의 일탈이나 권한의 남용이라고 한다. 따라서 제도화된 권력일수록 주어진 권한의 범위 내에서 행사되어야 실효가 있게 된다.

한편 제도화되지 않는 전문가적 권력이나 준거적 권력은 수용자의 수용에 따른 동의가 없을 때, 적어도 권력 행사에 대한 반응이 없다면 권력 행사는 실효가 없다. 권력 행사에 대한 부정적 태도는 권력 행사에 저항하거나 거부하는 표현으로 나오기도 한다.

3) 팀장의 리더십

공공조직에서는 리더십에서 권한행사와 그 수용이 중요한 관심사인 반면에, 기업조직 등 민간조직에서는 팀 조직이 유행처럼 확산되면서 팀 조직의 장인 팀장(team leader)의 리더십에 관심이 모이고 있다.

팀장은 조직에서 중간관리자에 해당한다. 팀장은 상사형 팀장과 리더형 팀장으로 나뉜다. 상사형 팀장은 전통적 부과에서의 상사처럼 행동하는 데 팀원을 단순한 아랫사람, 즉 부하로 인식하며, 의사결정 시 자신의 경험과 지식을 중심으로 판단하고, 그들의 핵심 역량은 지시와 명령이다. 이에 반해 리더형 팀장은 팀원을 협력적 파트너로 보며, 의사결정 현장의 객관적 자료에 의해 결정하고, 그들의 핵심 역량은 역할과 책임부여, 성과코칭, 평가와 피드백이다(류랑도, 2020: 7-9).

팀장은 최고관리자(CEO)의 대리자로서, 팀이 기여할 미션을 정의하고, 팀이 도달할 비전을 제시한다. 팀장은 관리상, 성과, 팀원에 대한 책임을 진다. 성과는 목표가 결정한다.

4) 리더십 소결론

지도자는 위에서 제시한 추종자의 특성과 요구, 직무의 특성이나 조직의 특성, 제반 상황적 여건을 고려해 지도 행동의 내용과 유형을 결정해야 하며, 조직구성원들의 자발적인 노력을 유도하기 위해 솔선수범하는 자세로 임해야 하고, 지도자로서 능력을 구비할 수 있도록 스스로 노력해야 한다.

한국 사회는 전통적으로 가부장적 유교 질서가 지배해 왔으며, 이런 문화적 현상은 대부분의 조직에 그대로 반영되었다. 따라서 권위주의적인 지도자와 권위주의적인 추종자들로 이뤄진 조직에서 권위주의적인 리더십이 행사되었고 그것이 효과적이었다. 그러나 기술의 발달 등 사회의 급격한 변동과 민주주의의 변동은 리더십의 내용이나 유형의 변화를 요구하고 있다. 즉, 개인 중심 리더십에서 집단 중심 리더십으로, 상사형 리더십에서 리더형 리더십으로, 권위주의적 리더십에서 민주주의적 리더십으로, 수구적 리더십에서 변동 지향적 리더십으로의 전환이 요구되고 있다.

리더십은 일면 조직의 목표 달성과 통합을 위해 기여하지만, 추종자의 잠재력을 일깨우는 데도 기여해야 한다.

토의 과제

❶ 대학의 동아리와 조직에서의 집단은 어떤 차이가 있을까?
❷ 집단의 어떤 점이 구성원이 되려는 데 매력이 될까?
❸ 작은 집단의 리더십과 큰 조직의 리더십은 어떤 차이가 있을까?
❹ 부하가 상사에게 영향력을 행사하는 방법이나 기술은 무엇인가?
❺ 조직 내의 갈등으로서 한국 기업에서 노사 간의 갈등의 원인과 해결 방안은?

제 8 장

조직문화

경제기획원의 '근대화의 기수', 해병대의 '무적해병', 삼성그룹의 '제일주의'는 조직문화를 상징적으로 보여주는 표현이다. 현대 사회에서는 국가별, 조직의 종류별, 기능별로 조직문화의 차이가 크다. 그런데 조직문화가 명확하게 드러나지 않는 조직도 있다. 조직문화에 대한 이해 없이는 온전하게 조직 현상을 이해·설명·예측할 수 없다. 조직문화는 조직 간의 차이와 다양성을 우리에게 보여준다. 이 장에서는 조직문화의 개념과 특징, 조직문화의 유형과 형태, 조직문화의 결정 요인과 관리 등을 살펴보기로 한다.

제 1 절 조직문화의 의의

1. 조직문화의 정의와 개념적 특징

1) 조직문화의 정의

조직문화(組織文化, organizational culture)는 학자들이 그것을 보는 시각에 따라 다양하게 정의된다.[1] 조직문화는 조직과 문화라는 구분되는 개념으로 구성된다. 조직문화

1) 조직문화론자들은 조직과 문화의 관계를 어떻게 인식하는가에 따라 문화적 실용주의자와 문화적 순수주의자로 구분할 수 있다(Mumby, 1988: 6-9; Martin, 2005). 문화적 실용주의자(cultural pragmatist)들은

는 문화의 한 단면이기 때문에 문화의 개념을 먼저 살펴보기로 한다.

문화(文化)는 넓은 의미로 인간의 생활양식과 모습을 나타내는 경우가 있다. 의복문화, 주거문화, 먹는 문화 등이 그것들인데 예술과 밀접한 관련이 있다. 한편 문화는 좁은 의미로 사회구성원들이 공통적으로 갖고 있는 의식구조, 가치관, 그리고 태도의 전체로 인식되기도 한다. 전자를 문화의 총체론적 접근으로, 후자를 문화의 관념론적 접근으로 볼 수 있다. 관념론적 견해에 의하면 문화는 눈에 보이지 않는다.

조직문화를 이해하는 데는 두 가지 접근이 모두 필요하다고 본다. 따라서 조직문화란 "특정 조직의 구성원들이 공유하고 있는 의식구조, 가치관, 그리고 태도의 전체 및 생활양식"으로 정의하고자 한다.

2) 조직문화의 개념적 특징

조직문화의 개념에 포함되어 있는 특징들을 간단히 살펴보기로 한다.

첫째, 조직문화는 그 대상이 '특정의 조직'이다. 문화의 대상이라는 면에서 볼 때, 국가문화의 대상은 특정 국가이고, 행정문화의 대상은 행정부이며, 기업문화의 대상은 특정 기업이다. 이들 대상은 조직문화에 영향을 주는 요소이지만 그 자체가 조직문화는 아니다. 행정문화는 다시 외무부문화, 국세청문화, 그리고 시청문화 등으로 구분될 수 있다. 기업문화는 기업의 규모에 따라 달라지는데 재벌그룹의 경우 소속 회사별 조직문화와 기업문화로 구분될 수 있다. 즉, 조직문화는 단일 조직에 한정한다.

둘째, 조직문화는 조직구성원들이 공유(shared)하는 것이다. 조직문화는 조직구성원들에게 지배적으로 나타나는 가치관 등이다. 일시적으로, 부분적으로 나타나는 것은 조직문화라 할 수 없다. 조직구성원의 일부 계층, 부서, 지역, 그리고 지위 등에서 발견될 수 있는 것은 조직문화의 부문문화(sub culture)이기는 하지만 그것들은 엄밀한 의미에서 조직문화라 할 수 없다. 예컨대, 건설회사에서 관리자, 기술자, 그리고 노무자 간의 하위문화가 다를 수 있다. 학교에서 교수나 교사, 교직원, 그리고 학생들 간에 하위문화가 다를 수 있다. 그런데 조직구성원이 가치관을 공유하려면 학습 과정에서 이를 전달하고 계승해야 한다.

조직문화의 변화와 관리를 신봉하는 사람들이다. 즉, 조직의 필요를 충족시키기 위해 조직문화를 활용하는 것이다. 문화적 순주주의자(cultural purist)는 조직은 문화를 갖고 있는 것이 아니라 조직이 곧 문화라는 것이다. 조직은 사회적으로 구조화된 실체로 본다. 따라서 문화적 순수주의자들은 조직문화를 조직목표를 달성하기 위한 수단으로 보지 않는다.

셋째, 조직문화는 조직구성원들이 공유하는 '의식구조, 가치관, 그리고 태도의 전체'다. 조직의 기본적인 사고방식이나 신념, 이념 등은 조직문화의 내용이다. 조직문화는 조직구성원의 행동이나 행태에 직접적으로 영향을 미친다. 그리고 조직문화는 조직이 만들어내는 제품과 서비스, 그리고 의례와 상징 등에서 발견할 수 있다. 겉으로 나타난 조직구성원의 행태에 영향을 미치는 것을 가치관이라 한다. 그리고 가치관의 더 깊은 곳에는 잠재적·무의식적 세계가 있다.

넷째, 조직문화는 복잡한 여러 차원으로 구성된다. 의식구조, 신념, 그리고 가치관은 한 면만을 대상으로 한 것은 아니며 수많은 국면으로 구성되어 있는 경우가 허다하다. 조직의 한 국면을 나타내는 것도 조직문화라 할 수 있다. 예컨대, 리더십 문화, 의사결정 문화, 의사소통 문화 등이 그것이다. 하나의 조직 내에는 공유하는 가치가 있기도 하지만 다양한 가치가 함께 존재하기도 한다.

그런데 조직문화는 종종 조직분위기(組織雰圍氣, organizational climate)나 조직풍토(組織風土)와 중복되어 사용되는 경향이 있다. 조직문화는 조직구성원과 전체 조직 행태에 영향을 미치는 가치와 기본 전제를 강조하나 조직분위기는 조직구성원이 인지하는 조직 전체에 대한 인상을 강조한다. 조직문화가 사회학적 관심의 결과라 한다면 조직분위기나 조직풍토는 심리학적 관심의 결과다(유훈, 1993: 116-117). 즉, 조직분위기는 조직구성원이 조직의 특성들에 대해 지각하는 심리적 측면을 의미하는 개념이다. 따라서 조직문화는 조직분위기나 조직풍토와 비슷한 개념이지만 구분하는 것이 좋다.

3) 조직문화론의 의의

조직문화론에 대한 관심이 모아진 것은 거시적으로 국가 간의 조직을 비교하면서부터였다. 비교정치론, 비교행정론, 비교경제론, 그리고 국제경영론 등 여러 학문 분야에서 국가 간의 차이가 정치, 행정, 경제, 경영, 그리고 교육 등과 어떤 관계가 있는지를 연구했다.

한편 조직론에서는 비교조직론 등에서 다뤄졌으며 최근 조직문화, 조직풍토, 조직분위기, 조직의 특성, 그리고 조직의 상징 등과 관련해 연구되고 있다. 전반적으로 보면 조직문화의 학문적 기초는 문화인류학이나 사회인류학이라 할 수 있다.

그러면 우리는 조직문화를 왜 알아야만 하는가? 조직이론은 보편성과 법칙성을 추구한다. 그런데 조직문화의 차이는 조직이론의 보편성을 감소시키다. 즉, 조직이론을 현실의 조직에 그대로 적용할 수 없도록 한다. 조직문화를 이해하지 않고서는 조직에서 일어나는 여러 가지 현상을 올바로 이해할 수도, 관리할 수도 없다. 아울러 조직의 관리자는 특정한 조직에서 조직문화의 실제를 진단하고 문제가 있을 때는 대책을 세워야 한다. 특정한 조직에서 조직문화가 조직의 발전이나 성장에 촉진 요인이 되기도 하지만 장애 요인이 될 수도 있다. 이런 문제를 해결하려면 조직문화를 명확하게 이해하여야 한다.

2. 조직문화의 수준과 이해

1) 조직문화 수준의 의의

조직문화에 대한 개념적 특성에서 간단히 살펴본 것처럼 조직문화는 공유하고 있는 문화와 이의 표현 수단으로 구성된다. 조직문화의 수준에 대해서는 두 가지 수준 혹은 세 가지 수준 등으로 구분된다. 이들은 인식의 수준에 따라 조직문화를 분류한 것이다.

다프트(Daft, 2000: 80-87)는 조직문화의 수준을 가시적인 수준과 비가시적인 수준으로 구분한다([그림 8-1] 참조). 가시적인 수준은 표면에서 볼 수 있는 것으로 의복,

그림 8-1 조직문화의 수준

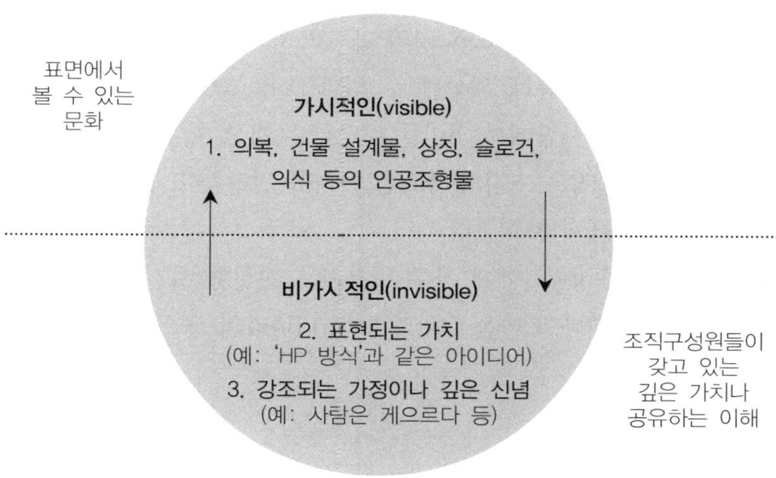

자료: 다프트(Daft, 2000: 86).

건물 설계물, 상징, 슬로건, 의식 등의 인공조형물 등이다. 비가시적인 수준의 조직문화는 조직구성원들이 갖고 있는 가치나 공유하는 이해관계로서 다시 둘로 나뉜다.

첫째, 표면 수준에는 옷 입는 매너, 행위의 패턴, 물리적 상징, 조직의 의식, 사무실, 건물 등을 포함하는 가시적인 인공조형물(artifacts)이 있다. 가시적인 인공조형물들은 조직구성원들이 세심하게 살펴보면 볼 수 있고, 들을 수 있고, 그리고 관찰할 수 있는 모든 것이다.

둘째, 좀 더 깊은 수준에는 관찰될 수는 없지만 사람들이 그들이 하는 것을 설명하고 정당화하는 것을 보고서 식별할 수 있는 가치나 신념(믿음)들이 있다. 이들은 조직구성원들이 의식적인 수준에서 갖고 있는 가치들이다. 이들은 조직구성원이 조직을 대표하기 위해 사용하는 이야기, 언어, 그리고 상징에서 해석될 수 있다.

셋째, 어떤 가치들은 너무 깊은 곳에 있기 때문에 구성원들조차 의식할 수 없는 것이 있다. 이러한 기본적이며 기초적인 가정과 신념은 문화의 핵심이며, 잠재의식적으로 조직인의 행동과 의사결정을 인도한다. 어떤 조직에서는 조직문화 때문에 사람들이 원래 게으르고 가능한 한 자기의 의무를 다하지 않으려 한다고 가정한다. 따라서 이러한 조직에서는 감독을 세밀하게 하고 재량을 주지 않으며, 동료 간에 서로 의심한다.

2) 조직문화의 기본적인 가치에 대한 이해

조직문화를 결정하는 기본적인 가치는 상징(symbols), 이야기(stories), 영웅(heroes), 슬로건(slogans), 그리고 의식(ceremonies)의 가시적 표출을 통해 이해될 수 있다. 어떤 조직의 문화도 이들 요소를 통해 해석될 수 있다(Daft, 2000: 87-90).

상징(symbol)이란 다른 사람에게 의미를 전달하는 대상, 행위, 혹은 사건이다. 조직의 문화와 관련이 있는 상징은 조직의 중요한 가치를 전달한다. 상징으로는 건물, 로고 등 CI(coporate identity)에서 보여준다.

이야기(story)란 조직구성원들에게 자주 반복되는 진실한 사건에 기반을 둔 이야깃거리이며 그들에게 공유된다.[2)] 다음 〈참고〉는 우리나라의 포스코 이야기를 재구성한 것이다.

2) 예컨대, 노드스트롬(Nordstrom)사의 가치 전달은 남성복 판매사원 반 멘쉬(Van Mensch)의 이야기를 활용한다. 그는 12벌 새 셔츠를 뜨거운 물에 빨아 망가뜨린 스웨덴의 소비자에게 새 옷 12개를 우송했다.

참고

포스코 이야기(POSCO story)

포스코는 우리나라를 대표하는 세계적 철강 그룹이다. 어떻게 현재까지 왔는지 이야기를 재구성한다.

인류 문명이 철의 발전과 궤를 같이해 왔듯이 포스코가 걸어온 길은 한국 경제 성장의 역사에 맞닿아 있습니다. 한국철강산업의 꿈은 1960년대 종합철강 계획 수립으로 구체화되었습니다. 박태준 사장을 비롯한 34명은 1968년 4월 1일 회사 창립식을 갖고 일관제철소 건설의 대장정을 시작했습니다. … (중략) … 임직원들은 '롬멜하우스'로 불리는 건설사무소에서 새우잠을 자고 모래 섞인 밥을 먹으며 제철입국의 의지를 불태웠습니다. 1983년 조강 910만 톤 체제의 포항제철소를 완공했습니다. … (중략) … 포스코는 영일만의 신화를 광양만으로 이어가는 광양1기 착공식을 했으며 … (중략) … 1998년 조강 생산 기준으로 세계 1위의 철강회사로 발돋움했고, 2000년에는 민영화했으며 베트남, 인도 등 해외 거점에 생산설비를 증축하고 있습니다. … (중략) … 포스코는 무(無)에서 우(有)를 넘어, 다시 유(有)에서 더 나은 유(有)를 창조하는 영속기업 글로벌 포스코를 향해 새로운 각오로, 새로운 도전의 길을 걷고 있습니다. 포스코의 강한 경쟁력과 남다른 열정은 영일만, 광양만에서 이룬 신화를 세계로 이어나갈 것입니다.

자료: http://www.posco.co.kr/homepage/docs/kor2/html/company/posco 2011.8.24 검색;
http://www.posco.co.kr/Museum/PoscoHistory/2024.2.7 검색

영웅(hero)은 강한 회사문화의 행위, 성격, 그리고 속성을 설명해 주는 인물(figure)들이다. 영웅은 조직구성원들이 따르고자 하는 역할 모델이다. 때로 영웅들은 아이아코카(Lee Iaccoca) 같은 실제 인물이다. 그는 크라이슬러(Chrysler)사에 처음 왔을 때 연봉 1달러를 받고 일을 했다. 영웅들은 조직에서 올바른 일을 어떻게 할지를 보여준다.

슬로건(slogan)은 조직의 핵심 가치를 요약해서 표현하는 구절이나 문장이다. "여러분은 상사를 즐겁게 하지 말고 고객을 즐겁게 해야 한다"처럼 조직 운영의 가치를 내세우는 경우도 있지만 대부분은 국순당의 예에서 보듯이 좋은 브랜드로서 가치를 담는 경우도 있다.

의식(ceremony)은 특정한 사건을 만드는 의식적인 행위로 청중의 이익을 위해 행해진다. 관리자들은 조직가치의 극적인 사례를 제공하기 위해 의식을 주관한다. 의식의 가치는 주요한 상을 주면서 설명되기도 한다.

참고

주요 조직의 슬로건 예시

- **NH농협**: 함께하는 100년 농협
- **대한적십자사**: 적십자는 생명입니다
- **삼성전자**: How to live SMART
- **POSCO**: Better World with Green
- **숙명여자대학교**: 세상을 바꾸는 부드러운 힘
- **CGV**: 영화 그 이상의 감동
- **경제정의실천시민연합(경실련)**: 땀흘려 일하는 사람이 대접받는 사회, 시민이 주인이 되고 함께 사는 사회
- **길병원**: 건강한 길, 행복한 길
- **쿠팡**: 당일 · 새벽 · 익일 직배송(로켓배송)
- **한국은행**: 한국은행은 우리 경제와 고락을 같이 해 왔다.
- **국순당**: 우리의 누룩으로 좋은 술을 빚는 집 국순당

자료: 각 조직의 홈페이지에서 검색. 2011.8.28/2024.2.7

제 2 절 조직문화의 기능, 유형, 개별적 현상

1. 조직문화의 기능

1) 조직문화의 기능에 관한 개관

조직문화는 조직구성원의 행위에 영향을 주고, 때로는 조직의 성과에 영향을 준다. 조직문화가 조직의 성과에 영향을 주는 방향에 따라서 순기능과 역기능으로 구분한다. 조직문화는 구성원의 행동이나 조직의 안정에 긍정적인 영향을 미치나 조직의 변화 등에 장애가 될 수 있다. 이를 [그림 8-2]로 정리한다. 순기능을 발휘하기 위해서는 조직이 갖춰야 할 문화적 조건이 있다.

그림 8-2 조직문화의 기능과 역기능

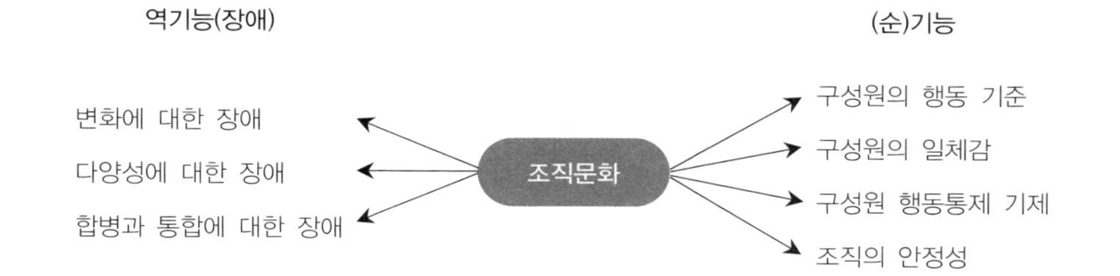

2) 조직문화의 기능

조직문화가 조직구성원의 행동이나 활동에 어떠한 영향을 미치는가에 대해서는 다양한 견해가 제시되고 있으나(유훈, 1993: 126-127; Robbins, 2003: 528), 저자는 다음과 같이 제시하고자 한다.

첫째, 조직문화는 구성원의 생각과 행동의 기준이나 규범을 제공한다. 조직문화는 구성원들이 공유하고 있는 가치나 신념을 의미하므로 이것은 그들의 생각이나 사고에 영향을 주게 된다. 또한 조직문화는 구성원에게 어떤 가치를 높이 평가할 것인가, 어떻게 느낄 것인가에 관한 지침을 제공한다. 예컨대, AT&T의 조직문화는 그 구성원에게 AT&T의 기술적 우월성이 시장을 지배한다는 생각을 심어주었다.

둘째, 조직문화는 구성원에게 일체감을 심어준다. 조직문화는 조직구성원이 공유하고 있는 지배적인 가치다. 모든 구성원이 대부분 같은 생각을 하고 있다는 것은 일체감을 형성하는 데 밑거름이 된다. 조직문화는 조직구성원을 하나로 묶어주는 기능을 한다. 조직문화로 인해 일체감과 충성심이 생긴다. 이것은 한 조직을 다른 조직과 구분시켜 준다. 이것은 때로는 다른 조직에 대한 적대감이나 우월감으로 나타날 수도 있다. 해병대문화는 다른 조직에 대해 우월감으로 나타나고 있다.

셋째, 조직문화는 구성원의 행동을 통제하는 기제(mechanism)로서 작용한다. 조직문화는 구성원의 행동을 일체화시키는 것에 비례해서 공동체의 규범이나 가치에 어긋나는 행동을 못하게 하는 통제장치가 된다. 즉, 조직문화는 구성원의 일탈적 행동을 통제한다. 구성원 스스로 자신의 행동을 통제하기도 하며, 다른 구성원으로부터 경고나 주의, 또는 무언의 압력을 통해 행등이 제약받기도 한다.

넷째, 조직문화는 조직의 안정성을 지지한다. 조직문화로 인해 일체감과 충성심이 생기게 되면 조직 내부에서의 반발과 저항은 사라지게 된다. 조직 내에서 보이지 않는 게임이 법칙(rule)이 만들어진다. 따라서 조직의 안정성과 계속성을 갖게 한다. 예컨대, 인사문제와 관련해 선임자 우선의 원칙이 조직문화로 정착되면 그것이 관례나 선례가 되어서 사실상 제도화 단계에까지 이르게 된다.

3) 조직문화의 역기능

조직문화는 여러 가지 기능적인 측면이 있지만 역기능적인 면도 있는데, 특히 조직 효과성에 대해 강력문화(strong culture)가 갖는 역기능이 제시되고 있다. 한편 로빈스(Stephen P. Robbins)는 조직문화를 없어져야 할 것(culture as a liability)으로 이해하고 있다(Robbins, 2003: 529-530).

첫째, 조직문화는 '변화에 대한 장애물(barrier to change)'이다. 공유가치가 조직의 효과성에 일치하지 않을 때 조직문화는 불리하게 작용한다. 이것은 특히 조직환경이 동태적일 때 그러하다. 조직환경이 급격하게 변화하면 조직에 스며 있는 문화는 더 이상 적합하지 않다.

둘째, 조직문화는 '다양성에 대한 장애물(barrier to diversity)'이다. 인종, 성, 장애, 기타 다른 점들 때문에 새로운 직원을 고용하는 일은 조직의 다수에게 달갑지 않은 일이다. 강력한 조직문화는 구성원들이 동조하도록 압력을 가한다. 그들이 받아들일 수 있는 가치와 스타일의 범위를 한정시킨다.

셋째, 조직문화는 '합병과 통합의 장애물(barrier to acquisitions & merger)'이다. 역사적으로 조직을 합병하고 통합할 때 발견하고자 하는 가치는 재무적 장점과 시너지 효과다. 그런데 최근에는 문화적 양립성이 최대의 관심사가 되었다. 합병을 시도할 때 재무적 장점과 시너지 효과가 바람직해 보여도 실제 통합할 때는 두 조직의 문화가 얼마나 잘 합치하는가다.

4) 우수조직과 조직문화

조직인의 행동에 영향을 미치는 이런 조직문화의 기능은 오늘날 작업 현장에서도 중요성이 더할 것 같다. 조직의 통제 범위가 넓어지고, 구조가 납작해지며, 팀제가 도입되고, 공식화가 감소되며, 구성원들에 권한이 위임되면서 강력문화에 의해 제공된 공유

의미는 모든 사람이 같은 방향으로 가도록 확신시킨다. 조직문화의 기능적 측면이 지나치면 그것은 역기능으로 변신한다. 따라서 조직문화의 진단과 관리가 요구된다.

조직문화가 조직의 성과에 긍정적인 영향을 미칠 것이라고 주장하는 경우가 많다. 조직문화의 순기능과 관련해 성과가 뛰어난 조직의 조직문화에 대한 관심이 높아지고 있다(박상언 · 김영조, 1995: 215-216).

가장 널리 알려진 것은 우수 기업의 조직 특성을 제시한 피터스와 워터맨(Peters & Waterman, 1982)의 연구다. 그들은 우수 기업의 특성으로 ① 행위 지향성, ② 고객 최우대 서비스, ③ 자율성과 기업가 정신, ④ 인간을 통한 기업가 정신, ⑤ 독특한 기업 전통 가치의 중시, ⑥ 장점 경영, ⑦ 간소한 조직, 그리고 ⑧ 자율과 통제의 동시적 강조를 제시했다.

한편 킬맨(Kilman, 1985: 356)은 성과가 좋은 기업이 되기 위해서는 신뢰적이고 모험적 · 도전적 행동 방식을 특징으로 하는 '적응적 문화(adaptive culture)'를 가져야 한다고 주장했고, 애킨과 호플린(Akin & Hopelain, 1986)은 투명성 있고, 응집적이며, 그리고 개방적인 조직문화를 고생산성 문화의 본질적 특성으로 제시한 바 있다.

2. 조직문화의 유형

조직문화는 여러 가지 모습으로 존재한다. 조직문화를 강조하는 관점에 따라서 조직문화의 유형 분류도 다양하다. 조직문화의 분류는 하나의 변수나 속성을 중심으로 분류하는 것도 있고, 두 개의 속성, 변수나 차원으로 조합해 분류하는 경우도 있다. 후자를 경쟁가치 모형[3]이라고 부른다.

1) 단일 차원에 의한 조직문화 유형

(1) 강력문화와 약체문화

조직문화가 조직성과에 미치는 영향에 따라서 조직문화를 강력문화와 약체문화로 구분할 수 있다(유훈, 1993: 117-118; Robbins, 1990: 443-444).

강력문화는 많은 조직구성원이 조직의 핵심적 가치에 대해 강한 집착을 보이는 경우

3) 경쟁가치 모형이라고 부르는 이유는 조직 내에서 모순적인 가치를 동시에 추구할 수 있다는 점에 착안한 것이다.

다. 강력한 조직문화를 갖기 위해서는 조직의 역사가 길고 구성원의 안정성이 높아야 한다. 종교단체, 특히 사교단체는 강력한 조직문화를 가진 대표적 조직이다. 한편 약체 문화는 조직의 핵심적 가치에 조직구성원들이 집착을 지니지 못하는 경우로 조직의 역사가 짧거나 구성원의 교체가 심한 경우다.

(2) 혁신문화와 정체문화

조직이 환경 변화를 지향하는 정도에 따라 혁신문화와 정체문화로 구분할 수 있다.

혁신문화는 조직이 항상 새로움을 추구하는 목표를 세우고 이를 달성하기 위해 매진하는 조직문화를 뜻한다. 혁신문화를 갖는 조직은 조직환경의 변화에 매우 민감하며, 조직의 전략이나 업무 수행 방법의 개선과 개혁을 추구한다. 조직 외부로부터 인력의 유입을 장려하며 미래를 강조한다. 따라서 조직은 변동 지향적이며 개방 지향적이라 할 수 있다.

한편 정체문화는 조직이 현상 유지와 안정을 추구하는 목표를 세우고 이를 점진적으로 달성하고자 하는 조직문화를 뜻한다. 조직구성원의 신규 인력의 흡수는 매우 더디다. 조직은 환경 변화에 별로 민감하지 않으며 심지어는 이를 무시할 수 있다. 그리고 조직은 과거나 관례를 중시한다. 따라서 조직은 안정 지향적이며 폐쇄 지향적이다. 정체문화를 보수문화라 할 수 있다.

(3) 개인 지향문화와 집단 지향문화

조직구성원들이 대(對)사회적 관계에서 지향하는 관점에 따라서 개인 지향문화와 집단 지향문화로 구분할 수 있다. 개인 지향문화는 개인의 업적 및 특성과 개인적 복리를 강조한다. 이에 반해 집단 지향문화는 집단, 단체, 그리고 공동체의 이익이나 목표를 강조한다.

미국, 캐나다 등은 개인 지향문화의 대표적 국가이며, 동양의 중국, 일본, 한국, 말레이시아 등은 집단 지향문화의 대표적 국가다. 집단 지향문화에서는 합의와 동의에 의해 의사결정이 이뤄지며 개인의 충성심, 그리고 보상의 평등성이 강조된다. 일본에서는 마쓰시타(松下)와 혼다(本田)의 문화가 대조적인데, 마쓰시타 회사는 집단주의적 규범이, 혼다 회사는 개인주의적 문화가 중시된다.

(4) 평등문화와 계층문화

조직구성원이 인간관계에서 강조하는 관점에 따라 평등문화와 계층문화로 구분할 수 있다. 평등문화는 인간관계에서 수평적 측면이 강조되므로 상사와 부하의 관계에 엄격한 서열 의식이 있는 것은 아니다. 계층문화는 엄격한 서열 의식을 바탕으로 하는 것으로 권위주의로 불리는데 위계질서가 강조된다. 유럽 국가가 평등 관념이 강한데 반해, 동양권은 계층적 관념이 더욱 강하다. 그리고 동양에서도 한국이 평등문화라면 일본은 계층문화라 할 수 있다.

2) 경쟁가치 모형: 관계 지향문화, 위계 지향문화, 혁신 지향문화, 과업 지향문화

경쟁가치 모형에서는 신축성과 통제·질서라는 하나의 차원과 외부 지향과 내부 지향이라는 또 하나의 차원을 보여준다(Quinn, 1988; 박상언·김영조, 1995: 216-222). 이들을 각각 수직축과 수평축으로 하여 [그림 8-3]에서와 같이 관계 지향문화, 위계 지향문화, 혁신 지향문화, 그리고 과업 지향문화라는 이념형을 만들 수 있다.

그림 8-3 경쟁가치 모형에 따른 네 가지 조직문화 유형

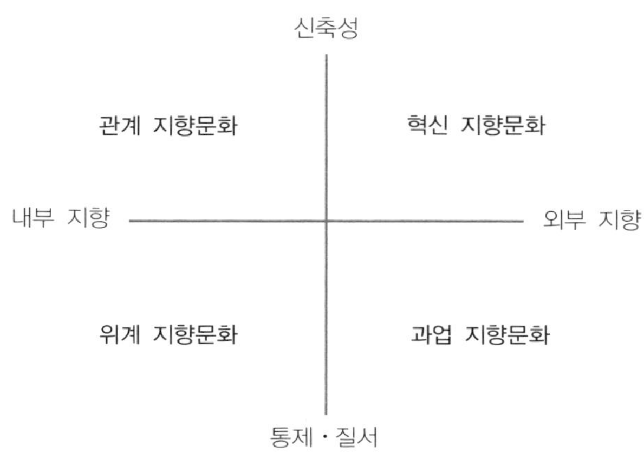

자료: 퀸(Quinn, 1988: 48)에서 약간 요약해 수정.

첫째, 관계 지향문화는 공동체 지향모형이라 하며, 조직 내의 가족적인 인간관계 유

지에 최대의 역점이 주어진다. 그러므로 구성원들의 소속감, 상호 신뢰, 그리고 참여가 핵심 가치가 된다. 응집성, 사기, 훈련 등이 주요 수단이다.

둘째, 위계 지향문화는 내부과정 모형이라 하며, 안정적인 기반 위에서 조직 내부의 효율성을 추구하려 한다. 따라서 규제와 질서가 중심 가치가 된다. 정보관리와 의사소통이 주요 수단이다.

셋째, 혁신 지향문화는 개방체계 모형이라 하며, 조직의 외부 환경 적응, 조직의 성장과 자원의 획득을 강조한다. 또한 기업가 정신과 창조적 정신이 장려된다.

넷째, 과업 지향문화는 합리목적 모형이라 하며, 조직의 성과 달성, 즉 생산성을 강조한다. 기획과 목표 설정 등이 주요 수단이다.

〈표 8-1〉은 우리나라 4대 그룹의 기업문화에 대한 소속 직원들(계열사 2곳 총 1,000명)의 인식이다. 4개의 하위문화 요소로 구분해 질문했는데 2006년 10월부터 11월까지 중앙일보와 아주대 조영호 교수팀이 함께 조사했다. 그 결과 4대 그룹은 저마다 뚜렷한 특징이 있었다. 또 외환위기 전과 비교하면 집합주의가 약해지고 개인주의와 성과주의가 강해지는 등 많은 변화가 있었다.

삼성그룹은 경쟁, 임무 완수, 성취 등을 앞세운 성과 중심 문화가 강한 것으로 나타났다. 현대차그룹은 대범하고 저돌적인 문화를 보인다. LG그룹은 전문성을 강조하며 수평적이고 규범적이다. SK그룹은 자율성을 강조하면서 다양성을 보인다.

표 8-1 한국 4대 그룹 기업문화

	1위	2위	3위	4위	5위	6위	7위	8위
관계 지향	SK주 (82.1)	LG화 (69.8)	LG전 (65.0)	현대차 (47.2)	삼성전 (45.7)	삼성생 (45.6)	기아차 (41.4)	SK텔 (37.8)
혁신 지향	LG화 (69.8)	LG전 (65.0)	삼성전 (41.6)	기아차 (36.6)	SK텔 (35.1)	SK주 (32.5)	현대차 (30.0)	삼성생 (28.5)
과업 지향	삼성전 (89.3)	삼성생 (87.8)	현대차 (75.2)	SK텔 (70.2)	기아차 (66.6)	LG화 (60.5)	LG전 (60.0)	SK주 (28.5)
위계 지향	삼성전 (75.2)	삼성생 (71.5)	현대차 (57.4)	SK주 (56.3)	기아차 (54.1)	SK텔 (39.6)	LG전 (30.0)	LG화 (23.7)

약어: SK(주), SK텔레콤, LG화학, LG전자, 삼성전자, 삼성생명, 현대자동차.
자료: 중앙일보 2007.1.9. * ( )은 '그렇다'고 답한 비율(%).

3. 조직문화의 개별적 현상

조직문화의 내용으로 제시되는 주요한 개념이나 현상들은 특성에 관한 것과 대상이나 영역에 관한 것으로 나눌 수 있다. 전자에는 권위주의 및 계서주의 문화, 주인 의식 문화, 가족친화적 조직문화, 후자에는 성 인지 문화 등을 들 수 있다.

1) 권위주의 및 계서주의 문화

권위주의 문화는 상급자의 일방적 지시와 하급자의 순종을 미덕으로 인식하며, 계서주의나 서열주의로 나타난다. 계서주의 또는 서열주의란 높고 낮은 것을 따지고 구분하는 가치관이다. 인간관계를 상하의 서열로 만들려는 조직문화로 한국 조직에서 흔히 볼 수 있다. 계서주의 문화는 높은 것은 좋고 귀하며, 대접을 받고, 지배하는 반면, 낮은 것은 나쁘고 천하며, 열등하며 순종해야 한다(조석준, 2004: 29-40)는 것을 의미한다.

2) 주인 의식 문화

주인 의식은 서양에서는 '심리적 소유감'으로 사용되고 있다. 심리적 소유감은 피어스(Pierce, 1991)에 의해 제기된 개념으로 "소유의 대상을 자신의 것 혹은 자신의 일부분으로 느끼는 심리적 상태"를 의미한다. 조직에 대해 갖는 심리적 소유감은 조직을 자신의 일부분 또는 자신의 것으로 여기는 것으로 주인 의식이라 할 수 있다. 이것은 조직에 대한 긍정적 태도와 밀접하게 연계되어 있다. 즉, 주인 의식이 높을수록 조직에 대한 책임감이 높아지고 조직 변화에 대한 구성원의 수용성이 높아진다(이봉세 외, 2009).

3) 가족친화적 조직문화

가족친화적 조직문화는 근로자가 소속한 직장이 그의 일과 가족생활의 양립을 지원하고 중시한다는 가정이나 신념, 가치관, 기대 등을 의미한다. 가족친화도가 낮으면 근로자의 일과 가족 간의 갈등이 일어나며, 이직, 결근, 사고가 빈번하고 근로자의 생산성이 저하되는 등 부정적인 효과가 발생한다(유계숙, 2010). 가족친화적 조직문화는 여성친화적 조직문화와도 연결되어 있다.

4) 성 인지 문화

남녀 성별 차이에 대한 인식이나 가치관이 개별적 조직문화로서 관심을 끌고 있다. 특히 우리나라는 남존여비의 전통이 있었으며, 직장 내에서 성차별이 상당히 많고 여성에 대한 성희롱 현상이 사라지지 않고 있다. 우리나라에서는 남성 중심의 조직문화가 존재한다. 남녀 간의 기회 불균형은 고정화된 성별 업무 분리 분담으로 이어진다. 비서직 같은 업무에서는 남성은 고위 비서로, 여성은 하위 비서로 업무가 구분된다. 이로 인해 여성 노동자의 가치 절하로 이어지기도 하며 여성으로 하여금 '직장의 꽃'으로 받아들이게 한다. 그리고 술자리나 회식자리에서 여성에 대한 성희롱이 여전히 남아 있어 여성은 성희롱의 피해자가 된다(이성은, 2003).

제 3 절 조직문화의 결정 요인과 관리

1. 조직문화의 결정 요인

조직문화는 어떻게 형성되고, 유지되고 전승되는가? 이 문제는 조직문화의 결정 요인과 매우 밀접하게 관련되어 있다. 조직문화의 결정 요인에 대해서는 다양하게 제시되고 있으나(유훈, 1993: 122-123; 박우순, 1996: 591-593; Martin, 2005: 498-499),[4] 저자는 이들에 자체의 역사를 추가한다. 따라서 저자는 조직문화의 결정과 형성에 영향을 주는 요소로 조직구성원의 구성과 변동, 조직의 유형과 사업의 특성, 조직문화의 역사, 국가의 일반문화, 그리고 창업자 및 최고관리자들을 들고자 한다.

4) 유훈은 오트(J. S. Ott)의 견해에 따라서 일반문화, 사업의 성격, 창업자의 영향을 제시한다. 박우순은 사회문화, 조직활동과 조직환경의 특성, 창업자의 신념과 가치 등을 제시한다. 한편 핸디(Handy, 1989)는 역사와 소유자, 규모, 기술, 목표와 목적, 환경, 사람들을 제시한다(Martin, 2005: 498-499에서 재인용). 그런데 국가문화는 조직구성원에게 영향을 미치는 것으로 조직문화에는 간접적인 영향 요소로 보인다. 그리고 창업자는 기업에서 주로 발견되는 영향 요소다. 여기에 저자는 조직문화 자체의 역사를 추가한다.

그림 8-4 **조직문화의 결정 요인**

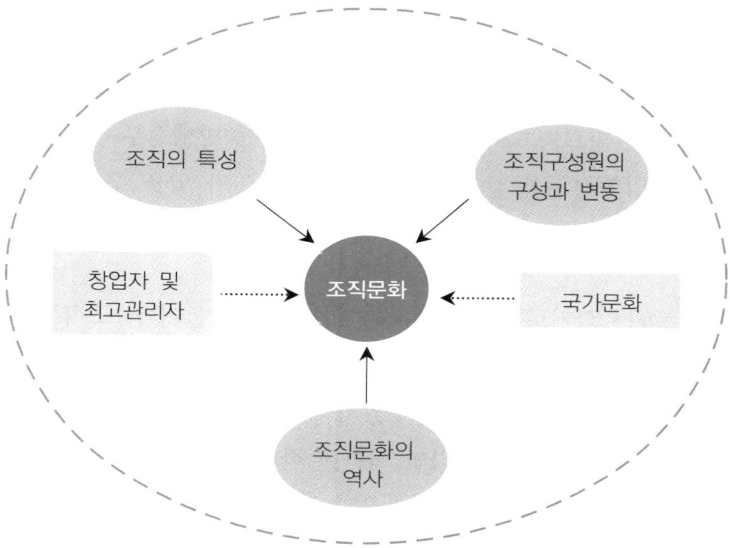

1) 조직구성원의 구성과 변동

조직문화는 조직과 구성원 사이의 상호작용의 결과로 산출된 것이다. 조직문화의 내용은 대다수 조직구성원의 가치, 신념, 그리고 태도이므로 조직구성원의 인적 구성이나 사회적 배경이 조직의 지배적 가치에 영향을 미친다. 구성원의 국적, 민족, 연령, 성별, 그리고 학력 등은 지배적 가치에 영향을 미칠 수 있는 변수이며 이들이 구성원의 행동에 영향을 미친다. 국적은 국가문화를 보여준다. 다국적 기업이나 국제기관은 다문화를 보여주는 곳이다. 또한 인적 구성은 시간이 흐르면서 변동한다. 인적 구성의 변동은 조직의 다수를 변동시키게 되며 그 결과 조직문화를 변화시킬 수 있다. 하지만 인력의 유동이 지나치게 잦으면 조직문화의 형성이 곤란할 수 있다.

2) 조직의 유형과 사업의 성격

조직의 유형이나 사업의 특성이 조직문화에 영향을 준다. 나라는 다르더라도 학교조직, 군대조직, 행정조직, 기업조직, 그리고 종교조직들은 각각 유사한 조직문화를 갖는다. 즉, 학교조직은 자율과 학습이, 군대조직은 상명하복의 규율이, 행정조직은 공익과 봉사성이, 기업조직은 사적 이윤 추구가 문화의 중심을 이루고 있다.

같은 종류의 조직 내에서도 주된 사업의 성격에 따라 조직문화는 달라진다. 학교조직에서는 대학교와 초등학교의 조직문화가 다르며, 기업조직 내에서는 건설회사, 금융회사, 그리고 전자회사의 조직문화가 다르다. 군대조직에서는 전투부대와 전투근무지원부대의 조직문화가 다르다. 그리고 행정조직에서는 중앙행정부처와 일선기관의 조직문화가 다르다. 중앙행정부처 간에도 조직문화의 차이가 있을 수 있다.

3) 조직문화의 역사

현재의 조직문화는 과거로부터 이어오는 역사적 침전물이다. 조직문화는 의도적으로 생기는 조직 현상이라기보다는 비의도적으로 생기는 조직 현상이다. 조직문화는 조직의 발생 초기에 빨리 형성되는 경우도 있지만 서서히 형성되기도 한다. 조직의 창업자는 초기의 조직문화 형성에 결정적인 역할을 한다. 어떠한 경우든 조직문화는 지배적인 관념이 쌓여가는 것이다. 조직의 역사가 길수록 조직문화는 더욱 견고할 가능성이 크다. 그리고 조직 외부에서도 어느 정도 관찰이 가능해진다. 조직문화가 규범화될 때 조직구성원은 이를 거역하기 어렵게 되며, 조직문화가 제도화되면 조직인들은 이를 따라야 한다. 예컨대, 화랑도의 임전무퇴와 같은 조직문화는 규범화된 조직문화라 할 수 있다.

참고

경제기획원과 재무부의 조직문화

한국에서 대표적 정부부처로 경제기획원과 재무부를 들 수 있다. 경제기획원은 국가경제의 기획과 예산, 경제정책의 종합 조정 기능을 수행했고, 재무부는 통화금융, 조세 정책 분야를 담당해 온 부처다. 그런데 이들 부처는 1994년 정부조직 개편의 일환으로 재정경제원(그 후 기획재정부로 개칭)으로 합병되었다. 상당 기간 조직 통합이 되지 않았는데 그 원인은 합병 전의 두 부처의 조직문화가 크게 달랐기 때문이다.

재정경제원 합병 전의 조직문화를 구성하는 요소별로 차이를 정리하면 다음과 같다.

첫째, 조직 내 핵심 가치를 경제기획원(EPB)은 '개인'과 '이상'에 두는 반면, 재무부(MOF)는 '현실'과 '집단'에 둔다.

둘째, 조직 내 의사소통에서 경제기획원은 자유로운 토론 관행에 두는 반면, 재무부는 내부 부서들 간 정보 교류가 단절되어 있는 경향을 보인다.

셋째, 상하 관계를 보면 경제기획원에서는 계급 의식이 희미한 반면, 재무부는 상하 간 위계질서가 체화되어 있다.

넷째, 의사결정의 관행에서는 경제기획원은 다소 급진적이고 이상적인 정책 정향을 띠는 반면, 재무부는 현실적이고 규정 중심의 점진적인 정책 정향을 띤다.

다섯째, 인사의 관행에서는 경제기획원은 정기적 보직관리와 개방적 인사 관행을 띠는 데 반해, 재무부는 장기 보직과 폐쇄적 인사 관행을 띤다.

자료: 최성욱(2001)

4) 국가의 일반문화

조직문화는 특정 국가의 일반문화에 의해 영향을 받을 가능성이 높다. 조직은 그것이 놓여 있는 소속 국가에 따라 문화의 차이를 보이게 된다. 한국, 일본, 중국, 베트남, 시리아, 미국, 영국, 독일, 프랑스, 이탈리아, 나이지리아, 그리고 브라질 등 각국은 고유한 전통과 역사 속에서 특유의 국가문화를 유지해 왔다. 동일한 유형의 조직, 심지어는 다국적 기업이라 하더라도 미국의 지점과 일본의 지점, 그리고 인도의 지점에서의 조직문화는 각국의 문화를 반영해 상당히 다르게 나타난다. 따라서 하나의 통일된 업무 수행 방법으로 조직의 효과성을 높일 수 없다는 것이다. 특히 일본식의 조직문화에 대해서는 오우치(Ouchi, 1981)가 'Z이론'[5]을 제시한 바 있으며, 이면우는 한국에 적합한 'W이론'[6]을 제시한 바 있다.

5) 창업자 및 최고관리자

창업자의 역할은 조직문화에 지대한 영향을 미친다. 창업자의 역할은 특히 기업조직의 경우 그 정도가 심하지만 정부조직이나 NGO와 같은 시민사회조직에서는 그렇게 심하지 않다. 기업조직의 경우 회사의 소유자와 창업자가 동일인일 가능성이 높기 때

5) 오우치(W. G. Ouchi)에 따르면 일본은 종신 고용, 완만한 능력 평가와 승진, 비전문적 경력, 내재적 통제 메커니즘, 집단적 의사결정과 책임, 그리고 전체적인 관심이 강조되는 데 반해, 미국에서는 단기 고용, 급속한 능력 평가 및 승진, 전문적 경력, 외재적 통제 메커니즘, 개인적 의사결정과 책임, 부분적인 관심이 강조된다는 것이다.

6) 'W이론'이란 한국의 독자적 경영철학을 의미하는 상징적 이름이다. 이면우는 서울대학교 산업공학과 교수로 우리 산업의 있는 그대로의 현실, 문화적·역사적 토양, 기술 패권주의 또는 기술 민족주의의 시대적 상황에 대응해 우리 겨레의 창조력에 불을 당기는 새로운 틀로서 국가 발전 전략에 적용되어야 한다고 강조한다. W이론은 조직관리론에서 X이론, Y이론, 그리고 Z이론에 대응해 표현한 상징어다(이면우, 1992).

문이다. 예컨대, 현대그룹의 저돌적이고 경쟁적인 스타일, 그리고 잘 훈련된 권위주의적 스타일은 정주영 현대그룹 창업자의 특성을 잘 드러낸 것이다(Robbins, 2003: 531). 그 밖에도 우리나라의 경우 삼성그룹의 이병철 회장, 현대그룹의 정주영 회장, 유한양행의 유일한 회장, 그리고 포항제철의 박태준 회장 등의 성격과 기업철학은 상당히 기간이 지난 지금까지도 조직문화에 영향을 주고 있다고 보인다. 또한 미국의 세계적인 컴퓨터 회사인 IBM에서는 창립자인 왓슨(Thomas J. Watson, Ⅰ・Ⅱ) 부자의 기업철학이 IBM의 조직문화의 중심을 이루고 있다.

참고

국가별 조직문화: 개인주의적 성향과 집단주의적 성향

개인주의(individualism)와 집단주의적(collectivism) 성향은 사람들이 얼마나 개인주의적인가? 집단주의적인가를 나타내는 문화의 한 차원이다.

개인주의적 사회에서는 개인들 간의 연계가 느슨하며 개인의 성취와 자유가 높게 평가된다. 반면 집단주의적 사회에서는 개인들 간의 연계가 밀접하게 연계되어 있다. 개인주의 사회에서는 모든 사람을 똑같이 대우해야 한다. 그러나 집단주의 사회에서는 한 고객을 다른 고객보다 우대하거나 홀대한다.

개인주의적 성향이 강한 나라는 미국과 영국을 비롯한 유럽권의 국가들이다. 한국, 인도네시아, 말레이시아 등은 집단주의적 성향이 강하다. 아랍권, 터키, 이스라엘 등은 중간쯤이다.

자료: 홉스테드(Hofstede, 2006: 52)

창업자 외에도 조직의 최고관리자 등의 리더십은 조직문화의 형성과 변동에 영향을 주는 중요한 요소다. 그들의 행동과 사상이 구성원들의 행동과 사상에 영향을 미치기 때문이다.

참고

창업가와 조직문화: 삼성의 이병철 회장과 현대의 정주영 회장

한국에서 대표적 재벌그룹으로 삼성그룹과 현대그룹을 들 수 있다. 삼성그룹의 설립자는 이병철 씨이고 현대그룹의 설립자는 정주영 씨다. 두 설립자의 대조적 차이가 그룹의 경영 및 조직문화에 지대한 영향을 미친다.

첫째, 비즈니스 부문과 재무위험 분야에서 현대그룹이 삼성그룹보다 위험 지향적이다. 현대그룹의 전략적 선택이 삼성그룹보다 위험 지향적이다.

둘째, 현대그룹에 비해 삼성그룹에서는 의사결정의 공식성이 상대적으로 더 강조되었고, 통제적 성향도 더 강하다.

삼성의 경우는 좌뇌우세형이 갖는 합리, 분석, 인과를 강조하고 낮은 위험성이 강조되는 데 반해, 현대그룹에서는 우뇌우세형이 갖는 직관, 전체성, 맥락을 중시하고 높은 위험성을 보인다.

자료: 이홍(2005: 105-128)

2. 조직문화의 학습과 변혁

1) 조직문화의 학습: 전달과 계승

조직문화는 조직구성원에게 학습되어 전달된다. 조직문화의 전달과 학습의 주역은 조직구성원이다. 그런데 조직문화의 학습과 전달은 '조직사회화(organizational socialization)'로 설명된다. 조직사회화 전 단계에서는 조직구성원의 채용 단계에서 직업 적성이 문제된다.

조직구성원의 채용과 훈련, 보상관리와 같은 인사관리, 그리고 사회화 등을 통해 조직문화는 전달되고 계승된다.

(1) 조직구성원의 채용과 직업 적성

조직구성원의 사회적 배경은 조직문화에 영향을 미친다. 좀 더 적극적으로 조직문화를 형성하거나 유지하기 위해서는 조직구성원의 선발 과정에서 조직의 규범과 가치관에 적합한 사람을 선택해야 한다.

직업 분야는 직업의 속성에 따라 거기에 적합한 인재를 양성하거나 선발한다. 이를 위해 직업 적성에 대한 평가를 하고 있는데, 정부기관이나 사기업은 물론이고 종교조직 등에서도 활용하고 있다. 예컨대, 공무원을 채용할 때 공무원으로서 사명감이 투철한 사람을, 즉 공직 동기가 높은 사람을 선발하며,[7] 군인정신이 투철한 사람을 장교로 선발하고, 신앙심이 깊은 사람을 성직자로 양성하며, 기업의 돈 가치에 투철한 사람을

7) 예컨대, 카우프만(Kaufman, 1976: 161-170)은 미국의 산림청에서 산림감시원을 뽑을 때 산을 사랑하고 고독과 역경을 참아낼 수 있는 사람만을 선발해 조직문화를 보존한다고 지적했다.

사기업에 채용하고, 교육자로서 자질이 높은 사람을 교육대학에 입학시키며, 언론인으로 자질이 높은 사람을 언론사에 채용하는 것 등을 들 수 있다.

일부 전문직에서는 일정한 양성 체계 속에서 교육훈련을 받고 자격증을 획득한 자만을 구성원으로 받아들인다. 장교 양성을 위한 사관학교나 학생군사훈련과정(ROTC), 법조인 양성을 위한 사법연수원이나 로스쿨, 목회자 양성을 위한 신학대학, 그리고 의사 양성을 위한 의학전문대학 등이 그것이다.

(2) 조직사회화

조직구성원은 조직생활을 하면서 조직문화를 자연스럽게 전수받는다. 조직구성원이 조직문화에 익숙하지 않으면 이미 조직에서 정립된 관습이나 신념을 교란할지도 모른다. 따라서 조직은 신규 채용자에게 조직문화를 수용하도록 돕는다. 이런 적응 과정이 사회화다(Robbins, 2003: 547). 대학의 신입생들은 신입생 오리엔테이션 시간을 갖는다. 이러한 사회화 과정은 도착 직전, 직면, 그리고 변신의 3단계를 거친다(Maannen & Schein, 1984: 58-62).

조직에서는 여러 가지 의례(rituals)와 의식(ceremonies), 그리고 행사(events)를 통해 조직문화를 전수하고 유지한다. 연초에는 한 해의 업무를 시작하는 시무식이 있고 연말에는 업무를 마무리하는 종무식이 있다. 그리고 조직의 창립기념일, 준공 및 입주식, 입사식, 체육대회, 야유회, 워크숍, 성과분석회의 등이 있으며, 부서 수준에서 회식 등이 있다.

여러 가지 의식 중에서 조직사회화에 가장 큰 영향을 미치는 것 중 하나인 입사의례는 신입사원으로 하여금 조직사회화를 돕는 중요한 문화 기제다. 입사의례는 입사식, 연수회, 수련회, 현장 직무교육 등을 포함하며, 신입사원들이 맞이하는 일종의 통과의례다. 입사의례는 신입사원으로 하여금 조직의 가치와 이상을 내면화하고 생소한 조직문화에 잘 적응하게 한다(박경용, 2008: 121).

참고

가톨릭 교회 신부 양성 제도

가톨릭 교회 신부(사제) 양성은 조직사회화를 위한 사전, 사후 절차가 비교적 잘 정비되어 있는 것으로 알려져 있다.

천주교에서는 각 본당에 성소계발후원회를 조직하여 '사제성소자'를 조기에 발굴하기 위해 초등학교 3학년부터 중등학교 3학년까지의 어린 학생을 복사로 선발하여 성소로 유도한다. 각 교구에서는 성소국과 예비신학교를 두어 사제성소에 뜻을 둔 중·고등학생들과 일반인을 대상으로 '예비신학생모임'을 운영한다. 사제후보생들은 해당 교구별로 교육을 받고 사제 서품 뒤에도 교구별로 근무하는 속지주의 원칙에 따라 한국에서는 7개 교구의 7개 신학교별로 7년 과정의 교육을 받는다. 각 교구에서 해당 교구에 필요한 수 만큼의 사제를 양성한다. 그리고 교구별로 사제를 양성하는 학비, 기숙사비, 도서비 등 일체의 비용을 부담한다.

자료: 허호익, "가톨릭의 사제 양성과 개신교의 목사 양성," 『한국기독공보』, 제2839호, 2012.2.20

국가공무원인재개발원에서는 신규채용 공무원들을 대상으로 공직 가치를 교육하여 정체감을 확립시켜 주며, 대기업에서는 그룹 차원별로 신입사원 입사교육을 실시하여 회사 가치를 체득하게 한다. 병사들은 훈련소에서, 장교들은 사관학교에서 교육과 훈련을 통해 군인이 된다. 예컨대, 모든 해병대원들은 해병대훈련소에서 '해병의 길'을 배운다.

2) 조직문화의 변혁

조직문화가 조직의 성장과 발전에 장애물이 되는 경우가 있다. 로빈스(Robbins, 2003: 503)는 조직문화의 변혁이 필요할 때를 제시하는데, 조직이 극적인 위기를 맞이했을 때, 최고관리자가 교체될 때, 조직의 연륜이 짧고 규모가 작을 때, 조직문화가 취약할 때, 그리고 하위문화가 결여되어 있을 때다. 이때 최고관리자는 의식과 이야기 등을 통해, 채용과 훈련을 통해 조직문화를 변혁시켜야 한다.

조직문화의 개발 방법은 새로운 상징과 표어를 개발하는 방법 외에는 위에서 학습의 방법으로 제시한 것과 유사하다.

조직문화에 대해서는 조직구성원들이 인식하는 이상적인 조직문화와 현재 그들이 지각하고 있는 실제의 문화를 비교하여 차이가 큰 부분을 쇄신한다.

참고

삼성전자의 조직문화 혁신 사례: '애니콜 화형식'

삼성전자의 이건희 회장은 1995년 1월, 제품 불량으로 반품되어 입고된 애니콜 15만 대를 수거해 전국의 모든 생산직원이 보는 앞에서 불태웠다. 이것이 '애니콜 화형식'이다.

삼성전자는 국내 1위를 넘어 세계 1위가 되기 위해서는 불량률 제로에 도전해야 했다. 이런 상황에서 두 자릿수 불량품 반송은 반드시 해결해야 할 과제였다. 이건희 회장은 기술과 품질을 표방하는 신경영 선포가 일회성 이벤트로 끝나지 않기 위해서는 변하지 않는 조직문화를 근본적으로 뜯어고치기 위한 특단의 조치가 필요하다고 생각했다. 새로운 가치를 전 사원에게 각인시키기 위한 것이 바로 '애니콜 화형식'이었다. 삼성전자의 조직문화는 이것을 계기로 대전기를 마련하게 된다.

자료: 신경수(2020: 29-30)

3. 조직문화의 관리

1) 문화적 다양성과 조직문화 관리

하나의 조직 내에 다양한 하위 조직문화가 있을 수 있다. 그 이유는 조직구성원의 사회적 배경의 다양성 등에서 비롯된다. 한 조직 속에서 여러 세대, 남성과 여성, 다른 직종, 학력의 차이, 경험의 차이, 그리고 출신의 차이 등이 있는 구성원들이 함께 생활하기 마련이다. 따라서 조직은 문화적 다양성을 보인다.

문화적 다양성의 장점은 참신한 아이디어의 개발, 다각적 해석, 창의성과 융통성의 증가 등을 들 수 있다. 한편 문화적 이질성이 증가하면 모호성, 복잡성 등으로 혼란이 가중되고 의사소통과 의사결정에서 합의가 어렵게 된다(Adler, 1986). 따라서 문화적 다양성을 탈피해 획일성을 추구하는 것만이 능사는 아니며, 문화적 다양성을 인정하고 그것의 장점을 최대한 살려 시너지(synergy) 효과를 높일 방법을 고려해야 한다.

특히 다국적 기업이나 국제연합(UN)과 같은 국제기구는 많은 나라에서 온 사람들로 구성되어 있어서 다양한 이질적 문화가 존재하므로 문화적 다양성에 기초해 조직을 관리해야 한다.

2) 우리나라에서의 조직문화와 조직문화 관리

우리나라의 경우 한국만의 독특한 전통과 의식구조 등이 조직문화 속에 침전되어 있다. 한국 기업의 문화로 제시되고 있는 가시적 문화 특성으로는 'can do culture', 근면성, 집권적 조직구조와 권위적 관리 행동, 연공서열과 인화주의(人和主義) 등이 있다(이학종, 1989: 106-108). 한국의 행정조직문화로서 제시되고 있는 것은 계서주의, 정적 인간관계, 편 나누기(緣)의 문화, 감투 지향 의식, 선비 의식 등이다(조석준, 2004). 그리고 새로운 한국 문화의 원형으로 각광을 받고 있는 신바람에 바탕을 둔 'W이론'(이면우, 1992)이 제시되고 있다.

조직문화를 관리하는 데는 국가별 접근이 바람직하다. 미국에 미국 문화가, 일본에 일본 문화가 있고, 미국계 일본 기업에서 'Z이론'이 유효하듯이 한국에서는 한국적 모델이 필요하다. 그런 의미에서 이면우의 'W이론' 등은 한국의 조직문화 관리에 많은 시사점을 준다.

참고

대한민국의 정 문화

한국에서 정적 인간관계, 정(情) 문화는 한국의 사회문화에서 비롯된다.

그러면 정이란 무엇인가? 정은 강한 접착성을 지닌다. 정은 고마움을 직접 표현하지 않아도 서로 느낄 수 있는 간접적 소통성을 지닌다. 정은 서로를 뭉치게 해주는 집합성을 지닌다. 정이 있으면 서로를 보살피려 한다. 또한 정은 서서히 스며드는 것이다.

우리나라에서는 2, 3차의 술자리를 함께하는 것, 신입사원이 신고식을 하는 것 등을 볼 수 있다. 의사결정을 할 때 사리에 따르는 것보다는 정이 개입하는 경우가 많다. 또한 우리나라 사람들에게는 자기에게 주어진 공식적 역할 때문에 상대방에게 친절을 베풀어도 후자는 이를 정으로 받아들이는 경향이 있다.

자료: 김응수(2009: 31-49); 조석준(2004: 57-59)

3) 사회 변동과 조직문화 관리

조직문화는 비교적 장기간 변하지 않지만 극심하게 환경이 변화하거나 내재된 조직문화가 조직효과성을 달성하는 데 저해 요인이 될 때에는 그것은 변혁되어야 한다.

특히 사회 변동의 속도가 빠르고 이에 따라 문화적으로 이질적인 세대가 하나의 조직에 함께 근무할 때, 조직이 다양한 문화적 배경을 가진 사람들로 이뤄질 때는 조직문화에 대한 관리는 그 중요성을 더해 간다.

정부, 기업, 그리고 시민단체 등에서 발견되고 있는 문화적 특징들은 나름대로 의미가 있고 기능을 해왔다고 생각한다. 그렇지만 문화의 변화 가능성을 고려할 때 새로운 사회에 부합하는 조직문화로 수정하고 변동시키는 노력이 요구된다.

요컨대, 조직은 개별적인 역할과 사명, 역사, 그리고 구성원을 갖고 있으므로 독특한 조직문화 관리전략을 모색할 수밖에 없다. 조직의 변동 단계, 그리고 성장 단계에 따라서 조직문화도 재조정되어야 한다.

토의 과제

❶ 온정적 조직문화의 장·단점을 설명하라.
❷ 특정 조직을 제시해 조직문화를 조사하고 조직문화 형성 과정을 토론하라.
❸ 한국에 있는 외국계 회사나 대사관의 조직문화를 비교하라. 또한 외국에 나가 있는 한국 회사의 지점의 조직문화를 비교하라.

제 5 편

조직의 과정과 관리

제 9 장

의사결정과 기획관리 및 조정

조직에서 의사결정은 가장 기본적인 연구 대상이다. 의사결정은 기획이나 정책관리의 핵심적 내용이기도 하며 조직에서 문제를 해결하는 데 필수적으로 거쳐야 할 단계다. 여기서는 의사결정을 기반으로 하여 기획관리, 그리고 조정에 관한 주제를 다루기로 한다.

제 1 절 의사결정의 본질과 과정

1. 의사결정의 의의와 유형

1) 의사결정의 정의

조직에서의 활동은 의사결정의 연속이라 할 수 있다. 개인, 집단, 기업, 정부, 국제기구 등 모든 사회 주체들은 그들이 어떤 행위를 할 때 종전의 방식으로 하든, 새로운 방식으로 하든 간에 의사결정이라고 하는 활동에 직면하게 된다. 예컨대, 개인이 승용차를 구입하려 할 때, 동창들끼리 등산을 가려 할 때, 기업에서 신제품을 개발하려 할 때, 정부에서 공공문제를 해결하려 할 때, 그리고 국제연합(UN)에서 국제적 문제를 해결하려 할 때는 어떤 형식으로든 의사결정을 하게 된다.

그러면 의사결정(decision making)이란 무엇인가? 의사결정이란 개인, 집단 혹은 조직이 문제를 해결하기 위해 목표를 설정하고, 설정된 목표를 달성하기 위해 대안을 마련하며, 대안들 중에서 특정 안을 선택하는 행위로 정의할 수 있다. 의사결정은 문제의 해결 과정, 분석 과정, 그리고 선택 과정으로 구성된다.

첫째, 의사결정은 조직에서 문제의 해결과 관련이 있다. 조직은 풀어야 할 수많은 문제(problems)를 가지고 있다. 문제에는 현재의 문제는 물론 과거의 문제나 미래의 문제도 포함된다. 문제는 기대와 현상의 차이, 목표와 실적 및 결과의 차이 등에서 인식될 수 있다. 의사결정은 문제 해결 그 자체는 아니다. 문제 해결은 의사결정과 그에 따른 행동이나 구체적 조치를 포함한다.

둘째, 의사결정은 결정을 위한 준비 과정, 즉 분석 과정이 필요하다. 의사결정의 환경을 점검하고, 의사결정의 문제를 정의하며, 결정의 목표를 세분화하고, 문제를 진단하는 것이다. 물론 문제에 따라서, 조직의 능력에 따라서 분석의 단계나 기법이 다양하게 나타날 수는 있다. 그러나 여러 대안을 마련한다는 점은 공통적이다.

셋째, 의사결정은 선택하는 행위다. 선택의 내용은 행위를 할 것인지, 하지 않을 것인지, 할 경우에도 어느 수준 또는 어떤 방법으로 할 것인지 등에 관한 것이다. 선택하는 과정에는 의사를 결정하는 자의 가치관 등이 개입된다. 의사결정이 권위와 정당성을 확보하려면 공포되거나 선언되어야 한다.

2) 의사결정의 유형

의사결정은 결정의 주체, 수준, 대상, 방법, 과정 등에 따라 다양한 모습을 보인다. 여기서는 개인적 결정과 집단적 결정, 그리고 정형적 결정과 비정형적 결정으로 구분해 살펴보기로 한다.

(1) 개인적 결정과 집단적 결정

의사결정은 결정의 주체에 따라 개인적 의사결정과 집단적 의사결정으로 나눌 수 있다. 개인적 결정은 결정자 개인이 최종적으로 판단을 내리는 의사결정이며, 집단적 결정은 개인들의 집합인 집단의 의사결정으로 위원회나 회의에서 합의에 도달하는 의사결정이다. 두 유형은 각각 장 · 단점이 있다.[1)]

---

1) 대체로 집단의 의사결정은 개인의 의사결정보다는 나을 것이라고 보인다. 개인적 의사결정에 비해 집단적 의사결정은 좀 더 완전한 정보를 얻을 수 있고 더 많은 대안을 마련할 수 있다. 집단적 결정은 결정사항이 전문적이고 기술적일수록, 많은 이해관계자가 관여되어 있을 경우, 좀 더 창의적인 문제 해결이

(2) 정형적 결정과 비정형적 결정

의사결정은 결정의 방법에 따라 정형적 결정과 비정형적 결정으로 나눌 수 있다(Daft & Marcic, 1998: 235-236). 정형적 결정(programmed decision)은 의사결정의 방법이나 문제 해결의 방법이 이미 정해져 있는 경우로 일상적인 문제, 반복적인 문제, 잦은 문제, 그리고 인과관계가 매우 확실한 경우의 결정 상황에서 이용된다. 결정을 할 때 정책, 규칙, 그리고 표준운영절차(SOP) 등과 같은 절차에 따른다(예: 정부의 경상예산 집행 결정, 기업의 재고품 처리 결정, 학교의 입학 합격생 결정 등).

비정형적 결정(non-programmed decision)은 의사결정 방법이 미리 정해져 있지 않은 것으로 새로운 문제, 선례가 없는 문제, 복잡한 문제를 해결하기 위해 과거와는 다른 여러 방법이 의사결정에 이용된다. 여기에는 창의성이나 직관, 그리고 불확실성에 대한 예견과 같은 것이 필요하므로 집단 토의 등을 통한 결정 절차를 거친다(예: 정부의 국책사업의 결정, 기업의 제품다각화 결정, 대학교의 캠퍼스 이전에 관한 결정 등).

2. 의사결정의 상황과 내용

의사결정의 상황을 의사결정자, 의사결정의 문제, 의사결정의 구조, 의사결정의 환경, 그리고 의사결정의 내용으로 구분하여 살펴본 후 의사결정의 내용을 다룬다.

1) 의사결정자

조직에서 의사결정자는 개인과 집단으로 구분할 수 있다. 혼자서 의사를 결정하는 경우는 흔하지 않으며 대체로 여러 사람이 관여하게 된다. 그러나 최종적인 판단은 개인에게로 귀착된다. 저자는 의사결정에 영향을 미치는 개인적 특성으로 전문지식, 이념과 이데올로기, 성격, 경험, 이해관계 등을 제시하고자 한다.

요구되는 경우에 유용하다.

그러나 집단적 의사결정은 집단 내에 지배적인 인물이 있어서 의사결정을 비합리적으로 이끌 수도 있으며, 하급자의 견해가 상급자의 견해보다 우월할 수 있음에도 불구하고 상급자 집단들의 의사가 지배적일 수 있다(Gibson et al., 2000). 결정 의사에 대한 책임 소재가 불명확하기 때문에 무책임한 결정을 내릴 수도 있고, 최종 의사결정을 내릴 때까지 시간이 많이 걸린다는 단점도 있다.

참고

의사결정 영향 요인: 의사결정자의 특성

- **전문지식**: 보유 지식의 깊이와 양
- **이념과 이데올로기**(가치관, 주의, 이념 등): 보수·개혁 지향, 개인·집단주의, 자유·평등주의, 민족·다민족 주의, 종교적 독단주의 대 무신론자 등
- **성격**: 권위주의적인 성격의 여부, 성급한·느린 성격, 과거·현재·미래 지향형 성격, 이상주의 대 실용주의 성격, 위험 부담형 대 위험 회피형 성격[2] 등
- **경험**: 경험의 다과, 경험의 성질: 성공 경험과 실패 경험
- **이해관계**: 이해관계의 유무와 정도

그 밖에 집단이나 조직 자체의 기능이 의사결정에 영향을 줄 수 있다. 정부관리자는 공익 추구적이라든가, 법관은 정의의 편에 서야 한다든가, 국회는 정부를 통제해야 한다든가, 기업은 이윤 추구를 해야 한다든가 하는 조직의 기본 기능에 충실한 결정을 하게 된다. 조직 내부에서도 감사기구는 통제 위주의 결정을, 예산심의기구는 삭감 위주의 결정을 하게 된다. 따라서 이런 조직이나 기구에 속해 있는 관리자들은 자신의 업무에 충실하다 보면 의사결정상의 특성이 나타나게 된다. 그리고 의사결정을 하는 순간의 피로나 긴장 상태 등은 의사결정에 나쁜 영향을 줄 수 있다.

2) 의사결정의 문제

조직에서 결정해야 할 대상으로서 문제가 갖고 있는 성질이 의사결정에 영향을 줄 것이다. 이러한 문제의 성질로는 반복성 여부, 복잡성 여부, 시간성 여부, 딜레마 여부 등이 중요하다고 본다.

첫째, 문제의 반복성은 의사결정에 영향을 미친다. 반복성이 크면 클수록 일상적으로 문제를 해결하게 된다. 반복성이 적고 예외적으로 일어나는 문제에 대해서는 좀 더 신중하고 다양한 방법으로 의사결정을 하게 된다.

둘째, 문제의 복잡성 여부는 의사결정에 영향을 준다. 복잡성은 문제의 인과관계나 관여자의 다양성에서 비롯된다. 복잡성은 확실성, 불확실성, 그리고 위험도 등으로 나

2) 위험 부담형은 불확실성이나 위험성이 있는 상황에서 다소 무리한 결정을 할 수 있으나, 위험 회피형은 안정적이고 확실한 대안을 선택할 가능성이 많다.

타난다. 한편 관여자의 다양성이란 문제의 해결에 관여하는 다양한 관계자들이 있으며, 그들 간에 상이한 입장과 이해관계로 인해 해결이 쉽지 않은 문제를 말한다.

셋째, 시간성이 의사결정에 영향을 미친다. 시간성은 시간의 흐름에 따라서 과거, 현재, 그리고 미래의 의사결정으로 구분할 수 있다. 과거에 대한 의사결정에 비해 현재 또는 미래에 대한 의사결정은 상대적으로 어렵다.

넷째, 문제의 딜레마 상황이 의사결정에 영향을 준다. 딜레마란 주어진 맥락에서 선택을 전제로 하며, 상충되는 가치가 선택 상황 속에 동시에 나타나고, 그것이 대안으로 표시될 수 있으며, 대안들 간에 비교가 불가능하지만 그 중요성이 비슷하기 때문에 대안의 선택이 매우 곤란한 경우다(예: 전국교직원노동조합의 경우 교사의 지위는 노동자의 지위와 비노동자의 지위 사이에서 딜레마가 있다).

3) 의사결정의 구조

의사결정 구조란 의사결정의 단계나 절차가 제도화되어 있는 틀을 의미한다. 의사결정 구조는 집권성과 분권성, 회의제와 계서제, 기타 의사결정의 절차를 들 수 있다.

첫째, 집권성과 분권성이 의사결정에 영향을 미친다. 조직구조가 집권적일수록 통일적이며 능률적이고, 그것이 분권적일수록 분산적이며 민주적이다. 하위기관이나 하위자에 대한 권한의 위임 정도는 의사결정에 영향을 미친다.

둘째, 회의제와 계서제가 의사결정에 영향을 미친다. 계서제는 집권적이고 회의제는 분권적이다. 회의제(예: 국회, 국무회의, 기업의 이사회의, 주주총회, 학교의 교무회의, 종교단체의 종무회의, 정당의 당무회의)에서의 의사결정 방법으로는 완전합의제나 다수결 결정제 등이 있으나 후자가 보편적이다. 다수결 결정제도 4/5, 3/4, 2/3, 과반수 찬성 등 표결의 형태는 다양하다.

셋째, 기타 의사결정의 절차가 의사결정에 영향을 미친다. 문제에 대한 전문가나 이해관계자들의 참여의 절차적 제도화 문제는 의사결정의 질(質)에 영향을 미친다(예: 심의제와 자문제, 공청회와 입법예고제 등).

참고

의사결정과 정족수

- **정족수**: 회의를 열거나 의결하는 데 필요한 최소한도의 출석 인원 수를 말한다. 회의는 원래 그 구성원 전부가 출석해 열어야 하지만 실질적으로 무리가 있기 때문이다.
- **의사정족수**: 회의를 개의하는 데 필요한 최소한의 출석 인원 수를 말하며 회의의 종류에 따라 다르다. 예컨대, 국회 본회의의 의사정족수는 재적 의원 1/4 이상, 위원회의 그것은 1/3 이상이다.
- **의결정족수**: 안건을 의결하는 데 필요한 최소한의 인원 수를 말한다. 국회의 경우를 보면 일반 의결정족수는 재적 의원 과반수의 출석과 출석 의원 과반수의 찬성으로 의결하며, 특별 의결정족수는 일반 의결정족수 이외에 헌법 및 법률에서 달리 정하고 있는 의결정족수를 따른다.

자료: 국회사무처 의사국(1999: 123-124)

4) 의사결정의 환경

의사결정의 환경이란 조직 내에서 의사결정이 이뤄지는 외부적 조건의 총체를 의미한다. 의사결정의 환경으로는 위기성 여부, 확실성 여부, 의사결정 문화 등을 들 수 있다.

첫째, 위기성 여부는 조직이 직면한 상황이 위기 시인가 평시인가로 구분할 수 있는데 전자를 위기 시의 의사결정, 후자를 평시의 의사결정으로 구분할 수 있다.

위기 시의 의사결정 상황은 위협, 놀라움, 긴급성, 그리고 불확실성 등을 포함한다.[3)] 반면에 평시라는 의사결정 상황은 조직환경의 변동이 심하지 않고 빨리 결정할 필요가 없는 상황이다.

둘째, 확실성 여부에 따라 확실성, 위험성, 그리고 불확실성으로 구분할 수 있다. 이것은 주로 의사결정 대안을 분석할 때 의사결정자가 직면하는 환경이다(Robbins, 1988; Koontz & Weihrich, 1993). 이를 설명하면 다음과 같다.

확실성(certainty)이란 모든 대안이 가져올 결과가 알려져 있는 의사결정 환경으로

3) 위기의 조건에 대해서는 헤르만(Hermann, 1972)의 주장이 많이 수용되고 있다. 그는 위협, 긴급성, 놀라움을 들고 있다. 로젠탈(Rosenthal, 1989)은 놀라움보다는 불확실성을 제시한다. 한편 나기산(1992)은 위협과, 불확실성, 긴급한 결정을 제시한다. 위기와 관련한 자세한 소개는 나기산(1992: 129-152)을 참조하기 바란다.

관리자는 정확하게 의사결정을 할 수 있다. 위험성(risk)이란 각 대안의 기대 결과에 대해 확실하게 알 수는 없으나, 특정한 일이 발생할 확률은 알고 있는 경우다. 불확실성(uncertainty)이란 각 대안의 기대 결과에 대해 확률조차 계산할 수 없는 경우다. 불확실성이 클 때 종종 제비뽑기로 의사를 결정한다.

셋째, 의사결정 문화는 의사결정에 영향을 미친다. 성급한 결정문화에서는 의사결정의 속도가 매우 빠르나 완만한 결정문화에서는 의사결정의 속도가 느리다. 이성적인 결정문화에서는 제도와 절차, 그리고 분석 과정을 거침으로써 결정된 내용이 납득이 가지만 감성적인 결정문화에서는 순간적인 욕구나 정서에 의존하게 되어 결정 후 후회하는 경우가 많다. 의사결정 문화는 조직체별로 차이가 있지만 국가 간에도 차이가 있다.

5) 의사결정의 내용

(1) 가치의 결정과 사실의 결정

의사결정은 결정의 수준에 따라 가치의 결정과 사실의 결정으로 구분할 수 있다. 가치의 결정은 조직과 정책의 목표 등 상대적으로 차원이 높은 것을 대상으로 하며, 선과 악의 판단, 정의·민주·능률·형평·사회봉사 등 조직관리의 이념을 결정하는 것이다. 한편 사실의 결정은 이들 가치를 실현하기 위한 수단이나 방법을 결정하거나 사실의 존재 유무를 결정하는 것이다. 이러한 구분은 상대적이다.

가치의 결정과 같은 기본적인 결정을 전략적인 결정이라 하고, 일상적인 문제의 해결과 같은 결정을 전술적 결정으로 구분한다. 한편 앤소프(Ansoff, 1965)는 이들을 더 세분해서 전략적 결정, 관리적 결정, 그리고 업무적 결정으로 구분한다. 여기서 관리적 결정이란 각종 자원의 활용과 관련한 결정이며, 업무적 결정은 구체적 사업 집행과 관련한 결정이다.

(2) 가부의 결정과 방법의 결정

의사결정은 결정 내용이 포함하는 정도에 따라서 가부(可否)의 결정과 방법의 결정으로 구분할 수 있다. 가부의 결정이란 무엇인가를 할 것인가 하지 않을 것인가를 결정하는 것이다. 즉, 정부가 국민의 경제생활에 개입할 것인가 말 것인가, 기업에서 새로운 제품을 개발할 것인가 말 것인가를 결정하는 것이다. 전자는 현 상태의 유지와 후자는 현 상태의 변동과 관련이 있다.

방법의 결정이란 주어진 목표와 이에 따른 수단이나 방법을 연계시킨 대안들에 관한 결정이다. 즉, 방법에 관한 결정에는 누가, 무엇을, 언제, 어떻게, 어느 정도로 하겠다는 결정을 말한다.

가부를 결정하거나 방법을 결정할 때, 우선순위를 결정하는 경우도 있으며, 조건부로 결정하는 경우가 있다.

3. 의사결정의 과정

1) 의사결정 단계

(1) 문제의 규명과 목표의 설정 및 확인

문제란 목표나 기대치와 현실의 차이를 의미한다. 의사결정자는 문제의 현재 상황과 방치할 때 예측되는 미래 상태를 전망한 후 해결해야 할 문제가 무엇인지를 규명해야 한다. 해결해야 할 문제가 규명되면 그 문제를 해결할 것인지와 문제의 해결 정도를 밝히는 목표를 설정해야 한다.

(2) 대안의 개발 및 평가

목표가 결정되면 이를 해결하기 위한 수단들인 대안을 개발해야 한다. 이미 선례가 있는 경우에는 그것을 참고하며, 그것이 없는 경우에는 회의나 독창적 사고를 통해 대안을 모색한다. 이러한 선례로는 외국의 경험, 역사적인 경험을 모두 포함한다.

개발된 대안에 대해 분석의 기준은 소망성(desirability)과 실현 가능성(feasibility)으로 구분할 수 있다(정정길 외, 2012).

참고

자동차 구입 의사결정

개인이나 조직이 승용차를 구입할 때 중요한 고려 요소는 경제성과 비경제성으로 구분할 수 있고, 경제성에는 다시 구입 가격과 구입 조건, 유지 가격, 연료비가 포함된다. 비경제성에는 안전성, 편리성, 사회적 지위, 환경친화성, 승차감 등이 포함된다. 구입할 수 있는 차종이 아우디, 스포티지, 아반테, 소나타, 페라리, 그랜저, 벤츠가 있다고 할 때 대안분석을 해보자.

대안으로는 차종을 든다. 중고차인가 신형차인가? 어떤 차종인가? 그리고 개인이나 조직의 제약 조건은 무엇인가? 여러 분석 기준에 따라서 분석하고 평가한 후 실현 가능한 대안 중에서 가장 바람직한 대안(차종)을 선택한다.

(3) 최종안의 채택

분석가들에 의해 평가된 대안들은 최종 결정자에 의해 어느 한 대안이 채택되거나 경우에 따라서는 여러 대안이 절충되어 채택되는 수도 있다. 최종안의 선택 과정은 대안의 개발이나 평가에 비해 좀 더 가치 함축적이라 할 수 있다. 다시 말해, 최종 결정자의 가치관이나 주관이 개입할 가능성이 높아진다. 이런 결정 과정에 이해관계자가 참여함으로써 결정이 타협의 산물이 될 수도 있다. 한편 의사결정은 선택 기준이 모호하거나 목표가 여럿일 때 선택상의 갈등을 느낄 가능성도 있게 된다. 회의제에서 최종안의 선택은 대화와 타협에 의해 결정될 가능성이 높다.

(4) 의사결정의 수정

의사결정은 최종안이 채택된 후에도 그 집행 전이나 집행 후에 환경 변화에 대응하기 위해, 즉 예측하지 못했던 상황의 발생에 대처하기 위해 수정되는 경우가 허다하다. 불변의 의사결정은 거의 없는 것이다. 그런데 의사결정을 했던 때에 반해 의사결정의 수정 단계에서 관리자들의 관심은 떨어지는 것으로 보인다.

2) 의사결정의 합리성과 민주성

의사결정의 기준으로서 합리성과 민주성이 제시되고 있다. 이를 의사결정의 접근 방법과 의사결정에의 참여라는 측면에서 다뤄 보고자 한다.

(1) 의사결정의 합리성

의사결정에서 가장 중요한 판단 기준으로서 합리성(合理性, rationality)을 들고 있다. 여기서 합리성이란 내용상의 합리성과 절차적 합리성으로 구분할 수 있다. 전자는 내용적으로는 문제 해결이나 목표 달성과 이를 위한 수단의 적합도를 의미한다. 인과관계의 적합도가 문제가 된다. 후자는 의사결정을 할 때 합리적인 추론의 과정을 의미한다. 추론의 과학성과 객관적인 방법 및 절차를 강조한다.

의사결정의 합리성은 그 정도에 따라 완전 합리성과 완전 불합리성을 끝으로 하는 어느 선상에 위치하게 된다. 중간의 어느 점을 제한된 합리성(bounded rationality), 불완전한 합리성이라 부른다. 의사결정과 관련한 정보, 자원의 제약, 그리고 불확실성은 합리성을 제약한다.

합리성과 관련해 초(超)합리성이 제시되고 있다. 이것은 의사결정 과정에서 직관이나 창의와 같은 합리성 외적 요인이 개입될 수 있다는 것이다. 초합리성이 불합리하다는 것은 아니다. 직관이나 판단력은 경험, 훈련, 상식을 기초로 하기 때문이다.

의사결정은 위에서 제시한 합리성 정도에 따라서 다음과 같이 합리적 모형, 만족화 모형, 점증적 모형, 혼합 모형, 그리고 최적 모형이 제시되고 있다.

참고

의사결정의 합리성 모형

- **합리적 모형**: 완전 합리적으로 의사가 결정
- **만족화 모형**: 합리성의 제약 속에서 의사가 결정
- **점증적 모형**: 현실보다 약간 향상된 상태에서 의사가 결정
- **혼합 모형**: 장기적 결정은 합리모형, 단기적 결정은 점증모형에 따라 의사가 결정
- **최적 모형**: 합리성을 바탕으로, 직관 · 창의와 같은 초합리성이 반영되어 의사가 결정

(2) 의사결정의 민주성

의사결정의 민주성(民主性)이란 의사결정자로서 개인보다는 집단을 강조하는 경우에 유용한 이념이다. 민주성은 내부적 민주성과 외부적 민주성으로 구분할 수 있다. 전자는 의사결정 과정에서 조직 내부자의 참여를, 후자는 조직 외부 이해관계자의 참여를 의미한다.

의사결정에의 참여와 관여의 보장은 민주적이기는 하지만 의사결정이 합의에 이르지 못하는 경우를 자아내기도 하고 의사결정을 지연시키는 등 문제점이 없는 것은 아니다.

조직구성원이 의사결정에 참여하는 방법은 제도적인 면과 관리적인 면으로 구분할 수 있다. 제도적인 방법으로는 품의제, 제안제도, 위원회, 회의제와 노동조합에 의한 방

법을 들 수 있으며, 관리적 방법으로는 민주적 리더십, 권한 위임과 상담을 들 수 있다.

(3) 의사결정 기준의 종합: 상황적인 접근

이상에서 의사결정 기준으로 합리성과 민주성을 살펴보았다. 이들 기준에 따라 채택된 대안을 연결해 본다. 합리성과 민주성이 모두 확보된 경우에는 최적안을 결정할 수 있지만 둘 다 충족하지 못한 경우에는 의사결정이 보류된다. 합리성만 확보되고 민주성이 확보되지 못한 경우에는 타협에 의해 결정되며, 민주성만 확보되고 합리성이 확보되지 않은 경우에는 점증적으로 결정된다.

3) 효율적 의사결정

좋은 의사결정, 성공적인 의사결정, 그리고 효과적인 의사결정은 관리자가 추구해야 할 목표다. 효율적인 의사결정이 되기 위해 의사결정에 미치는 영향 요인과 몇 가지 개선 방법을 살펴보아야 한다. 앞에서 의사결정의 상황과 내용 등에서 여러 가지 영향 요인을 제시하고 설명했다. 이들 중 부정적인 요인을 제거하고, 긍정적인 요인을 촉진시키면 효율적인 의사결정이 이뤄질 것이다.

그 밖에 의사결정이 효율적(效率的)이려면 문제와 결정 방법의 적합성을 확보하고, 의사결정자의 능력을 향상하며 보완하며, 관리 체제를 변화시켜야 한다. 문제의 성질에 따라 문제를 해결하여 의사를 결정하는 방법이 적절히 맞추어져야 한다. 그리고 의사결정자의 직관, 판단력 및 창의력을 높여서 결정자의 역량을 키워야 한다. 또한 의사를 결정하는 관리 체제를 개선하여야 한다. 이 체제에는 조직과 제도 등이 포함된다.

의사결정의 전 단계인 문제의 정의나 대안 개발의 단계에서, 특히 비정형적 의사결정에서는 집단토의를 통해 창의적인 아이디어를 개발하는 것이 유용하다고 한다. 이러한 개발 방법으로는 브레인스토밍(brainstorming), 델파이 기법, 명목집단 기법 등이 제시되고 있다(Gibson et al., 2000).

조직에서 의사결정을 할 때, 특히 불확실한 상황 하에서는 많은 잘못을 저지른다. 관리자들이 의사결정을 할 때 실수하게 되는 두 가지 유형이 있다. 첫 번째는 실행할 수 없는 대안을 선택한 것이며, 두 번째는 실패할 줄 알면서 선택하는 경우다(Daft, 2007). 첫 번째 유형은 진짜 실수한 것은 아니며 오히려 그것은 조직학습을 촉진하는 것이다. 두 번째 유형은 그것이 잘못될 줄 알면서도 그것을 강행하는 것으로 조직학습을 방해하며 조직에 큰 해를 끼치는 것이다.

제 2 절 기획관리와 성과관리

1. 기획관리

1) 기획관리의 의의와 단계

(1) 기획관리의 의의

관리의 과정은 보통 계획(plan) → 실시 및 집행(do) → 통제(see)의 단계를 거친다. 이러한 관리의 단계는 조직의 영역, 관리의 대상, 그리고 관리의 요소에 공통적으로 적용될 수 있는데, 예컨대 행정조직을 포함한 정부조직, 회사 등 기업조직, 교회나 사찰 등 종교조직, 학교 등 각종 문화·교육조직, 정당 등 정치조직 등 조직의 영역이 무엇이든 적용될 수 있다. 그리고 그것은 관리의 요소인 조직, 인사와 인력, 예산, 물자와 시설, 정보 등에 공통적으로 적용되며, 관리의 대상인 정책, 홍보, 연구, 생산 등에도 공통적으로 적용된다.

관리의 과정적 측면이란 '계획-실시 및 집행-통제'의 관리 일반 과정을 의미한다. 저자는 이러한 관리의 과정적 측면을 기획관리라 칭하고자 한다. 기획관리를 좀 더 세부적으로 살펴보면 인사 부문은 인사계획-인사 실시-인사 감사로, 정책 부문은 정책형성-정책집행-정책평가로, 그리고 예산 부문은 예산의 편성과 심의-예산집행-회계감사라는 명칭으로 불리고 있으나 그 단계의 내용은 일반 관리 과정과 유사하다.

한국에서 기획관리는 1960년대 이후에 미 육군에서의 군사기획 제도를 한국의 육군에서 수용한 뒤 정부기관에서 받아들였으며, 그 결과 경제 발전에 크게 공헌했다고 보인다. 그 후 기업에서 정부의 기획관리 제도를 받아들여 발전시켜 왔다. 현재 조직에서 기획관리는 성과관리와 연계되어서 발전되어가고 있다. 미래의 한국 사회는 불확실성과 급격한 변동이 기다리고 있다. 지식정보사회와 국제화사회에 적절히 적응하기 위해서는 정부, 기업은 물론이고 사회조직에서도 기획관리는 그 중요성을 높이 평가받을 것이다.

(2) 기획관리의 단계

기획관리의 단계는 계획의 작성, 계획의 집행, 계획의 평가 및 통제, 그리고 환류로 구분하는 것이 가장 일반적이다.

기획(企劃) 혹은 계획 작성이란 조직의 목표를 달성하기 위해 미래를 위한 여러 행동 방안을 모색하고 결정하는 행위나 과정이다. 계획 작성은 기획관리의 출발이므로 계획 작성의 성패는 기획관리의 성패에 지대한 영향을 미친다.

계획의 집행(執行)이란 사전에 마련된 계획 내용을 해석하고 적용하며 실시하는 것이다. 계획의 집행은 집행 책임을 맡은 집행기관이나 조직의 구성원들이 계획안에 따라 실시하는 것이므로, 계획안의 이해와 해석에 따라서 집행 과정에서 융통성과 재량성을 가질 수 있다. 따라서 계획을 집행하기 위해 적절한 지침이 개발되어야 한다. 계획을 집행하는 데는 집행자를 위한 적절한 동기유발이 필요하며, 스스로 통제해 계획 목표에 부합된 계획 집행을 할 수 있는 절차나 기법이 요구된다.

계획의 평가 및 통제란 계획 집행의 결과나 실적이 계획 기준에 부합한지 여부를 측정하며 이에 따라 원인과 결과 등을 평가하는 것을 말한다. 계획이 의도한 대로 집행되고 있는지를 확인하고, 계획의 실시가 완료된 후 그 결과를 평가함으로써 추후의 계획에 대한 참고 자료로 삼을 수 있다. 전자를 계획의 통제, 후자를 계획의 평가라 한다.

환류(feedback)란 계획 평가의 결과를 다음의 계획이나 진행 중인 집행 단계에 반영하는 것을 말한다. 환류는 부정적 환류와 긍정적 환류로 나뉜다(Maciariello, 1984: 7-8). 부정적 환류(negative feedback)란 체제의 바람직한 결과로부터 이탈하려는 것에 대응하기 위해 신호를 보내는 과정이다. 한편 긍정적 환류(positive feedback)란 체제가 현재의 상태를 더욱 강화하려는 신호를 보내는 과정이다. 계획통제 이후의 환류는 체제가 자신의 목표를 달성하기 위한 부정적 환류를 의미한다. 통제의 사이버네틱 패러다임(cybernetic paradigm)은 자율 규제의 일환이다.

이러한 기획관리의 과정을 간단히 나타내면 [그림 9-1]과 같다. 계획 작성에 따라 계획은 집행되며 집행의 결과를 기준과 비교해 차이(특히 부정적 차이)가 있으면 환류를 통해 작성된 계획(계획 1)을 변경하든가 집행을 수정하며, 차기의 계획(계획 2)에 반영한다.

그림 9-1 기획관리의 과정

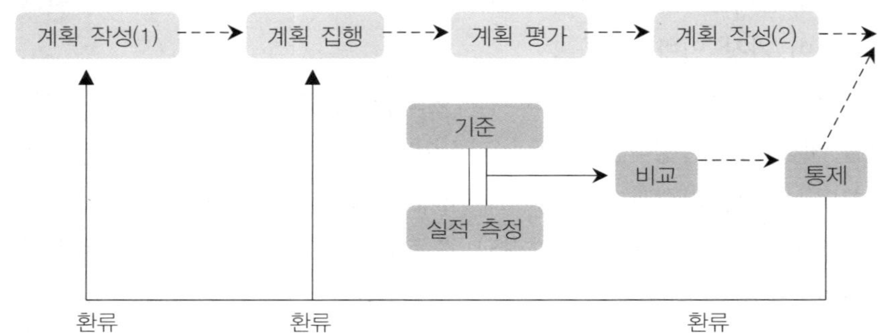

2) 기획(계획 작성)의 의의와 과정, 미래 예측

(1) 기획의 의의

기획 혹은 계획 작성이란 조직의 목표를 달성하기 위해 미래를 위한 여러 행동 방안을 모색하고 결정하는 행위나 과정이다. 기획의 특징으로 의도적 목표 달성, 효율적 자원관리, 미래 관련성, 합리적 분석, 실천가능성, 그리고 의사결정성을 들 수 있다.

기획의 대상으로는 여러 가지가 있지만 중요한 것으로는 정책, 전략, 그리고 사업 등을 들 수 있다. 정책(policy)이란 조직에서 행동의 일반방침이나 기준이며, 의사결정이 목표와 목적에 부합하게 하는 일반적인 서술이다. 전략(strategy)은 특정 상황과 제약 아래서 자원 배분 및 행동에 관한 원칙을 말한다. 사업(program)은 특정한 목표를 달성하기 위한 자원과 행동의 복합체로서 보통 예산과 인력의 뒷받침이 필요하다. 이들에 대해서는 별도로 다루고자 한다.

(2) 계획의 유형

계획은 기간을 기준으로 하여 장기계획, 중기계획, 단기계획으로 구분할 수 있다. 장기계획은 10년 이상을 기간적 대상으로 하며, 장기적인 구상이 포함된다. 중기계획은 3년 내지 7년 이내를 기간적 대상으로 하며, 비교적 실현 가능성이 높다. 단기계획은 1년 혹은 그보다 짧은 기간을 기간적 대상으로 하며 매우 실천 가능성이 높다.

계획은 반복성을 기준으로 상용(常用) 계획과 단용(單用) 계획으로 구분할 수 있다. 상용 계획은 반복해서 사용할 수 있는 계획이며, 단용 계획은 일회만 사용이 가능한 계획이다. 예산이나 단위 사업계획이 후자에 해당한다.

계획은 그 상황의 안정성에 따라서 평시계획과 우발계획으로 구분할 수 있다. 평시계획은 기획환경이 안정한 상태에서 이뤄진 것이고, 우발계획(contingency plan)[4]은 기획환경이 불안정한 상태에서 이뤄진 것이며 비상·감축 시 등에 작성된다.

(3) 기획의 과정과 미래 예측

기획활동은 대체로 몇 가지 단계를 거쳐 진행된다(김신복, 1999: 128-146; 최신융 외, 2007: 81-102). 기획 단계는 ① 목표의 설정, ② 상황의 분석, ③ 기획 전제의 설정, ④ 대안의 탐색과 평가, ⑤ 최종안의 선택으로 구분할 수 있다. 그런데 기획 과정은 이미 언급한 바 있는 의사결정의 단계와 다소 중복되므로 여기서는 기획과 관련해서 상황의 분석과 기획 전제의 설정, 그리고 미래 예측에 대해서 간략하게 서술하고자 한다.

첫째, 상황의 분석은 기획의 핵심 행위다. 기획 목표가 설정된 후 기획 대상 부문에 따라 현재의 상태와 미래의 상황에 관한 정보를 수집하고 분석해야 한다. 현재의 상황에 정보의 수집은 정확하고 객관적인 평가를 전제로 한다. 미래의 상황에 관한 정보의 수집을 미래 예측이라 할 수 있다. 이 단계에서는 정보 및 자료의 수집, 분석이 중요하며, 시간을 단축하기 위해서는 각종 자료의 DB 구축이 요구된다. 최근 빅데이터(big data)의 활용이 중요시되고 있다.

둘째, 기획 전제의 설정은 기획에서 꼭 필요한 절차이다. 기획 전제(planning premises)란 계획 수립의 기초가 될 주요 가정이나 전망을 말한다. 예컨대, 고용노동부에서 인력계획을 세울 때 인구증가율과 고등학교 졸업생의 대학 진학률을 일정하다고 전제하는 경우다. 기획 전제를 효과적으르 설정하려면 기획에 영향을 미치는 모든 변수의 전제를 고려하고, 고려된 변수의 발생 가능성을 가장 높은 상태에서 가장 낮은 상태에 이르게 해야 한다.

셋째, 기획 단계에서는 특히 미래 예측이 핵심적 행위다. 일반적으로 미래 예측의 방법으로는 질적 또는 정성적(定性的, qualitative) 방법과 양적 또는 정량적(定量的, quan-

4) 우발계획을 개발하기 위해서는 기획자들은 경기 후퇴, 인플레이션, 기술 발전, 그리고 안전사고 등 통제할 수 없는 변수를 확인하고 이들 요인이 최악의 상태에 있을 상황을 가정해 이들이 미칠 영향을 예측한 후 대비해야 한다. 예컨대, 로열더치셸(Royal Dutch/Shell) 석유회사는 1970년대부터 시나리오기획을 활용해 오고 있으며, 석유 전망이 나아지고 있다. 석유가 1배럴당 28달러이고 값이 오르고 있을 때 기획집단은 1배럴당 15달러일 때를 가정해 시나리오를 작성했는데 갑자기 1배럴당 15달러까지 가격이 인하됐지만 무사히 위기를 극복할 수 있었다(Daft & Marcic, 1998: 211-212).

titative) 방법으로 나누고 있다(김신복, 1999).

질적 예측 방법으로는 역사적 유추법, 위원회 토의법, 델파이 방법, 시나리오법 등이 있다. 역사적 유추법은 과거에 있었던 비슷한 사례를 참고해 미래를 예측하는 것이다. 위원회 토의법이란 예측 문제와 관련한 전문가들이 모여 중지(衆智)를 모아 미래를 예측하는 것이다. 델파이 방법이란 다수의 전문가에게 일련의 반복적인 질문을 통해 미래 상황을 예측하는 것이다. 위원회 토의법이나 델파이 방법은 주관적 판단에 따른 예측의 하나다.

양적 예측 방법이란 숫자나 통계치에 의존해 미래를 예측하는 방법으로 시계열분석과 인과분석 등을 들 수 있다. 시계열분석이란 역사적 경향을 근거로 하여 귀납적으로 예측하는 방법이다.[5] 인과분석이란 이론적 가정을 근거로 하여 원인과 결과를 연역적으로 예측하는 방법으로서 회귀분석이나 상관분석을 들 수 있다.[6]

2. 계획통제와 성과관리

1) 계획통제의 의의

조직의 통제는 다양한 측면을 갖는 것으로 학계에서 일치된 개념이 없는 상태다(Sitkin et al., 2010). 일반적으로 통제란 억제하고 규제하며 검사하고 조사하는 의미를 지닌다(Kast & Rosenzweig, 1979). 조직에서 통제란 목표 달성을 위해 조직활동을 집결시키는 하나의 과정이라 할 수 있다. 통제는 조직의 통합작용을 맡는 여러 가지 과정 가운데 하나로 조직구성원의 책임 이행을 확보하는 활동이다(오석홍, 2020). 조직 내에서의 통제는 이른바 관리통제(管理統制)라고 하는데, 이것은 계획과 통제가 밀접 불가분하다는 것을 의미한다(Steiss, 1982).

계획통제(計劃統制)란 정책이나 사업이 계획했던 대로 집행되고 있는가를 확인하고 계획 내용과 계획 집행의 차이를 최소화하는 관리활동을 말한다. 계획통제는 행정학에

5) 시계열분석(time series analysis)은 과거의 연도별, 분기별, 월별, 주별, 일별 등 시간적 간격을 두고 어떤 현상을 관찰한 후 이들을 순서적으로 배열해 이를 분석하고 경향을 찾아내어 모형을 만들고, 이에 따라 미래 일정 시점이나 기간에서의 통계량을 예측하는 방법으로 양적 예측 방법에서 매우 많이 활용하고 있다.

6) 회귀분석이나 상관분석은 두 변수 이상의 관계를 이론 모형으로 나타내고, 이에 따라 상관관계나 인과관계에 의해 미래를 예측하는 방법이다. 두 방법 역시 객관적인 통계치를 활용해 분석한다.

서는 행정에 대한 내부통제로, 경영학에서는 관리통제로 다뤄지고 있다.

2) 계획통제의 유형: 방향성에 의한 분류

계획통제는 방향성에 따라 후향통제, 즉시통제, 전향통제로 구분할 수 있다(Weihrich & Koontz, 1993).[7]

(1) 후향통제

후향통제(backward control)는 환류 체제로서의 통제를 의미한다. 후향통제는 가장 일반적인 관리통제의 방법이며 사후적 통제다. 그것은 집행의 결과인 실제 성과를 측정한 후 이를 목표치나 기준치에 비교하고 그 원인을 확인한 후 이를 다음의 계획에 반영시키는 방법이다. 환류가 자동적으로 이뤄질 수 있도록 제도화시킨 것이 환류 체제(feedback system)다(예: 가정용 자동온도 조절 장치)(Weihrich & Koontz, 1993).

(2) 즉시통제

즉시통제(real time control)란 계획을 시행할 때 계획으로부터 이탈하는 현상을 발견하는 즉시 통제해 문제를 교정하는 것으로 동시통제라고도 한다. 이를 위해서는 즉시정보 시스템의 개발이 필요하다[8](Weihrich & Koontz, 1993).

그런데 실제 관리통제를 하는 데 이 장치를 이용하는 것은 쉽지 않다. 문제의 원인을 규명하고 이에 대한 대책을 세우고, 이를 시행하기까지에는 많은 시간이 흐르는데 이를 시간 지체(time lag)라고 한다.

(3) 전향통제

전향통제(forward control)는 특정 현상이 진행하는 방향이나 정도를 알고서 이를 고려해 계획을 조정하는 방법으로 사전적 통제라 할 수 있다. 이는 미래 지향적 통제의 하나로서 투입 과정에서 변수를 조작하는 방법을 이용한다. 후향 환류 체제가 산출물을 측정한 후 이 결과를 투입이나 전환 과정에 반영시키는 데 반해, 전향 환류 체제(feed forward system)는 산출물을 측정하기 전에 수정 조치가 이뤄진다.[9]

7) 이에 대한 기본 아이디어는 와이리히와 쿤츠(Weihrich & Koontz, 1993)의 저서에서 얻은 것이다. 이 유형은 통제의 시점을 기준으로 분류하는 사후적 통제, 동시통제, 사전적 통제의 분류(오석홍, 2020; 윤재풍, 2014)와 유사하다.

8) 예: 수년간 항공사들은 빈 좌석에 대한 정보를 얻기 위해 탑승 인원, 여행 구간, 날짜 등을 단순히 입력시키기만 하면 즉시 이용 가능한 좌석이 있는지의 여부를 알려준다.

3) 계획통제의 과정

(1) 기준의 설정

계획을 통제하려면 그 기준이 있어야 한다. 통제의 기준은 계획 목표에 나타나 있으며, 이것은 현재나 미래의 예상되는 성과나 상태를 측정할 수 있는 근거 또는 척도가 된다. 계획의 목표는 단계적으로 분석되며 구체화되어 각 조직 단위나 개인의 업무로서 할당되기도 하지만 총괄적으로 나타날 수도 있다. 계획을 통제하는 것은 결국 담당조직이나 담당자에 대한 책임을 전제로 하므로 계획 목표와 책임이 연결되어야 한다. 기준은 조직의 유형에 따라서 다양하게 나타난다. 기준에 대해서는 별도로 다루기로 한다.

한편 계획활동의 모든 부문을 점검하고 통제하는 데는 시간과 비용, 그리고 노력이 많이 들므로 전략적으로 짧은 시간 내에 계획의 진행 상황이나 상태를 정확하게 파악할 수 있는 통제점을 설정하는 것이 바람직하다. 이를 '전략적 통제점(戰略的統制點)의 설정'이라 한다.

(2) 성과의 평가

계획통제의 기준이 설정된 다음에는 계획이 실시된 후의 결과나 성과를 파악해야 한다. 이때 결과나 성과는 계획이 진행 중인 경우는 물론 종료된 경우도 포함된다. 성과에 대한 정보나 자료는 집행기관으로부터의 보고나 감사를 통해 수집할 수 있는데 조직의 외부기관에 의한 평가 자료도 수집 대상이 된다.

수집된 계획 성과의 자료를 계획 목표와 비교해 차이의 정도, 분야, 원인, 그리고 앞으로의 전망을 분석한다. 전략적으로 성과를 평가하려면 계획 성과와 계획 목표의 차이가 큰 것을 집중적으로 분석해서 그 이유나 원인을 규명해야 한다. 이를 '예외의 원칙(principle of exception)'이라 한다. 차이가 큰 것은 두 가지 유형인데, 성과가 기준에 훨씬 못 미쳐 실망스러운 경우도 있고, 성과가 기준을 훨씬 초과하는 희망적인 경우도 있다.

---

9) 예: 인력관리에서 인력 유출을 계산한 후 인력의 유입량을 사전에 제한, 정부 예산관리에서 이월 제도를 들 수 있다.

(3) 편차의 시정

계획 목표와 계획 성과의 차이가 클 때 이것을 시정하지 않는다면 계획통제의 의미가 없게 된다. 편차의 시정은 빠를수록 좋다. 기획의 대상 시기가 길수록 초기의 조그만 편차가 말기에는 수습할 수 없을 정도로 커질 수 있기 때문이다. 편차를 시정하는 데는 무엇보다도 원인을 정확하게 규명해야 하며, 편차의 시정이 실현 가능성이 있는지를 고려해야 한다.

편차를 시정하는 방법은 시정으로 인한 변화가 작은 방법부터 조직 변경에 이르는 변화가 큰 방법까지 다양하다.

4) 성과관리제도

(1) 성과관리제도의 의의

성과관리제도는 기업의 경영성과를 제고하기 위한 혁신적 방법의 하나로 민간기업 분야에서 광범위하게 적용되어 왔으며, 공공 부문에서도 정부기관과 공공기관에서 성과 향상을 위한 제도나 체제의 하나로 도입되어 왔다. 이 제도는 기획관리와 계획통제뿐만 아니라 인사제도에까지 연결되어 있는 제도이다. 보통 정부에서는 성과관리제도, 기업에서는 성과관리체제라고 한다.

성과관리(performance management)란 조직의 임무완수를 위해 증거에 기반을 둔 의사결정과 조직학습 및 책임성에 중점을 두고, 조직의 비전과 전략을 효율적으로 달성하기 위하여 미리 설정된 성과지표를 기준으로 조직 또는 개인의 성과를 측정・관리・환류・활용하는 일련의 조직관리 활동이다(고영석, 2015). 이를 제도화한 것이 성과관리제도 혹은 성과관리체제(Performance Management System: PMS)이다.

성과관리체제는 각 영역에서의 성과 극대화가 조직 전체의 성과 창출로 연계될 수 있도록 한다. 또한 이것은 조직의 궁극적인 목적과 이익의 극대화를 위해 조직성과와 구성원의 팀 공헌도 향상을 위해 조직이 나가야 할 방향과 실행 전략의 구체화를 도모하고 관리 목표의 달성과 결과에 대한 환류가 가능하도록 한다(강대욱 외, 2008).

성과관리를 할 때는 성과평가가 중요한 한 단계이다. 성과관리제도와 목표관리(MBO)를 연결시키면 보다 효과적으로 조직을 관리할 수 있다.

참고

성과관리의 핵심 3단계

성과관리제도는 다음 3단계로 구성된다.

① 전략수립 및 자원 배분을 포함하는 사업계획 실행방안의 구축

② 전략적 실행의 주기적 분석 및 이슈 대응을 통한 조직 문제 해결을 위한 이행의 점검

③ 평가 보상시스템으로 성과 측정에 직접적으로 연결시켜 인센티브를 바탕으로 기대되는 행동으로 유도

자료: 강대욱 외(2008)

(2) 성과관리와 BSC(균형성과표), 성과지표

과거의 성과관리제도는 기업의 재무성과를 주로 다루었으므로 전체적 성과를 평가하기에는 한계가 있다는 문제점이 제기되어 카플란과 노튼(Kaplan & Norton, 1992, 1996, 2000, 2003)은 비재무적 측면까지 고려한 BSC를 고안하였으며 많은 기업과 정부기관, 대학에서 이것이 도입되어 활용되고 있다.

BSC(Balanced Score Card: BSC)의 네 가지 관점은 재무적 관점, 고객관점, 내부프로세스 관점, 그리고 학습과 성장 관점이다. 재무적 관점은 재무적으로 성공하기 위해 주주에게 어떻게 보여야 하는가? 고객관점은 비전을 달성하기 위해 고객에게 어떻게 보여야 하는가? 내부프로세스 관점은 주주와 고객을 만족시키기 위해 내부적으로 무엇을 해야 하는가? 학습과 성장 관점은 비전을 달성하기 위해 어떻게 학습하고 개선해야 하는가? 이다.

BSC는 다양한 유형의 조직에 적용되면서 카플란(R. S. Kaplan)과 노튼(D. B. Norton)이 기업을 위해 고안한 내용을 바탕으로 하면서 다소 변형하고 있다.

성과관리를 하는 데 있어서 성과지표의 설정 역시 중요한 절차 중 하나다. 성과지표에는 과정과 산출물에서 각각 질적 · 양적 지표가 모두 구성되어야 한다. 산출의 질적 지표는 평가와 효과가 포함되며, 산출의 양적 지표에는 금액과 수량이 포함된다. 프로세스의 질적 지표에는 정책과 계획이, 프로세스의 양적 지표에는 시간과 횟수가 포함된다.

성과지표는 최근 핵심성과지표(Key Performance Indicator: KPI)가 도입되어 활용되고 있다. 핵심성과지표는 조직이나 프로젝트의 핵심성과를 측정하고 평가하기 위한 중

요한 지표들을 말한다. 주로 조직의 목적이나 전략과 관련이 있다. 원하는 결과물을 객관적인 성과지표로 나타낸 것이다. 이것은 간결하고 중요한 정보를 제공하여 전략적인 결정을 내리는 데 사용된다. 핵심성과지표를 도출하는 과정은 일반적으로 목표 설정, 핵심 요소의 식별, 측정 가능성 확인, 데이터 수집, 지표 개발의 단계로 이어진다.

참고

영국 국방부의 BSC(균형성과표)

■ 영국 국방부의 BSC 관점

영국 국방부는 재무관점을 자원관리 관점으로, 고객관점을 국방목표 기여도 관점으로 바꾸어 보고 있다. 분야별 관점의 내용은 다음과 같다.

- 자원관리 관점: 군은 자원을 최적으로 사용하고 있는가?(예산, 인력, 시설 등)
- 국방목표 기여도 관점: 군은 현재의 도전에 적절하고 미래 임무를 대비하는가?(위협 대비 등)
- 운영관리 관점: 군은 높은 성과를 내는 조직인가?(인력, 훈련, 군수지원, 장비)
- 미래대비 관점: 군은 미래 대비하여 조직을 발전시키고 있는가?(조직 업무혁신 등)

자료: 김준식(2006). 한국국방연구원 제공 자료

참고

롯데중앙연구소의 성과지표

롯데중앙연구소는 기업의 연구소라는 특색이 있다. 이 연구소의 성과지표는 산출의 질적 지표와 양적 지표, 프로세스의 양적 지표와 질적 지표로 구성되어 있다.

- **산출의 질적 지표**: 고객평가, 경영방침 적합도, 관계부서 평가, 이론성, 내용 적시성, 사용자 이해도
- **산출의 양적 지표**: 매출액, 이익액, 비용, 시장점유율
- **프로세스의 질적 지표**: 개선계획책정, 업무자동처리화, 신제도도입, 합리화의 대책제시
- **프로세스의 양적 지표**: Need의 파악 회수, 고객 방문 회수, 연수 회수, 제안 건수, 방법 수, 정보수집 건수

자료: 이동우(2013: 339-349)

핵심성과지표와 더불어 목표적 핵심성과제(Objective Key Result; OKR)가 구글, 징가 같은 기업에서 도입해서 활용되고 있다. 목표적 핵심성과제에서는 목표와 핵심결과지표를 나타낸다. 목표는 질적 측면이고 핵심결과지표는 양적 측면이다. 이것은 대범한 목표 하나에 팀 또는 개인이 집중하도록 해준다. 보통 한 분기 동안 하나의 목표를 세우며, 핵심결과지표를 통해 그 기간이 끝날 즈음 목표를 이루었는지 확인한다(크리스티나 워드케, 2020).

목표는 질적이고 영감을 주는 목표이어야 하며, 시간적 제한이 있고(한달 혹은 한 분기), 각 팀이 독립적으로 행동할 수 있어야 한다. 핵심 결과지표는 도전적인 지표여야 한다. 그러기 위해 도전적 점수를 1점부터 10점까지 부여한다.

제 3 절 조정

조정은 중요한 조직의 원리로 제시되어 왔다. 여기서는 조정의 개념과 유형, 그리고 조정의 영향 요인과 방법들을 중점적으로 논의하고자 한다.

1. 조정의 본질

조정이란 무엇인가? 조정은 어떻게 분류할 수 있는가? 조정의 특성은 어떠한가? 이런 내용을 중심으로 조정의 본질을 살펴본다.

1) 조정의 의의

(1) 조직관리와 조정

우리는 부처이기주의, 기관할거주의와 같은 말을 많이 듣고 있다. 조직과 조직 사이에, 기관과 기관 사이에, 부문과 부문 사이에 협조나 조정이 잘되지 않아 자원의 낭비는 물론 조직관리의 비효율성이 제기되고 있으며, 그로 인해 제품이나 고객에 대한 서비스의 질이 낮아진다는 점이다.

조직은 업무를 추진하기 위해 수평적으로 업무를 분화시키며, 수직적으로 계층을 분화시킨다. 분화된 조직구조는 전체 조직의 목표를 달성하는 데 크게 이바지할 수 있을 때 비로소 그 의미를 살릴 수 있게 된다. 분화된 부문, 분리된 부문을 목표 달성을 위해 통합시키고 일치시키는 것이 바로 조정이다.

조직이론가들은 일찍이 조직 현상에서 갈등의 존재를 간파하고 중요한 조직 원리의 하나로서 조정의 원리(principle of coordination)를 제시하기도 했다. 예컨대, 귤릭(Gulick, 1937)은 관리자의 주요 기능으로서 POSDCoRB를 들고 있는데, 이 중 Co는 coordination의 약어인 조정이다. 또한 무니와 레일리(Mooney & Reily, 1931)도 조정은 조직화의 원칙이며 조직은 다른 모든 원칙을 통해 기능을 한다고 한 바 있다. 페이욜(Fayol, 1949)도 조정을 다섯 가지 중요한 관리 기능의 하나로 보았다. 최근 발간된 조직 교과서에서도 조정의 원리가 조직의 원리의 하나로 소개되고 있다(조석준, 1993).

(2) 조정의 개념

조정(coordination)의 어원은 co와 ordination으로 구분된다. 'co'는 함께 또는 공동으로(jointly)의 의미를 갖는다. 한편 'ordination'은 서열을 매기는 것이다. 따라서 조정을 어의적으로 해석하면 공동으로 우선순위를 매기는 것이다(Honadle & Cooper, 1989: 1534).

그런데 많은 학자가 조정(調整)을 "공동 목적을 달성하기 위해 부문 활동의 통일을 이루도록 집단적 노력을 질서 있게 배열하는 과정"으로 정의한다(Schermerhorn, Jr. et al., 2008; Aldag & Kuzuhara, 2002). 따라서 조정은 공동의 목적이나 전체적 질서를 추구하는 것이며, 개인이나 집단, 부문이나 기관의 활동들이 서로 조화를 이루도록 하는 집단적 노력이다. 다시 말해, 부문 활동이 원심력이라면 공동 목표는 구심력이므로 원심력(遠心力)을 구심력(求心力)으로 모아주는 행위나 과정이 조정이다. 예컨대, 오케스트라의 각 부문은 독특한 소리를 내지만 그것이 지휘자(conductor)의 지휘에 따라 하나의 통일된, 멋있는 화음을 낼 때 비로소 그 진가를 발휘하게 되는 것과 같다.

(3) 조정과 협력

조정과 협력은 유사한 용어로서 양자 간에 자주 혼동해서 사용해 왔다. 협력(cooperation)은 조직들이 자체의 목표를 추구함으로써 자율성을 보유하는 한편, 동시에 조직체가 공통적인 문제를 해결하기 위해 행동하는 것이다(Rogers & Whetten, 1982: 12). 이런 점에서 보면, 조정과 협력은 공통점이 많다.

그러나 조정과 협력은 다음과 같은 점이 다르다. 조정은 공동의 목표와 활동을 강조하나 협력은 개별적인 목표와 활동을 강조한다. 조정에는 공식적 규칙이 있으나 협력에는 그것이 없다. 조정은 자율성을 침해하나 협력은 자율성을 침해하지 않는다. 조정은 수반되는 인적 자원이 많으나 협력은 그것이 거의 없다(Rogers & Whetten, 1982: 13; 이성우, 1993: 16).

참고

오케스트라의 지휘자(국립국악관현악단과 서울시립교향악단)

오케스트라의 지휘자는 단순히 지휘봉을 흔들며 시간을 보내는 사람은 아니다. 그들은 소리의 균형에 매우 깊은 주의를 기울이며, 좀 더 부드럽게 연주하도록 하며, 속도를 조절하고, 악보의 어떤 부분을 강조하면서 각 부문에 신호를 보낸다. 그가 여러 악기와 의사소통하기 위해서는 오케스트라가 일정한 형태로 배열되어 있어야 한다.

국립국악관현악단은 우리나라의 대표적 국악관현악단으로 단장, 지휘자, 악장, 연주자 등 총 54명으로 구성되어 있다. 연주자들은 다시 가야금(8명), 거문고(5명), 해금(10명), 아쟁(7명), 대금(8명), 피리(8명), 타악기(4명)로 구성되어 있다. 서울시립교향악단은 우리나라의 대표적 오케스트라로 상임 지휘자를 포함해 약 110명으로 구성되어 있다. 교향악단은 현악기 부문, 목관악기 부문, 금관악기 부문, 그리고 타악기 부문으로 구성되며, 이들은 악기별로 다시 세분된다. 현악기 팀에는 제1바이올린(18명), 제2바이올린(16명), 비올라(12명), 첼로(11명), 콘트라베이스(9명) 주자로 구성된다. 목관악기 팀에는 오보에(4명), 클라리넷(3명), 플루트(3명), 바순(4명) 주자로 구성된다. 금관악기 팀은 호른(3명), 트럼펫(2명), 트럼본(3명), 튜바(1명) 주자 등으로 구성된다. 타악기 팀에는 4명이며, 심벌(2명) 주자 등으로 구성된다.

지휘자는 이런 다양한 악기와 주자들의 연주 행위를 곡에 따라 재조직화한다.

자료: 서울시립교향악단 제공(1996.7); 국립극장 사무국 제공(1996.7)

2) 조정의 유형

조정은 여러 단계에서, 여러 계층에서 관리의 수단으로 이용되고 있는데, 이들 간에 공통점도 많이 있지만 차이도 적지 않다. 조정을 분류하는 것은 조정을 이해하는 데 도움을 줄 것이다.

(1) 조직 내 조정과 조직 간 조정

조직 내 조정이란 조직의 공통적인 업무를 달성하기 위해 조직의 상이한 부분들을 통합 또는 연계시키는 것을 의미하는데 주된 관심은 관리적 조정이다. 한편 조직 간 조정은 자율적인 조직들 상호 간에 필요한 자원을 교환하고 협력하기 위해 일정한 의사 규칙을 정하고 이에 따라 행동하는 것을 의미한다(이성우, 1993: 10-11). 따라서 전자는 통합적 측면이 강조되고, 후자는 연계적 측면이 더욱 강조된다.

(2) 수평적 조정과 수직적 조정

수평적 조정이란 지위가 서로 비슷한 조직, 기관, 부문 간에 행해지는 조정을 말한다. 예컨대, 정부에서는 부처와 부처 간에, 도와 도 간에, 경찰서와 경찰서 간에, 과와 과 간에 이뤄지는 것을 들 수 있고, 기업에서는 그룹 내의 회사와 회사 간에 일어나는 조정을 들 수 있다. 한편 수직적 조정이란 지위가 서로 다른 조직이나 기관 간에 이뤄지는 조정을 말한다.

(3) 종합적 조정과 부문적 조정

종합적 조정이란 조직 내에서 최고관리자에 의한 조정을 말하며, 부문적 조정이란 조직 내 하위 단위 간의 조정을 말한다. 종합적 조정이 포괄적이라면, 부문적 조정은 좀 더 구체적이라고 할 수 있다. 예컨대, 전자는 대통령이나 국무총리에 의한 조정, 기업 그룹의 회장에 의한 조정, 가톨릭 교회의 추기경 및 대주교에 의한 조정이나 조계종의 종정(宗正)에 의한 조정을 들 수 있다.

사례 **종합적 조정(정부의 국무조정실과 SK그룹의 SUPEX 추구협의회)**

■ 국무조정실

한국의 국무총리는 행정수반을 보좌하고 행정 각부를 통할한다. 행정 각 부처의 정책을 조정하기 위해 국무총리 소속 기관으로 국무조정실을 둔다. 국무조정실에는 업무 분야별로 조정 부서를 두고 있는데 국정운영실, 정부업무평가실, 사회조정실, 청년정책조정실, 규제조정실, 경제조정실을 두고 있다. 국무조정실의 전신은 제3공화국의 기획조정실이며 1999년부터 2008년 2월까지 존속하다가 국무총리실로 흡수되었다가 현재 국무조정실로 개칭하여 조정 기능을 수행하고 있다.

■ SK그룹의 SUPEX 추구협의회

SK그룹은 에너지, 화학, 통신, 경제, 건설 등 사업 부문에서 자회사를 거느린 한국의 대표적 재벌 그룹이다. SK그룹은 1939년 창설하였으며 1998년에 선경그룹에서 SK그룹으로 개칭하였다. 자회사로는 SK에너지, SK텔레콤, SK하이닉스, SK증권 등이 있으며 70,000명의 종업원이 있다.

SK선경그룹의 조정기구로는 경영기획실이 있었으나 SK그룹으로 개칭한 후 SUPEX 추구협의회를 두고 있다. 이 협의회는 SK그룹의 최고의사결정기구로서 SK계열사들의 각종 사업을 조율하고 실질적인 의사결정권을 행사한다. 산하전략위원회로는 전략/글로벌위원회, 환경사업위원회, ICT위원회, 인재육성위원회, 커뮤니케이션위원회, SV위원회, 거버넌스위원회가 있다.

자료: 국무총리 국무조정실(2024.2.20); 위키백과(2024.2.20)

3) 조정의 특성: 상호 의존성과 조정

조정은 조직 간에, 부문 간에 상호 의존성을 전제로 한다. 상호 의존성이 증대하면 할수록 조정의 필요성은 증대하게 된다. 톰슨(Thompson, 1967)은 조직에서의 기술과 상호 의존성에 관해 연구한 후에 세 가지 유형을 제시한다. 즉, 그는 단위 작업 간의 상호 의존성을 집합적 상호 의존성, 순차적 상호 의존성, 그리고 교호적 상호 의존성으로 분류했다. 그리고 다프트(Daft, 2000)는 이에 따라 조정의 형태를 제시한다.

집합적 상호 의존성(pooled interdependence)은 부서 간에 상호 의존성이 거의 없는 형태를 말한다. 즉, 단위 작업 간에는 서로 관련성이 없으며, 각 부서는 조직의 한 부분으로서 조직의 공통적 목표에 독립적으로 공헌하게 된다. 예컨대, 국세청의 세무서 간에, 화장품 회사의 영업소 간에는 독자적인 활동을 하면서 전체 조직의 공동 목표에 기여한다. 이와 같은 집합적 상호 의존성 아래에서는 조정활동이 거의 필요하지 아니하다. 다만 표준화와 규칙이나 절차를 통해 조정하면 된다.

순차적(順次的) 상호 의존성(sequencial interdependence)이란 한 부서의 활동이 다른 부서의 활동에 직접적으로 연결되어 있는 경우로 연속형 기술을 사용하는 부서에서 발견된다. 예컨대, 자동차 생산 과정에서 조립 라인들은 순차적 상호 의존성을 갖는다. 순차적 상호 의존성은 집합적 상호 의존성보다 상호 의존성이 크므로 조정이 더욱 요구된다. 여기서는 계획과 예정표에 따라 조정한다.

교호적(交互的) 상호 의존성(reciprocal interdependence)은 하나의 과업을 수행하기 위해 여러 부서의 활동이 동시에 요구되는 경우로 집약형 기술을 사용하는 데서 발견된다. 예컨대, 병원에서 환자를 수술할 때 질병을 검사하기 위해 X선을 촬영하는 방사선 기사, 의사, 간호사 등이 동시에 참여해야 하는 경우에는 최대의 조정이 필요하다. 어느 한 부문이라도 빠지게 되면 환자를 수술할 수 없고, 치료할 수 없게 된다. 따라서 어떤 경우보다도 교호적 상호 의존성을 갖는 경우에 조정의 필요성이 매우 커지게 된다. 여기서는 상호 조정과 회의 과정 등을 통해 조정한다.

2. 조정의 영향 요인과 방법

여기서는 조정에 영향을 주는 요인들을 살펴보고, 조정 방법을 소개하기로 한다.

1) 조정에 영향을 주는 요인

조정의 내용이나 방법에 영향을 주는 요인은 여러 가지가 있다. 예컨대, 조정해야 할 문제나 과업, 조정의 상황, 조정자나 조정 대상으로서 사람, 조정 관련 제도나 절차, 기타 등이다. 과업의 상호 의존성과 관련해서는 이미 앞에서 논의했으므로 여기서는 주로 조정의 상황, 조정인, 그리고 조정의 제도화를 중심으로 논의한다.

(1) 조정의 상황

조정의 상황은 안정적인 상황과 불안정한 상황으로 구분할 수 있다. 안정적인 상황에서 조정 대상으로서 문제는 그 발생이 예측 가능하고 정형적이다. 따라서 조정은 사전 계획이나 규칙 및 절차에 의해 이뤄지면 된다. 고전적 조직이론가들은 대체로 안정된 상황에서 조정 문제를 다루고 있으며, 그에 대응하는 방법들을 제시하고 있다. 한편 불안정한 상황에서 조정의 문제는 예측이 불가능하거나 이해관계가 첨예하게 대립되는 문제를 포함한다. 이때는 시행착오에 의한 환류 방법이나 위원회나 통합 부서를 활용하는 방법이 유용할 것이다.

(2) 조정인: 조정자와 피조정자

조정의 궁극적 실행자는 사람이며, 조정의 궁극적 대상도 사람이다. 조정자가 갖고 있는 조정 능력, 조정 의지, 이해관계 등이 조정에 영향을 준다. 조정 능력은 제도적으로 부여된 것도 있지만 인간적인 능력이나 기술도 중요한 비중을 차지한다. 조정의 필요성을 실감하고 조정해야 할 것인가 방치할 것인가 하는 조정 의지는 조정에 영향을 준다. 조정자가 개인적 이해관계나 부문적 이해관계를 갖고 있으면 올바른 조정이 어렵게 된다. 한편 피조정자들 간의 이해의 대립 정도, 상대방에 대한 인식은 조정에 영향을 준다. 대립이 심하면 심할수록 조정은 어렵게 된다. 상대방에 대한 인식이 적대의식이나 피해 의식으로 가득 차 있으면 조정이 어려워진다.

(3) 조정의 제도화: 제도와 절차

조직 간, 부문 간에 갈등이 있을 때, 혹은 상호 협조해야 할 일이 있을 때 이를 해결하기 위한 제도나 절차가 어느 정도 완비되어 있느냐에 따라 조정에 영향을 준다. 충분한 절차가 있어서 조정이 제도화되면 사람에 의한 조정관리의 필요성은 그만큼 줄어든다. 반대로 조정의 제도화 수준이 낮으면 사람에 의한 조정관리의 필요성은 커진다. 조정과 관련한 조직문화가 조정의 제도화에 영향을 준다. 조정이 반복적으로 계속되고 정착되면 제도는 실효성을 높이게 되기 때문이다.

2) 조정의 방법

조정의 방법이나 수단은 여러 가지가 있을 수 있지만 여기서는 조직의 측면과 관리의 측면으로 구분해 설명하기로 한다.

(1) 조직을 통한 조정

첫째, 조정 담당 조직을 신설한다. 조직을 편성하다 보면 동일 내용의 업무가 여러 부서나 여러 기관에 분산되어 있어 통일적인 관리가 어려운 경우가 많다. 이때 분산되어 있는 업무를 흡수 통합하면 좀 더 체계적이고 종합적으로 정책을 수행할 수 있게 된다. 예컨대, 경찰, 군, 일반 공무원, 기타 국가 유공자들에 대한 업무를 국가 보훈처에서 관장하게 되면 개인을 희생해 국가와 민족의 번영과 독립을 도모하던 사람들을 위한 정책관리가 용이해진다.

둘째, 기존 조정기구를 활용한다. 모든 조직에 공통적으로 적용되는 업무, 예컨대 직원의 인사, 조직, 예산, 법제, 기획 등의 업무는 기획관리실 소속으로 하거나 직접 조정실(정부의 경우 국무조정실, 기업의 경우 그룹기획조정실)에서 관장하게 하기도 한다. 예컨대, 서울시 인구 문제 등은 국무조정실에서 관장함으로써 여러 부처 간의 이해관계를 조정할 수 있으며, 과거 경제기획원은 국가발전 5개년계획의 입안 과정과 예산의

사정(査定) 과정에서 이를 조정한다.

셋째, 회의 및 위원회를 활용한다. 이것은 조직에서 많이 사용하는 조정 방법으로 이해관계자들을 위원으로 한 합의제 의사결정을 통해 조정을 한다. 행정부 수준에서는 국무회의, 차관회의, 관계 장관회의, 국가안전보장회의, 그리고 각 부처 수준에서는 실국장회의(室局長會議) 등 간부회의, 그리고 각종 위원회를 들 수 있다. 예컨대, 인사위원회와 징계위원회는 이해관계를 조정한다.

넷째, 계층제를 활용한다. 대규모 조직은 대체로 계층제 형태의 관료제다. 관료제 내에서 부하와 부하, 하급기관과 하급기관 간의 갈등이나 마찰은 직속 상관이나 상급기관에 의해 순차적으로 조정할 수 있도록 되어 있다. 조정을 위한 자동 조절 장치와 같은 것이다.

참고

국가안전보장회의

대한민국, 미국, 그리고 일본에서 국가안전보장회의는 국가의 대내·외정책과 국방정책을 통합하고 조정해 정부의 각 부처 및 각 군이 안보 문제에 관해 좀 더 효과적으로 협조할 수 있도록 자문하거나 권고하는 제도적 조정 장치다.

대한민국은 국가안전보장회의의 구성원으로 대통령, 국무총리, 기획재정부 장관, 통일부 장관, 외교부 장관, 행정안전부 장관, 국방부 장관, 국가정보원장, 그리고 대통령이 지명하는 약간의 위원을 두고 있다.

미국에는 국가안전보장회의(National Security Council)의 구성원이 대통령, 부통령, 국무 장관, 국방 장관을 필수적 요원으로 하고, 중앙정보국장과 합참의장을 고문으로 참석시키며, 기타 각료를 참석시키고 있다.

일본의 안전보장회의(安全保障會議)의 구성원은 총리대신, 외무 장관, 재무성 장관, 방위성 장관, 운수 장관, 관방 장관, 통상 장관, 과기처 장관, 국가공안위원장이며, 필요 시 관계 국무위원이 출석하도록 되어 있다.

(2) 관리를 통한 조정

첫째, 규칙과 절차를 확립해 조정한다. 조직구성원들은 거의 대부분의 업무를 규정이나 절차에 따라서 실시한다. 부서별 관할 영역, 개인별 업무 분장은 물론 업무 수행의 절차와 순서 등을 규칙이나 절차를 통해 확립함으로써 조정의 제도화를 도모한다.

조정의 권한이나 협조의 체계도 규정화할 수 있다.

둘째, 업무의 소관, 권한·책임 한계를 확정해 조정한다. 조직 내에서 갈등은 업무의 한계가 불분명하거나, 권한의 책임의 한계가 명확하지 못해 일어나는 경우가 허다하므로 개인이나 기관, 조직이 담당해야 할 업무의 내용, 권한과 책임의 한계를 명백히 함으로써 조정이 이뤄질 수 있다.

셋째, 리더십을 발휘해 조정한다. 리더십은 조직구성원의 자발적인 노력을 유도하는 기술이나 영향력이므로 제도적인 방법을 보완할 수 있는 가장 효과적인 조정 방법이 된다. 상급기관은 하급기관 간의 갈등을 해결하는 것이 주된 임무 중 하나다. 지도자는 앞서 언급한 계서제를 활용해 리더십을 발휘해야 한다.

넷째, 계획을 활용해 조정한다. 계획은 미래의 바람직한 상태를 구현하기 위한 사전적 관리활동이므로 사전적 조정의 한 방법이다. 계획이 합리적이고 실현 가능성이 높으려면 부문과 부문, 요소와 요소가 전체적으로 균형을 이루면서 종합될 수 있어야 한다.

다섯째, 인사 교류와 연락관을 파견해 조정한다. 일과 업무의 충돌은 상호 간의 이해부족에서 비롯되는 경우가 많다. 따라서 갈등이 존재하는 부처나 기관, 그리고 하위조직들 간의 인사를 교류시킴으로써 상대 기관의 업무를 이해하고 중요성을 인식할 수 있게 되어 조정이 쉬워진다. 그러나 인사 교류가 현실적으로 불가능할 때는 소속 직원을 관계 기관에 파견해 업무를 조정하게 할 수 있다. 예컨대, 행정부에서 국회의 각 상임위원회에 직원을 파견해 각 소속 부처의 예산 및 법안의 심의에 관한 조정을 도모하는 것은 여기에 해당한다.

여섯째, 교육훈련을 통해 조정한다. 직원들은 소속 부처에 관계없이 공동 장소에서 공동의 교육을 통해 함께 공부하고 연구하며 의견을 교환함으로써 사전에 인간적인 접촉을 활발하게 하고, 이것은 사후에 조직 간의 갈등이 문제가 되었을 때 좀 더 쉽게 조정될 수 있게 한다. 부처 내의 교육훈련, 국가공무원인재개발원의 교육훈련, 국방대학교의 교육훈련 등은 부처 소속 기관끼리, 초·중급 공무원끼리, 그리고 군 장교들과 고급 공무원들 간의 공동체 의식 속에서 조정을 가능케 하는 하나의 방법이 되고 있다. 기업의 경우에도 그룹연수원에서 공동 교육훈련을 통해 공동체 의식을 함양할 수 있다.

조직에서 조정은 조직 원리의 하나로 제시될 정도로 매우 중요한 관리 문제의 하나다. 그러나 중요하다고 해서 관련 이론이 풍부한 것은 아니다. 조정은 이론적인 것보다는 오히려 실무적이며 실천적인 면이 더 많다.

조정은 협력과는 달리 조직의 통합적 노력이 강조되며, 조직 간에 기능적 협력 관계나 상호 의존 관계를 전제로 한다. 조정이 효율적이 되려면 조정의 유형, 상호 의존성의 정도, 조정 문제의 상황적 특성, 조정자 및 피조정자들의 이해관계나 능력, 그리고 조정 제도 등 조정의 영향 요인들을 고려해 조정의 방법과 기법을 결정하고 활용해야 한다.

조정은 최종적으로 인간에 귀속한다. 제도와 더불어 조정에 관련한 인간들에 대한 깊은 이해가 없이 효과적인 조정은 불가능하다.

토의 과제

❶ 평시 의사결정과 위기 시 의사결정은 어떤 차이가 있을까?
❷ 공공 부문과 민간 부문(사기업과 시민사회단체)의 성과의 차이를 설명하라.
❸ 부서장 혹은 팀장은 어떤 문제를 어떻게 조정하는가?
❹ 조직에서 조정이 잘 안 되는 이유를 찾아서 설명하라.

제10장

의사소통과 공공관계

의사소통과 공공관계는 조직 내·외에서 정보가 유통되는 과정으로서 조직의 모든 활동에 필수적인 신경망이나 다름없다. 여기서는 의사소통과 공공관계를 구분해 다루되, 의사소통에서는 그 의의, 과정과 구성 요소, 유형, 내용과 효과, 구조와 상호작용 등을 다루고, 공공관계에서는 그 의의, 본질과 특성, 과정, 방법, 그리고 효율적 관리를 다룬다.

제1절 의사소통

1. 의사소통의 의의와 인터넷 사용

1) 의사소통의 의의

관리자의 일상적인 근무 내용은 결재와 의사결정, 서류 정리, 회의 참석, 전화 응답, 전문(팩스) 읽기, 보고서 작성 및 송부 등으로서, 이러한 행위들은 대체로 의사소통을 포함하고 있다.

의사소통(意思疏通) 혹은 의사전달(意思傳達)이란 “두 사람 이상 사이에 사실·생각·느낌의 교환을 통해 공통적 이해가 이뤄지는 일련의 과정이나 행위”라 할 수 있다. 의사소통이란 용어는 영어의 communication[1])을 번역한 것으로, 그것의 공통적 이해나 상호 교류성을 강조한 것이다.

진정한 의사소통은 '전달하는' 데서 끝나는 것은 아니며 '공유하는' 것이어야 한다. 말하고, 듣고, 경청하고, 이해하고, 동의하고, 확신하는 단계에까지 이르러야 한다.

참고

진정한 의사소통: 전달에서 공유로

Said ≠ Heard(이쪽에서 말했다고 해서 상대방이 들었다고 볼 수는 없다)

Heard ≠ Listened(들었다고 해서 귀 기울였다고 볼 수는 없다)

Listened ≠ Understood(귀 기울였다고 해서 이해했다고 볼 수는 없다)

Understood ≠ Agreed(이해했다고 해서 찬성했다고 볼 수는 없다)

Agreed ≠ Convinced(찬성했다고 해서 납득했고 행동할 생각이 있다고 볼 수는 없다)

자료: 칸노 하노시(2005: 164)

의사소통은 사람의 몸 안에 있는 혈액과 같은 것으로 그것이 있기 때문에 조직이 생존할 수 있으며, 모든 관리 기능이 통합·조정될 수 있고, 합리적인 의사결정과 효율적인 집행이 가능하며, 조직구성원의 사기를 높여주고, 조직 외적으로도 조직과 조직환경을 연결시켜 주는 등 조직의 관리에서 필수적인 요소라 할 수 있다. 즉, 의사소통은 조직활동의 주요 과정이다. 따라서 모든 관리자는 의사소통자로서 기능을 행사한다.

더군다나 의사소통은 지식정보화사회가 되면서 더욱 중요해졌다. 조직에서 의사소통의 맥락은 문예부흥 이전기, 근대 산업사회, 그리고 후기산업사회, 즉 지식사회에 따라 커다란 차이를 보인다(Manning, 1992: 17-33). 지식정보화사회에서 소통해야 할 정보의 양은 많으며 정보의 내용도 다양하기 때문에 의사소통에 대한 관심은 더욱 커질 수밖에 없다.

그런데 의사소통의 왜곡 등 장애나 불합리로 인해 조직의 분위기가 저해되고 조직의 효율성이 떨어지는 경우가 적지 않다. 조직에서 의사소통이 일상적인 현상이라고 해서 중요하지 않다고 생각하는 것은 잘못이다. 따라서 여기서는 의사소통의 본질적인 면을 살펴보고, 의사소통 구조 등을 소개하며, 의사소통의 효율성을 높이기 위한 방법들을

1) communication의 어원은 라틴어의 communis에서 유래한 것으로 common, 즉 '공동'이라는 의미를 가진다.

논의하기로 한다.

2) 인터넷과 의사소통 환경 변화

전 세계적으로 인터넷 이용자 수는 지속적인 증가세를 이어가고 있다. ITU(국제전기통신연합) 자료에 의하면, 사용매체별로 현재 페이스북 이용자는 30억 명, 유튜브 25억 명, 왓츠앱 21억 명, 인스타그램 20억 명, 위챗 13억 명, 틱톡 10억 명, 페북 메신저 9억 명, 더우인 7억 1,000만 명, 텔레그램 7억 명, 스탭챗 6억 3,000만 명 등이다(aabc9618.tistory.com 2021.2.18 검색).

대한민국은 1982년 인터넷이 도입되었고, 1994년 상용서비스를 시작하면서 급속히 성장하였다. 1999년 인터넷이용자 수가 1,000만 명을 돌파하였으며, 2017년 스마트폰 보급률은 87.3%로 세계 1위이다. 인터넷 이용률은 2000년 49.8%, 2005년 92.7%, 2022년 99.96%에 달한다(2022 한국인터넷백서, 2023: 363, 378).

그런데 의사소통의 과정에서 전문적인 인터넷의 사용은 아직은 제한적이지만 매우 급속도로 발전되어 가고 있다. 인터넷 매체의 등장으로 종전에는 수동적 매체 수용자가 적극적인 매체 수용자로 바뀌었다는 점이다. 또한 기존 매체에서는 독자적으로 다뤄졌던 정보가 인터넷이라는 하나의 매체로 통합되므로 정보가 확장된다. 따라서 상의하달식 의사소통이 사이버 공간에서 네트워크로 연결되며 수신자 중심의 의사소통이 된다(셸 홀츠 지음, 안보섭 옮김, 2002).

인터넷은 조직 내에서 인트라넷이라는 이름으로 활용되고 있는데 그 정도는 우리의 상상을 초월한다. 인트라넷이란 '인트라(intra, 내부의)'와 '인터넷(internet)'의 합성어로서, 조직 내의 모든 업무를 근거리 통신망(Local Area Network: LAN)의 환경 속에 구축하여 인터넷과 동일한 환경에서 그룹웨어(전자결재, 전자메일, 기타 정보게시판 등), 업무용 애플리케이션(참모업무, 대외협력 업무 등)을 수행할 수 있게 하는 새로운 개념의 네트워크 환경을 말한다. 조직관리에서 저비용으로 구축이 용이하고 웹(www) 브라우저를 이용할 수 있으며, 조직구성원 간 정보 공유가 효율적이며 적합하다는 것이다.

참고

K 조직의 인트라넷 홈페이지

K 조직의 인트라넷 홈페이지에는 의사소통을 위한 내용(contents)으로서 주요 공지 사항, Q & A, 감사 나눔 게시판, 최고관리자(CEO)와의 대화, 경조사, 칭찬합시다, 관리 개선을 위한 제안, 좋은 글, 웃어 봅시다 등이 있다. 주요 이용자는 K 조직의 구성원들이다.

자료: K 조직 홈페이지(2022.12)

2. 의사소통의 일반적 과정과 구성 요소

1) 의사소통 구성 요소의 개관

의사소통의 과정은 누가(송신자), 무엇을(소통 내용), 누구에게(수신자), 어떻게(경로나 수단), 왜(효과)의 요소로 구성되어 있다.

의사소통의 일반적인 과정을 살펴보면 다음과 같다. 송신자(소통자)는 사실이나 생각 혹은 감정을 언어·그림·행동으로 묘사해 직접 대화, 서면, TV, 라디오, 컴퓨터 등 소통 매체를 수단으로 기호화해 수신자에게 소통하면 수신자는 이를 받아 나름대로 해석한 후 일정한 반응을 보이게 되며, 이 반응이 소통자의 기대와 다르거나 기대에 미치지 못할 때는 환류(feedback)해 다시 소통 내용이나 경로가 수정되는 등 소통 과정이 되풀이된다.

의사소통의 일반적 과정과 구성 요소를 종합한 것이 [그림 10-1]이다.

[그림 10-1]은 2인의 송신자와 수신자를 가정해 의사소통의 구성 요소를 도표화한

그림 10-1 의사소통 구성 요소의 종합

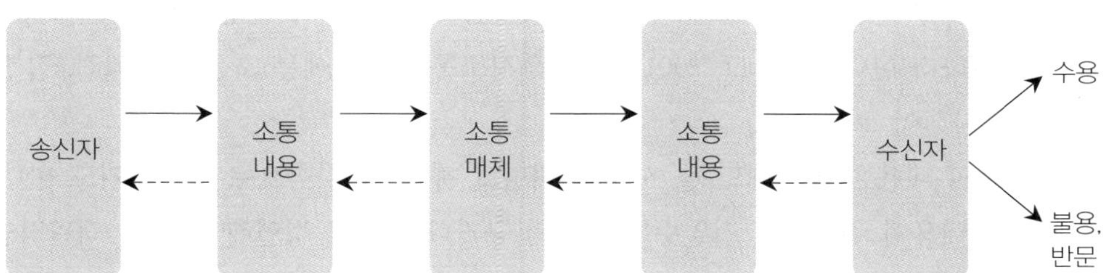

것이다. 화살표(⟶ 혹은 ⟵)는 소통의 방향을 나타내는 것으로 ⟵ 표시는 수신자가 소통 내용을 모르거나, 재확인하기 위해 또는 거부 의사를 나타낼 때 거꾸로 소통되는 과정이다.

2) 의사소통자

의사소통의 과정에는 적어도 두 사람 이상이 포함되어 있다. 이들은 전달자(송신자)와 피전달자(수신자)로 나뉜다. 전달자와 피전달자가 각각 한 사람일 때도 있고 두 사람 이상일 수 있다. 전달자와 피전달자와의 관계는 양자 간의 유사성, 거리, 지위, 시간, 개성, 이해관계, 능력 등에 따라 달라진다. 피전달자가 전달된 내용을 다시 다른 수신자에게 전달하는 경우도 있다. 이때는 피전달자와 전달자의 지위를 겸하게 된다. 피전달자(수신자)가 누구인지 정확하지 않을 때가 있거나 관계가 다수일 때도 있다.

조직 내에서 의사소통의 상당 부분은 상관(감독자)과 부하 간에 이뤄진다. 관리자와 종업원의 의사소통에 관한 한 연구에서는 '좋은' 감독자와 '나쁜' 감독자를 구분하는 네 가지 의사소통 기술을 규명하고 있다(Jablin, 1979: 1201-1222).

첫째, 좋은 상관은 그들의 생각, 아이디어, 그리고 느낌을 정확하게 표현하고 회의를 할 때 크게 강조하면서 말해야 한다. 둘째, 좋은 상관은 부하의 말을 들을 때 감정이입적(empathetic)이어야 한다. 셋째, 좋은 상관은 지시적·독재적이기보다는 설득적이어야 한다. 넷째, 좋은 상관은 부하들의 느낌, 자기 이미지, 그리고 심리적 방어에 대해 민감해야 한다.

3) 의사소통의 내용

의사소통의 내용(contents)이란 의사소통 과정을 시작하는 사람, 즉 소통자가 소통하려는 것이다. 보통 이것을 메시지(message)라 한다. 메시지를 소통함으로써 교육, 관심 끌기, 동기부여, 설득, 거부, 조소, 속임, 감정이입, 부정, 감사, 존경, 오락 등 다양한 목적을 달성하려 한다(Clampitt, 2001: 103). 의사소통의 내용에는 소통자의 의견, 감정, 태도 또는 사실이 포함된다.

의사소통의 내용은 공개해도 될 사항과 비밀로 해야 할 사항으로 구분되기도 한다. 의사소통의 내용이 주관적인 것일수록 주장의 근거나 논리가 정연해야 하며, 객관적인 것일수록 정확해야 효율적인 의사소통이 된다. 의사소통의 내용은 전체적으로 일관성을 띠어야 하며 소통된 내용 상호 간에 모순이 있어서는 곤란하다. 의사소통의 내용은 그 질(質)에 못지않게 양(量)도 중요하다.

4) 의사소통의 매체(수단)

메시지가 포함하는 내용에는 개념, 주제, 이야기, 은유, 사실과 그림, 논증, 길이와 복잡성 등을 들 수 있다. 의사소통 과정에서 그 내용은 여러 가지 형태로 전환해 소통된다. 이것을 의사소통의 매체나 수단이라 한다. 의사소통의 매체는 크게 구두, 문서, 그리고 비언어적인 것, 기타로 구분할 수 있다.

구두의 의사소통은 사람과 사람 간의 가장 보편적인 의사소통 매체로서 대면의 대화, 집단회의, 전화 등을 포함한다. 이 방법은 비교적 간편하고 즉각적인 환류가 가능하나 기록 유지가 곤란하다.

문서에 의한 의사소통은 보고서(기안지)나 회람, 안내문, 전자우편, 팩스, 사보 등 구두 의사소통을 보완하는 것으로 공식적인 의사소통, 다수를 수신자로 하는 의사소통에서 주로 사용되는데, 내용의 정확성과 책임성은 확보되나 소통되는 데 시간이 많이 걸리고 작성이나 정보의 조직화가 쉽지 않다.

비언어적 의사소통(non verbal communication)은 말 대신에 얼굴 표정, 신체적 움직임, 신체적 접촉, 코웃음, 기타 제스처 같은 것들을 사용하는 의사소통이다(Griffin, 1987). 맥카스키(McCaskey, 1979)는 비언어적 의사소통을 이미지, 맥락, 그리고 신체적 언어로 구분한다. 여기서 이미지(image)는 전달자가 사용하고자 하는 언어의 종류이며, 맥락(settings)은 경계, 친근성, 그리고 사무실의 크기 등이고, 신체적 언어(body language)는 눈맞춤, 신체적 접촉 등이다.

참고

비언어적 메시지 소통의 형태

- **머리, 얼굴, 눈의 행태**: 머리, 얼굴, 그리고 눈의 행태는 타인과의 의사소통의 한 표현으로 사용된다. 눈맞춤은 의사소통의 분위기를 촉진시킨다. 머리, 얼굴, 눈을 좌우로 흔들면 그것은 부정적인 의미를 갖는다.
- **자세**: 특정인에게 몸을 기대면 우호적이고, 뒤로 젖히면 비우호적이다. 가슴이나 다리를 여는 것은 상대방에게 호의적임을 나타낸다.

- **거리**: 특정인과 가까운 거리로 다가가는 것은 친근하며, 따뜻하고, 이해를 많이 하는 것으로 느껴진다.
- **목소리**: 빠르고 큰 목소리는 화를 내고 있다는, 느리고 작은 목소리는 졸린다는 의미다.
- **표정**: 자주 시계를 보는 것은 지루하다거나 빨리 끝내고 싶다는 표현이다.

자료: 더블린(Dublin, 1982: 127-134)에서 발췌해 요약

의사소통의 매체는 메시지가 담고 있는 의미를 소통하는 능력을 의미하는 풍부함(richness)이라는 면에서 차이가 있다. 〈표 10-1〉은 의사소통 매체를 가장 효과적인 사용 가능성의 면에서 비교한 것이다.

표 10-1 의사소통 매체의 효과적 사용

매체	가장 효과적 사용
대면 토의	잠재적·정서적 정보 공유
전화	단순 메시지 전달과 환류
전자우편	개인 간 간단한 메시지 전달
개인적 편지	개인적 접촉이 필요한 메시지 전달
개인적 노트나 메모	간단하고 단순한 메시지 전달
웹 페이지	일반적 정보 제공과 공유
팩스(Fax)	비공식적 메시지 전달
비디오회의	청중과의 감정적 연대

자료: 클램핏(Clampitt, 2001: 120).

5) 의사소통의 효과

의사소통의 효과는 일차적으로는 송신자로부터 전달된 내용을 수신자가 정확하고 충분히 인지하고 이를 수용하는 것이다. 물론 이를 거부하면 부정적 효과로 본다. 전달 그 자체보다는 전달된 후 수신자에게 미칠 영향이 더욱 중요하다.

의사소통의 2차적 효과는 의사소통으로 인한 부수적 효과인데 이를 치료적(therapeutic) 효과라고 한다. 의사소통은 쌍방적인 것이기 때문에 의사소통자 상호 간에는 재미, 지지, 우정, 사랑, 경제적 이익, 지적 흥분을 제공하며 미래에 더 나은 만족을 준다(Kreps, 1990: 162).

3. 의사소통의 유형

의사소통은 공식성의 여부에 따라서 공식적 의사소통과 비공식적 의사소통으로, 정보가 흐르는 방향에 따라 상향적 · 하향적 · 수평적 · 대각적 의사소통으로, 환류 여부에 따라 일방적 의사소통과 쌍방적 의사소통으로 구분된다.

1) 공식적 의사소통과 비공식적 의사소통

공식적(公式的) 의사소통은 조직에서 공식적 권한의 계층에 따라 정보가 전달되는 것으로 제도화된 절차와 경로를 밟는다. 조직에서 의사소통은 공식적으로 이뤄지는 것이 원칙이며 조직이 대규모화할수록, 지역적 분산이 넓을수록 공식적인 의사소통이 많아진다. 대체로 공식적 의사소통은 의사소통의 내용이 확실하고 영구적이며 책임 소재가 명백해지는 장점이 있으나, 융통성이 부족하다는 단점도 있다.

비공식적(非公式的) 의사소통은 자생적 의사소통이라고도 하는 것으로, 공식적인 지위나 계급과는 별도로 친분, 상호 신뢰 혹은 인간관계 등을 통해 의사가 소통되는 경우다. 비공식적 의사소통에는 개인적인 지시나 보고, 소문, 풍문 등이 포함된다. 비공식적 의사소통은 공식적 의사소통을 보완하는 데 좀 더 융통성이 있고 가변적이라 하겠다.

2) 상향적 · 하향적 · 수평적 · 대각적 의사소통

의사소통은 정보의 흐름에 따라서 상향적 의사소통, 하향적 의사소통, 수평적 의사소통, 그리고 대각적 의사소통으로 구분할 수 있다.

상향적(上向的, bottom up) 의사소통은 조직 계층의 아래에서 위로 정보가 전달되는 의사소통으로서 하의상달(下意上達)이라고 한다. 상향적 의사소통의 예로는 각종 보고, 제안 제도, 의견조사, 면접회의, 품의제 등을 들 수 있으며, 조직구성원(특히 부하들)의 자발적 참여를 유발할 수 있다.

하향적(下向的, top down) 의사소통은 조직 계층의 위에서 아래로 정보가 전달되는 의사소통으로서 상의하달(上意下達)이라고 한다. 하향적 의사소통은 각종 지시나 명령과 일반정보 등으로 구분되며, 명령은 다시 문서명령과 구두명령으로 나뉜다. 일반적 정보의 전달 수단으로는 업무편람, 기관지, 방송 등이 있으며, 대체로 권위주의적인 조직에서는 하향적 의사소통이 지배적이다.

수평적(水平的) 의사소통은 조직상의 동일 계층에서나, 직접적으로 상하 관계가 아닌 사람 사이에 정보가 소통되는 것으로 횡적(橫的) 의사소통이라고도 한다. 수평적 의사소통의 방법으로는 사전협조 제도, 사후통지 제도, 회람, 회의 및 위원회 제도 등을 들 수 있다. 사전협조 제도란 어떤 문제를 결정하기 전에 한 관리자가 다른 관리자들의 견해나 정보를 수집하는 제도다. 사후통지 제도란 어떤 문제를 결정한 후 관련자들에게 이 사실을 주지시키는 제도다.

대각적(對角的) 의사소통은 조직구조상 동일한 계층에 속하지 않으며, 또한 동일한 명령 계통에도 속하지 아니한 조직 단위 간의 의사소통이다. 대각적(diagonal) 의사소통의 예로는 참모기관과 계선기관 간의 의사소통이나 상시적 기구와 임시적 기구와의 의사소통, 국내 기구와 외국 주재 기구와의 의사소통 등을 들 수 있다. 직장에서 가장 많이 활용하는 것이 보고서이다.

사례 **Pulse Survey를 통한 조직구성원과 소통하기**

펄스서베이(Pulse Survey)는 조직구성원의 생각과 감정 그들이 느끼는 업무환경과 조직문화에 대한 이해가 필요하며, 이들의 생각을 데이터로 만들고 이를 기반으로 의사결정을 할 수 있도록 하는 과학적 의사결정 기법이다.

펄스서베이는 Google Forms와 ChatGPT와 같은 프로그램을 활용하여 조직 내 맥박(pulse)을 더욱 정확하고 신속하게 진단하게 해준다.

Google Forms는 펄스서베이를 쉽게 할 수 있게 진행할 수 있는 도구이다. 조직구성원도 쉽게 응답할 수 있고 조사담당자도 수집된 정보를 쉽게 처리할 수 있어서 요즘처럼 MZ세대에 대한 관심이 많을 때 매우 유익하게 활용할 수 있다. 문항은 10여 개이며 1년 1~2회 직원들에 대한 설문조사를 한다.

자료: 브런치북, Brunch.co.kr 2024.1.17 검색

참고

어떻게 해야 보고서를 잘 쓸까?

직장생활을 할 때 보고서를 작성해서 보고하는 데 시간을 비교적 많이 할애한다. 보고서는 선택과 배열의 기술이라 할 수 있다. 자료를 선택한 다음에는 핵심을 요약한다.

보고서를 쓰는 요령은 다음과 같다. 우선 의사결정자 중심으로 쓴다. 핵심 요약은 짧을수록

좋다. 두괄식으로 서술한다. 먼저 주장하고 이유와 근거는 나중에 쓴다. 자료는 대형마트식으로 분류하라. 개조식으로 나열하되 조각이 아니라 구조를 보여줘라. 설득력있게 작성하라.

보고서의 형식은 첫째, 제목과 개요(용건을 먼저 말한다), 둘째, 추진 배경(왜 하는지를 밝힌다), 셋째, 현황, 문제점, 해결방안, 넷쩌, 기대효과와 조치사항 등이다.

자료: 백승권(2019)

이 밖에도 의사소통은 내적 의사소통과 외적 의사소통으로 나누기도 하는데, 전자는 조직 내의 의사소통을, 후자는 조직과 외부 환경과의 의사소통으로 보는 견해도 있으나 외적 의사소통은 공공관계(public relations: PR)에서 다뤄지기 때문에 여기서는 언급하는 정도로 그치겠다.

4. 의사소통의 구조와 상호작용

의사소통의 구조란 조직적 맥락에서 두 실체(entities) 간의 비교적 안정적인 의사소통 관계의 모습을 의미한다(Jhonson, 1993: 11). 그것은 의사소통이 반복되면서 발견할 수 있는 규칙적인 현상으로 주로 대인 간의 의사소통 과정에서 나타나나 조직 간에도 발견되고 있다. 여기서는 조직 내의 의사소통 구조를 중심으로 고찰하되, 의사소통인 간의 상호작용이라는 점에 초점을 맞춰 본다. 우선 의사소통 구조와 상호작용을 살펴본 후 의사소통망을 논의한다.

1) 의사소통 구조와 상호작용

조직 내에서 두 사람 사이의 의사소통 구조를 상정해 두 사람 사이의 상호작용을 살펴보자. 대표적인 두 사람의 의사소통자는 상사와 부하, 그리고 동료와 동료를 들 수 있다. 이들은 한쪽이 전달자이면 다른 한쪽은 수신자다. 수신자가 다시 전달자의 입장이 되면, 즉 환류 과정이 전개되면 그들 간에 상호작용이 일어나게 된다. 전자를 일방적 의사소통, 후자를 쌍방적 의사소통이라 한다.

의사소통이 쌍방적일 때 대칭적(symmetric)이라 하며 한쪽으로만 흐를 때 비대칭적(asymmetric)이라 한다. 대칭적인 연관성은 의사소통인 두 사람 간에 정보의 교류가 동등하게 이뤄지는 것을 말한다. 비대칭적 연관성은 한쪽이 정보를 구하고 다른 쪽이 정보를 제공하는 경우처럼 정보의 비동등성이 있는 경우다(이종화, 1987: 171-172).

한편 의사소통 구조는 의사소통자가 세 사람 이상이 되면 복잡해진다. 더욱이 집단에서 조직 단위로, 조직 간의 의사소통이 되면 그 구조는 더욱 복잡해진다. 이 중 집단의 규모가 커질 경우에는 의사소통망에서 다루기로 한다.

2) 의사소통의 빈도와 강도

의사소통의 횟수는 송신자와 수신자 간의 상호작용의 정도를 나타낸다. 의사소통 횟수가 많다는 것은 의사소통자들 간에 상호 교류가 많다는 것을, 횟수가 적다는 것은 상호 교류가 적다는 것을 나타낸다. 의사소통의 내용 수준은 의사소통자 간의 상호작용에 영향을 미친다.

한편 의사소통의 내용이 전달자 개인, 집단 혹은 조직의 생존이나 활동에 미치는 영향 정도에 따라 의사소통의 비중은 달라진다. 이와 관련된 개념이 정보 의존도다. 의사전달자와 수신자 간의 정보 의존도란 수용자가 조직인으로 근무하는 데 필요한 정보를 전달자에게 어느 정도 의존하고 있는가의 문제다. 이것이 크면 클수록 양자 간의 관계는 밀접해진다.

3) 의사소통의 망과 통로

의사소통에 관여하는 사람이 세 사람 이상이 되면 전달자와 수신자 간에 일정한 의사소통망이 형성된다. 이것을 의사소통망 또는 의사소통의 통로(network)라 부른다. 실제로는 세 사람 이상으로 구성되는 집단이나 조직에서 두 사람 간에 전혀 의사소통이 없는 경우도 있다.

의사소통망에서 중심도(centrality)와 집단경사도라는 개념이 유용하다(Leavitt, 1951).[2] 여러 사람이 의사소통에 관여하면 전달자의 전달에 한계가 나타나며 수신자의 범위에 문제가 나타난다. 따라서 자연스럽게 전달자와 수신자 사이에 중간 연계자가 필요하게 된다.

의사소통의 통로나 네트워크는 다음의 다섯 가지로 나눌 수 있는데, [그림 10-2]와 같다(Harris, 1993: 185).

2) '중심도'란 소집단 내에서 어떤 개인이 어느 정도 중심적인 위치를 차지하는가의 정도를 나타내는 척도다. 특히 특정 개인에게 의사소통을 위한 정보망이 집중될 때 이를 '집단경사도'가 높다고 한다. 따라서 집단경사도가 낮을수록 집단구성원들이 골고루 의사소통에 참여한다는 것을 의미한다.

그림 10-2 의사소통 네트워크의 유형

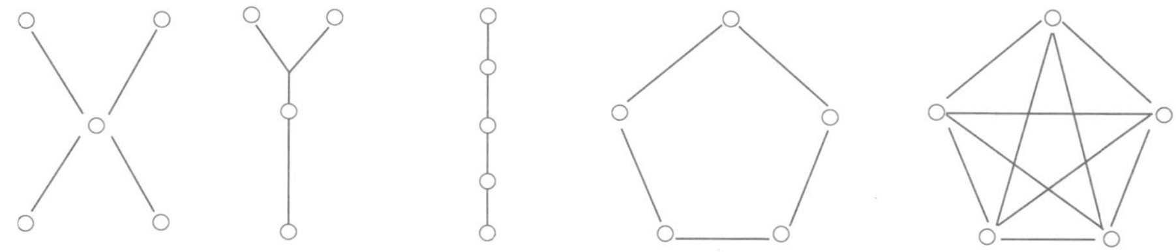

첫째, 바퀴(wheel)형은 중앙의 한 사람에게 의사소통이 집중되는 형이다. 바퀴형은 중심자에게 의사소통이 집중되어 신속성이 높다. 특히 단순한 사실의 신속한 소통에는 바퀴형이 적합하다.

둘째, Y형은 바퀴형보다는 의사소통이 다소 분산되는 형이다. Y형은 비교적 집중적이나 바퀴형보다는 덜하다.

셋째, 체인(chain)형은 의사소통이 일방적인 형이다. 하향적이거나 상향적이므로 중간 연계자의 역할이나 행태에 따라 의사소통의 내용이 달라질 수 있다.

넷째, 회전(circle)형은 구성원 간에 정보가 좌우로 소통되는 형이다. 창조적인 집단에서는 회전형이 적합하다.

다섯째, 전면 통로(all channel)형은 모든 구성원 간에 정보가 소통되는 형이다. 이상적이기는 하나 개인들에게는 과부담을 주는 유형이다.

5. 의사소통의 질의 평가와 결정 요인

1) 의사소통의 질

(1) 의사소통의 질의 의의

의사소통의 질(質)이란 의사소통의 내용이나 과정상의 특성과 관련한 성질로서 이를 평가하는 데 중요하다고 보이는 것은 소통된 내용의 정확성, 소통 시간의 적절성, 소통 대상의 적합성, 비용의 경제성, 의사소통의 효과성 등을 들 수 있다. 이들 요인 중에서 가장 많이 강조되는 것은 의사소통의 정확성이다. 의사소통의 질을 낮추는 것을 의사소통에 장애가 있다고 한다.

의사소통의 질과 관련된 요인은 의사소통 자체와 관련된 성질과 소통된 의사의 효율성으로 나눌 수 있다. 전자에는 정확한 내용, 적시의 소통, 소통 대상의 적합성, 소통의 일관성이 포함된다. 후자에는 소통의 효과, 소통의 비용, 그리고 소통인들의 만족도 등이 포함된다.

표 10-2 의사소통의 질과 영향 요인

영향 요인	질 요인	
	소통의 과정	소통의 결과
구조 요인 인간적 요인 매체와 환경	내용(메시지) 정확성	효과성 비용과 만족성
	일관성, 적절성, 적합성	

(2) 의사소통 자체의 질 관련 요인

내용 또는 메시지의 정확성(accuracy)이란 의사소통자의 의도가 소통 매체를 통해 정확하게 표현되어 있는 정도를 말한다. 정확성은 쌍방적이다. 전달된 표현이 수신자에게 제대로 이해되는지도 포함한다. 다시 말해, 송신자가 전달하고자 하는 의미와 수신자의 해석상의 일치 정도 또는 적합도를 의사소통의 정확성이라 본다. 정확성이 높아지려면 의사소통에 대한 특정한 상징에 대해 송신자와 수신자 간의 인식이 합치되어야 한다. 예컨대, 외교상의 의사소통 과정에서 "검토해 보겠다"라고 하는 표현은 강한 긍정이 아니라는 것이다. 또한 의사소통 과정상의 소음(noise)3)이 제거되어야 정확성이 높아진다. 정확성은 송신자가 의도적으로 누락하거나 왜곡하는 경우에 더욱 낮아진다.

시간의 적절성(timing)이란 의사소통이 송신자와 수신자가 필요로 하는 적절한 시간에 도착하는 정도를 의미한다. 일반적으로는 신속한 의사소통이 바람직하나 반드시 그렇지만은 않다. 구두 전달보다는 문서 전달의 경우 소통 메시지가 수신자가 필요로 하기 2~3일 전에 도달하는 것이 한 달 전에 도달하는 것보다 수신자의 주의를 환기시키는 데 도움을 줄 것이다.

대상의 적합성(appropriateness)이란 의사소통의 메시지가 정당한 권한을 가진 송신

3) 소음이란 의도하는 메시지를 저해하는 요인들이다. 소음은 의사소통의 모든 단계에서 발생할 수 있다.

자에게서 수신자에게 전달되는 정도를 의미한다.[4] 의사소통을 받아야 할 사람이 받지 못하거나 받을 필요가 없는 사람이 받는 경우는 대상의 적합도가 낮게 된다.

의사소통의 일관성(consistency)이란 시간의 선후 관계에서의 일관성과, 계서제상의 소통의 일치성 등을 포함한다. 처음의 의사소통(명령이나 보고)과 일정한 시간이 지난 다음의 의사소통의 내용이 일치하면 일관성이 높고 그렇지 않으면 일관성이 낮다. 계서제상의 상관들의 지시나 부하들의 보고가 같은 내용이면 일관성이 높고 다른 내용이면 일관성이 낮게 된다.

(3) 의사소통의 효과성

의사소통의 효과성(effectiveness)이란 의사소통을 통해 이루고자 하는 목표를 달성한 정도를 의미한다.[5] 의사소통의 효과성은 전달자에 따라서 무엇인가를 하게 하거나 못하게 하는 행동이나 의지의 변화를 요하는 것도 있으나 단순히 알리기만 하는 경우도 있다. 알리는 것 자체가 요식 행우일 때도 있다.

의사소통의 비용성(cost)이란 의사소통을 하는데 지불되는 모든 비용의 정도를 의미한다. 경제적 비용은 물론이고 심리적 부담 등도 포함한다. 한 번 의사소통해도 되는 것을 여러 번 의사소통한 경우는 비용이 많이 들었다고 할 수 있다. 의사소통의 양이 많고[6] 연결점이 많아서 시간이 많이 걸리거나 내용이 왜곡되는 것도 비용이 많이 든 경우다. 비용에는 의사소통을 위한 직접 비용은 물론이고 의사소통과 관련한 간접 비용도 포함된다. 의사소통의 과부하(overloading)는 의사소통을 하는 데 높은 비용이 들고 있음을 의미한다.

의사소통의 만족성(satisfaction)이란 의사소통 과정에 참여하는 송신자와 수신자들이 의사소통의 매체나 수단, 의사소통의 분위기, 의사소통의 내용, 의사소통의 결과 등

---

4) 정보의 원천이 불명확한 메시지가 수신자에게 도달되면 수신자는 송신자를 확인하는 과정을 거쳐야 한다. 또한 송신자는 확실하더라도 수신자가 모호하면 의사소통의 효과를 거둘 수 없을 것이다. 대인 간의 의사소통에서는 송신자와 수신자가 적절하게 연결되지만 세 사람 이상의 의사소통이나 수많은 수신자가 있는 경우, 한 사람의 수신자가 여러 사람의 송신자로부터 의사전달을 받는 경우에는 대상의 적합성이 중요한 문제가 된다.

5) 효과적인 프레젠테이션에 대해서는 다음 저서를 참조하기 바란다. 미키 타케노부 지음, 길주희 옮김, 『손정의: 기적의 프레젠테이션』, 서울: 문학스케치, 2012.

6) 현대를 지식정보사회라 부른다. 관리자들은 정보와 자료에 묻혀 산다. 따라서 그들은 그들에게 지시된 메시지를 충분히 소화할 수 없으므로 그들은 메시지를 검사해야 한다. 즉, 많다는 것이 반드시 좋은 것만은 아니다(O'Reilly Ⅲ, 1980: 684-696).

에 관해 느끼는 긍정적인 느낌의 정도를 의미한다. 명령이나 지시하는 방법, 그리고 보고하는 방법에 대한 불만은 의사소통의 효과성에도 나쁜 영향을 미친다. 의사소통의 단락(short circuiting)[7]은 의사소통인의 만족을 저해한다. 수신자의 의사소통에 대한 불만족이 극도에 달했을 때는 의사소통의 수용을 거부한다.

2) 의사소통의 정확성 결정 요인

의사소통의 질, 특히 정확성을 결정하는 데에는 많은 요인이 작용하는데, 이를 인간적 요인, 구조적 요인, 매체와 정보 요인, 그리고 환경적 요인으로 나눌 수 있다. 이들 요인은 의사소통의 질을 높이기도 하고 낮추기도 하는데, 이 중 낮추는 요인을 의사소통의 저해 요인 또는 제약 요인이라고 한다. 여기서는 정확성을 위주로 의사소통의 질을 결정하는 요인을 살펴보고, 나머지 요인들은 함께 묶어서 살펴보겠다.

(1) 인간적 요인

준거 기준(準據基準, frame of reference)의 차이가 의사소통에 영향을 준다. 가치관이나 태도, 직업 의식 등은 대표적인 준거 기준이다. 경험이 준거 기준을 형성하고 변화시키는 데 영향을 미친다. 예컨대, 보수적인 사람과 개혁적인 사람, 직업 군인과 정치 군인, 기술직과 사무직 등은 동일한 의사소통 내용을 서로 다르게 받아들일 수 있다. 특히 선입견 등은 정상적인 의사소통을 저해한다.

능력의 차이가 의사소통에 영향을 준다. 같은 정보라 하더라도 기억력, 이해력, 언어능력, 그리고 주의력의 차이 때문에 의사소통과 수신이 영향을 받기도 한다. 이런 능력에는 전문 용어 등 전달 매체에 대한 언어 해득 능력의 차이가 포함된다. 그리고 전달자와 수신자의 능력 차이를 고려하지 않을 경우 의사소통이 왜곡될 수도 있는데 이런 상태를 지위상의 차이라고 한다.

전달자나 수신자의 이해관계가 개입되면 의사소통의 질에 영향을 준다. 대체로 의사전달자 개인이나 집단과 관련되는 문제는 좀 더 쉽고 빨리 수신될 수 있다. 그러나 의사소통 과정에서 전달해야 할 내용을 자기에게 유리하게 축소·은폐하거나 확대·과장시키는 경우, 자기 혼자만 정보를 독점하려는 때, 자기의 입장에서 모든 문제를 해석

---

7) 의사소통의 단락이란 건너뛰기를 의미하는데, 의사소통이 적절한 통로를 거치지 아니하고 전달된 경우다. 예컨대, 최고관리자가 중간관리자를 경유하지 아니하고 하급(일선)관리자에게 지시하거나 반대로 하급(일선)관리자가 직접 상급관리자에게 보고하면 중간관리자는 불만을 갖게 된다.

하려는 경우에는 적절한 의사소통이 될 수 없다.

(2) 구조적 요인

계층제에서 계층의 수는 의사소통의 질에 영향을 미친다. 계층의 수가 많다는 것은 의사소통의 통로가 길다는 것이며, 그 통로가 길면 전달된 내용은 더욱 확대되거나 더욱 축소되기도 하여 정확성이 상실된다.

의사결정의 상태가 집권인가 분권인가가 의사소통에 영향을 준다. 집권도가 높을수록 풍문 등 비공식적 의사소통이 많아지게 된다. 반면에 분권도가 높을수록 의사소통의 공유의 폭은 넓어지나 정확성은 낮아질 가능성이 높다.

업무의 전문화가 높을수록 조직 간 할거주의나, 다른 업무에 대한 이해의 부족으로 의사소통이 왜곡되거나 무관심하게 될 가능성이 높다. 즉, 전문화는 분화를 유도하고, 분화는 개인이나 집단조직 간의 간격을 넓히는 것이다.

(3) 매체와 정보 요인

의사소통의 주된 매체는 언어다. 그런데 언어가 지나치게 전문 용어이거나, 외국어 등 이해하기 힘든 문자인 경우에는 소통하고자 하는 내용이나 본질을 언어로 완전하게 표현하지 못하거나 그 표현이 모호하게 되는데 이때는 의사소통이 왜곡될 수 있다.

담당하는 업무의 양이 지나치게 많아 정보의 흐름이 많거나, 업무의 내용이 여러 부문에 관련되어 정보의 내용이 복잡하고 다양할 때는 시급한 문제나 자기에게 특별히 관심이 있는 업무를 먼저 하게 되는데 이로 인해 의사소통에 영향을 줄 수 있다. 또한 필요한 정보의 양이 너무 적을 때도 문제의 해결을 어렵게 한다.

(4) 환경적 요인

시간적 요인이 의사소통에 영향을 준다. 즉, 의사소통을 통해 달성하려는 효과나 변화에 필요한 시간의 장단이 의사소통에 영향을 준다. 예컨대, 너무 단기간에 의사소통을 하려 하면 전달하고자 하는 내용을 충분히 전달하지 못하게 되고 결국 소통 내용을 소화하지 못하게 된다. 또한 의사소통에 필요한 시간이 너무 장기적일 때는 의사소통이 중간에 중단되거나 다른 의사소통에 밀려 잊어버리는 경우가 있다.

의사소통의 공간적 범위는 의사소통의 방법이나 효과에 영향을 줄 수 있다. 특히 전달자와 수신자 간의 거리가 지나치게 멀면 적절한 의사소통이 저해될 수 있다. 최근에는 이러한 거리를 좁힐 수 있는 기계적 장치가 개발되고 있다. 전화, 팩시밀리, 컴퓨터 네트워크, 전자우편, 화상회의 등이 그것이다.

의사소통의 상황이 의사소통에 영향을 주기도 한다. 인터넷의 시대에는 인터넷 매체를 사용한 의사소통 방법이 더 빨리 수용된다. 전시나 위기 시에는 신속한 의사소통이, 평시에는 상대적으로 완만한 의사소통이 적합하다.

문화적 요인은 의사소통에 영향을 준다. 각국의 문화의 차이는 생활의 여러 면에서 발견되나 특히 언어의 영역에서 심하게 나타나므로, 국제적인 의사소통이나 국제기구나 다국적 기업과 같은 조직에서 의사소통을 할 때는 동일한 용어를 각국별로 다르게 해석할 수 있는 경우가 많으므로 각별한 주의를 필요로 한다.

6. 의사소통의 개선 방향

1) 한국에서의 의사소통

의사소통은 시 · 공간적, 역사적, 문화적 제약 속에서 이뤄지는 경우가 많다. 따라서 각국별로 의사소통의 다른 점들을 발견할 수 있고, 시대별로 의사소통의 특성을 추론할 수 있다.

한국의 조직관리에서 의사소통은 집권적 조직문화나 엄격한 계층제에 의해 수평적 의사소통보다는 수직적 의사소통이, 수직적 의사소통에서도 하의상달보다는 상의하달이 더욱 발달해 왔고 풍문도 무성했다고 보인다. 그리고 의사소통의 시간이 짧아 신속한 반면 시행착오가 많아 의사소통이 추가되는 경우가 많았으며, 의사소통의 중요도에 대한 인식이 부족했다. 한국의 조직에서는 불필요한 회의, 많은 시간이 소요되는 회의를 줄이려는 노력이 많이 있다.

여기서는 의사소통 방법의 선택에 관한 일반적인 고려 요인을 논의하고, 개선 방향을 모색하기로 한다.

2) 의사소통 방법의 선택

의사소통이 효과적으로 이뤄지기 위해서는 관리자는 어떠한 의사소통 방법(경로나 매체)을 선택할 것인지를 결정해야 한다. 관리자가 의사소통 방법을 선택할 때 고려해야 할 요인은 다음과 같다(박영배 · 이승영, 1992: 500-504).

첫째, 의사소통 임무의 복잡성이다. 의사소통 임무는 그 복잡성의 정도에 따라서 지시나 명령의 전달, 필요한 정보나 자료의 요구·제공, 의견 일치나 결정의 달성 등을 들 수 있다. 복잡할수록 공식적·비공식적 통로가 활용되어야 한다.

둘째, 의사소통 내용의 합법성과 정당성 등이다. 의사소통의 내용에 따라서는 규정이나 절차에 따라야 할 것이 있다. 비밀이나 보안의 문제가 있을 때는 특별히 제한 규정과 절차를 두고 있다. 전달 내용의 중대성 여부에 따라 의사소통의 방법이나 기술이 달라져야 한다.

셋째, 의사소통의 구성원이다. 의사소통 상대방에 대한 신뢰도가 의사소통 방법을 결정한다. 신뢰도가 낮을 경우 여러 가지 경로와 매체를 활용해야 한다. 구성원 간의 인간관계가 친근하게 유지되면 비공식적 의사소통 방법이, 친근하지 못하면 공식적 의사소통 방법이 더 좋다. 의사소통 상대방을 소수로 제한하고자 할 때는 비공식적인 방법이 효과적이다.

넷째, 의사소통의 비용이다. 의사소통에 대한 비용 지불 의도에 따라서 의사소통 방법이 달라진다. 많은 비용을 지불하더라도 좀 더 빨리, 좀 더 정확한 의사소통을 하려면 의사소통의 기법이나 체제를 고도화·전산화해야 한다.

다섯째, 의사소통의 효과다. 의사소통의 결과에 대해 책임을 지게 하는가 여부에 따라 의사소통 방법은 달라진다. 책임이 무거울수록 문서의 방법을 택한다.

3) 의사소통의 개선 방향

(1) 의사소통자

송신자나 수신자 모두 민주적이고 자발적인 의사소통의 행태가 요구된다. 특히 권위주의적 태도를 제거하고, 의사소통에 대해 책임을 지는 행태로 변화되어야 한다. 더구나 보신주의 때문에 의사소통 내용을 왜곡하거나 의사소통을 거부해서는 안 되며 의사소통의 중요도를 높이 인식해야 한다. 중계자의 정확한 중계와 여과(filtering)도 다수인 간의 의사소통에서 필수적이다.

송신자는 개개인의 이해 못지않게 공인(公人)으로서 공익 달성을 생각하면서 의사를 소통해야 한다. 특히 상급관리자의 민주적 리더십이 요구된다. 다양한 근무 경험을 통해 조직구성원 상호 간의 이해를 도모할 수 있도록 인사 교류를 확대한다.

수신자는 선택적으로 경청하지 말고 전체적으로 의미를 이해하며, 소통이 정확하지 않을 때는 환류 과정을 적극 활용해야 한다. 수신자의 경청8)은 의사소통 과정에 정신과 노력을 집중시킴으로써 정확성을 높여준다.

송신자가 의사소통 기법9)을 익힘으로써 의사소통 능력을 높이면 의사소통의 효과성은 높아진다. 의사소통을 되풀이함으로써 의사소통의 정확성을 높일 수 있다.

(2) 의사소통의 매체

의사소통의 내용은 정확해야 하며, 적절한 시기에, 적절한 양이, 적절한 의사소통자 간에 의사소통이 이뤄져야 한다. 그리고 계속성을 띠는 의사소통은 일관성이 요구된다. 이렇게 되기 위해서는 의사소통에 대한 체계적인 준비와 계획이 필요하며, 의사소통 후 사후평가를 거쳐 환류될 수 있는 이른바 정보관리 체계가 확립되어야 한다. 또한 조직의 규모가 커지고, 업무의 내용이 복잡해질수록 자세하면서도 융통성이 있는 업무편람이 필요하게 된다. 그리고 의사소통 방법도 오디오, 비디오 등 시청각 방법을 동원해 현대의 기술적 발전이 반영될 수 있도록 한다.

최근에는 의사소통에 전자 매체가 활용된다(Hattersley & McJannet, 2005: 211-213). 전자 장치로는 컴퓨터, 전자우편 시스템, 전동 타자기, 자동차용 전화기, 개인용 무선호출기, 웹 사이트 등이 있다. 특히 장거리 간에 전자 장치를 이용한 회의가 이뤄지고 있다. 멀리 떨어져 있는 의사소통의 상대방을 화상으로 보면서 회의를 진행하는 방법인데 시간과 여행 경비를 줄여준다.

참고

전자우편의 효율성과 한계

- **전자우편의 의의**: 전자우편이 거의 일상화되어 있다. 조직 내에서는 인트라넷 또는 인터넷으로 많은 문서와 정보가 유통되고 있다. 전자우편은 비대면성과 익명성을 특징으로 하며 전화 또는 우편 등 전통적 의사소통의 한계를 극복할 수 있다.
- **전자우편의 효율성**: 전자우편은 시간, 장소, 장비, 데이터의 제약이 없고, 저렴한 사용 요금이 장점이다. 한번에 수천 명에게도 보낼 수 있고, 수신자는 편할 때 읽을 수 있다. 그리고

8) 경청을 위한 방법으로는 말을 하지 말 것, 이야기하는 사람을 편안하게 해줄 것, 인내심을 가질 것, 부드러운 분위기를 유지할 것 등이 제시되고 있다(Davis & Newstrom, 1985: 436).

9) 의사소통의 기법 — 말하기, 쓰기, 표현하기, 설득, 보고서 준비 등 — 에 대해서는 로커(Locker, 2004)에 자세히 소개되어 있다.

정보를 재이용하고 가공이 쉽다.

- **전자우편의 단점:** 전자우편은 사용의 즉시성이 낮다. 또한 비대면성과 익명성으로 인해 윤리 의식의 약화와 대량반복의 용이성, 조제성 등과 결합해 스팸메일이 생기게 되었다. 또한 조직구성원들이 업무 수행에 집중하지 못하게 할 수 있다.
- **관리 방안:** 정보 내용의 적합성이 높아지도록 하며, 정보의 보안관리에 유의한다. 수신자의 입장에서는 받은 우편을 확인하고 분야별로 분류한 후 보존 기간을 정해야 하며 우편에 대해 성실하게 답변해야 한다.

자료: 김관규(2000: 41); 스티븐 로빈스·티모시 저지(2008: 213) 등을 참고해 작성

(3) 의사소통의 과부하 대처 방안

의사소통의 과부하(過負荷)는 의사소통의 비용을 높이고 그 효율을 낮추는 현상이다. 의사소통의 부담 때문에 다른 업무를 하기 어렵다면 그것은 의사소통의 과부하이다. 과부하를 해결하는 방법으로는 여러 가지를 제시할 수 있다.

첫째, 관행에 따라서 문제를 처리한다.

둘째, 대기열을 이용하는 것으로 순서대로 문제를 처리한다.

셋째, 우선순위에 따라서 메시지를 처리한다.

넷째, 우선순위가 낮은 메시지를 파기한다.

다섯째, 메시지를 내용과 주제별로 정리하여 주제검색이 가능하게 한다.

(4) 의사소통 문화의 변경

의사소통 문화(communication culture)란 구성원들이 그들 간에 혹은 그들과 조직 간에 얼마나 편안하게 느끼는가에 바탕을 둔 조직의 내부적 감정의 기풍을 의미한다. 예컨대, 즐거운, 따뜻한, 화기애애한, 혹은 지지적인, 개방적인, 우정 어린 분위기, 혹은 불쾌한, 싸늘한 분위기, 혹은 방어적인, 폐쇄적인, 비우호적인 분위기 등인데, 가장 많이 유형화된 것은 후원적인 문화와 방어적인 문화다(Kreps, 1990: 193). 방어적인 의사소통 문화에서는 자유로운 의사소통이 제약을 받으나 후원적인 의사소통 문화에서는 의사소통이 활발하고 충분하게 된다. 따라서 의사소통 문화를 방어적인 문화에서 후원적인 문화로 바꿔주어야 한다.

참고

회의 문화의 개선: 회의 시간 줄이기

- **회의의 의의**: 회의는 두 명 이상의 사람이 모여 어떤 주제에 관해 논의를 하는 것, 또는 그 일을 하는 모임을 가리킨다. 회의는 문제 해결 회의, 이해조정 회의, 정보전달 회의 등으로 구분된다. 적절한 호의는 조직의 활동에 긍정적이나 회의가 너무 많으면, 조직인들은 이를 불필요한 시간 낭비로 본다. 회의가 길어지고 있으며, 회의가 변질되고 있다.
- **외국 기업과 국내 기업의 사례**: 구글, 아마존, 애플, 넷플릭스 같은 회사는 회의를 짧게 유지하고 회의 문화를 개선하기 위해 노력하고 있다. 예컨대, 실용주의 회의, "두 피자 원칙", 회의 없는 날, 규모에 따른 회의 등을 운영한다. 국내 기업에서도 카카오, 네이버, 컬리, 롯데쇼핑, LG 전자 등에서 회의의 최소화, 회의 안건의 사전 공유, 퀵 데일리, 플랭크 회의 방식 도입, 서서 회의하기 등의 방식을 도입하여 회의 시간을 줄이려 하고 있다.
- **회의의 관리 방안**: 회의는 비싼 것이다. 회의는 회의 목적에 맞추어 운영되어야만 효과를 거둘 수 있다. 회의는 조직의 특성에 따라서 회의의 종류와 목적에 따라서 생산적이고 효율적으로 운영되어야 한다.

자료: m.blog.naver.com 2024.1.17 검색 작성

제 2 절 공공관계

1. 공공관계의 의의와 특성

1) 공공관계의 의미

(1) 공공관계의 의의

공공관계(Public Relations: PR) 혹은 공중관계는 의사소통의 한 형태로서 외부적 의사소통과 직접 · 간접으로 관련이 있다. 또한 공공관계는 조직과 공중 간의 관계이기 때문에 공공관계는 의사소통에서 다뤄지기도 하지만 조직과 환경과의 관계에서 다뤄질 수 있다.

공공관계는 특정 조직에 국한되어 발견되는 조직관리 현상이 아니라 모든 조직체에

서 발견되고 있는 것으로, 정부, 기업, 정당, 학교, 자발적 조직체를 구분하지 않고 발견되고 있다. 공공관계는 20세기에 들어와 미국에서 본격화되었으나 역사적으로 오랜 전통을 갖고 있다. 즉, 로마 시대에 여론조사가 실시되었으며, 중세에는 교회가 종교의 확산을 위해 공공관계를 활용했다. 우리나라에서도 조선 시대에 암행어사 제도 등을 통해 민심을 파악했다. 현대에 들어와 사회가 발전해 감에 따라 조직이 대규모화하고 사회는 다원화되어 가며 국제화하고, 나아가 언론 매체 등의 발달로 인해 공공관계(PR)는 조직관리에서 더욱 중요시되고 있다.

공공관계는 Public Relations를 번역한 것으로 public과 relations라는 개념으로 분해할 수 있다. public은 보통 '공공'이나 '공중'으로 번역되며, relations란 '관계'로 번역된다.

(2) 공공관계의 개념

저자는 공공관계란 PR 협회에서 오랫동안 사용해 온 "조직 또는 기관이 의미 있는 공중의 이해와 협조를 확보하고 유지하기 위해 실시하는 계획적이며 지속적인 활동이나 관계의 내용, 그리고 과정"(Oliver, 2007: 9)이라고 정의한다. 공공관계의 개념을 좀 더 명백하게 하기 위해 유사한 개념인 제품 광고 및 선전이라는 개념과 비교해 본다.

공공관계(PR)는 선전이나 광고와는 구분되는 개념이다. 선전은 선전의 주체에 유리한 정보만을 제공하나 공공관계에서는 공공관계의 주체와 대상인 객체 간에 쌍방적인 교류를 전제로 한다. 즉, 공공관계는 조직의 이익과 공중의 이익을 공동으로 증진시키는 것이다. 정치 선전이나 전쟁에서의 선전을 보면 경쟁 상대를 무찌르기 위한 수단으로서 선전이 활용된다.

공공관계는 제품 광고와 다르다. 제품 광고는 직접적으로 제품이나 서비스의 판매를 촉진하기 위해 행하는 의사전달이나, 공공관계는 간접적으로 조직 자체의 이미지를 개선하거나 조직의 활동이나 사업을 알리는 의사전달이다. 공공관계 주체는 매체를 통해 전달될 제품 광고의 내용을 통제할 수 있으나, 공공관계의 내용을 통제할 수 없다.

2) 공공관계의 본질과 특성

(1) 공공관계의 주체

공공관계의 주체로는 개인, 집단, 조직, 그리고 정부 등을 들 수 있다. 공공관계의 주체는 크게는 조직이, 작게는 조직의 하부 단위도 될 수 있고, 아주 넓게 정부가 될 수도 있다. 대체로 단위 조직이 공공관계의 주체가 된다. 고용노동부, 현대건설, 동아일보, 서울대학교 등은 각각 공공관계의 주체가 될 수 있다. 또한 현대건설 내의 건축팀이나 자재부 역시 작은 단위의 공공관계의 주체가 될 수 있다. 정부는 특정 국가의 이미지를 관리하기 위해 노력을 기울인다.

그런데 대표적인 공공관계의 주체로는 정부, 기업, 그리고 정당 등을 든다. 정부는 광의의 정부, 행정부, 입법부, 사법부, 선거관리위원회 등 헌법기관이나 단위 부 · 처 · 청 · 위원회가 독자적으로 공공관계의 주체가 될 수 있으며, 공공기관들도 포함한다. 사기업은 공공관계의 주체로서 더욱 그 중요성이 강조되고 있다. 사적 이윤의 추구에서 더 나아가 공공성이나 기업의 사회적 책임이 더욱 강조되고 있기 때문이다. 정당 등 정치단체들의 공공관계는 정치 선전의 형태로 인식될 정도로 광범위하게 진행되고 있다.

(2) 공공관계의 객체

공공관계의 객체나 대상은 의미 있는 공중(significant public)이다. 의미 있는 공중은 조직의 성공과 실패에 영향을 줄 수 있는 대상으로 공공관계의 주체에 따라 달라진다.[10] 공중(public)은 보통 통일된 집단을 의미하지만 사실상 고도로 다양한 집단의 집합체다. 다른 공중은 같은 뉴스를 듣고 다르게 반응하며, 지역, 종교, 생활 스타일, 기타 고려 조건에 따라 영향을 받는다(Marconi, 2004: 51).

그런데 고정 불변의 공중은 없으며, 의미 있는 공중의 우선순위도 존재한다. 공공관계는 특정한 공중을 전략적 관리 대상으로 한다. 이를 목표 수용자(target audience)라고 하는데 이들 중 으뜸이 고객(clients)이다.

공공관계의 객체는 대내 공중과 대외 공중으로 구분할 수 있다. 대내 공중(internal public)이란 조직에서 근무하는 사람들의 집단을 말하며, 대외 공중(external public)이란 조직과 관계하는 외부의 집단들을 말한다. 경쟁이 심한 사회이기 때문에 대외 공중에 대한 공공관계의 노력이 요구된다.

10) 예컨대, 행정부의 경우 공무원 관계, 국민 관계, 의회 관계, 언론 관계, 외국 관계 등을 들 수 있다. 기업의 경우에는 종업원 관계, 소비자 관계, 주주 관계, 언론 관계, 정부 관계 등을 들 수 있다.

(3) 공공관계의 목적

공공관계의 목적은 의미 있는 공중의 이해와 협조를 구하고 이로 인해 특정 조직에 대한 지지를 증대시키고 오해를 감소시키며, 친선을 도모하는 것이다. 조직 및 조직활동에 대한 있는 그대로의 이해는 무엇보다도 선결되어야 할 공공관계의 목표다. 조직의 진실을 알리고 거짓 풍문을 와해시키는 것이다. 공공관계 활동이란 조직에 대한 무관심에서 관심으로, 거부에서 협조로, 적대적인 태도에서 우호적인 태도로 변화시키기 위한 것이다. 그리고 공공관계 활동은 공중이 조직을 위해, 조직이 원하는 행동을 하도록 공중을 설득하려는 데 목적이 있다.

공공관계의 일반적인 목적은 공공관계의 주체에 따라 약간씩 달라진다. 예컨대, 기업 공공관계의 목적은 사적 이익이나 이윤의 추구를, 정부 공공관계의 목적은 정부활동에 대한 보도, 지지나 공익과 국익의 추구를, 정치 공공관계의 목적은 정당에 대한 지지의 유지나 확보, 그리고 권력의 증대이다.

(4) 공공관계의 매체

공공관계의 주요 수단으로는 대중 대체(mass media)를 든다. 외부 공중을 위한 대중매체로는 신문, 통신, 잡지, AM 혹은 FM 라디오, 텔레비전, 케이블 TV, 책, 전자사보 등을 들 수 있다.

내부 공중을 위한 의사소통과 마찬가지로 외부 공중을 위한 새로운 미디어 등이 출현되어 새로운 도전을 하고 있다. 즉, 인터넷과 인트라넷이 출현해 쌍방향의 의사소통을 하도록 했다. 이러한 기술 발전은 종전보다 많은 양의 정보를 좀 더 신속하게 소통하고 파악하게 한다.

인터넷의 발달은 기존의 대중 매체로 제공할 수 없었던 정보를 좀 더 효과적으로 제공할 수 있게 하며, 제품과 서비스 관련 소비자의 불만에 효과적으로 대응할 수 있게 하고 자기 조직에 대한 부정적 영향을 최소화하며, 소비자 및 고객과 친근감을 강화시킨다.

참고

우리나라 대법원의 인터넷 홈페이지

우리나라 대법원의 홈페이지를 방문하면 먼저 법원이라는 이름이 보이고 '자유', '평등', '정의'라는 법원의 이념이 보인다. 주요 내용으로는 대국민 서비스, 대법원, 각급 법원, 사법부 소개로 나뉜다. 이 중 대국민 서비스 창을 열면 소식, 판결, 공고, 정보, 참여 및 자료로 나뉜다. 세부적으로는 새소식, 판례속보, 보도자료와 언론보도 해명, 법원동정, 전국 법원 주요 판결들, 그리고 알림창이 있다.

자료: http://www.scourt.go.kr/Main.work 2024.1.17 검색

(5) 공공관계의 활동

공공관계의 활동은 쌍방적인 설득 활동이다. 공공관계는 일방적인 의사소통이 아니라 쌍방적인 의사소통이며, 조직과 공중 간의 교류가 강조된다. 이런 교류를 촉진시키는 매체로서 언론 매체를 들 수 있다. 또한 공공관계는 설득적 의사소통(persuasive communication)[11]이다. 설득적 의사소통이란 수용자의 태도 변화를 목적으로 한다. 상대방의 이야기를 듣지 않고서 설득시킨다는 것은 불가능하다. 다시 말해, 공공관계 주체가 객체에게 메시지를 통해 알리고, 객체의 의사 등 반응을 듣는 활동으로 구성된다.

공공관계의 활동은 다뤄야 할 문제의 내용이나 상황에 따라 달라진다. 공공관계의 대상 문제가 관리상의 문제인가 전략상의 문제인가에 따라 달라진다. 그리고 공공관계의 상황이 평시인가 위기 시인가, 경쟁이 강한가 아닌가 등에 따라 달라진다.

2. 공공관계의 과정과 방법

1) 공공관계의 과정

(1) 공공관계 과정의 의의

좁은 의미의 공공관계 과정은 첫째, 공공관계 주체가 객체의 의견 및 태도를 조사하고(조사연구), 둘째, 공공관계 주체가 공공관계에 대한 정책이나 사업을 계획하며(공공

11) 의사소통의 종류로는 그 기능에 따라서 교육적 의사소통, 오락적 의사소통, 정보 제공적 의사소통, 설득적 의사소통으로 구분할 수 있다(김정기, 1981: 17).

관계 계획), 셋째, 이 사업을 집행해 공공관계 메시지를 전달하고(메시지 전달), 넷째, 객체가 의견이나 태도를 변화했는지에 대한 평가(평가)를 하는 4단계로 구성된다(김정기, 1981: 최윤희, 1992; Cutlip, Center, & Broom, 2000). 이들 단계를 도표화하면 [그림 10-3]과 같다.

그림 10-3 공공관계의 과정

(2) 공공관계의 조사연구 단계

공공관계의 조사연구[12] 단계에서는 일반적인 문제 해결의 절차에서처럼 문제를 정의하고 상황을 분석한다. 즉, 공공관계에서 문제는 무엇이며, 그 원인과 결과는 어떤가? 그리고 공공관계의 상황은 어떠한가? 공공관계의 주체와 객체인 수용자의 태도와 의견은 어떤가? 경쟁 조직 간의 관계는 어떤가? 기존의 공공관계 사업의 정도와 방법, 그리고 실적은 어느 정도인가? 등을 진단한다.

조사연구의 방법은 비공식적 방법과 공식적 방법으로 나눌 수 있다(최윤희, 1992). 비공식적 조사연구 방법으로는 조직체의 자료, 개인적 접촉, 뉴스 기사, 여론조사 결과, SNS 자료, 각종 전문기관, 도서관 이용, 우편과 전화에 의한 분석, 의사소통 진단 등의 방법이 포함되며, 공식적 조사연구 방법은 공공관계 담당 부서가 직접 또는 대행사를 통해 체계적인 조사를 할 수 있다.

---

12) 조사연구가 필요한 이유로서는 다음을 참조하기 바란다(Wilcox, Ault, & Agee, 1986; Cutlip, Center, & Broom, 2000).

(3) 공공관계의 계획 단계

공공관계의 사업계획은 조사연구를 근거로 해서 이뤄진다. 계획은 목표의 설정, 사업 수단의 선택, 전략과 전술, 시간표 작성, 예산의 확보, 그리고 그 밖의 활동으로 구성된다.

조사연구의 결과 문제의 확인과 정의가 이뤄지면 공공관계의 목표를 설정한다. 공공관계의 목표와 목적은 공공관계 사업의 내용에 따라 달라지나, 일반적으로는 공중의 이해의 증진, 우호적인 태도의 형성, 새로운 이미지의 개발, 기타 등이다. 목표가 설정되면 이를 가장 효율적으로 실현할 수 있는 여러 대안을 탐색한 후 그 중에서 가장 적합한 안을 선택한다. 적합한 대안이 선택되면 이를 통해 설득하기 위한 전략과 전술을 정비한다. 그리고 최적안을 집행하기 위한 조직, 예산, 인력, 정보 등의 관련 요인을 검토하고 준비한다.

(4) 공공관계의 집행 단계

공공관계는 계획에 따라 집행된다. 공중에게 알리고, 설득하고, 태도를 변화시키기 위해 여러 가지 의사소통 수단을 동원한다. 공공관계의 지침이 전달되며, 시행자는 이 지침에 따라 공공관계 활동을 진행시킨다. 공공관계 활동은 여러 개의 사업이나 활동으로 구성되는 것이 보통이다. 공공관계 사업의 집행 과정에서 처음의 계획대로 집행되지 아니할 때가 많다. 환경의 변화가 있을뿐더러 공공관계 쌍방의 상호작용에 의해 달라질 수 있기 때문이다. 이때는 적절히 재량권을 행사해 공중들의 이해를 증진시켜야 한다.

(5) 공공관계의 평가 단계

공공관계 활동이나 사업의 결과는 효과적이었나를 파악하는 것이 평가활동이다. 평가활동에 대해 관심이 증가한 이유는 공공관계 사업의 비용 지출에 대한 책임에서 비롯되었다(최윤희, 1992: 151). 그런데 공공관계의 평가활동은 설정된 목표에 따라 달라진다. 따라서 먼저 목표를 확인하는 작업이 필요하다. 다음으로 공중의 공공관계에 대한 수용도나 인지도, 이해도, 행태의 변화 등을 측정한다. 마지막으로, 측정 결과를 평가하고 성공과 실패의 여부와 정도, 원인과 개선책을 강구한다. 물론 공공관계 활동이 집행된 이후에 평가하는 것이 일반적이나 공공관계의 계획 단계 등에서도 평가는 진행된다.

2) 공공관계의 방법

공공관계 활동의 내용은 공공관계의 주체나 목표, 그리고 문제의 상황에 따라 달라진다. 그런데 공공관계 활동의 주요 내용이나 방법으로 공공관계 주체와 공중 간의 대면 관계에 따라서 대인 의사소통과 미디어에 의한 의사소통으로 구분할 수 있다. 후자는 다시 홍보와 기타로 구분해 논의한다.

(1) 대인 의사소통

대인 의사소통은 공공관계 주체와 목표 공중 간에 직접적으로 의사가 전달되는 공공관계다. 정치 공공관계에서는 정치인과 유권자 간에 직접 대면해 이야기하거나, 전화, 우편물, 전자메일, 또는 SNS로 전달하기도 한다. 행정 공공관계에서도 행정관과 주민이나 시민이 직접 공청회, 반상회 등에서 의사소통을 한다. 기업 공공관계에서는 기업가와 소비자가 직접 대면해 대화할 수도 있다.

(2) 홍보

공공관계의 홍보(publicity)란 조직이나 개인에 관한 정보를 출판물이나 뉴스 미디어에 제공하는 것을 말한다. 좀 더 구체적으로 홍보란 라디오, 텔레비전, 잡지, 신문과 각종 기관지와 같은 미디어에 사실적이고 흥미 있으며 뉴스 가치가 있는 정보를 제공하는 것을 말한다(Yale, 2001: 3). 홍보란 특정 조직과 언론기관 간의 관계를 강조하는 용어다. 언론기관에 제공되는 홍보의 대부분은 뉴스 릴리스(news release 혹은 press release)다. 뉴스 릴리스는 누가(who), 무엇을(what), 언제(when), 어디서(where), 왜(why), 그리고 어떻게(how)를 알려주는 형태를 갖는다(Marconi, 2004: 143).

언론기관과 홍보 주체는 보통 대립적 관계에 놓인다. 언론기관은 공중에 대한 뉴스거리를 원하나, 홍보 주체는 소속 조직의 소개와 홍보에 주안을 둠으로써 서로 입장이 다를 수 있다. 홍보 제공자는 많기 때문에 언론 매체는 이들 중에서 선별해 보도한다.

조직이 사용할 수 있는 홍보의 통로로는 기자회견, 단독회견, 홍보 자료의 배포, 성명서, 기자 초청 오찬회, 인터뷰, 특별행사와 전시, 집들이 및 공장 견학, 공짜 취재 여행 제공 등이 있다. 한편 홍보 매체로는 신문, 잡지, 라디오, 텔레비전, 케이블TV, 자서전, 뉴스레터, 인터넷, 웹진 등 전자 매체, 그리고 홈페이지 등을 들 수 있다. 이 중 자서전13)은 조직의 최고관리자나 창업자의 일대기를 나타낸 것으로 조직의 이미지를 긍정적인 방향으로 변화시키는 데 기여하고 있다. 한편 홈페이지는 정보사회에서 조직의 중요 사항을 공개적으로 보여줄 수 있는 열린 공간으로서 가장 많은 사람이 전자 매체를 통해 가장 쉽게 접근할 수 있는 통로다.

어떤 홍보 매체를 활용할 것인가는 매체의 특성 및 장 · 단점을 파악한 후 결정한다.

(3) 광고

광고는 중요한 홍보 수단이다. 광고는 제품광고, PR 광고, 그리고 공익광고 등으로 구분할 수 있다.

제품광고는 제품이나 서비스의 판매 촉진을 위해 제품의 정보를 제공하거나 이미지를 전달하는 것이다.

PR 광고는 공중이 조직 자체(정부나 기업 등)에 대해 호의적인 이미지를 갖도록 하는 광고이며, 즉 조직의 개성을 판매하는 활동이다. PR 광고는 보통 기업광고에서 많이 볼 수 있는 것으로 제품이나 서비스를 생산하고 제공하는 주체로서 기업이 소비자들로부터 호의 또는 좋은 이미지를 획득하고 신용도를 높이기 위해 실시하는 일련의 광고 활동이다(정만수, 1995; 최원주, 2010: 43에서 재인용).

공익광고는 그 시대의 지배적 가치를 표출함으로써 대중의 변화를 유도하고 국가나 지방자치단체의 공공정책에 대한 국민적 합의를 이끌어내는 공익적인 의사소통 수단이며 TV14)나 신문을 활용하는 경우가 많다(정홍균, 2010: 368). 공익광고를 전담하는 기구는 한국방송통신위원회 소속 한국방송진흥공사 산하 공익광고협의회이다.

(4) 사보

사보(社報)란 공공관계 주체가 발행하는 일체의 정기 발간물로서 기업이나 비영리단체들이 종업원, 고객, 지역주민, 업자들 등 목표 공중과의 쌍방적 의사소통을 위해 제작 · 배포하는 출판물이다. 사보는 외부로부터 아무런 제약 없이 메시지가 전달될 수 있다는 장점이 있다.

사보의 내용은 초기에는 주로 경영 방침의 전달이나 조직 활성화에 대한 것이었으나

---

13) 예컨대, 대우그룹 김우중 회장의 『세계는 넓고 할 일은 많다』 등 기업가들의 자서전과 회고록, 김대중 전 대통령의 『행동하는 양심』 등 정치인들의 자서전을 들 수 있다.

14) 예컨대, TV에 지구환경 보호, 물자 절약, 올바른 시민정신, 아름다운 빈손, 나눔, 세계화, 인터넷 악플, 보이스피싱, 녹색성장 등을 광고하는 경우다(정홍균, 2010: 372).

(한국사보연구소, 1987), 최근에는 조직(그룹이나 단일 기업)의 이미지 전환, 재학생 등 잠재적 고객층 공략,[15] 조직문화혁신 등이 추가된다.

그리고 사보는 사내보와 사외보로 나뉜다. 전자는 종업원 공중을 대상으로 하며, 후자는 일반 공중을 대상으로 한다. 사보는 매체에 따라 인쇄사보와 전자사보로 나뉜다.

전자사보는 종이 이외의 전자적 대안 매체를 이용한 사보의 통칭이다. 한편 웹진이란 '웹'과 '매거진'의 합성어이며 웹을 통해 발행되는 잡지를 의미한다. 웹진은 인터넷을 통해 구현하는 잡지의 미디어적 특징을 나타내는 것이고, '전자사보'는 웹진의 일부분으로 디지털 매체를 통해 구현되는 사보의 콘텐츠적 성질을 나타낸다(박영범, 2002).

과거에는 주로 신문이나 잡지 등 인쇄사보가 주를 이뤘으나 1980년대 후반부터는 전자사보가 많이 활용되고 있다. 전자사보는 미디어의 역사 이래 가장 강력한 인터넷을 활용하는 적극적인 PR 매체이지만 앞으로는 무선을 이용한 실시간과 즉시성이 보장되는 매체가 활용될 것이다(박영범, 2002).

참고

한국의 주요 사보

- **정부:** 『Weekly 공감』(문화체육관광부), 『금감원 이야기』(금융감독원), 『공군』(공군본부)
- **기업 및 그룹:** 『사람@꿈』(삼성SDS), 『KOLON』(코오롱), 『보해가 만드는 세상』(보해양조), 『신한인』(신한금융), 『빙그레가족』(빙그레)
- **공공기관:** 『웃음꽃』(서울메트로), 『건강을 가꾸는 사람들』(건강보험심사평가원), 『with LH』(LH공사), 『청사초롱』(한국관광공사)
- **웹진:** 한화그룹(OPEN-1), 삼성에버랜드(EVERzine), 한전(KDN웹진)

자료: 한국사보협회, *NETWORK*(2023); 주요사 웹사이트(www)에서 발췌해 정리

참고

삼성에버란드의 웹사보 EVERzine

삼성에버랜드의 웹사보는 EVERzine(http://www.everzine.com)이다. 1998년 2월 1일 개설했으며 경영지원실 홍보팀에서 기획 제작한다. EVERzine의 비전은 삼성에버랜드만의 독특하고

15) 한화그룹의 웹진 OPEN-1은 잠재적 고객계층인 젊은층을 공략하기 위한 좋은 홍보 수단으로서 인식한다(한화그룹홍보팀, http://www.5pen-1.com).

우수한 기업문화를 창출하는 것이다. 제작 기본 콘셉트는 언제나 보고 싶은 사보, 친근한 사보라는 이미지를 심고. 사이버 공간을 통한 임직원들의 새로운 커뮤니케이션의 장으로 자리매김하는 것이다. 기획 방향은 시간, 인간, 공간의 3간 정신의 기업 이념을 표출하는 것이다. 3간은 함께 하는 공간, 향기 나는 사람, 그리고 기분 좋은 시간을 의미한다. 메뉴 구조도는 〈향기나는 사람〉에서는 해피 메신저, e사람, 기자가 만난 사람 파워팀 파워 멤버가, 〈함께하는 공간〉에는 핫 이슈, 포커스, 현장 스케치, 궁급합니다가, 〈기분 좋은 시간〉에는 부자되세요, 헬스 클리닉, 해피 포토제닉, 소문난 맛집, 함께 떠나 볼까요?가, 끝으로 〈생생동영상〉은 홈비디오, 토크 박스, 만나고 싶었습니다 등으로 편성되어 있다.

자료: 삼성에버랜드, 『삼성에버랜드웹사보』(2012)에서 발췌해 정리

3. 공공관계 활동의 효율적 관리

먼저 공공관계 활동을 평시에 좀 더 효율적으로 하기 위한 관리적 방법이나 기법들을 살펴본다. 다음으로 위기 하에 공공관계의 전략적 관리와 공공관계에서 윤리에 대해 논의한다.

1) 평시의 공공관계 관리

(1) PR 관련 조직관리

공공관계 활동은 조직체 내의 공공관계 담당 부서가 직접 다루는 경우와 대행사에 위탁하는 경우로 나눌 수 있다. 공공관계 담당 부서는 직접적으로 공공관계 활동을 집행하는데, 그 소속은 최고관리자 직속기관이거나 아니면 참모적 성격을 띤 계선기관의 하나로 존재한다. 공공관계 담당 직원들은 사업관리자로서 자질이 요구된다. 특히 공공관계 활동은 서비스 제공적인 성질을 갖고 있으므로 공공관계 담당자들의 봉사적인 자세와 태도가 필요하다.

공공관계 업무를 대행기관에게 위탁하기도 한다. 왜냐하면 그들은 공공관계에 관한 전문가들로 구성되어 있어서 좀 더 계획적이고 능률적으로 공공관계 활동을 할 수 있기 때문이다. 대행기관에 위탁한 경우에는 계획의 입안 단계부터 공공관계 주체와 대행사 간에 충분한 의견의 교환이 있어야 하며, 사업이 진행되는 중에는 적절한 감독이 필요하다.

(2) 여론, 언론과 명성 관리

대중 전달매체(mass communication)가 세계화되어 감에 따라 여론(public opinion)의 힘이 더욱 강력해지고 있다. 여론이란 특정 시점에서 특정 부류의 개인들이 소지하고 있는 집합적 의사를 뛰어넘는다. 여론은 단순히 개인의 지각된 상태는 아니며 표현되고, 조정되고, 그리고 타협되어 가는 동태적인 과정이다. 여론은 찬성과 반대, 그리고 느낌의 강약, 시간적 지속성, 그리고 ○에 대한 지지와 반대 등을 포함하는 개념이다(Cutlip, Center, & Broom, 2000: 265-266).

이러한 여론이 조직의 생산물(재화나 서비스)이나 윤리적 행위 등과 관련될 때 조직은 영향을 받게 된다. 조직의 명성이 높아질 수도 있지만 악명을 날릴 수도 있다. 대체로 사회적으로 물의를 일으키는 사건이 터졌을 때 여론으로부터 따가운 매를 맞을 경우가 많다. 따라서 조직에서는 여론의 추이에 민감하게 대응해 문제를 더 이상 악화시키지 않도록 하면서 명성을 관리해야 한다.

여론을 관리하는 데 있어서 대 언론관계만큼 중요한 것은 없다. PR 담당자는 언론의 취재에 적극적으로 협조하고 뉴서비스를 제공하는 가운데 언론의 도움을 받을 수 있다. 언론의 취재에 비협조적인 태도는 언론 관계를 파멸로 이끈다(김주환, 2004: 47-48). 거짓뉴스를 제공하거나 언론 메커니즘을 무시하여 행동하면 언론과 신뢰 관계가 낮아진다.

명성을 관리하고 여론에 호소하기 위해 '홍보대사'를 활용한다. 홍보대사는 조직의 이미지를 살리고 기부자의 재능을 사회에 환원하는 장치다. 예컨대, 대한적십자사는 적십자의 인도주의 정신을 더 많은 이웃에게 나누기 위해 다양한 재능 기부를 활용하고 있다.[16]

2) 위기 하의 공공관계 관리

여러 가지 대형 사고나 사건은 공중을 놀라게 한다. 조직이 위기에 대응하는 기간이 길수록 비난과 어려움을 극복하는 데 시간이 더 많이 든다(Marcani, 2004: 270). 이때 조직은 공공관계를 위해 평상시와는 다른 특별 관리, 다시 말해 전략적 관리를 할 필요

16) 2024년 대한적십자사의 친선대사로는 이순재(배우), 정명훈(음악가), 임형주(음악가)를 위촉하였다. 한편 홍보대사로는 2023년 안제욱(배우), 더텐 테너스(성악가), 박결(프로골퍼) 등 12명, 정일우(배우) 등을, 2022년 스테이씨(가수), 2020년 엄홍길(산악인), 2019년 소유진(배우), 2018년 다니엘 린데만(방송인) 등을 들 수 있다.

가 있게 된다.

긴급 상황은 여러 가지로 분류할 수 있는데, 여기서는 긴급 상황에 대처할 시간적 여유를 기준으로 폭발적 긴급 상황, 즉각적 긴급 상황, 잠재성 긴급 상황, 만성적 긴급 상황으로 구분해 살펴본다(Linke, 1989; 최윤희, 1992).

폭발적 긴급 상황이란 화재나 비행기 추락과 같은 즉각적인 충격을 주는 사건이 발생하는 상황이다. 소련 미사일에 의한 KAL기 폭파사고를 들 수 있다. 즉각적 긴급 상황은 환경 문제, 고발성 보도와 같이 약간은 시간적 여유가 있는 상황이다. 예컨대, 두산그룹의 페놀오염 사건과 같은 보도를 들 수 있다. 잠재성 긴급 상황은 사전 조사와 같은 준비할 시간은 있으나 문제가 잠재되어 있는 상황으로, 예컨대 노동쟁의, 파업, 법정 쟁송 등을 들 수 있다. 만성적 긴급 상황은 표면에 나타날 때까지 시간이 오래 걸리며, 그 문제가 쉽게 해결되지도 않는 상황이다. 예컨대, 투자가들 사이에 떠도는 악성 루머 등이 그것이다.

긴급 상황에 대한 공공관계 관리는 예방과, 실행, 그리고 평가의 단계로 구분할 수 있다(최윤희, 1992: 342-350). 긴급 상황에서의 공공관계는 예방이 무엇보다 필요하나 일단 상황이 전개되면 먼저 상황을 파악하고, 재발 방지책 등 긴급 조치를 취하며, 마지막으로 위기 상황에 대해 조직체의 입장을 발표한다. 이때 대(對)언론 관계는 프레스 본부를 설치해 위기 상황을 설명하고 공공관계 담당자의 대외 창구를 일원화시킨다. 가능한 한 고위책임자 중에서 대변인을 선임한다. 언론 매체에 대해 배경 설명을 하고, 매체와 직접 접촉하며 종업원과 지역사회에 대한 정확한 홍보가 필요하다. 때로는 유언비어가 횡행할 수도 있으므로 그 발생 원인을 제거한다. 긴급 상황이 처리된 후에는 위기관리 집행 과정을 평가해 차후에 대처할 수 있도록 한다.

참고

삼성전자의 갤럭시 노트 7 배터리 폭발 사건

2010년대 초반에 삼성 갤럭시 노트 7의 배터리 폭발 문제가 일어났다.

이 사태는 안전 문제로 인해 수백만 대의 제품이 리콜되고 회사의 이미지와 신뢰도에 큰 타격을 입히게 되었다. 삼성은 이 위기를 극복하기 위해 빠르고 투명한 대응이 필요했다. 삼성은 먼저 제품의 안전성 확인을 위해 외부전문가와 협력하여 조사를 진행했고, 문제가 확인되면 신속하게 제품을 리콜하고 교체했다. 또한 소비자에게 진실된 정보를 제공하고 공개적으로 사과문을 발표하여 투명성을 강조했다. 또한 그 후 품질관리와 안전성 강화에 대한 노력을 지속적으로 보여, 소비자 신뢰를 회복하는 데 주력했다.

이 사례를 통해 기업이 위기 시에는 빠르고 투명한 대응, 소비자와 소통 강화, 안전성 강화 등이 중요하다는 것을 알 수 있다.

자료: ChatGPT(2024.1.17)를 참고해 재정리

3) 공공관계에서 윤리

공공관계에서 윤리란 공공관계의 전문적 실천 영역에서 옳고 그름에 대한 질문에 대해 지식, 이해 및 이성을 적용하는 것이다.

공공관계에서 요구되는 윤리의 으뜸으로는 진실을 말하는 것이다. 공공관계 전문가들의 협회는 공공관계에서 진실을 말할 것을 요구한다. 상황에 따라서는 완전한 진실이 반드시 최상이지만은 않다. 완전한 진실이 특정한 공중을 해롭게 할 수 있기 때문이다. 공공관계에서 진실을 말함으로써 신뢰를 형성하게 된다.

최근 한국 사회에서는 거짓뉴스와 가짜뉴스에 대한 우려가 커지고 있다. 거짓뉴스는 정보를 왜곡하거나 잘못된 내용을 전달하는 것으로 신뢰할 수 있는 소스를 확인하고 다양한 출처를 참고할 필요가 있다. 거짓뉴스는 오보와 오인을 포함한 것이라면 가짜뉴스는 의도적으로 거짓정보를 활용하는 것이다. 거짓뉴스의 대표적 사례는 미국에서 2016년 피자게이트(Pizzagate) 사건인데, 피자 가게가 아동 성 착취와 관련 있다는 거짓보도로서 이로 인해 무고한 개인과 가게가 피해를 보았다. 우리나라에서도 2008년 이명박 정부에서 미국산 쇠고기 개방을 추진하자 M 방송국에서 광우병 괴담을 유포했으며, 많은 시민들이 광화문에서 쇠고기 수입 반대 집회를 하였다.

공공관계 윤리의 5대 원리로는 진실성, 비해악성, 편익성, 비밀성, 그리고 공정성을 들 수 있다(Parsons, 2008: 20-21). 진실성(veracity)이란 진실을 말하는 것이고, 비해악성(non-maleficiary)이란 남에게 해를 끼치지 않는 것이며, 편익성(beneficiery)이란 남에게 유익한 어떤 것을 주는 것이고, 비밀성(confidentialst)이란 사생활을 존중하는 것이다. 끝으로, 공정성(fairness)이란 공평하며 사회적으로 책임을 지는 것이다.

조직의 공공관계는 나라에 따라, 시대에 따라, 조직의 특성에 따라, 공공관계의 대상 문제의 내용이나 상황에 따라 조금씩 차이가 있을 수 있다. 그러나 공공관계가 지닌 본

질적 특성은 언제, 어디서나 큰 변화는 없다.

우리나라의 경우 "민심은 천심이다"라는 말에서 볼 수 있는 것처럼 역사를 통해 강조되고 부단히 발전되어 왔다. 그러나 공공관계 주체들의 공중에 대한 무관심이나 몰지각, 그리고 일부 언론 매체들의 보도 경쟁 등으로 인해 공공관계가 상당히 왜곡되어 왔다. 앞으로 컴퓨터, 통신위성 등 신기술의 발달은 공공관계에 새로운 변화하는 환경이 될 것으로 판단된다.

따라서 조직관리자들은 공공관계의 본질을 정확히 인식하고, 공중에 대한 올바른 인식과 매체에 대한 철저한 이해, 그리고 공공관계 환경에 대한 정확한 전망과 분석을 바탕으로 앞에서 제시했던 공공관계의 효율적 관리 방법들을 활용해 공공관계의 발달을 의도적으로 도모해야 할 것이다.

토의과제

❶ 우리나라에서는 상향적 의사소통이나 수평적 의사소통이 잘 안 된다고 한다. 이유와 해결 방안은?
❷ 한국의 주요 홈페이지를 하나 선정해 방문한 후 포함 내용을 소개하라.
❸ 우리나라의 정부나 기업에서 대변인들의 보도 내용을 발굴해 토론하라.

제11장

고객관리, 품질관리와 지식관리

관리 대상으로서 고객, 품질 그리고 지식은 다소 이질적이기는 하지만 최근 그 중요성이 더해가고 있다. 고객의 입맛에 맞는 품질의 향상을 도모하고 지식 학습의 발전을 위해 이 장에서는 고객관리, 품질관리, 그리고 지식관리를 집중적으로 논의하기로 한다.

제1절 고객관리

1. 고객관리의 의의

1) 조직 고객의 의의

조직관리론에서 고객의 문제에 대한 관심은 비교적 최근의 일이며, 조직관리의 다른 부문인 조직의 관리, 조직의 구조, 조직의 인간, 조직의 환경 등에 비해 훨씬 뒤진다. 조직에서 고객관리 문제는 서비스 조직에서 시작하여 최근에 들어서는 제품 생산 조직에서도 중요하게 되고 있다. 고객관리는 기업에서 마케팅 분야의 소비자 행동 영역에서 다뤄지고 있으며, 공공조직의 경우 정책관리 분야에서 부분적으로 다뤄지고 있다. 조직관리 수준에서 고객관리는 큰 비중을 차지하고 있지는 않다.

조직에서 이야기하는 고객(customer 혹은 clients)의 의미는 무엇인가? 고객의 개념과 유사한 용어들을 보면 의뢰인, 소비자, 사용자, 수혜자 등을 들 수 있지만,[1] 이 용어들은 넓은 의미에서 고객의 관념에 포함된다.

저자는 조직의 고객을 "조직에서 생산하는 재화나 서비스를 소비함으로써 혜택을 보는 사람"으로 정의한다. 정의를 풀어서 설명하면 다음과 같다.

첫째, 고객은 '조직'이 생산하는 재화나 서비스를 소비한다. 조직에는 재화를 생산하는 조직은 물론 서비스를 생산하는 조직을 포함한다. 기업조직뿐만 아니라 정부조직과 사회조직도 포함한다. 또한 대규모 조직과 그 안의 단위 조직도 포함한다. 물론 이런 고객의 논리는 한 조직 내 부서들 간의 내부 거래에서도 적용될 수 있다.

둘째, 고객은 재화나 서비스를 '소비'한다. 고객은 생산자나 유통자 중심의 개념이 아니라 소비자 중심의 개념이다. 여기서 재화의 소비는 그것을 사용하는 것이며, 서비스의 소비는 그것을 전달받는 것이다(예: 재화의 경우 냉장고를 집에서 사용, 서비스의 경우 학교에서 교육을 받거나 미용실에서 머리를 손질). 고객은 물건의 소비자이면 그만이지 꼭 물건의 소유자일 필요는 없다(예: 자동차 운전자들은 그들이 주인이건 아니건 간에 운전하는 것).

셋째, 고객은 재화나 서비스를 직접 소비함으로써 '혜택'을 보거나, 보려 하는 사람(들)이다. 조직이 고객에게 의도적으로 손해를 입히려 하지는 않지만 결과적으로 고객에게 손해를 입힐 수는 있다.[2] 그런데 직접 소비를 하지 아니하고 간접적으로 혜택을 보거나 반사적 이익[3]을 얻는 경우에는 고객이라 할 수 없다.

넷째, 고객은 '사람(들)'이다. 사람에는 자연인과 법인이 모두 포함되며, 법인에는 공법인과 사법인, 즉 영리법인(예: 회사)과 비영리법인(예: 장학재단)이 모두 포함된다. 고객이 소수일수록 조직과 고객 간에 좀 더 친밀한 관계가 형성되며 다수일수록 그들 간에 형식적인 관계가 형성될 가능성이 크다.

지금까지 조직에서 고객은 주로 외부 고객으로 인식되었다. 그런데 최근에는 조직의 내부 고객에 대한 관심이 높아가고 있다. 특히 대규모 조직에서는 조직 내 하위 부서

---

1) 고객을 표현하는 영문으로는 customer, consumer, client, beneficiaries, user, recipients, constituents 등이 있다(박우순, 1996: 524).

2) 예컨대, 자동차 운전자들은 운전함으로써 혜택을 본다. 그러나 잘못 운전하면 불의의 사고가 날 수도 있다. 소송 의뢰인은 수임료를 납부한 범위 내에서 소송 변호의 혜택을 받는다.

3) 꽃집 옆에 살기 때문에 좋은 꽃향기를 맡는 것은 고객과는 관계가 없으며 대기업 간의 경쟁이 심화되어 중소기업이 이익을 보게 될 때 이를 '반사적 이익'이라고 하는데 이것은 고객과는 관계가 없다.

간의 관계에서 공급자와 수요자의 관계가 존재한다.

2) 고객과 역피라미드 관계 구조

고객을 어떻게 볼 것인가, 어떻게 다룰 것인가는 고객관리에서 매우 중요한 문제 중 하나다. 고객을 왕으로 보는 것이나 조직관리의 최고의 위치에 놓으려는 조직의 관리 철학이나 조직문화가 있을 때 진정한 고객관리가 되고 있다고 할 수 있다.

미국의 노드스트롬(Nordstrom) 백화점은 고객 서비스 정신으로 매우 뛰어나며,4) 1971년 처음 고안한 역삼각형의 피라미드 구조가 유명하다.

보통 조직도에서는 삼각형의 피라미드 구조를 이루며 최고관리자가 최상에, 말단 직원이 최하위에 놓인다. 그런데 노드스트롬 백화점에서는 이를 거꾸로 세워서 고객을 최정상에 놓음으로써 고객에 대한 중요성을 강조하고 있다. 그 내용은 고객이 맨 위에, 아래로 판매원 및 판매지원본부, 매장 관리자, 점포장, 그리고 이사회의 순으로 차례차례로 내려오면서 맨 아래에 놓인다.

그림 11-1 노드스트롬의 역피라미드 구조

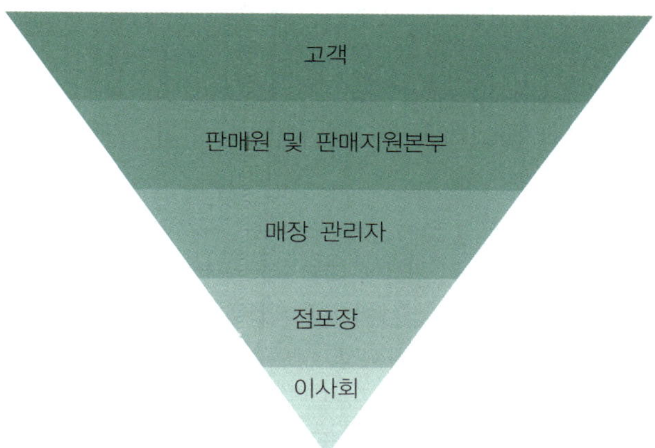

자료: 박영택(2005: 155).

---

4) 노드스트롬 백화점에는 이런 일화가 있다. "어떤 사람이 노드스트롬 백화점에 들어와서 타이어 반품을 요구했다. 이 백화점은 패션 의류전문점이므로 타이어는 취급하지 않는다. 그러나 반품을 요구받은 직원은 고객에게 타이어 가격을 묻고 나서 흔쾌히 환불해 주었다"(박영택 2005: 142).

2. 고객관리 체제: 기관, 인사, 정보와 PR

1) 고객관리 담당기관과 인사관리

전통적으로 조직에서 고객을 관리하는 기관을 별도로 설치하지 않고 판매부, 영업부, 그리고 서비스 전달부에서 자신의 업무를 하면서 고객관리 업무를 담당해 왔다. 그런데 최근에는 고객관리를 전담하는 기관을 만들어 운영하는 사례가 증가하고 있다.

기업에서는 고객관리를 전담하는 기구를 설치하거나 고객센터를 설치해 운영한다(예: 국민은행에는 마케팅 그룹 아래 고객만족부, 서울대학교 병원에는 기획조정실 아래 큐레이센터에 고객지원팀이 운영, CGV 영화관과 세종문화회관은 고객센터를 운영).

정부기관에는 고객관리와 관련해 특히 민원문제를 전담하는 기구를 설치한다(예: 서울시에는 감사관실의 민원조사담당관, 국세청에는 납세자보호관이, 경찰청에는 감사관 아래 인권보호담당관 설치).

참고

리츠 칼튼 호텔의 고객 인지 프로그램

리츠 칼튼 호텔은 100년의 전통을 갖고 있는 고품격 호텔 체인의 개척자로 우리나라를 포함해 세계에 34개의 호텔 및 리조트가 있으며 여기에 약 15,000명의 직원이 근무하고 있다. 리츠 칼튼 호텔은 모든 고객에게 규격화된 서비스를 제공하는 것이 아니라 고도로 개별화된 서비스를 제공하는 것으로 유명하며 이것을 가능하게 하는 것이 고객 인지 프로그램(customer recognition program)이다.

리츠 칼튼의 모든 체인에는 고객 인지 코디네이터가 근무하고 있는데, 이들의 주요 임무는 자기 호텔에 머무르는 고객의 개인적 취향에 대해 조사해서 고객별로 차별화된 서비스를 제공하는 것이다. 1992년부터 구축된 데이터베이스에는 약 100만 명의 개인 정보가 들어 있으며, 이들이 다시 리츠 칼튼을 찾을 때 그들에 관한 정보를 해당 호텔로 보내 취향에 따라 서비스를 제공한다. 예컨대, 호텔에 투숙했을 때 〈뉴욕타임스〉를 요청했다면 손님이 도착하기 전에 해당 신문을 구독해 별도의 요청이 없더라도 아침 호텔방에 넣어주는 것이다. 그 결과 고객유지율이 매우 증가했다고 한다.

자료: 박영택(2005: 111-127)

한편 고객관리를 위한 인사관리는 고객관리를 전문적으로 담당하는 인력의 운영에 관한 사항이다. 리츠 칼튼 호텔에서는 고객 인지 코디네이터를, 풀테홈스에서는 고객관리 담당 이사를 별도로 두고 있다.

2) 고객관리를 위한 정보관리 및 공공관계(PR)

조직에서 고객관리를 하면서 고객에 대한 정보관리의 중요성이 높아지고 있다. 고객에 대한 정보의 취득·보관·활용 등이 주된 관심 사항이다.

일선의 작업자, 봉사자, 그리고 판매자 등이 고객과 접촉하면서 수시로 고객에 대한 정보자료를 수집한다. 많은 조직에서는 '고객의 소리' 등을 홈페이지에 열어놓고 고객들의 불만이나 불평, 그리고 의견들을 듣고 있다.

예컨대, 한국철도공사(KORAIL)는 고객참여마당을 구축해 유실물 찾기, 고객의 소리, 공지 사항을 알려주는 데 활용한다.

한편 여러 경로로 수집된 정보자료는 정리되어 개인별로 데이터베이스(DB)로 구축되며 필요한 곳에서 보관된 자료를 활용한다. 리츠 칼튼 호텔의 '고객 인지 프로그램'이 대표적인 사례다.

일부 공공기관에서는 국민이나 주민들에게 공공 서비스를 어떻게 제공하겠다고 하는 헌장(憲章, charter)을 만들어 다짐하고 있는데 경찰청, 우체국 등에서 발견할 수 있다.

참고

경찰서비스헌장

- 범죄와 사고를 철저히 예방하고 법을 어긴 행위는 단호하고 엄정하게 처리하겠습니다.
- 국민이 필요하다고 하면 어디든지 달려가 도와드리겠습니다.
- 모든 민원은 친절하고 신속, 공정하게 처리하겠습니다.
- 국민의 안전과 편의를 제일 먼저 생각하며 성실히 직무를 수행하겠습니다.
- 인권을 존중하고 권한을 남용하는 일이 없도록 하겠습니다.
- 잘못된 업무는 즉시 확인하여 바로잡겠습니다.

자료: http://police.go.kr/agency/intro/intro06.jsp 2024.2.15 검색

3. 고객 만족감의 관련 변수

1) 고객 만족감의 원인과 결과 변수

조직에서 고객관리는 고객의 만족을 증대시키기 위한 조직의 노력에 의존한다. 고객 만족이란 "고객이 상품 또는 서비스에서 원하는 것을 기대 이상으로 충족시켜 감동시킴으로써 고객의 재구매율을 높이고 그 상품 또는 서비스에 대한 우호도가 지속되도록 하는 상태"를 의미한다. 그런데 고객의 만족감은 최대 만족과 최대 불만족을 양끝으로 한 선상의 어느 점에 있게 된다.

고객의 만족감에 영향을 주는 것으로는 고객의 기대, 체제적 변수, 기타 직원과 고객과의 관계 등이다. 고객의 만족감 정도는 조직이 생산해내는 재화와 용역의 구매나 조직 자체에 대한 공격과 지지 등에 영향을 준다. 이를 고객 만족의 원인 변수라 한다.

고객의 만족감은 장기적으로는 재화와 서비스를 생산해내는 조직에 대한 신뢰와 불신으로 이어진다. 이를 고객 만족의 결과 변수라 한다. 따라서 조직에서 고객관리는 매우 중요한 관리의 영역이다. 이를 개념적으로 〈표 11-1〉과 같이 나타낼 수 있다.

표 11-1 고객 만족감의 원인과 결과 변수

원인 변수	고객 만족감 (고객 신뢰감)	결과 변수
기대의 일치/불일치 성과와 질 공정성 체제적 변수 직원과 고객 관계	고객 만족 고객 불만족	제품의 재구매, 타인에 권장 타인에 구매 권장 조직에 대한 지지와 비난

고객 만족감의 원인 변수를 부연해서 설명하면 다음과 같다.

첫째, 소비자의 제품과 서비스의 소비 전의 기대와 소비 후의 만족도 간에 큰 갭이 있으면 불만족하며 특히 기대를 저버렸을 때 불만이 크다. 둘째, 고객의 만족은 제품의 성능과 서비스의 질에 따라 결정된다. 셋째, 고객의 만족은 거래에서 개별적으로 들어가는 비용과 기대되는 대가의 차이에서 결정된다. 넷째, 특정 재화에 부수해서 제공하는 서비스, 예컨대 자동차 구입 시 할부 조건 등과 애프터서비스의 문제 등 체제적 요인이 소비자의 만족도를 결정한다. 다섯째, 직원과 고객 간 관계가 친밀할수록 만족도는 높아진다.

고객 만족의 결과 변수를 부연해서 설명하면 다음과 같다. 고객의 만족과 불만은 조직이 생산하거나 전달하는 제품이나 서비스에 대한 불평불만은 물론이거니와 조직 자체에 대한 불만을 야기한다. 고객들은 개인들이 소비하는 제품이나 서비스에 대해 불평이나 불만을 한다. 불만의 정도와 불평 행동의 강도(intensity)는 정비례한다고 한다. 불평이나 불만이 극심하거나 계속되면 제품을 생산하는 특정 조직에 대한 지지나 반대를 유발하기도 한다.

고객의 만족과 불만은 고객의 구전(口傳) 의도에 영향을 준다. 이른바 입소문이다. 또한 고객의 만족과 불만은 제품과 서비스의 재구매에 영향을 준다.

공공 서비스에서의 만족이나 불만은 특정 서비스 기관에 대한 불만에서 정부 전체에 대한 불만으로 이어지기도 한다. 예컨대, 세금 부과 처분에 대한 불만이 해당 정부에 대한 불만으로 이어지고 정권이나 정당에 대한 지지나 반대로 이어진다.

따라서 고객의 불평이나 불만을 빨리 제거하려는 노력이 필요하다. 자동차회사나 식품회사에서 불량 자동차나 식품의 리콜을 서두르지 않으면 잠재적 구매자들로부터 외면당하게 된다.

2) 고객 만족감의 측정

고객의 만족과 불만의 상태와 정도를 어떻게 측정할 것인가? 민간 부문에서는 고객만족도를 측정하기 위해 척도를 개발해 사용한다. 미국에서는 ACSI(American Customer Satisfaction Index)를 사용하고, 우리나라에서는 NCSI(National Custumor Satisfaction Index)와 KCSI(Korean Customer Satisfaction Index)를 사용하고 있다. 여기서는 고객의 기대 수준, 지각된 제품과 서비스의 품질, 고객의 전반적 만족과 불만, 고객에 대한 충성도(재구매 가능성 평가) 등을 평가한다.

한국생산성본부가 2008년 1월 29일 서울 그랜드인터콘티넨탈 호텔에서 개최한 NCSI(국가고객만족도) 10주년 기념 국제 콘퍼런스에서 밝힌 바에 따르면 다음과 같다. 한국과 미국의 분야별 고객만족지수를 비교하면 한국은 전기, 수도, 오락 및 공공행정만족도가 미국보다 높으나, 금융과 보험 분야는 낮았다(중앙일보, 2008.1.30; 2008.6.24). 한국마케팅포럼에서는 브랜드별 소비자만족도를 평가하고 있다(조선일보, 2017.7.6).

한국의 고객만족도에 대한 평가에 대해서는 한국능률협회와 대한민국 정부가 실시해오고 있다.

참고

고객만족도 평가(KCSI) 1위 기업

한국능률협회가 2023년 한국의 산업별로 평가한 고객만족도 1위 기업은 다음과 같다(( )은 1위 총 회수).

일반승용차(현대자동차, 30회), 종합레저시설(에버랜드, 29회), 세탁세제(라이온코리아, 28회), 대형서점(교보문고, 27회), 휴대폰(삼성전자, 27회), 자동차보험(삼성화재, 27회), 이동전화(SK텔레콤, 26회), TV(삼성전자, 26회), PC(삼성전자, 26회), 공공 서비스(우정사업본부, 25회), 여성내의(신영와코루, 24회), 편의점(GS25, 24회), 주유소(SK에너지, 24회), 전기밥솥(쿠쿠전자, 23회), 참치캔(동원참치, 23회), 화장지(유한킴벌리, 22회), 종합병원(삼성서울병원, 22회, 검색포털사이트(네이버, 20회), 은행(신한은행, 20회), 정수기(코웨이, 20회), 고속버스(금호고속, 20회), 여성용기초화장품(아모레퍼시픽, 19회), 영화관(롯데시네마, 16회), 제과제빵집(파리바게트, 15회), 부엌가구(한샘, 15회), 백화점(현대백화점, 15회), 맥주(하이트진로, 15회). 콘도미니엄(한화리조트, 14회), 치약(애경산업, 14회), 패스트푸드점(롯데리아, 11회), 보일러(경동나비엔, 11회) 등이다.

자료: 조선일보, 중앙일보(2023.10.18)

참고

한국의 고객만족도 평가: 한국능률협회와 정부의 사례

한국능률협회컨설팅은 한국 산업의 고객만족도(Korean Customer Satisfaction Index: KCSI)에 대해 30여 년 간 시행해 왔다. 2023년에는 393개 기업을 대상으로 조사했는데 우리나라에서는 TV, 여성내의, 대형서점, 우편서비스 산업의 고객만족도가 높았다.

한편 정부 부문에서는 정부가 제공하는 공공 서비스의 특수성 때문에 민간 부문과는 달리 주로 서비스 전달 과정의 특성과 관련해 평가한다. 공공 서비스의 수준에 따라 정책 서비스와 민원 서비스로 구분할 수 있으며, 이들에 따라 서비스 평가 기준이 달라진다. 민원 서비스에서는 반응성, 편의성, 신속성, 정확성, 공정성과 형평성, 친절성, 접근성, 쾌적성 등이 강조된다. 정책만족도와 관련해서는 정책 내용의 적절성과 정책 과정의 투명성 등 정책의 효과성, 체감만족도 등을 평가한다.

자료: 조선경제, 중앙일보(2023.10.18)

4. 고객관리의 대상과 상황적합성

1) 고객관리와 관리 기법

(1) 고객의 이질성 분석과 고객차별화

대중사회에서는 고객을 대중으로 간주하고 상품과 서비스를 제공했다. 그런데 지금은 대중사회관만으로써는 고객을 감동시킬 수 없다. 고객이 천차만별하다는 것이다. 개인적으로 제품과 서비스를 제공하면 매우 만족감을 높일 수 있으나 그것은 비효율적이다. 따라서 고객을 이질성에 기초해 일정한 기준에 따라서 분류하는 것이 바람직하다.

고객의 이질성은 상품과 재화를 구매하는 데 영향을 준다. 이런 이질성은 개인적 특성(인구 통계적 특성)이나 상황적 변수(선물용인가 여부 등)에 따라 제기된다(유필화, 1993: 26). 이른바 X세대에 대한 기업의 관심은 이것을 잘 설명해 준다. X세대는 17세부터 26세에 달하는 연령 계층으로 고감각 상품, 소모성 소비, 편리성 등을 추구한다. 우리가 연령층을 유년층, 소년층, 청년층, 장년층, 그리고 노인층으로 구분하는 것도 고객의 이질성을 찾는 한 방법이다. 그런데 동일 계층이라 하더라도 경제력 정도, 신분의 차이, 직업의 차이, 성별 차이 등에 의해 고객의 행동은 달라질 수 있다.

정부조직의 경우에도 노인을 위한 정책, 청소년을 위한 정책, 농민을 위한 정책과 기업을 위한 정책, 중소기업을 위한 정책 등으로 고객에 따라서 정책을 개발하고 있다. 따라서 고객의 만족감을 높이기 위해서는 고객들을 유의미하게 세분해 상품을 만들고, 서비스를 제공하는 노력이 필요하다.

(2) 고객관리와 직원관리

고객과 직원의 관계는 고객의 만족감에 영향을 준다. 조직과 고객의 관계는 사실상 제품이나 서비스의 전달 시에 이뤄진다. 특히 서비스 조직에서 직원들의 고객에 대한 태도는 고객의 만족감에 영향을 준다. 직원들이 고객을 무시하는 태도는 고객을 화나게 하고, 고객을 왕으로 대하는 태도는 고객을 만족하게 할 것이다. 고객과 직원의 관계는 그들이 접촉하는 횟수에 따라서도 영향을 받는다. 자주 접촉할수록 그들 간에 인간관계가 형성되고 친밀해지며 신뢰감이 형성된다. 그러나 그들 간에 불쾌한 감정이 있는 경우에는 자주 접촉할수록 오히려 상황은 악화되어 거래처를 바꾸게 된다. 고객과 직원의 관계는 직원의 전문성에 의존하는 경우가 많다. 직원이 전문가일수록 고객의 직원에 대한 신뢰도는 높아진다.

(3) 협력기관(파트너) 관리

하나의 조직에서 재화나 서비스를 직접 고객에게 전달할 수 있지만 때로는 중간매개자가 개입하기도 하며 협력업체나 조직 등에서 이를 수행하기도 한다. 예컨대, 자동차 제조회사는 자동차 판매회사나 그 대리점을 통해 자동차를 판매하고, 항공회사는 다른 항공사와 협력해 고객에게 항공권을 판매하며, 이때에도 여행사가 중개 역할을 한다. 지방자치단체 등 도시정부는 청소용역업체와 계약을 하여 쓰레기를 처리한다.

하나의 재화나 서비스가 조직에서 고객에게 전달할 때 중간단체를 거치게 되는 경우에는 중간 단계에 있는 기관이나 조직 관련자들이 최초 생산자와 함께 고객 서비스를 해야 하므로 좋은 파트너십이 있어야 양질의 고객 서비스가 가능하다. 따라서 조직은 협력회사나 위탁업자, 대리인이나 중개인에 대한 충실한 관리가 수반되어야 한다.

(4) 고객관리 기법

고객관리를 위한 구체적 방법들을 정리하면 맞춤 서비스, 생산 과정 참여와 체험, 단골고객 관리 등을 들 수 있다. 구체적 내용은 다음과 같다.

참고

고객관리 기법

① 고객에게 맞춤 서비스를 하라.
② 고객을 재화의 생산과 서비스의 전달 과정에 참여하고 경험하게 하라.
③ 단골 고객을 특별 관리하라.

자료: 민진(2014: 288-289)

2) 고객관리의 상황적합성

(1) 서비스 조직과 제품 생산조직에서 고객관리

조직의 최종 산출물인 제품과 서비스에 따라 고객관리를 달리 해야 한다. 고객 만족의 평가에서 제품은 규격화되어 있으므로 객관적 기준을 적용해 평가하기가 쉬우나 서비스에서는 주관적 만족에 의존하기 때문에 평가하기가 상대적으로 어렵다.

고객 참여에서는 제품의 생산 과정에 고객의 참여는 극히 제한되나 서비스의 전달 과정에서 고객의 참여가 상대적으로 활발하다. 제품은 생산되어 유통 과정이라는 단계를 거쳐 소비자에게 전달되나 서비스는 최종 전달 접점에서 그 소비자와 직접 접촉한다.

(2) 대상 부문별 고객관리: 공공 부문과 민간 부문

고객은 소비나 전달행위가 이뤄지는 영역에 따라 공공 부문과 민간 부문으로 나눌 수 있으며, 그 중간 영역인 준민간 부문, 준정부 부문도 있다.

기업조직에서는 고객관계관리(Customer Relationship Management: CRM)가 새로운 기업 전략으로 등장했다. 고객관계관리(CRM)는 고객만족도의 개선을 통해 매출을 증대하고 비용을 절감하며 기업의 가치를 극대화하기 위해 경영전략을 상품 중심에서 고객 중심으로 전환하는 전략이다. 한편 공공 부문에서는 이를 벤치마킹해 공공 부문 고객관계관리(Public CRM: PCRM)가 관리 기법으로 활용된다.

하지만 공공 부문과 민간 부문 등의 고객관리는 대상 인간, 고객관리의 목표, 중점 전략, 영향, 서비스 및 제품의 제공 등에 있어 차이가 크다. 그렇지만 고객관리의 절차, 기법, 그리고 원리에서는 큰 차이가 없다는 것을 알 수 있다.

(3) 조직 내·외별 고객관리: 내부 고객과 외부 고객

고객은 그들이 조직 내에서 근무하는 사람인가, 밖에서 근무하는 사람인가에 따라 내부 고객과 외부 고객으로 구분된다. 지금까지 고객관리의 주된 대상을 외부 고객으로 상정하고 이론이나 관리 기법을 논의해 왔다. 여기서는 내부 고객을 중심으로 고객관리를 논의하되 서비스 분야에 초점을 맞추기로 한다.

조직의 외부에 양질의 서비스를 제공하려면 먼저 조직의 내부에 양질의 서비스를 제공할 수 있는 체제를 구축해야 한다. 그 첫 번째가 내부 고객을 만족시키는 것이다. 내부 고객이 만족 → 고품질의 서비스 제공 → 외부 고객이 만족 → 고객의 유지와 이익의 증가 → 내부 고객이 만족하는 선순환의 고리가 형성된다. 내부 고객이 만족하면 할수록 이직률이 감소하고 숙달된 인력을 유지할 수 있게 되며 좀 더 적극적으로 서비스를 제공하려는 동기가 부여되기 때문이다.

특히 대규모 조직에서는 내부 고객의 수가 매우 많기 때문에 이들을 위한 복지, 근무 여건 등이 중요한 관심사가 되며, 군대·경찰 등 국가기관은 물론이고 대기업 등에서 내부 고객을 전담하는 부서가 활용되고 있다. 규모가 작은 조직에서는 최고관리자가 내부 고객의 만족을 위해 노력하지 않으면 서비스의 질이 저하되는 경향이 있다.

(4) 고객관리의 전망

공업사회에서 고객 문제는 조직관리에서 주목을 받지 못했다. 그러나 탈공업사회, 정보사회에서는 '고객이 왕'이다. 공급자 중심 사회에서 수요자 중심 사회, 소비자 중심 사회로 이동하지 않을 수 없다. 고객관리를 잘하는가 못하는가는 조직의 생존과 성장에 지대한 영향을 미치게 된다.

고객의 관리를 잘하기 위해서는 고객관리의 전략이 필요하다. 고객을 분석하고, 고객을 이질성에 따라서 세분화하며, 제품과 서비스의 질을 높여야 하고, 대(對)고객 창구인 직원들의 능력과 행태의 변화가 동시에 수반하지 않으면 안 된다. 대규모 관료제 조직일수록 고객관리에 소홀하기 쉽다.

제 2 절 품질관리

1. 품질관리의 의의

1) 조직에서 품질문제

(1) 품질관리의 의의

품질관리의 대가인 쥬란(J. M. Juran) 박사는 "20세기가 생산성의 시대라면 21세기는 품질의 시대"라고 한 바 있다. 품질관리는 기업, 특히 제조업 분야에서 발전된 관리 영역이지만 서비스 부문은 물론이고 공공 부문에서도 활용된다. 기업 경영에서는 '품질경영' 또는 '품질관리'로 일컫는데, 모든 조직관리에 적용한다는 의미에서 여기서는 '품질관리'로 표현한다.

품질은 재화와 서비스의 품질을 의미한다. 그런데 품질(quality)에 대한 지금까지의 정의가 너무 다양하다. 품질은 "소비자 및 사회에의 모든 현재적, 그리고 잠재적 요구조건에 대한 충족성"이라고 할 수 있다. 품질관리는 네 가지 품질 수준의 적합성을 요구하는 활동이다. 4단계의 적합성은 표준적합성, 사용적합성, 비용적합성, 그리고 잠재 요구 적합성이다(박재홍, 2007: 39-48).

표준적합성이란 설계자가 의도한 것을 제품에 반영한 정도로 이때 품질은 검사를 통해서만 도달할 수 있다. 사용적합성은 제품이 시장 요구를 반영한 정도를 말한다. 비용적합성은 높은 품질과 낮은 원가를 의미한다. 잠재 요구 적합성은 고객이 자신의 요구를 알기 전에 그 요구를 채우는 것이다.

사례 **프랑스 빵집 Paul의 품질관리**

Paul은 프랑스 빵집의 대명사로서 1989년 설립된 약 130년의 전통을 가졌으며 프랑스에만 300여 개의 매장이 있고 세계 각국에 체인점을 두고 있다. 현재는 제5대 사장 홀더(Francis Holder)가 경영을 담당하고 있으며 수많은 고객을 두고 있다.

Paul은 비에누아즈리, 케이크, 샌드위치 등 프랑스 컨트리 스타일의 빵은 물론 다양한 빵을 생산해 제공한다. 빵이 최고의 품질을 유지하기 위해 우선 Paul 사에만 납품하기 위해 프랑스 농촌에서 생산한 최고의 밀인 껑 레미(Camp Remy)를 원료로 사용하며, 100년 이상의 전통을 가진 ○○○ 제분소에서 밀가루를 빻아서 빵을 만든다. 빵공장에서는 전통을 존중하면서도 끊임없이 빵의 맛을 개량하고 있다.

모든 직원은 그가 사무직이건 제과직이건, 프랑스에서 근무하건 해외 체인점에서 근무하건 간에 프랑스 본점 공장에서 3개월 정도의 제과 실습 과정을 거친다. 체인점에는 전 세계에 동일한 레시피(조리법)를 제공해 빵을 만들어 팔게 하며, 실내장식이나 빵제품의 관리도 매뉴얼에 따라 규격화되어 있다.

자료: KBS TV. "100년 기업: Paul 편", 2011.3.27 방영;
http://www.paulkorea.com 2011.3.27 검색

(2) 품질관리 발전 과정

품질의 개념은 고대 이집트의 피라미드 건축이나 로마의 건축물 및 중세의 도제 제도 하에서도 존재했지만 공식적인 관리 기능으로 인식되기 시작한 것은 20세기에 들어서다. 품질 시스템의 발전은 혁명적인 변화보다는 점진적이고 지속적인 진보의 결과라고 볼 수 있지만 다음과 같은 4단계(검사, 통계적 품질관리, 품질보증, 그리고 품질경영)으로 구분해 볼 수 있다(김연성 외, 2006: 22-30).

첫째, 검사 위주의 품질 시대다. 20세기에 들어 대량생산이 시작되면서 부품의 호환

성이 매우 중요한 관심사가 되었다. 부품의 호환성을 높이도록 설계되었음에도 불구하고 서로 맞지 않은 부품들이 여전히 만들어졌다. 따라서 최종 조립 단계에서 문제를 줄이기 위해 제조 공정에서 엄격한 검사가 불가피하게 되었다.

둘째, 통계적 품질관리의 시대다. 이 시대는 1930년대부터 1960년대의 초반까지 계속되었다. 제품의 특성치는 사용된 재료, 작업자의 기능, 설비의 상태에 따라 어느 정도의 변동이 불가피한데, 이러한 변동을 확률 및 통계의 관점에서 이해하고 조치를 취하는 것이다. 대표적 방법으로는 샘플링 방법을 들 수 있다.

셋째, 품질보증 시대다. 통계적 품질관리가 경영 전반으로 확대된 시기였다. 문제의 사전 예방이 일차적 관심사이었지만 품질관리의 도구는 통계학을 넘어섰다. 품질보증 시대의 탄생에는 품질 비용, 전사적 품질관리(TQC), 신뢰성공학, 무결점(ZD) 등이 중요한 역할을 했다.

넷째, 품질경영 시대다. 품질에 대한 전략적 기능이 강조되던 시기로 1970년대부터 시작되었다. 품질관리를 시장과 고객의 요구를 반영해 경쟁 기회를 적극적으로 활용하려는 것이다.

2) 품질관리의 효용과 비용

(1) 품질관리의 효용

품질개선은 기본적으로 고객 만족을 추구한다. 품질관리가 반드시 이윤을 높이는 것은 아니지만 품질이 개선되면서 이윤이 많아질 것이다. 따라서 품질관리는 결과적으로 이윤 가능성을 높인다. 끊임없이 절차나 공정을 개선하면 소비자를 만족시키고 주주도 만족시킨다(George & Weimerskirsh, 1994: 7).

품질은 조직 경쟁력의 원천이다. 따라서 체계적인 품질관리 활동은 조직이 생산하는 제품이나 서비스의 품질이 고객의 요구(needs)에 대한 적합성을 높여 효과적인 수단이 될 수 있으므로 제품의 경쟁력을 높여준다. 이로 인해 제품의 경쟁력이 높아지면 그 브랜드 가치를 높이며, 나아가 상품을 생산하는 조직의 대외 이미지를 제고한다.

품질 시스템의 국제화는 신보호주의의 장벽을 극복하게 한다(박재홍, 2007: 322-324). ISO 인증 시스템을 적용하게 되는 기업들은 품질 시스템이 국제 규격에 맞춰 인증을 받게 되므로 국가 간의 보호무역 장벽을 극복할 수 있게 된다.

(2) 품질관리의 비용

품질 비용은 품질 좋은 제품과 서비스를 만드는 데 사용된 모든 비용을 말한다. 여기에는 예방 비용, 내부 실패 비용, 외부 실패 비용, 고객의 요구를 충족시켜 주기 위한 비용, 그리고 상실한 기회 비용 등이 포함된다. 이러한 비용은 다 합치면 대개 회사 수입의 20% 내지는 30% 정도가 된다(김연성 외, 2006: 87). 이것을 줄이는 것이 품질관리다.

품질 비용은 적합한 품질을 달성하기 위해 지출하는 적합 품질 비용과 나쁜 품질에 의해 발생하는 비적합 비용이나 실패 비용으로 구분된다(Juran & Gryna, 1980; Taylor, 1989; 김연성 외, 2006: 최성용 외, 2007).

적합 품질 비용은 다시 예방 비용과 평가 비용으로 구분된다. 예방 비용이란 생산 과정에서 발생하는 불량을 피하는 것과 관련된 비용, 교육, 계획 등의 비용을 의미하며, 평가 비용이란 제품이나 서비스가 제대로 작동하는지 검사하는 것과 관련된 비용으로 검사, 실험실 실험, 현장 실험 등의 비용을 포함한다.

비적합 비용은 다시 내적 실패 비용과 외적 실패 비용으로 구분된다. 내적 실패 비용이란 제품을 고객에게 배달하기 전에 문제를 발견해 수정하는 것과 관련된 비용, 폐기, 재생산, 라인 정지 시간, 품질 미달로 인한 염가 판매 등을 포함한다. 외적 실패 비용이란 제품이나 서비스가 배달된 후 발견된 문제와 관련된 비용, 품질보증, 교환 비용, 환불, 고객 불만, 처리 비용 등이다.

(3) 품질의 효용과 비용의 측면에서 본 품질관리

어느 정도의 품질이면 충분한가? 이론적으로는 한계비용(marginal cost: MC)과 한계수입(marginal revenue: MR)이 일치하는 점이라고 할 수 있다. 즉, 품질관리를 통해 한 단위를 추가해 비용과 수입이 일치할 때가 그 최적 상태라고 할 수 있다.

종합적인 품질관리에서는 예방 효과>평가 효과>실패의 효과의 순서로 나타난다. 즉, 예방에 1원을 투자하면 평가 비용을 10원 줄일 수 있고, 실패 비용을 100원 줄일 수 있다.

2. 품질관리와 품질혁신의 방법

조직에서 품질관리를 위해서는 관리적 차원이나 관리혁신의 차원에서 대응을 할 수 있다. 전자로는 품질개선 사이클, 품질 분임조(혹은 품질관리팀)를 들 수 있고, 후자로는 리엔지니어링, 식스 시그마 품질 혁신, 그리고 전사적 품질관리(TQM)가 제시되고 있다.

1) 품질개선 사이클

품질개선은 품질 측정, 품질통제, 그리고 개선활동을 반복한다. 품질 측정 후에는 통제를 실시해 안정된 상태를 만들고 다시 개선을 추구한다. 개선 후에는 다시 일관성을 유지하기 위해 측정한다. 이 사이클은 영구적이지만 측정의 필요성은 시간이 지날수록 감소한다.

한편 데밍(Edward Deming)은 품질개선의 과정을 계획 → 실행 → 검토 → 수정의 순서로 제시한다. 계획은 지속적 개선을 위해 어떤 변화가 필요한가에 관한 것이며, 이에 따라 변화가 실행되고, 변화나 검사의 결과를 관찰하고 변화를 영구화하며 다시 시도하는 것이다(원석희, 1998: 262-263).

2) 품질 분임조

품질 분임조(quality circle)는 조직이 구성원에게 품질에 관한 사고를 가지도록 유도하는 조직관리적 기법의 하나로 동일한 직장에서 품질경영 활동을 자주적으로 행하는 소집단을 말한다. 품질 분임조는 품질개선 및 공정개선의 방법을 연구하기 위해 주기적으로 모임을 갖는 다수의 근로자로 구성되어 있다. 품질 분임조는 팀보다는 권한이 적다(김연성 외, 2006: 303-304; 박재홍, 2007: 285-296).

품질 분임조는 일본의 스미토모(住友) 전자산업에서 1962년에 시작했으며, 미국에서는 1970년대 중반에 록히드 항공회사(Lockheed Aircraft Co.)에서 도입했다.

3) 리엔지니어링

리엔지니어링(reengineering)은 정보기술을 활용해 기존의 과정을 재설계하려는 것으로 과정재설계라고 하며 고위관리층이 주도한다. 모든 조직은 조직기술(organizational technology)이라 부르는 일련의 과정으로 구성되어 있다.

리엔지니어링이란 조직이 핵심 업무에서 극적인 성과를 이루기 위해 업무 과정을 근본적으로 재설계하는 것을 의미한다. 이는 기존의 모든 절차와 구조를 버리고 완전히 새로운 업무 처리 방법을 만드는 것이다(원석희, 1998: 256-257).

4) 식스 시그마 품질혁신

식스 시그마(Six Sigma) 품질혁신은 고객의 관점에서 사고해 결함이 발생할 가능성을 사전에 제거하고 프로세스의 질을 개선하려는 전사적 관리혁신 방법이다(고두균 외, 1999: 22). 블랙 벨트(black belt)라 알려진 추진 그룹은 식스 시그마 활동의 전문가로서 회사 내 모든 문제의 해결 및 프로젝트에 전념한다.

식스 시그마 품질혁신은 미국의 통신기기 제조업체인 모토로라(Motorola Inc.)에서 자사의 품질이 일본의 제품에 비해 현저히 낮은 것에 충격을 받고 품질 향상을 목적으로 시작했는데, 모토로라는 1988년 제1회 말콤 볼드리지 미국품질상을 수상했고, GE 등 미국의 주요 기업으로 확산되었다(김연성 외, 2006: 338).

식스 시그마에서는 불량률의 단위로서 백분율인 퍼센트 대신 PPM(Parts Per Million)을 사용하는데, 이는 1백만 개 중 불량이 얼마나 나오는가를 나타내며 여기서 식스 시그마 수준은 불량률 3.4PPM에 해당하며 1백만 개 중 3~4개의 불량률을 의미한다.

5) 전사적 품질관리(TQM)

전사적 품질관리(Total Quality Management: TQM)란 조직의 과정, 산출물, 서비스의 계속적 개선을 위한 수량적 방법의 이용과 종업원의 참여를 통해 고객의 요구와 기대를 만족시키는 총체적이고 종합적인 접근을 의미한다(Denhardt, 1999: 15).

전사적 품질관리는 전통적 관리에 비해 관리 자체보다는 고객 지향적이며 이익보다는 품질을 우선하고, 전 구성원의 참여와 헌신적 노력을 강조하며, 일회적 개선보다는 계속적 개선을 강조하고, 결과보다는 과정을 강조한다(최성용 외, 2007: 25-27; 오세덕 외, 2007: 362-366 등에서 요약). 전사적 품질관리가 성공적으로 완수되기 위해서는 TQM의 다섯 가지 기둥(the five pillars of TQM)이 갖춰져야 한다. 이들은 생산물, 과정과 절차, 조직, 리더십, 그리고 종업원 관여다(Creech, 1994: 6-7).

3. 품질관리의 제도와 운영

1) 품질관리의 제도와 운영

품질 수준을 높이기 위해 국제적·국내적으로 노력하고 있는데, 품질관리 대상이나 ISO 인증제도 등을 들 수 있다.

(1) 품질관리상

국제적 권위를 갖는 품질 대상으로는 일본의 데밍상, 이를 모방해 만든 미국의 말콤 볼드리지상과 유럽의 유럽품질상 등이 있다. 어떤 품질관리상은 자국의 품질 수준을 높이고 품질 의식을 고양하기 위해 고안되었으며, 품질에 탁월한 성과를 보이는 기업에 대해 수상하고 있다(원석희, 1998: 477-486).

일본의 데밍상(Deming Prize)은 1951년 일본의 품질관리를 위해 제정된 것으로 일본과학기술자협회에서 수여한다. 역대 수상 기업 중에서는 도요타자동차 등이 있다.

말콤 볼드리지상(Malcolm Baldridge National Quality Award)은 미국의 볼드리지(Malcolm Baldrige)가 제안한 것으로 1987년 미국 기업의 품질 중시 경영을 자극할 목적으로 제정되었다. 주요 평가 항목은 경영 능력 등 7개 항목[5]이다.

유럽품질상은 1992년에 제정되어 운영되고 있으며 유럽품질경영협회에서 관리한다. 9개 평가 부문을 두고 있다.

끝으로, 한국의 국가품질상은 1975년부터 한국표준협회에서 관리하며 현대중공업 등이 수상했다.

(2) 표준화와 품질인증제

품질과 밀접한 관계를 갖는 것 중의 하나가 표준 및 표준화다. 표준화(standardization)는 표준(standard)을 정해 이를 활용하는 조직적 행위를 말한다. 표준화를 하게 되면 호환성, 객관성, 투명성, 단순성 등을 확보할 수 있다(원석희, 1998: 453-457). 표준의 종류에는 표준이 적용되는 영역에 따라 국가나 국제 표준, 업계 표준, 그리고 사내 표준으로 구분된다. ISO 표준은 대표적 국제 표준이다. 제품 표준보다는 서비스 표준의 설정이 상대적으로 어렵다.

---

5) 주요 평가 항목은 경영 능력, 정보와 분석, 전략적 품질계획, 인적 자원 개발 및 관리, 과정 품질의 관리, 품질 및 운영 결과, 고객 초점화 전략 등이다.

ISO 표준은 스위스 제네바에 소재한 국제표준화기구(ISO)가 유럽연합(EU)에 적용하기 위해 발표한 품질 관련 지침이다. 품질관리 시스템이 ISO의 요구 사항을 충족하면 이는 ISO 인증으로 이어진다.6)

이러한 표준은 상품의 품질과는 직접 관련이 없이 품질 프로그램, 계획, 서류작업 및 절차를 인증하는 것이다. ISO 9000에서 볼 수 있는 것처럼 표준화 과정을 거쳐 맥도날드의 햄버거처럼 일관된 품질을 가능하게 해준다. 즉, 자재, 인력 훈련, 생산 과정의 표준화가 달성되면 결과적으로 품질은 일정한 수준을 유지한다. 하지만 ISO 인증에는 비용이 많이 들고 서류의 낭비를 초래하기도 한다(원석희, 1998: 468).

2) 품질관리 특수 분야

(1) 서비스 품질관리

1980년대까지 품질에 관한 연구는 주로 제품의 물리적 품질에 초점을 두었다. 그러나 1980년대 중반 이후에 경제에서 차지하는 서비스의 비중이 높아짐에 따라 산·학·연 여러 분야에서 서비스에 대해 관심을 갖게 되었다. 서비스가 제품과 상이한 특성을 갖고 있다7)는 점에 착안해 서비스의 품질을 제품의 품질과는 다른 새로운 정의가 필요하게 되었다.

서비스의 품질은 정의하기도 어렵지만 그것을 측정하기도 어려운데 그 이유는 다음과 같다. 먼저 서비스의 개념이 주관적이다. 또한 서비스는 생산과 소비가 동시에 일어나기 때문에 서비스의 전달이 완료될 때까지 검증하기 어렵다. 그리고 서비스의 고객으로부터 측정 자료를 획득하기 어렵다(김연성 외, 1999: 41-47).

서비스의 품질은 서비스 속성의 집합이 사용자를 만족시키는 정도라고 할 수 있다. 따라서 서비스의 종류나 유형에 따라 서비스의 속성은 달라지며 이에 따라 서비스의 등급을 결정할 수 있다.8) 또한 서비스의 질은 소비자의 서비스 제공에 대한 인식이나 만족 여부에 의존한다. 주관적인 인식을 객관적으로 평가하는 것이 관건이다.

---

6) ISO 표준 시리즈에는 ISO 9000, ISO 9001, ISO 9002, ISO 9003, ISO 9004 등이 있다.

7) 서비스 제품의 특징으로는 무형성, 생산과 소비의 동시성, 고객의 과정 참여, 그리고 이질성 등이 있다 (원석희, 1999: 41-47).

8) 예컨대, 대학교의 교육 서비스는 강의 내용, 강의 진행, 교실 등 수업 환경의 상태, 평가의 공정성 등에 따라 서비스의 질이 달라진다. 또한 음식점에서는 음식의 신선도, 음식의 맛, 그리고 식당의 분위기 등이 서비스의 질을 결정한다.

이와 관련해 여러 가지 평가 기준이 제시되고 있는데 서브퀄(SERVQUAL)이 대표적인 서비스 품질 측정 도구로 소개되고 있다. 서브퀄에서 서비스 품질의 차원으로는 신뢰성, 확신성, 유형성, 공감성, 대응성 등이 제시되고 있는데 있다(최성용 외, 2007: 87-91). 신뢰성은 약속한 서비스를 믿을 수 있고 정확하게 수행할 수 있는 정도다. 확신성은 직원의 지식과 예절, 신뢰와 자신감을 전달하는 능력이다. 유형성은 물리적 시설, 장비, 직원, 의사소통 자료의 외양이다. 공감성은 조직이 고객에게 제공하는 개별적 배려와 관심이다. 끝으로, 대응성이란 고객을 돕고 신속하게 서비스를 제공하려는 태세를 말한다.

(2) 정책품질관리

공공 분야에서도 품질관리가 관심을 끌고 있다.[9] 초기에는 공공기관이나 공기업을 중심으로 전사적 공공관리가 논의되었으나 최근에는 지방자치단체에서 출발해 중앙정부 수준에서도 정책품질관리가 관심의 대상이 되고 있다.

정책품질관리는 우리나라의 행정자치부(현 행정안전부)와 국무조정실에서는 "정부정책의 품질을 체계적으로 관리·개선함으로써 정책실패 및 정책불량품을 방지하는 정부의 노력 및 활동"으로 규정한다(국무조정실, 2005: 10).

정책품질을 향상시키기 위한 선행 조건으로 정책 수요를 정확히 파악하고, 합리적인 정책결정을 강화하며, 정책관리자의 정책관리 능력 및 책임성을 향상시키는 등 정책과정의 체계적 관리와 정책 역량을 강화해야 한다. 또한 이를 바탕으로 정책품질관리 제도는 정책품질을 향상시켜 고객에게 최상의 서비스를 제공해 국민 만족도를 향상시키고, 정부 신뢰를 제고하며 국가 경쟁력을 강화하는 것을 목표로 한다(권기헌, 2007: 52-53).

9) 행정품질의 선구자로는 미국의 매디슨(Madison) 시청이, 총체적 품질조직의 결정판으로는 미국 국세청 오그덴(Ogden) 서비스센터가, 지방자치단체로는 영국의 완즈워스(Wandsworth) 구청, 일본의 이즈모(出雲) 시청과 한국의 장성군청 등이 소개되고 있다.

제 3 절 지식관리

1. 지식관리의 의의

1) 지식사회의 의의

오늘날의 사회를 지식기반사회, 지식정보사회라 한다. 그만큼 지식과 정보의 활용 여부에 따라 조직의 성장과 발전은 물론 생존이 좌우되기 때문일 것이다. 따라서 정부기관이나 기업에서는 경쟁력을 강화하기 위해 지식관리(knowledge management)를 강조한다. 우리나라에서는 1990년대 말부터 민간기업을 중심으로 지식경영의 개념이 도입되었고, 정부에서는 행정안전부를 중심으로 여러 부처가 지식행정 또는 지식관리라는 개념으로 도입하고 있다.

조직의 지식관리란 조직이 지니는 지적 자산과 조직구성원 개인의 지식이나 노하우를 체계적으로 발굴해 조직 내부의 보편적인 지식으로 공유하고, 이 지식을 활용해 조직의 경쟁력을 증대시키고자 하는 행위라고 정의할 수 있다(백진호 · 최성락, 2005: 149).

최근에는 지식관리를 시스템화하는 것이 일반적 현상이 되었다. 지식관리 시스템(knowledge management system: KMS)이란 지식관리의 실천 도구로서 지식의 창출, 공유, 활용을 총체적으로 지원하는 것이다.

2) 지식의 의의 및 특성

지식이란 사람들이 머릿속에 소유하는 것이 아니라 사람들이 함께 활용하는 것으로 상대적으로 시간 속에서 안정적인 형태로 존재하며, 사회적으로 인정되고, 이질적인 아이템들이 하나의 맥락 속에서 세트로 정돈되어 있는 어떤 것이다(Gherardi, 2006: 34).

지식을 습득하는 과정은 왜(why)라는 질문에 답하는 것이다. 그것은 개인적 이해와 관심, 가치, 정체성, 그리고 생활 태도 등과 관계가 있다. 또한 어떻게(how)라는 질문에 답하는 것으로 업무 수행 과정에서 기교, 재능 등과 관련이 있다. 끝으로, 그것은 누구(whom)와 함께 라는 물음에 답하는 것으로 직장에서 인간관계, 즉 평판, 신뢰, 그리고 성공 등을 누구와 함께할 것인가와 관련이 있다(Deffilipi et al., 2006: 28-29).

지식의 특성으로는 무형, 무한대, 무귀속, 무경계, 그리고 무연령을 들 수 있다(삼성경제연구소, 1999: 15-16). 지식은 무형(invisible)이며 형체가 없는 만큼 지식의 습득, 창출, 평가가 쉽지 않다. 지식은 무한대(infinite)이며 사용을 통해 소멸되지 않는다. 지식은 무귀속(co-existent)하며 어느 한 조직에 귀속하기 어렵고 습득 주체에 따라 손쉽게 이전되고 공유가 가능하다. 지식은 무경계(borderless)하며 지식을 단위, 부문, 주제 등 특정 기준으로 분류하는 데 한계가 있다. 지식은 무연령(non-aging)하며, 즉 지식 자체에는 연령이 없으며, 생성에서 소멸에 이르는 생명주기를 거치는 과정에서 재창조라는 자기 증식 과정이 발생한다.

그림 11-2 지식의 범주

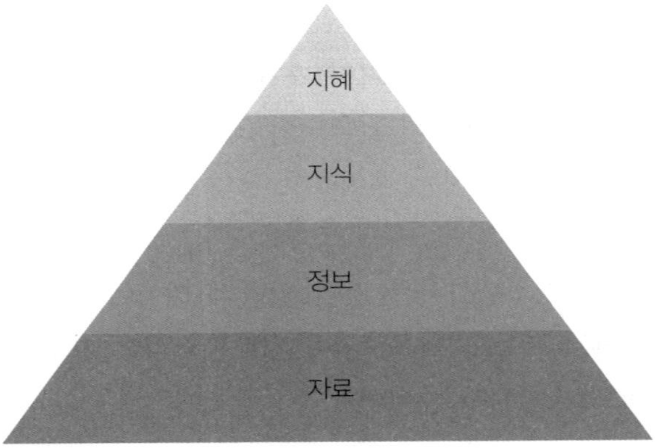

지식과 유사한 용어로는 자료, 정보, 지혜 등을 들 수 있다(삼성경제연구소, 1999: 17-18). 자료(data)란 단순한 사실의 나열로서 일반적으로 데이터베이스에서 제공한다. 정보(information)란 조직화된 사실로서 자료에서 찾아낸 패턴이 곧 정보를 의미한다. 지식(knowledge)이란 정보에 의미를 부여한 것으로 정보에 관련성과 목적성이 부가되면 지식으로 진화한다. 지혜(wisdom)란 지식을 바탕으로 근본 원리나 새로운 가치관 및 통찰력을 습득하고 이를 현실에 적용하는 능력이다. 넓은 의미에서 지식은 지식과 지혜를 포함한다.

3) 지식의 유형

지식은 여러 가지로 분류할 수 있지만 형태에 따라 형식지와 암묵지에 대한 노나카(野中)의 분류가 매우 유익하다. 암묵지(tacit knowledge)란 말로 표현하기 힘들지만 그것은 개인, 집단, 조직의 각 차원에서 개인적 경험, 이미지, 혹은 숙련된 기능, 조직문화, 풍토 등의 형태로 존재한다. 형식지(explicit knowledge)란 언어나 구조를 가지고 존재한다. 제품 사양, 문서, 데이터베이스, 매뉴얼, 화학식 등의 공식, 컴퓨터 프로그램 등의 형태로 표현될 수 있다(Dalkir, 2005: 6-9).

지식의 변환이란 형식지와 암묵지 사이의 변환을 의미하며 사회화, 외부화, 종합화, 그리고 내면화로 구분한다. 암묵지에서 암묵지로 변환하는 것을 사회화(socialization)라 한다. 특정 개인이나 집단이 주로 경험을 공유함으로써 지식을 전수하고 창조한다. 사제 관계가 그 예다. 암묵지에서 형식지를 얻는 것을 외부화(externalization)라 한다. 개인이나 집단의 암묵지가 공유되거나 통합되어 그 위에 새로운 지가 만들어지는 과정이다. 고객의 암묵적인 니즈(needs)를 현재화하는 것을 들 수 있다. 형식지에서 형식지를 얻는 것을 종합화(combination)라 한다. 개인이나 집단이 각각의 형식지를 조합시켜 새로운 지식을 창조하는 프로세스를 말한다. 형식지를 암묵지로 변환시키는 것을 내면화(internaluzation)라 한다. 기업 내에 성공 사례가 전파되는 것을 들 수 있다.

2. 지식관리의 단계

지식관리의 단계는 보통 지식의 창출, 지식의 축적, 지식의 이전 및 공유, 그리고 지식의 활용으로 구분한다. 여기에 지식학습의 활동을 추가할 수 있다(백진호 · 최성락, 2005: 149-150; Dalkir, 2005: 27).

1) 지식의 창출

지식의 창출은 새롭고 유용한 아이디어나 노하우, 절차 및 해결책을 만들어내는 창의적인 행위다. 지식 창출은 계획적이고 통제 가능한 측면보다는 동기부여나 우연히 창출되는 비체계적인 측면이 중요하며, 조직에 유용한 아이디어나 절차를 제안하는 개인의 창의적인 행위가 지식 창출의 중요한 근원이 된다. 지식의 창출은 업무활동 속에서 이뤄지는 것으로, 직원들의 직접 경험이나 다른 부서의 지식관리의 성과, 행동의 관찰을 통해 생성된다.

2) 지식의 축적

지식의 축적은 조직 내에 지식을 분류하고 저장하는 활동이다. 이러한 지식 축적은 기본적으로 개인의 지식을 조직의 지식으로 전환해 조직구성원들 간에 지식의 확산 및 활용을 촉진하기 위한 활동이다. 조직의 개인들이 정보를 교환하거나 결합하고 기존 정보를 재구성해 새로운 지식을 창조할 수 있게 되며, 조직구성원들이 자유롭게 이용할 수 있는 지식저장소가 있어야 한다.

3) 지식의 이전 및 공유

지식의 이전 및 공유란 개인 간이나 조직 간에 상호작용을 통한 지식을 교환하는 일체의 활동이다. 지식 공유는 지식기반 사회를 구성하는 핵심 요소다. 가장 중요한 지식은 기존의 방침이나 매뉴얼이 아니라 이를 개선시키는 노하우다. 이러한 노하우는 조직의 내부 및 외부 환경에 존재하는데, 이들이 이전되어 공유되지 않으면 조직의 지식으로 활용될 수 없다.

4) 지식의 활용

지식의 활용은 개인이나 조직에 체화된 지식을 업무에 사용하는 활동으로서, 업무성과를 향상하는 데 직접적으로 기여하는 행위다. 지식의 활용은 조직 내의 지식을 활용하는 것만이 아니라, 여타 조직에서 창출된 지식으로 벤치마킹을 통해 활용하는 것도 포함한다. 지식의 활용은 개인이나 조직의 지식으로 활용함으로써 문제해결력과 환경적응력을 높이는 것이며, 또한 지식을 발굴해 현재의 업무 수행 방식을 개선하는 과정을 통해 새로운 가치를 창출하게 된다.

사례 **한국공항공사의 지식관리와 연구개발**

한국공항공사는 김포공항, 김해공항 등 국내에 14개 공항을 관리하는 우리나라의 대표적 공공기관이다. 1980년 국제공항관리공단으로 설립된 후 1990년 한국공항공단으로 개칭했고, 2002년 한국공항공사를 설립했으며, 1999년 인천공항공사가 분리 독립했다. 2022년 현재 직원은 약 2,600명이고, 연간 매출액은 5,800억 원이다.

한국공항공사의 R&D센터는 국내의 항행장비와 공항시설의 개발 및 유지 보수에서 시작하여 세계 16개국에 진출하여 2013년 현재 매출 300억 원대를 달성하고 있다. 현재는 항공기의 방위각과 거리정보를 제공하는 DVOR/DME, 항공기의 안전한 착륙을 유도하는 ILS, 그리고 군용으로 호환 가능한 전술항행장비인 TACAN에 이르기까지 상당한 과학기술 전문성을 갖고 있지만 처음부터 이런 기술을 보유한 것은 아니었다.

한국공항공사의 R&D센터는 윤웅섭 사장의 지시에 의해 항공기술훈련원을 중심으로 2004년 청주에서 미래경영센터(센터장: 안광엽)로 창설되었다. 창설의 배경에는 미국에서 수입한 항행장비의 잦은 고장과 높은 유지 보수 비용, 그리고 정비 기간의 지연으로 인해 국산화를 통한 자체적인 기술을 유지하고자 하는 조직인들의 의지가 있었다. 특히 1980년 창사 이래 오랫동안의 항행장비와 시설 운영을 통해 학습하면서 기존 해외장비의 문제점을 인식했고, 이에 대한 체계적인 지식을 조직에 축적했기 때문에 자체 기술 개발이 가능했던 것이다.

자료: 한국공항공사의 안광엽 경영본부장과 면담 자료 및 이형교 팀장 제공 자료의 정리(2013.12.5); 한국공항공사, 2022년 제공 자료

5) 지식의 학습과 조직망각

지식의 학습이란 새로운 지식을 체화하고 환경 변화를 감지하는 활동으로 조직학습(organizational learning)이라고도 한다. 학습은 가장 자연스러운 행동이다. 인간은 학습을 필연적으로 경험하며, 학습은 개인에서 조직으로 확대되고 있다. 조직은 갱신과 성장을 필요로 하는 커다란 전환기에 놓여 있다. 이를 위해 많은 조직은 그들이 직접 자금을 지원하여 교육과 훈련을 시킨다. 요컨대, 조직학습이란 더 나은 지식과 이해를 통해 개선된 행동 과정이다.

조직학습에 비해 조직망각(organizational forgetting)에 대한 연구나 관심은 부족하다. 실제로 조직은 불필요한 지식을 잊어버리기 위해서 혹은 가치가 크거나 잃어버릴 위험이 있는 지식을 잊지 않기 위해서 상당한 시간을 소모한다. 조직은 지식을 창출하거나 유지하기 위해서보다는 더 많은 시간을 소비한다(Martin de Holan, & Philips, 2003).

조직에서 이미 창출되어 활용된 지식은 시간이 지나면서 지식으로서 가치가 감소하는 지식의 감가상각이 시작된다. 또한 새로운 지식을 창출하고 보관하기 위해서는 과거의 쓸모없는 지식을 버리는 것이 낫다. 과거에 축적한 지식을 대체하거나 몇 가지 지식이 통합되어 신지식을 창출하였을 때 더욱 그러하다.

3. 지식관리의 영향 요인

지식관리를 효율적으로 하기 위해서는 지식관리에 영향을 미치는 요인을 규명해야 한다. 지식관리는 그 단계별로 영향 요인이 다를 수 있다. 영향 요인들은 여러 가지가 제시되고 있는데(백진호 · 최성락, 2005; 탁주익 · 황하진, 2008; Lehaney et al., 2004). 조직관리적 특성, 조직문화적 특성, 지식 자체의 특성, 그리고 시스템적 특성 등으로 구분할 수 있다.

1) 조직관리적 특성

리더십 요인이 조직의 지식관리에 긍적적인 영향을 미친다. 최고관리자의 지식관리 추진 의지, 부서장의 관심은 무엇보다도 모든 지식관리 단계에 긍정적인 영향을 미친다.

지식관리에 대한 평가 체계, 보상 체계 등 유인 체계가 구비되어 있을수록 지식관리에 긍정적으로 영향을 미칠 것이다. 개인의 지식이 조직의 지식이 되기 위해서는 다양한 인센티브가 요구된다. 그리고 지식관리를 전담하는 기관과 전문인력이 있을수록 지식관리가 정착되는 데 도움을 줄 것이다.

2) 조직문화적 특성

업무에 대한 개방성은 지식의 축적, 지식의 공유, 지식의 활용 등에 영향을 미칠 것이다. 업무에 대해 폐쇄적인 사람보다는 개방적인 사람이 지식관리에 긍정적인 영향을 미친다. 타인에 대한 신뢰성은 지식의 축적, 지식의 공유, 지식의 활용 등에 영향을 미칠 것이다. 동료 직원에 대한 신뢰성이 높을수록 지식관리에 긍정적인 영향을 미친다.

개인적으로 자기 개발 의지나 욕구가 강한 사람, 창조성이 강한 사람이 지식관리에 더 적극적일 것이다.

3) 지식 자체의 특성

지식 자체의 특성은 지식관리에 영향을 준다. 그러한 특성으로는 적합성, 완전성, 중요성, 현재성을 들 수 있다. 지식의 적합성이란 사용자의 요청과 시스템이 제공하는 결과물의 일치 정도를 말한다. 지식의 완전성이란 지식이 업무의 수행에 필요한 모든 범위와 세부적인 사항까지 포함하고 있는 정도를 말한다. 지식의 중요성이란 지식관리

시스템에 내의 지식을 활용했을 때 성과와 활용 가치의 정도를 말한다. 지식의 현재성이란 지식관리 시스템에서 나온 결과둘들이 현재 시점에서 이용 가치가 있는지의 문제다.

4) 시스템적 특성

컴퓨터 시스템의 사용 편리성은 지식관리의 여러 단계에서 유용성을 높여준다. 시스템이 사용자 중심성이 높을수록 지식관리 체제의 효과성은 높아진다. 지식관리 시스템에 대한 접근의 용이성, 저장 및 축적 용이성, 검색 활용의 용이성, 컴퓨터 시스템이 갖고 있는 접근의 용이성 등은 지식의 축적이나 공유, 활용 등에 긍정적인 영향을 미칠 것이다. 또한 시스템의 보안성이 높을수록 지식관리에 긍정적인 영향을 미칠 것이다.

지식관리나 지식경영만으로 비전 및 목표 달성이 가능한 것은 아니다. 조직의 최고관리자가 지식관리 체제의 도입에 얼마나 관심을 가지고 있는가가 지식관리 체제 도입의 초기에는 매우 중요하다. 각 나라에 따라서 지식관리의 수준이 다르다. 미국은 전체적으로 지식관리가 잘되어 있다. 특히 지식의 흐름이 잘되어 있다. 영국과 일본은 지식의 축적은 많으나 유통이 다소 부족하다. 우리나라는 지식의 유통·저장·활용이 부족하다.

지식관리의 수준, 즉 국가, 조직, 개인에 따라 지식관리는 다른 형태를 띤다. 정부조직과 기업조직, 그리고 사회조직 간에도 지식관리의 방법이나 방향이 달라야 할 것이다.

토의과제

❶ 정부의 고객관리와 기업의 고객관리의 차이를 토론하라.
❷ 주요 제품이나 서비스를 선정하여 성능 등에 관하여 품질문제를 토론하라.
❸ 우리나라에서 지식관리 장애 요인을 토론하라.

제 6 편

조직의 환경 및 평가와 전략적 관리

제12장

조직의 환경과 조직 변동

이 장에서는 조직환경과 조직 변동에 대해 살펴보려 한다. 개방 체제에서 조직환경은 조직의 활동과 생존을 이해하는 데 필수적인 주제이며, 조직은 유기체로서 존재한다. 조직환경에 대한 연구는 다른 분야에 비해 활발하지 않으며, 연구 영역의 분화도 다양해 조직환경에 대한 종합적 이해를 어렵게 하고 있다. 조직 변동은 조직 자체의 동태적 측면을 이해하는 데 있어 실용적이다.

제 1 절 조직환경

1. 조직환경의 의의

1) 조직환경의 의미

사회 현상은 시간적 · 공간적 여건의 변화에 따라서 영향을 받는다. 조직환경도 조직이 위치하고 있는 장소 등 공간적 환경과 그것이 존재하는 시점 등 시간적 환경에 따라서 끊임없이 변화하고 있는 것이다.

그런데 현대 사회, 특히 우리나라를 둘러싼 사회 변동은 그 속도가 빠르고 그 폭은 깊고 그 내용은 다양해 사회 속에서 살아가는 조직으로서는 이처럼 변화하는 환경에 적절하게 반응하지 않으면 조직의 활동이 활발하지 못하게 되며, 최악의 경우 조직의 생존에까지 영향을 받게 된다.

조직은 완전한 자립체일 수 없다. 조직은 자신을 둘러싼 환경들과 끊임없이 상호작용을 하면서 그 기능을 수행하고 있다. 조직의 환경이란 조직을 하나의 유기체로 보았을 때 그 조직을 둘러싸고 있는 모든 외부 조건을 뜻한다.

조직은 그것을 다른 것과 구분시켜 주는 경계가 있고, 이 경계를 기준으로 조직과 조직환경이 구분된다. 따라서 흔히 우리가 이야기하는 조직 내 환경 등은 조직의 분위기나 조직의 문화를 의미하는 조직 내부의 환경 또는 미시적 환경(微視的環境) 등으로 불리는데, 이것은 조직 외부의 조건이기보다는 조직 내부의 상태와 관련된 것이기 때문에 조직환경과는 구분되어 다뤄져야 한다.

2) 조직환경에 대한 연구

조직에서 환경의 중요성이 부각된 것은 조직이 자급자족적인 유기체가 아니라 그것이 환경과의 관계 속에서만 존재할 수 있고 그 기능을 행사할 수 있다는 것으로 조직을 폐쇄 체제(closed system)에서 개방 체제(open system)로 본다는 조직관의 변화를 의미하며, 조직에 대한 시야가 좀 더 넓어졌음을 보여주는 것이다.

환경의 중요성에 따라서 조직론에서도 조직환경에 대한 관심이 서서히 고조되어 왔는데 생태론(生態論), 환경유기체론(環境有機體論) 및 개방체제론(開放體制論) 등이 그것이며, 심지어는 '소용돌이의 장(turbulent field)'이라고 표현하면서 조직환경의 중요성을 촉구하기도 한다. 대체로 조직이론사를 살펴보면 고전적 조직이론에서는 조직환경이 무시되다가 신고전적 조직이론에서부터 환경유기체론 등으로 관심을 보이고 있으며, 현대의 조직이론에서는 조직환경에 대해 여러 가지 관점으로 다양한 논의가 풍부하게 전개되고 있기는 하지만 아직도 체계화되지는 못했다.

현대적인 조직환경이론으로는 상황이론, 전략적 선택이론, 자원의존이론, 시장과 위계이론, 개체군생태이론, 제도화이론 등이 제시되고 있다(신유근 외, 1989). 이를 요약하면 다음과 같다.

참고

주요 조직환경이론의 개요

- **상황이론**(contingency theory): 조직은 상황 변수의 요구에 의해 조직구조와 전략을 수정하며, 이에 따라 적응할 때 조직의 성공과 생존이 확보될 수 있다.
- **전략적 선택이론**(strategic choice theory): 조직은 환경을 통제하고 조절하기 위해 전략적 선택을 할 수 있는 자율체로서, 이를 잘해야 조직은 성공한다.
- **자원의존이론**(resource dependence theory): 조직은 조직환경에의 의존성을 줄임으로써 권력을 증대시키고 동시에 불확실성을 감소시켜 조직의 성공과 생존을 확보한다. 조직의 적극적인 환경규제와 관리를 모색한다.
- **시장과 위계이론**(market and hierarchies theory): 조직은 시장과의 거래 비용을 줄일 수 있는 관리 능력이 있어야 성공적인 조직이 될 수 있다. 거래 비용을 줄이기 위해 시장, 관료제, 동류집단(clan)을 활용할 수 있다.
- **개체군생태이론**(個體群生態理論, population ecology theory): 조직의 변동, 보존, 그리고 선택 행위는 조직이 속해 있는 개체군, 즉 조직들의 집합이나 유형에 의존한다.
- **제도화이론**(institutionalization theory): 조직은 환경과의 교환보다는 활동의 영속성을 보장하는 제도화이며, 제도화가 잘되면 조직은 성공한다.

자료: 신유근 외(1989)

2. 조직환경의 유형

조직환경이 조직을 둘러싼 모든 외브 조건이라 하더라도 구체적인 조직과의 상호작용이나 영향의 정도는 각양각색일 것이다. 따라서 조직환경이 조직관리에서 의미 있는 논의의 대상이 되려면 환경을 분류해 재음미해 보는 작업이 필요하다. 조직환경의 유형은 분류 기준에 따라서 여러 가지토 제시될 수 있으나 여기서는 중요한 몇 가지만 살펴보기로 한다.

1) 조직과 환경의 관계 정도에 따른 분류

조직과 환경이 어느 정도 관련이 있는가, 즉 직접적으로 관련되어 있는가 아니면 간접적으로 관련되어 있는가에 따라 구체적 환경과 일반적 환경으로 구분할 수 있다.

(1) 구체적 환경

구체적 환경은 과업환경(課業環境, task environment), 업무환경, 또는 매개적 환경이라고 하며, 개별 조직의 활동에 직접적으로 관련된 환경으로 조직의 고객과 대상, 자원 공급자, 경쟁 및 협조 조직, 기술적 요소, 법·행정적 요소 등이 포함된다.

조직의 생산물을 사용하는 고객이나 대상은 중요한 조직환경으로서 조직의 구조나 전략에 영향을 미친다. 정부조직은 국민이, 기업조직은 서비스 및 재화의 수요자가, 학교조직은 학생이 고객이며 대상이다.

조직이 필요로 하는 여러 자원, 즉 인적·물적, 정보, 금전 등을 특정 조직에 공급해주는 조직이나 사람 등이다. 기업의 경우 대학 및 직업훈련센터, 은행과 증권회사, 한국은행이나 통계청 등을 들 수 있다.

특정 조직의 활동과 생존에는 경쟁적인 조직과 협력하는 조직이 있을 수 있다. 자원이나 기회를 놓고서 조직들은 경쟁하게 되며, 협력하기도 한다.

조직이 재화나 서비스를 생산하는 데 사용하는 핵심 기술로써 신제품을 생산할 때 기술의 유무, 수준, 이용 등이 조직의 활동이나 구조에 직접적으로 영향을 준다.

조직의 활동을 직접적으로 규제하는 법률이나 행정규칙, 정책과 제도 등은 조직의 활동이나 구조에 직접적으로 영향을 준다. 정부조직은 정부조직법 등이고, 기업조직은 공정거래법, 조세법, 중소기업육성법 등 관련 법규와 민영화 조치, 감독기관 등을 들 수 있다.

(2) 일반적 환경

일반적 환경은 사회 내의 모든 조직과 구성원에게 영향을 미치는 외부 조건으로서 보통 정치적 환경, 경제적 환경, 사회문화적 환경, 그리고 기술적 환경으로 구분할 수 있으며, 또한 국내적 환경과 국제적 환경으로 구분할 수 있다. 여기서는 전자의 구분을 따르되 개별 환경 요소별로 국내와 국제적 환경의 면을 포함시킨다.

정치적 환경은 국내적으로 정치적 안정과 불안, 권력 분립 관계, 정당 체제, 정치문화와 민주화 수준, 법제도, 행정규제 등을 들 수 있으며, 국제적으로는 국가 간 경쟁과 균형, 협력과 제재, 지지와 반대 등을 들 수 있다.

경제적 환경은 국내적으로 물가·고용·생산·소비·유통·금리의 면 등을, 대외적으로는 환율·무역·경제 협력 등을 들 수 있다. 경제 체제, 경제정책, 그리고 경제의 상태로서 호황과 불황 등이 조직에 간접적으로 영향을 미친다.

사회문화적 환경은 국내적으로 인구의 수나 규모, 갈등의 존재나 정도, 가치관의 공유나 혼란, 배분의 문제, 문화의 발전이나 퇴행을, 그리고 국제적으로는 전쟁의 발발, 문화적 주체성이나 종속성을 들 수 있다.

기술적 환경은 일반적인 국내·외 기술 보유와 수준, 정보화 수준 등을 들 수 있다. 기술 발전의 수준은 각국별로 차이가 있다.

참고

조직의 구체적 환경의 예

예컨대, 라면을 제조하는 S식품주식회사(이하 S조직이라 함)라는 조직이 있다고 하자. S조직의 구체적 환경은 국내·외 라면 소비자, 국내·외 라면 판매 및 유통업자, 그리고 수입업자, 각종 라면 원자재 공급업자 및 직접 관련된 노동시장, 국내·외 다른 경쟁 회사, 보건복지부·검찰 등 감독기관, 식품위생법 등 직접 관련된 정치적 요소, 국제적 라면 제조 기술 수준 등을 들 수 있을 것이다.

그리고 교육부 조직의 경우를 보면 구체적 환경으로는 학부모, 국·공립 및 사립대학, 예산실 등 자원 배분기관, 행정 유관 각 부처, 대통령, 국회, 대한교육연합회나 전국교원노조, 교육기자재 등을 들 수 있다.

2) 환경 자체의 속성에 따른 분류

환경 자체의 속성이나 성격에 따른 분류는 조직환경에 대한 조직의 대응전략을 모색하는 과정의 일환으로서 분류되는 것이 보통이다. 학자들에 따라서 이러한 환경 자체의 속성을 어떻게 보느냐에 따라 다르다고 하면서 이를 인식적 환경이라고 표현하기도 한다(신유근, 1982; 유종해, 2000).

여러 학자가 제시하는 조직환경의 차원은 단순성과 복잡성, 동질성과 이질성, 안정성과 격동성, 정태성과 동태성, 확실성과 불확실성 등인데(Thompson, 1967; Lawrence & Lorsch, 1967; Emery & Trist, 1971; Aldrich, 1979), 이들은 대체로 환경의 복잡성 정도와 변화성 정도로 압축될 수 있다. 그리고 논자에 따라서는 이들 차원을 적절히 조합하기도 한다(Lawrence & Lorsch, 1969; Daft, 2007).

조직환경의 복잡성(複雜性)이란 조직환경을 구성하고 있는 하위 요소들의 다양성과 이질성, 이 요소들 간의 상호 관계, 그리고 요소들과 조직 간 상호 관계의 정도를 뜻한다. 예컨대, 우리나라 정치조직을 볼 때 제5공화국 때의 민정당과 야당과의 관계는 제6공화국의 민자당과 신민당 · 민주당 · 민중당, 그리고 재야 등과의 관계로 더욱 복잡해졌다고 볼 수 있다.

조직환경의 변화성(變化性)이란 조직환경의 변화 속도와 변화 정도를 포함한다. 다시 말해, 조직환경의 변화의 속도가 빠른가 느린가, 변화의 정도가 큰가 작은가 등이다. 변화의 속도가 느리고 그 정도가 적을 때 조직환경은 안정적이고 정태적이라 할 수 있다. 변화의 속도가 빠르고 변화의 정도가 크면 불안정하고 동태적이라 할 수 있으며, 그 정도가 심할 때 이를 '격동적'이라 부른다. 이런 변화의 정도는 인간의 의식이나 기술의 측면에서 발견된다. 예컨대, 컴퓨터 산업의 경우 그 기술 진보의 속도가 매우 빨라서 1년 전의 기술이 현재에는 낡은 기술이 될 수도 있고, 그로 인해 조직의 생존에도 영향을 준다는 것이다.

한편 확실성(確實性)과 불확실성(不確實性)의 문제는 변화의 속도보다는 변화의 규모나 내용의 예측 가능성 여부에 대한 문제로 보인다. 따라서 이 문제는 조직환경의 복잡성과 변화성이 동시에 고려된 것으로 생각된다.

환경의 변화, 환경의 복잡성, 그리고 환경의 불확실성을 묶어서 체계화하는 것은 조직환경을 이해하는 데 쓸모가 있다. 던컨(Duncan, 1972)은 이들의 특성만을 그림으로 정리하는 데 반해, 다프트(Daft, 2007)는 조직환경의 불확실성과 이에 대한 조직의 반응을 연계시킨다.

첫째, 조직환경이 '낮은 불확실성'일 경우다. 환경 요소가 소수이고 안정적 변화가 이뤄지는 것으로 기계적 조직구조를 띠는 것이 좋다.

둘째, 조직환경이 '다소 낮은 불확실성'일 경우다. 환경 요소는 다수이나 환경의 변화는 안정적인 경우로 기계적 조직구조가 적합하며, 대학이나 병원에서 볼 수 있다.

셋째, 조직환경이 '다소 높은 불확실성'을 띨 경우다. 환경 요소는 소수이나 환경 변화가 동태적인 경우로 유기적 조직구조가 적합하며, 유행 의류 제조업에서 볼 수 있다.

넷째, 조직환경이 '높은 불확실성'을 띠는 경우다. 환경 요소는 다수이나 환경 변화가 동태적인 경우로 유기적 조직구조가 적합하며, 전자산업에서 볼 수 있다. 이들을 다음 [그림 12-1]과 같이 나타낼 수 있다.

그림 12-1 조직환경의 변화성과 복잡성의 연계

		환경의 복잡성	
		단순	복잡
환경의 변화성	안정적	(낮은 불확실성) 소수의 환경 요소 안정적 변화 기계적 구조 (예: 음료수병 제조업)	(다소 낮은 불확실성) 다수의 환경 요소 안정적 변화 기계적 구조 (예: 대학, 병원)
	동태적	(다소 높은 불확실성) 소수의 환경 요소 동태적 변화 유기적 구조 (예: 유행 의류 제조업)	(높은 불확실성) 다수의 환경 요소 동태적 변화 유기적 구조 (예: 전자산업)

자료: 던컨(Duncan, 1972)과 다프트(Daft, 2007)의 도표를 수정해 정리.

3) 환경 유기체의 유형에 따른 분류

특정 조직이 대면하는 구체적 환경 중에는 개인·집단·조직 및 국가를 들 수 있다. 그런데 조직론에서는 주로 환경 유기체 중 조직과 다른 조직의 관계에 국한해서 논의를 전개하는 것이 보통이다. 이에 대해서는 다음에 좀 더 자세히 언급하겠다.

3. 조직과 환경과의 상호작용

조직과 환경과의 상호작용에 대해서는 조직이 환경 변화에 적응하는 면과 조직이 환경에 영향을 미치는 면으로 구분해 살펴볼 수 있다.

1) 환경 변화에 대한 조직의 적응

조직이 환경 변화에 대응하는 과정은 일반적 문제 해결 과정과 매우 유사하다. 즉, 환경 변화를 인지하고, 정보를 수집해 처리하며, 변동을 실시하고 정착하며, 환류를 한다(Schein, 1980; 오석홍, 2020). 그런데 조직이 환경 변화에 적응하는 방법이나 전략은 환경 변화의 내용과 속도 등 조직환경의 속성들에 따라 다양한 방법이 고려될 수 있다. 즉, 상황적응적이라 할 수 있다. 여기서는 일반적으로 환경 변화에 적응하기 위한 체제・방법과 조직환경의 특성에 따른 적응 방법 등을 개략적으로 살펴보고자 한다.

(1) 환경 변화에 대한 조직의 적응 체제

조직에 따라 차이는 있겠지만 조직구성원이 모두 환경 변화에 민감한 것은 아니다. 대체로 조직의 최고책임자 등 조직의 관리자들은 담당 업무와 관련해서 환경 변화에 주의할 의무가 있다. 특히 환경과 직접 관계하는 조직 내의 사람들을 경계인이라 부른다(Kast & Rosenzweig, 1979). 경계인(예: 조직의 대변인이나 PR 담당자 등)은 담당 업무 자체가 환경 변화를 감시하고 환경에 조직의 입장을 알리는 기능을 하는 것이다(Pfeffer & Salancik, 1978). 따라서 조직 내의 관리자 및 경계인은 환경 변화를 주시하고 다가올 환경 변화를 예측해야 한다.

환경 변화에 대응하기 위한 다른 방법은 조직 내의 여유 조직과 여유 자원을 보유하는 것으로 이른바 가외성(加外性) 또는 중첩성(重疊性, redundancy)의 문제라 하겠다. 예컨대, 환경에서 일어나는 새로운 변화에 대응하기 위해 임시조직・특별조직을 상시 활용한다거나 여유 인력을 갖는다거나, 여유 있게 공급 물자를 비축해 놓음으로써 환경으로부터 갑자기 오는 충격을 흡수하는 완충 장치(緩衝裝置, buffering)를 미리 설계해서 평소에 운영하는 것이 좋다. 거꾸로 평소에는 필요한 최소한의 인원만 감소 편성 체제로 운영하다가 필요시 증대 편성하는 것도 한 가지 방법이 될 것이다.

환경 변화에 대한 조직의 적응을 흐름에 맡기는 방법이 변혁적 조직(transformational organization)이다(De Thomasis et al., 1991: 97-101). 변혁적 조직은 사이버네틱 패러다임에 따르는 것으로, 조직은 의사결정 단계에서 조직목표와 환경에 적합하도록 정보를 관리한다. 변혁적 조직은 반자율적 기능 조직으로 환경과 상호작용을 하면서 배우며, 행위를 조절하기 위해 네트워크를 사용하고, 구조도 변경한다.

(2) 환경 변화에 따른 적응모형

환경 변화에 따른 조직의 적응모형(適應模型)으로는 환경 변화의 성격과 대응 방법에 따라서 점증적 적응, 과소 적응, 과잉 적응, 전면적・창조적 적응으로 구분할 수 있다(윤재풍, 2014).

〈표 12-1〉에서 보듯이 점증적 적응(漸增的適應)이란 조직이 일상적이고 정태적인

환경 변화에 대해 부분적으로 대응하는 방법이다. 과잉 적응(過剩適應)은 조직이 일상적이고 정태적인 환경 변화에 대해 전면적이고 총체적으로 대응하는 것으로 조직이 선도적으로 환경을 끌고 갈 수 있게 된다. 과소 적응(過少適應)은 조직이 비일상적이고 동태적인 환경 변화에 대해 부분적으로 대응하는 것으로서 환경이 조직을 압도한다. 전면적(全面的)·창조적 적응(創造的適應)이란 비일상적이고 동태적인 환경의 변화에 대해 총체적으로 대응하는 것으로 조직개혁이나 조직혁신에 해당한다.

표 12-1 환경 변화에 따른 조직의 적응 과정

대응 방법 / 변화의 성격	부분적	총체적
일상적 · 정태적	점증적 적응	과잉 적응
비일상적 · 동태적	과소 적응	전면적 · 창조적 적응

(3) 환경 변화에 따른 적응 방법

환경 변화에 따라 조직이 적응하는 방법은 여러 각도에서 모색될 수 있으나 저자는 이것을 체제론적 관점에서 투입면, 산출면, 그리고 전환면으로 구분해 다뤄 보고자 한다.

조직환경으로부터 투입에 대해서는 자원 확보 방법의 변경, 지지의 증대와 압력의 감소 방법 등을 고려해 볼 수 있으나 가장 많이 소개되는 것이 적응적 흡수의 방법이다. 적응적 흡수란 조직의 안정과 생존의 위협을 피하기 위해 조직의 지도층과 의사결정의 지위에 외부 환경의 유력 인사를 흡수하는 것으로서 셀즈닉(Selznick, 1949)의 『TVA와 풀뿌리민주주의』에서 나타난 것처럼 미국의 테네시강유역개발공사(TVA)가 그 지역주민들의 지지와 협조를 얻기 위해 전 테네시대학교 총장을 이사로 영입하는 것을 사례로 들 수 있다. 우리나라 기업에서 고위 공무원, 장성 출신, 또는 금융계 인사를 이사진으로 영입하는 것도 이런 예에 해당한다. 그리고 소극적이기는 하지만 외부 유력 인사의 청탁에 따라 조직의 하위직 등에 외부 유력 인사의 관련자를 받아들이기도 한다.

조직환경으로 산출에서는 서비스, 상품, 그리고 정책 실시의 변화를 들 수 있다. 조직은 그 유형에 따라 활동 내용이 다르지만 보통 서비스나 상품이 전형적인 산출물이라 할 수 있다. 조직은 환경 변화에 따라서 상품이나 서비스의 모양이나 형태를 바꾸거나 가감할 수 있으며 그 질을 바꿔 제공할 수도 있다. 예컨대, 현대자동차회사에서 차의 종류를 포니, 프레스토, 엑셀 외에도 소나타를 추가한다든가, 소비자의 구입 편의를 도모한다든가, 엔진에 자동신호 장치를 부착하는 것 등이 여기에 해당한다.

이런 변화는 기업에서뿐만 아니라 정부조직에서도 흔히 있을 수 있는데 정부정책의 수혜 · 규제 · 지도 내용이나 정도를 변경 · 가감하거나 신설 · 폐지하는 것이 여기에 해당한다. 예컨대, 시민 의식이 향상되어 통행금지 조치를 해제하거나, 미국산 농수산물의 수입 압력에 대해 피해자인 한국 농민들의 농수산품을 정부에서 대량으로 구입해 주는 것 등이 바로 그것이다.

투입과 산출의 중간 단계인 전환의 단계에서는 조직은 환경 변화에 대응해 여러 가지 방법을 모색할 수 있다. 즉, 단일의 방법과 복수의 방법, 점진적 방법과 혁신의 방법이 동원될 수 있다. 이를 기술 · 지식의 면과 조직의 면으로 구분해서 살펴보고자 한다.

첫째, 기술 · 지식의 변화로 생산이나 제조업 분야(공기업 포함)에서는 생산 공정이나 절차를 변경함으로써 좋은 상품이나 많은 상품을, 그리고 여러 가지 형태의 상품을 생산해 낼 수 있다.

둘째, 조직의 재설계인데 대부분의 조직에 공통적으로 적용되는 것으로 조직의 구조를 변경하거나 조직을 신설 · 폐지하는 방법을 고려할 수 있다. 조직구조의 변경은 권한의 집중과 분산의 정도를 변경시키거나(즉, 집권성의 변화), 업무의 분업과 전문화, 통합과 조정을 변경하거나(즉, 복잡성의 변화), 투입과 산출 등의 활동에 필요한 정관 · 법령 · 절차 등을 규정하거나 세분화시키는 것을 뜻한다.

그림 12-2 체제론에 입각한 환경 변화에 대한 조직의 적응

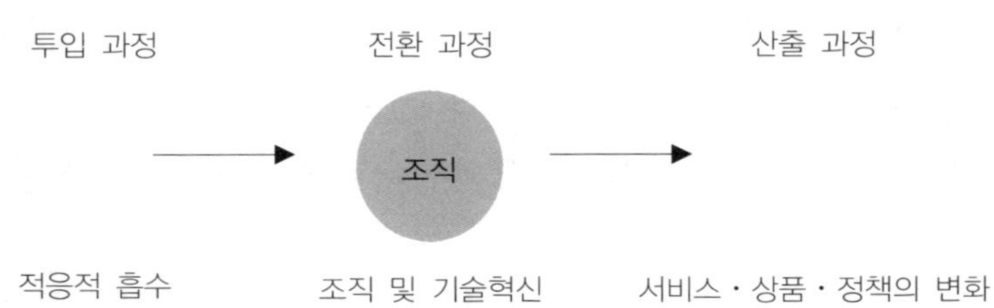

2) 조직의 환경에 대한 영향

조직이 환경 속에 존재하면서 환경으로부터 많은 영향을 받고 있기는 하지만 조직도 환경에 크든 작든 영향을 미치고 있는데, 저자는 이것을 환경의 안정에 미치는 영향과 환경의 변동에 미치는 영향으로 구분해 설명하기로 한다.

(1) 조직의 영향과 환경의 안정

조직의 일상적인 활동은 환경의 변동에 큰 영향을 주지 않으며, 오히려 수많은 조직의 활동은 상호작용과 조절작용을 거치면서 환경을 안정케 해준다. 특히 관할 영역이 좁은 조직의 활동일수록 환경에 미치는 영향이 적다. 그리고 대규모 조직, 즉 관료제 형태의 조직일수록 보수적이어서 일상적인 업무나 활동의 수행을 통해 오히려 환경의 안정을 도모할 수 있게 된다.

한편 조직은 성장과 변화 과정을 거치면서 제도화를 하게 된다. 제도화는 제도적 환경 속의 문화, 규범, 가치 등에 의해 어느 정도 통제를 받으므로 사회와 조직이 일체가 되는 것을 볼 수 있다. 따라서 조직과 사회는 안정을 이룬다.

(2) 조직의 영향과 환경의 변동

행정조직이나 정당조직, 그리고 재벌기업처럼 조직의 관할 영역이 넓어서 조직의 활동이 환경에 크게 영향을 미치는 경우도 있지만, 관할 구역이 좁더라도 파급 효과 때문에 환경에 많은 영향을 미치는 경우도 있다. 예컨대, S신문사에 노동조합이 결성되어 어떤 활동을 하게 되면 이는 언론기관 전체에 파급되고 급기야는 산업 전반에 파급될 수 있다는 것이다. 따라서 어떠한 조직이라 하더라도 그 정도의 차이는 있지만 사업이나 활동의 내용, 구성원의 선발 등은 환경에 영향을 미친다고 할 수 있다. 여기서는 특히 조직의 활동이 국가 발전이나 사회 변동에 미치는 영향이 클 것으로 생각되는 경우를 구체적으로 언급하고자 한다.

기존 조직을 통해 환경을 변동시킨다. 정당・행정조직 등 정치조직은 기본적으로 사회 변동을 위해 만들어진 조직이므로 그들의 정책활동을 통해 사회를 변동시키고 있다. 또한 신문・방송조직 등은 비판적 기능을 통해 사회의 여론을 조성해 환경의 변동을 촉진할 수 있다. 또한 사회적으로 영향력이 있는 기관에 변동 지향적인 사람들이 흡수됨으로써 환경의 변동을 초래할 수 있다. 그리고 어떤 분야에서든지 지도적인 역할을 하는 조직에서는 그들의 활동을 통해 관련 분야의 환경 변화를 도모할 수 있는 것이다.

혁신조직을 통해 환경을 변동시킨다. 기존 조직을 통한 환경의 변화는 그 폭이 좁고 속도가 느릴 가능성이 있으므로 새로운 조직을 형성해 사회 변동을 촉진하려고 한다. 행정학 분야에서 언급되는 기관형성론이 바로 그것이다(오석홍, 2020; 조석준, 1985).

기관형성(institution building)이란 가치관 · 역할, 그리고 자연과학적 기술의 변화를 가져오고 새로운 규범을 정립하거나 육성 또는 보호하며, 환경으로부터 지지와 협조를 받을 수 있는 공식조직을 새로 만들거나 고치기 위해 계획하며 구성하고 지도하는 것으로서 서울대학교 행정대학원이나 국립암센터를 예로 들 수 있다.

기관형성이 하향적인 조직의 형성인데 반해, 자발적으로 조직이 결성되는 경우도 있다. 급진 이념을 표방하는 정당의 결사, 근로자의 권익 신장을 주장하는 노동조합의 결성(예: 교원노조 등) 노력은 바로 사회 변동을 위한 자발적인 조직의 형성인 것이다. 이처럼 기관형성이나 자발적인 결사체의 조직화를 통해 좀 더 효율적으로 조직환경에 영향을 미칠 수 있게 된다.

제 2 절 조직 간 관계

1. 조직 간 관계의 의의

조직과 환경 간의 관계 중 조직과 다른 조직과의 관계는 좀 더 구체적인 경우다. 조직과 조직 간의 관계는 분석 수준에 따라서 개별 조직 간의 관계, 조직집합, 조직망, 유사 조직군 등으로 구분할 수 있다(오석홍, 2020).

개별 조직(個別組織) 간의 관계란 분석 수준을 두 개의 조직 간 관계로 한정시킨다. 하나의 조직과 다른 조직과의 상호작용에 관심을 기울인다. 예컨대, 현대자동차와 산업통상자원부와의 관계다.

조직집합(組織集合, organization set)은 특정한 조직과 관계를 맺는 다른 조직들 간의 관계에 초점을 맞춘다. 우리가 관심을 갖는 조직을 '대상 조직(對象組織, focal organization)'이라고 부른다. 예컨대, 현대자동차가 대상 조직이라면 부품을 공급하는 한국유리, 금호타이어, 한국철강, 그리고 감독기관인 산업통상자원부나 고용노동부, 애프터서비스 조직인 현대자동차서비스, 현금을 결제하는 신한은행, 경쟁 업체인 도요타자동차, 르노삼성자동차, 크라이슬러사 등을 들 수 있다.

조직망(組織網, organizational netwcrk)이란 구체적으로 연계되어 있는 모든 조직 간의 관계를 말한다. 조직 간의 다방향적 관계에 초점을 맞춘다. 예컨대, 현대자동차, 포항제철, 전국경제인연합, 전국노동조합총연맹, 산업통상자원부 간의 다방향적 관계다.

유사 조직군(類似組織群, population of organization)은 유사한 조직들의 모임으로 자동차 산업의 경우 현대자동차, 쌍용자동차, 르노삼성자동차 등을 들 수 있다. 이들의 생존과 조직의 발전 및 변화는 개별 조직으로서 결정되는 것이 아니라 이 산업 전체의 흐름에 따라서 영향을 받게 된다. 조직군생태론자[1]들이 강조하는 부문이다.

이들을 간단히 나타내면 [그림 12-3]과 같다.

그림 12-3 조직 간 관계의 분석 수준

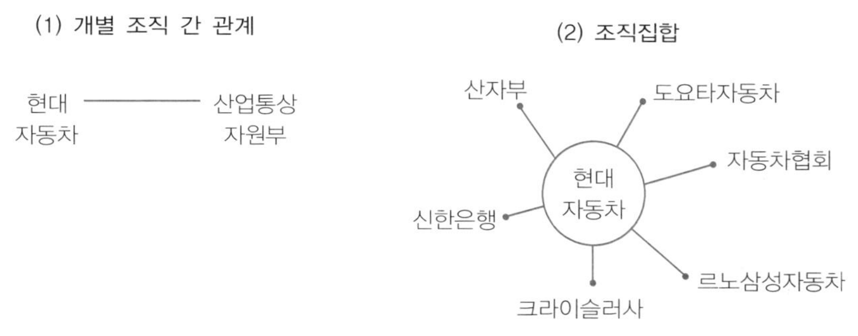

1) 개체군생태론은 조직군생태론이라고도 부른다. 이 이론은 하넨과 프리만(Hannen & Freeman, 1977)에 의해 맨 처음 소개되었다. 1975년대 조직론의 주요 연구 과제 중 하나는 환경에 대한 조직의 적응 문제였는데, 하나의 조직이 환경에 적응하는 데 한계가 있다는 것을 인식했으며, 조직의 연구 대상은 하나의 조직이 아니라 모든 조직을 대상으로 해야 한다는 것이다. 개체군생태론의 분석 수준은 개별 조직이 아니라 개체군(population)이다. 여기서 개체군은 개별 조직들의 집합체인데, 때로는 산업 부문(예: 컴퓨터산업)일 수도 있다. 조직의 성장과 소멸은 적소(適所, niche)의 넓이와 조직의 수에 의존한다. 여기서 적소란 특정한 개체군이 생존하고 재생산할 수 있게 해주는 자원들의 집합이다. 그러나 조직의 밀집도가 조직의 설립 자체를 방해하지는 않으며, 일정한 한계에 도달하면 조직은 약자부터 도태하게 된다(Hannen & Freeman, 1977: 929-964; 김병섭, 2008: 95-102).

(3) 조직망

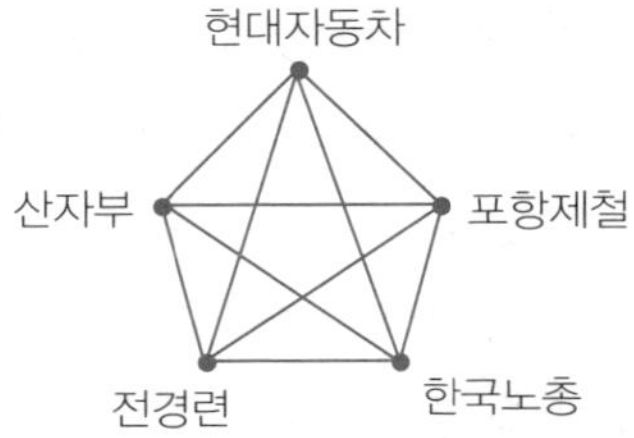

(4) 유사 조직군

2. 조직 간 관계 형성과 교호작용

조직 간의 관계적 속성을 조사하는 데는 두 가지 접근이 필요하다(Negandhi, 1980). 첫째는 조직 간의 상호작용이나 교환의 차원이며, 둘째는 조직 간의 조정 메커니즘을 분석하는 것이다. 여기서는 주로 전자를 중심으로 논의하기로 한다.

1) 조직 간의 관계 형성

조직과 조직이 관계를 형성하는 원인에 대해서는 에반(Evan, 1966)이 '조직집합'이라고 규정하면서 활발하게 연구가 전개되고 있다. 여기서 조직집합은 대상 조직과 상호작용하는 조직들로 구성된다. 조직집합이 형성되는 이유로는 주로 자원 의존과 체제 변동을 들 수 있다(조석준, 1985). 조직집합과는 별개로 조직은 관할권, 이른바 조직 영토 때문에 조직 간에 갈등 관계가 형성되기도 한다.

자원의존(資源依存)이란 대상 조직이 자신을 관리 · 운영하기 위해 여러 가지 자원(예: 사람 · 정보 · 돈 · 물자 · 고객 · 시장 등)을 다른 조직에 의존하고 있기 때문에 조직집합이 이뤄진다는 것이다. 의존자원의 흐름에 따라서 조직집합은 투입 조직집합과 산출 조직집합으로 구분할 수 있다(Evan, 1966). 여기서 투입 조직집합은 대상 조직에 각종 자원을 공급하는 조직집합이며, 산출 조직집합이란 대상 조직의 산출을 받아들이는 조직집합이다.

한편 체제 변동(體制變動)은 조직이 환경에 영향을 미치고 문제 해결을 하는 과정에서 조직집합이 형성되는 원인이다. 체제 변동은 관할권이 경합되는 경우, 즉 조직 영토 문제 때문에 주로 일어난다. 예컨대, 근로자들의 집단시위가 일어나면 고용노동부 · 경찰청 · 국가정보원 등이 문제 해결을 위해 조직집합을 형성하게 된다. 대학교육과 관련해 제도가 바뀌면 대학교육협의회 등을 통해 각 대학들은 공동의 노력을 기울일 때가 많다.

참고

조직의 영토

조직의 영토(領土, organizational territory)란 다른 조직에 의해 인정되는 대상 조직의 관할권을 의미한다. 이 관할권은 조직들 간에 합의가 이뤄지는 것이다(조석준, 1985: 248). 조직 영토는 기업의 경우 시장이나 고객을, 정부의 경우 관할 영역, 종교조직의 경우 신자 수 등을 들 수 있다. 반 드 벤과 페리(Van de Ven & Ferry, 1980: 92-94)는 조직의 영토와 관련해 영토 선택의 국면으로 영토 불확실성, 영토 복잡성, 영토 제약성을 제시한다. 영토 불확실성이란 조직이 자신의 목표나 기능에 대해 환경으로부터 인정을 받지 못하고 있는 경우다. 영토가 불확실하면 조직 간에 영토 확장을 위해 경쟁하게 된다. 예컨대, 농업 기술을 놓고 농림축산식품부와 교육부에서 서로 자기 조직의 관할이라고 주장하는 경우다. 영토 복잡성이란 조직 내에 분업화가 지나쳐 조직목표에 대한 합의도가 낮아지는 경우다. 재벌의 문어발식 팽창은 조직의 영토를 복잡하게 한다. 영토 제약성이란 조직이 영토를 자유롭게 선정할 수 있는가의 문제다. 정부조직의 경우는 조직의 영토가 법이나 제도에 의해 인정되어 경직적이지만, 기업조직의 영토는 다소 융통성이 높다.

2) 조직 간의 교호작용

조직과 다른 조직 간에는 관계가 형성되면서 여러 가지 교호작용이 일어난다. 이러한 교호작용이란 조직 간의 자원의 흐름을 의미하는데, 그 내용으로는 사람, 물자, 금전 등 자원과, 정보와 문서, 공동사업 등이다(이시경, 1989).

교호작용의 양태에서 중요한 관심 대상은 범위, 표준화, 시간, 공식화, 방향, 밀도 등이다. 교호작용의 범위란 뒤에서 언급하게 될 조직집합의 범위를 의미한다. 교호작용의 표준화란 자원 흐름의 절차가 표준화되어 있는 정도를 의미한다. 교호작용의 시간이란 교호작용이 일시적인가, 간헐적인가, 계속적인가의 문제다. 교호작용의 공식화란 교호작용이 공식적으로 허용되는 정도를 의미한다. 교호작용의 방향이란 교호작용이 일방적인가 쌍방적인가의 문제다. 교호작용의 밀도란 그 양과 빈도를 의미한다(이시경, 1989).

조직 간의 교호작용에 영향을 주는 변수로는 조직의 내부적 요인인 규모나 복잡성, 조직의 환경적 요인인 자원의존도, 환경의 불확실성, 상호 인식도, 영토 유사성 등을 들 수 있다. 조직의 규모가 커지면 교호작용이 많아지고, 조직 간에 상호 인식도가 높으면 교호작용은 많아지며, 자원의존도가 커지면 교호작용은 많아지고, 영토 유사성이 클수록 교호작용이 많아진다는 것이다.

3. 조직 간 관계의 양태

1) 조직 간의 경쟁과 공존, 그리고 전략적 상호작용

조직 간 관계는 대상 조직의 조직집합으로서 활동하면서 형성되는 경쟁과 공존 관계로 구분할 수 있다(Thompson & McEwen, 1958; 조석준, 1985). 여기에 전략적 상호작용을 소개하려 한다(신희권, 1994).

경쟁(competition)이란 두 개 이상의 조직이 각자 자기 생존과 번영을 위해 인적·물적 자원을 획득하고 지지를 확보하고자 벌이는 현상이다. 예컨대, 각 부서의 예산 획득 경쟁, 기업들의 신규 인력의 채용, 각 대학의 우수 학생을 뽑기 위한 입학 시험, 고객 쟁탈전 등에서 볼 수 있다.

공존(coexistence) 관계란 두 개 이상의 조직이 생존과 번영을 위해 서로 협력하는 관계다. 공존하기 위해 협상, 흡수, 연합 등의 전략을 사용한다.

전략적 상호작용이란 조직 쌍방 간에 각자 자신의 이익을 극대화하기 위해 상호작용을 하는 것이다. 이것은 주로 정부와 재벌 간의 관계를 설명하는 데 유용하다. 즉, 정부와 재벌기업은 상호작용 과정에서 상대방이 필요로 하는 자원을 통제함으로써 상대방에게 권력을 행사한다. 그리고 협상력의 제고를 위해 전략적으로 권력을 행사한다.

사례 **대한항공과 아시아나항공의 경쟁 관계**

우리나라의 대표적인 항공사는 대한항공과 아시아나항공이다. 대한항공은 이미 오래전부터 항공 운항의 독점적 지위를 누려 왔으나 1988년 아시아나항공의 진입으로 독점적 지위가 약간 낮아졌다. 항공사의 취항에 대한 것은 정부(국토교통부)의 결정 사항이다.

정부는 국제선의 경우 '국적 항공사 경쟁력 강화지침'이라는 것을 통해 기존의 대한항공의 기득권을 어느 정도 인정하고 있다. 즉, 국내 항공사의 경쟁력을 높이기 위해 연인원 장거리 21만 명, 중·장거리 18만 명이 넘지 않으면 대한항공의 독점적 취항을 인정해 준다. 대한항공은 이에 따라 서울-유럽 노선을 독점 취항하고 있으며, 아시아와 미주권은 부분적으로 두 사의 복수 취항이 이뤄지고 있다.

한편 국내선의 경우 대한항공이 요금을 인하하자 아시아나항공은 가격 인하 대신 서비스를 강화하는 쪽으로 대응하고 있다. 즉, 좌석 간의 간격을 5cm 넓혔다. 그리고 아시아나항공은 정부의 독점 취항 인정이 국가적 손실을 유도한다고 하면서 불만을 토로하고 있다. 대한항공과 아시아나항공은 신규 취항은 물론 복수 취항의 경우에 끝없는 경쟁을 하고 있다.

자료: 『시사저널』, 제330호(1996.2.22: 84-85)

2) 활동의 자율과 통제

조직집합과의 관계에서 조직의 활동은 자유스러울 수도 있지만 많은 제약을 느끼는 경우도 있다. 이것을 자율성과 통제성으로 구분해 살펴보기로 한다.

조직활동의 자율성(自律性)이란 조직이 스스로 판단하고 결정하며 그 결과에 대해 스스로 책임을 지는 것을 뜻한다. 조직의 자율성이 높아지려면 투입 자원의 집중도를 낮추고 공급처를 다원화할 필요가 있다(예: 자동차 제조업체가 부품 공급 회사를 여러 개 두는 것). 또한 조직은 독점적인 서비스나 재화를 공급할수록 자율성이 높아지며, 상호 경쟁적이거나 상호 보완적인 조직이 많을수록 자율성은 감소한다. 또한 대상 조직과 다른 조직 간에 멤버십의 중복이 많을수록 자율성은 감소한다.

조직의 다른 조직에 대한 통제성(統制性)이란 조직의 자율성의 다른 한 면이기도 하다. 자원 공급조직은 자원 수요조직을 통제할 수 있다. 그리고 상급조직이 하급조직을 감독하거나 지시하는 것은 비일비재하다. 정부조직의 경우에 대통령이 각급 행정기관을, 기획재정부·감사원·법제처·행정안전부 등이 각각 예산·법령 개정·인력 및 조직 운영에 대해 행정기관의 활동을 제약한다. 그런가 하면 정부기관이 공기업은 물론 사기업의 활동을 통제하기도 한다. 기업의 경우에도 본사 또는 모회사는 자회사 또는 협력 업체를 지도, 감독 또는 통제한다.

4. 조직 간 관계의 관리전략

1) 조직의 공존전략

조직은 서로 공존하기 위해 협상・흡수・연립・협력 활동을 한다.

협상(bargaining)이란 조직 간에 일부는 양보하고 일부는 획득하는 경우를 의미한다. 조직 간에 대표자를 선출해 협상에 임하게 한다. 부품의 안정적 공급을 확보하기 위해 1년 단위로 계약 공급을 하는 경우 주문 업체는 가격을 인상시켜 주고 부품 업체는 다른 업체에 납입하지 않는 조건으로 계약을 맺는다.

흡수(cooptation)란 자기에게 반대되는 세력을 약화시키기 위해 유력 인사를 영입하는 경우다. 대학교의 이사회에 학생 대표를 참여시키는 경우를 들 수 있다.

연립(coalition)이란 두 개 이상의 조직이 공동 목표를 위해 결합하는 것으로 기업 간에 카르텔(cartel)을 결성하거나 합작 투자를 하며, 두 개의 정당들이 연합하는 경우를 들 수 있다. 조직들이 공동의 이익과 목표를 달성하기 위해 서로 협력(cooperation)하고 교류하는 활동이 증가하고 있다.

사례 **국회도서관 한국학술정보협의회**

한국학술정보협의회는 국회도서관과 학술정보 상호협력을 위한 협정을 체결한 기관이 회원기관이 된다. 2000년 발족한 후 2023년 현재 국내・외 6,359개 기관으로 구성되어 있으며, 구성 회원은 대학도서관 429개, 전문도서관 927개, 공공도서관 762개, 학교도서관 4,126개, 특수도서관 13개다.

협의회는 정보의 공동 활용을 확산을 위해 매년 총회와 세미나를 개최하고 있는데, 2023년 5월에는 "디지털 대전환, 어떻게 할 것인가?"라는 주제로 제21차 총회와 학술 세미나를 개최했다.

주요 하부 조직으로는 총회, 이사회, 분과위원회가 있으며, 주요 기능으로는 학술정보의 상호 교류와 저작물 이용을 확대 시행하기 위한 노력 등이 있다.

자료: http//www.nanet.go.kr/04cooper 2023.12.7 검색

2) 조직 간의 상호 의존 변경 방법: 합병

조직은 상호 의존을 변경함으로써 조직환경의 불확실성을 해소하려 한다. 이러한 방법으로는 조직합병을 들 수 있다. 합병에는 수직적 통합, 수평적 확장, 그리고 사업다각화를 들 수 있다(신유근 외, 1987: 239-240). 수직적 통합이란 기업의 생산 과정에서 전방이나 후방으로 수직적으로 합병하는 것으로 종이회사가 목재기업을, 석유회사가 석유유통회사를 사들이는 경우다. 수평적 확장이란 경쟁 업체를 획득하는 것이다. 사업다각화는 같은 업종도 아니고 교환 관계에도 있지 않은 다른 조직을 획득하는 것이다. 이처럼 조직 간의 합병을 통해 조직은 조직 간의 거래 비용을 줄일 수 있게 된다. 이를 '조직의 경제학' 또는 '조직의 시장경제학'[2]이라고 한다.

조직의 통합 혹은 합병은 조직의 구조를 조정할 때 많이 이용되는 조직개편의 방법 중 하나다. 예컨대, 건설부와 교통부가 통합해 건설교통부가 되거나 재무부와 경제기획원이 통합해 재정경제부가 되는 등 정부조직의 개편 과정에서는 물론이거니와 국민은행과 주택은행이 통합해 새로운 국민은행이 되는 등 기업조직에서는 합병이라는 이름으로 이용된다.

조직 통합 혹은 합병의 유형은 두 개 조직이 규모가 그대로 유지되면서 통합되는 평면적 통합과 규모가 축소되는 축소 통합, 규모가 확장되는 확대 통합으로 구분할 수 있다.

조직 통합 혹은 합병의 장점으로는 조정력의 강화, 시너지 효과, 인력 감축 및 예산 절감의 효과, 기타 등이다. 첫째, 조직의 분화는 필연적으로 조직 간의, 혹은 조직 내에서 부문 간의 갈등을 유발한다. 따라서 통합이 되면 이러한 갈등을 상당히 완화할 수 있게 된다. 둘째, 조직 통합은 정책이나 업무 추진을 원활하게 함으로써 조직의 생산성

---

2) 조직의 경제학(economic theories of organization)은 조직 현상을 경제이론으로 설명하려는 접근 방법으로 코스(Coase, 1937)에서 비롯되나 윌리엄슨(O. E. Williamson)과 챈들러(D. Chandler)가 대표적 학자다. 조직들은 시장(market)에서 가격기구를 통해 재화와 서비스를 거래하고 교환할 수 있다. 그런데 거래를 하는 데는 비용이 들게 되는데 조직환경이 불확실해지고, 정보가 부족하면 이 거래 비용이 지나치게 증가하게 된다는 것이다. 이때 조직은 자원 공급이나 수요 조직을 합병함으로써 거래 비용을 없애고 대신 조직 확장을 통한 비용을 부담한다는 것이다. 즉, 단기적 계약에서 장기적 고용 계약으로 들어간다. 조직 내부적으로도 사업본부를 설치해 조직을 팽창하는 것도 같은 맥락이다. 그러나 조직의 확대는 내부 조정 비용을 확대시킨다. 즉, 조직의 경제학에서는 상대적 효율성에 따라서 시장과 관료제나 위계(hierarchy)를 선택해 사용할 수 있다는 것이다. 조직의 경제학은 조직의 발생, 규모 변동 등을 경제학적 개념으로 설명한다. 조직의 경제학에 대해서는 오석홍 · 손태원 · 하태권 편(2008)과 신유근 외(1987: 153-209)를 참고하기 바란다.

을 높이게 한다. 셋째, 조직을 통합하면 인력이 감축되며, 예산이 절감될 수 있다. 기타 조직의 통합은 별개로 나뉘어 있는 조직이나 부문을 없애지 않아도 된다.

한편 조직 통합 혹은 합병의 단점으로는 환경적응력의 약화, 신설 조직구성원 간의 갈등 계속, 조직 내의 저항 잔존, 조직의 안정성 약화, 견제 기능의 상실 등을 들 수 있다.

첫째, 조직의 통합은 조직이나 조직 부문의 환경 변화에 대한 적응력을 약화시킨다. 조직의 규모가 확대되면 그만큼 조직의 기민성은 떨어진다.

둘째, 조직이 통합되더라도 조직 내의 저항은 계속된다. 조직구성원들은 조직의 변동이나 축소 자체를 싫어하는 경향이 있기 때문이다.

셋째, 조직의 안정성이 저하된다. 조직이나 조직 내의 한 부문이 없어지면 그것이 관장하는 업무의 지속성이 약해지기 때문이다.

넷째, 통합이 되면 조직 간, 부문 간 견제 기능이 약화된다. 업무의 관할 영역이 다름으로써 조직 상호 간, 부문 상호 간 견제와 균형이 이뤄지는 경우가 많으며, 조직이 통합되면 조직과 부문이 독자적인 업무를 반복해서 결정하게 되어 견제 기능이 사라지기 때문이다.

3) 한국에서 조직환경 관리

이상에서 조직과 환경과의 관계를 여러 각도에서 검토하고 정리해 보았다. 우리나라에서 조직을 둘러싼 환경 변화는 매우 다양하며 급속하다고 느껴지고 있다. 대외적으로는 국제화와 개방화가, 대내적으로는 민주화 · 인간화 · 정보화 · 지방화가 일어나고 있다. 그리고 앞으로도 이런 환경 변화는 계속될 전망이다.

따라서 전통적인 관료제 조직으로서는 이런 조직환경의 변화에 대처하기가 어렵기 때문에 환경 변화를 예측하고 이에 대비해야 하는데, 특히 유기적 조직을 통해 융통성 있게 대응하고 적응해야 한다. 그리고 동일한 조직구조라 하더라도 결국은 조직인들의 환경 변화에 대한 관심과 주의, 이에 대응하려는 노력이 없이는 조직환경에 대한 통제는 전혀 불가능하게 될 것이다. 따라서 관리자들의 환경관리 능력이 요구된다.

아울러 조직환경에 적합한 이론들의 개발도 계속되고 있다. 범세계적인 보편적 이론의 개발은 물론 한국의 현실에 맞는 토착적인 특수한 이론도 기대된다.

제 3 절 조직의 변동

조직은 고정 불변의 물체가 아니며 끊임없이 변화하는 동태적인 유기체다. 인간이 태어나서 성장하고 쇠퇴해 죽는 것처럼 조직도 탄생, 성장, 쇠퇴, 그리고 소멸의 길을 걷는다. 조직의 변동을 인간의 삶에 유추해 명할 수 있는데 그것이 라이프 사이클(life cycle) 가설[3]이다. 그러나 조직이 변화하는 모습은 천태만상으로 나타난다. 이제까지 조직의 탄생, 성장, 그리고 쇠퇴에 관한 연구는 주로 기업을 대상으로 했다. 수많은 기업이 탄생했을 뿐만 아니라 조직의 변화를 가장 실감나게 관찰할 수 있기 때문이었다. 또한 조직의 변동을 주로 생물학적인 유추 방법에 의해 전개해 왔다. 여기서는 조직의 변동의 본질, 변동의 원인, 그리고 변동의 관리로 구분해 살펴보기로 한다.

1. 조직 변동의 의의, 유형 및 단계별 특징

1) 조직 변동의 의의

조직은 탄생된 후 끊임없이 변동한다. 조직의 환경이 변화하고 고객의 욕구와 의식이 달라지기 때문에 조직이 생존을 하려 할 때는 물론이고 조직이 성장과 발전을 도모할 때는 더욱 적극적으로 조직의 전략과 구조를 변화하려는 노력이 뒤따라야 한다. 즉, 조직이 성장하거나 발전하려면 끊임없는 자기 혁신과 환경 적응의 노력이 요구된다. 이러한 조직들의 노력이 부족하거나 결여되면 조직은 쇠퇴하거나 멸망하게 된다. 따라서 조직관리자들에게는 조직을 성장시키기 위해 조직의 변동에 관한 부단한 관심은 물론 변동 관리전략이 필요하다.

조직학자들은 조직의 변동을 라이프 사이클 가설에 따라 여러 단계로 구분한다. 다음에서는 조직 변동의 유형을 먼저 살펴보겠다. 많은 조직 변동 연구자가 조직의 변동에 대해 주로 조직 성장이나 조직 발전의 단계로 구분해 논의를 전개하며 조직의 쇠퇴

3) 조직의 변동에 대한 은유나 유추로서 '라이프 사이클 가설'이 갖는 장점은 조직의 복잡한 성장의 모습을 가장 현실적으로 묘사해 주며, 한 체제의 내부적 구조가 조직의 규모가 커짐에 따라서 더욱 정교해져야 함을 제시하고, 조직의 쇠퇴와 멸망을 일깨워 주며, 조직과 관리에 대한 새로운 아이디어가 독창적으로 만들어질 수 있다는 것을 나타내 주는 것이다. 한편 그 단점으로는 조직의 죽음이 불가피하다는 것을 잘못 제시할 수도 있고, 관리자로 하여금 조직의 국면들에 대한 책임을 회피하게 할 유혹을 제공한다는 점이다.

는 별도로 논의하는 것이 보통이다. 그러므로 조직 변동의 단계별 주요 관심과 핵심 과제 등에 대해 이해하는 것은 조직 변동관리의 기초가 된다.

조직의 성장과 발전 단계는 학자들에 따라 2단계설, 3단계설, 4단계설, 5단계설 등으로 구분한다.4) 저자는 조직의 변동에는 조직의 성장과 발전, 그리고 쇠퇴가 유기적으로 관련이 되어 있다고 보기 때문에 조직의 변동 단계를 조직의 성장기, 조직의 성숙기, 그리고 조직의 쇠퇴기로 구분해 설명하고자 한다.

2) 조직 변동의 유형

조직이 변동하는 유형은 여러 가지 기준에 따라서 달라질 수 있다. 여기서는 규모의 확대와 축소 과정에 따라서 다음과 같이 구분해 본다.

① 탄생-멸망: 이 유형은 조직이 탄생과 거의 동시에 멸망하는 유형이다.

② 탄생-쇠퇴-멸망: 이 유형은 조직으로 태어나서 쇠퇴하다가 멸망하는 유형이다.

③ 탄생-성장-쇠퇴-멸망: 이 유형은 조직으로 태어나서 성장의 단계를 거치다가 쇠퇴해 끝내 멸망하는 유형이다.

④ 탄생-성장-성숙-쇠퇴-멸망: 이 유형은 조직으로 태어나서 양적(量的)으로 성장하다가, 질적(質的)으로 성숙하고, 쇠퇴하다가 멸망하는 유형이다.

⑤ 탄생-성장-성숙-쇠퇴-재생: 이 유형은 조직으로 태어나서 양적으로 성장하다가, 질적으로 성숙하고, 쇠퇴하다가 재생하는 유형이다.

대부분의 조직변동론에서는 ③이나 ④ 유형의 조직 변동 유형을 전제로 하여 이론을 전개한다. ① 유형과 ② 유형은 그렇게 많지 않다. 대부분의 조직은 탄생 후 성장(그리고 성숙)을 계속하다 쇠퇴하고 멸망한다. 그러나 조직의 생명이 오래 지속된 조직들에서는 쇠퇴 단계에서 다시 반전하는 경우를 많이 발견할 수 있다. [그림 12-4]는 조직 변동의 단계를 나타낸 것이다.

---

4) 주요 학자들의 단계설에 대해서는 양창삼(1990: 625-643)의 『조직이론』에 잘 요약되어 있다. 리피트와 슈미트(Lippitt & Schmitt, 1967)는 탄생기, 청년기, 성숙기로 구분한다. 챈들러(Chandler, 1962)는 전략구조적 관점에서 매출액 확대, 지리적 확대, 수직적 통합, 제품다각화로 구분한다. 스콧(Scott, 1981)은 경영전략과 조직구조의 특성에 따라 단위 조직구조, 기능별 조직구조, 제품별 사업부 조직구조로 구분한다. 그레이너(Greiner, 1972: 37-46)는 조직 착수 단계, 조직 정립 단계, 조직 확대 단계, 조정 통합 단계, 조직 참여 단계의 5단계로 구분한다.

그림 12-4 조직 변동의 단계

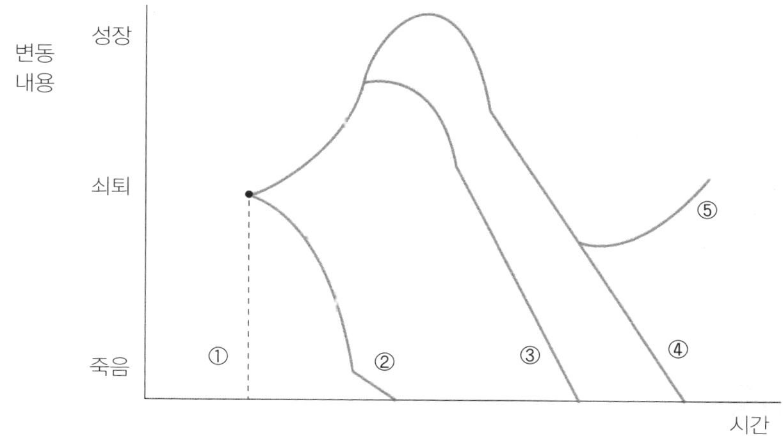

3) 조직의 변동 단계별 특징

조직의 변동 단계별 특징을 조직의 탄생, 성장, 성숙(발전), 쇠퇴, 소멸, 그리고 재생기로 구분해 살펴본다.

(1) 조직의 탄생기

조직의 탄생(birth) 단계란 조직으로서 외형이 갖춰져 사회적 활동을 하기 시작한 것을 말한다. 조직은 그 형태가 공식조직일 수도 있고 비공식집단일 수도 있다. 법제화된 조직(예: 사단법인, 재단법인, 회사법인 등)일 수도 있고 비법제화된 실체일 수도 있다. 일시적으로 존재할 것이 예측되더라도 조직으로서 탄생한 것으로 본다. 조직이 조직으로서 활동하기 위한 최소한의 요건인 목표, 구조, 구성원을 갖고 출발하면 조직은 탄생한다.

(2) 조직의 성장기

조직의 성장(growth) 단계란 한편으로 조직이 나이를 먹어가며, 다른 한편으로 조직이 외형적으로 규모가 팽창하고 활동량이 많아지는 단계를 의미한다. 성장의 단계에서는 조직의 규모가 증대한다. 즉, 조직구성원의 수, 예산액, 보유 자산, 그리고 고객의 수가 증대한다. 조직이 그들의 활동 영역, 즉 영토를 확장하려 한다. 기업은 매출액과 투자를 증대하고 지역과 사업 영역을 확장할 것이며, 행정조직은 행정 서비스를 확대하거나 규제를 증가시킬 것이다. 그리고 학교조직은 학생 수와 교직원의 수를 증대할 것이며, 종교조직은 신앙 집회나 신도의 수를 증대시킬 것이다.

성장 단계에서는 조직은 활동 이념으로서 효율성과 생산성을 강조한다. 조직의 구조는 기능 분야로 쪼개어지나 집권적이며 조직구성원의 복지보다는 조직목표의 달성에 우선순위를 두어 활동한다. 조직구성원들은 창업자들의 리더십과 역할에 크게 의존한다. 조직문화는 개척적이고 활동적이며, 다소 무리한 행동도 조직의 성장을 위해 용인된다.

사례 **포항제철주식회사의 탄생**

포항제철은 2001년 현재 1,200만 톤의 조강을 생산하는 세계적인 종합제철소다. 포항제철의 탄생 과정을 살펴보기 위해 먼저 한국의 철강산업과 제철공장 건설을 위한 국내의 노력을 살펴보기로 한다.

■ **포항제철 이전 철강업의 사정과 일관 제철소 건설의 시도와 좌절**

일제 하에 우리나라의 철강산업은 일본 공업의 부품에 불과했다. 해방 후 철강산업의 북한 편중과 일본 기술자의 귀국으로 인해 철강 수요는 증가했으나 철강 생산은 이에 미치지 못했다. 정부는 철강업 육성의 필요에 따라 1952년 '철강업 재건계획', 1956년 '철강개발5개년계획', 1961년 '철강종합개발계획'을 작성했으나 외자 조달의 어려움으로 무산되었다. 1961년 군사정부는 종합제철소건설계획을 재확인했다. 1962년 4월 '한국종합제철주식회사'를 건립하기 위한 발기인대회를 가졌다. 국내 자본이 부족한 당시로는 외자의 동원이 문제였다. 미국과 서독 등의 자금 지원을 기대했으나 철강 수요의 부족 등을 이유로 외자 동원이 어려워 무산되었다.

■ **포항종합제철 창립과 외자 도입**

1964년 정부는 「철강공업육성법」을 의결했다. 경제기획원은 제2차 경제개발 5개년계획에 철강산업 육성을 포함시켰다. 1966년 정부는 대한국제제철차관단(KISA)을 발족시켰다. 1967년 대한중석(사장: 박태준)이 종합제철의 실수요자로 선정되었다. 한편 건설부는 일관 제철소의 입지로 월포, 포항, 삼포, 보성, 군산 중에서 포항으로 결정했다. 동년 12월 경제기획원 장관 박충훈 부총리와 KISA 대표 간에 종합제철 건설에 관한 기본 협정을 체결했다. 연산(年産) 60만 톤이었다. 그러나 KISA는 국제개발은행 등이 보고한 사업 타당성에 대한 건의를 바탕으로 차관이 곤란하다고 했으며 1969년 기본 협정 기간이 종료되었다. 1969년 박정희 대통령은 종합제철 건설을 위해 김학열 부총리를 기용했다. 미국 등을 통한 재원 조달이 어려워지자 대일 청구권자금의 일부를 활용하기로 결정했다. 일본 철강업계의 반발에도 불구하고 우리 정부의 집요한 노력 끝에 1969년 12월 경제기획원 장관 김학열과 주한일본대사 가네야마 간에 건설자금 조달을 위한 기본 협약이 체결되었다. 1970년 1월에는 「철강공업육성법」이 공포되었다.

■ 포항제철 건설의 의미

포항제철은 기업의 이윤 극대화보다는 국민 경제의 발전을 위해 설립되었다. 재원의 부족을 일본의 대일 청구권자금으로 충당했으며, 당시 집권자였던 박정희 대통령의 강력한 의지가 반영된 것이다.

자료: 서정헌(1995: 657-689)을 요약해 수정

(3) 조직의 성숙기

조직의 성숙(maturity) 단계란 조직이 내면적으로 다양해지고 질적으로 발전되는 단계를 의미한다. 성숙 단계에서는 조직의 규모는 증대하지 않으나 조직의 활동 내용이 더욱 세련된다. 기업조직은 제품의 다양화, 지역다각화를 도모한다. 정부조직은 행정서비스의 질을 높인다. 즉, 국민의 요구에 부응하며 만족을 높인다. 학교조직은 교육의 질을 높이며 프로그램을 다양화한다.

성숙 단계에서는 조직구성원의 참여는 물론 고객의 요구에 부응하는 관리가 실시된다. 집권화된 조직구조는 점점 분권화되며 조직의 목표와 조직구성원의 욕구가 동시에 강조된다. 조직으로서 명성이 높아지며 사회적 책임이 부여되고 조직구성원들은 바뀐 최고관리자의 리더십과 역할에 의존한다. 조직 내의 이념으로서 질서와 규범이 강조되며 합리성이 중시된다. 조직의 목표는 장기적이 되며 연구개발 기능이 중시된다. 부문 간의 조화와 협력이 강조되며 전문적 관리자(행정가나 경영자)들이 등용된다. 그리고 조직문화는 안정적이고 점진적이며 분권적이다.

(4) 조직의 쇠퇴기

조직의 쇠퇴(decline) 단계란 조직의 규모와 활동이 축소되는 단계를 의미한다. 조직의 활동은 침체하며 사회적 영향력은 줄어간다. 조직의 규모는 줄어들고 인력은 감소하며, 사업은 축소하고 예산 규모도 줄어든다. 기업조직에서는 매출액과 이윤이 줄어들고 정부조직에서는 사업 규모나 행정 서비스 영역이 축소된다. 행정활동의 민간화(예: 공기업의 민영화) 등이 여기에 해당한다. 학교조직에서는 학생 수가 줄게 되며 종교조

직에서는 신자 수가 감소한다.

소비자는 기업에 대해 불만족하며 국민은 정부에 대해 저항하거나 무관심하게 된다. 조직의 활동 비용은 증가하나 조직의 효과는 크게 증대하지 않는다. 능력 있고 의욕적인 조직인들은 조직에서 이탈하게 되며 재직자들의 사기도 낮아진다. 조직은 환경 변화에 수동적으로 대응하며 사회나 환경으로부터 경시되거나 무시된다. 조직문화는 불안정하며 관료제적이다. 타성과 무사안일, 형식주의 등 관료제의 병폐가 곳곳에 도사리고 있다.

(5) 조직의 소멸기

조직의 소멸(death) 단계란 조직이 사회적 실체로서 존재를 마감하는 단계다. 조직은 쇠퇴 과정이 끝나면 소멸하게 된다. 때로는 무리하게 성장을 추구하는 과정에서 갑자기 조직이 소멸되기도 한다. 조직의 소멸은 조직의 파산 선고에 해당하는 것으로 조직으로서의 활동을 중지하는 단계이며 조직의 소멸을 준비하는 단계도 여기에 포함시킬 수 있다. 조직이 그 목표를 달성하거나 달성이 불가능할 때 조직은 소멸하는데, 조직이 주변 환경의 영향 때문에 소멸하는 경우도 있다.

조직의 소멸은 새로운 조직의 탄생을 위한 전초전일 때도 있다. 조직의 생명은 유한하지만 건전한 조직은 끊임없이 생명을 연장한다. 예컨대, 가톨릭교회는 약 2,000년 간 조직이 계속되었다. 영국의 보수당이나 미국의 공화당도 백수십 년 간 거대한 정치조직으로 생존하고 있다. 양당 모두 몇 번이나 소멸의 위기에 처했지만 그때마다 환경 변화에 대응해 새로운 사상으로 무장하고 조직을 재편성해 생명을 이어 왔다. 대부분의 조직은 죽어 없어지지만 태어나서 아직까지 살아 있는 조직도 있다.

(6) 조직의 재생기

조직의 재생(revival) 단계란 조직이 일단 쇠퇴기에 놓여 있는 것을 되살리는 단계다. 재생 단계는 놀라울 정도로 제품 및 서비스 생산의 다양화를 경험하며(Robey, 1986: 372) 조직은 활력을 되찾는다. 그러기 위해서는 쇄신(innovation)을 거쳐 외부 환경의 도전에 적절히 대응한다. 전반적으로 전략적인 의사결정의 권한은 집중되나 운영상의 권한은 분산된다. 재생을 위한 별도의 전략에 따라서 재생이 구체화된다. 한편 재생은 소유자를 달리하는 경우가 있다. 조직의 구조와 조직인들을 그대로 있지만 조직의 주인만 바뀌는 것이다. 이를 조직 인수라 한다.

사례 **대우그룹의 조직 인수**

대우그룹이 신규 산업에 진출할 때는 예외 없이 곤란받고 있는 기존 기업을 인수한다. 대우는 한국기계를 인수해 대우중공업을 만들었고, 옥포조선을 인수해 대우조선을, 새한자동차를 인수해 대우자동차를, 대한전선 가전제품부를 인수해 대우전자를 각각 만들었다. 대우의 김우중 회장은 "쓰러져 가는 기업을 구해서 그 설비나 인원을 활용하는 것과 새로운 사업을 시작하는 동안 기업들을 망하게 하는 것 중에서 어느 것이 국가적으로 더 나은 방법인가?" 하고 반문한다.

2. 조직 변동의 관리

조직 변동은 조직이 생존하는 동안 필연적으로 부딪히게 될 현상 중의 하나다. 변동의 내용은 위에서 살펴본 것처럼 탄생, 성장, 성숙, 쇠퇴, 재생, 그리고 소멸에 이른다. 단계별 특성이 다르고 변동의 원인이 다르기 때문에 조직관리자들의 변동에 대한 이해와 적절한 관리전략이 필요하다. 여기서는 조직 변동의 관리전략에 대해 살펴본다.

1) 조직의 탄생 관리

조직이 탄생할 때는 대체로 조직의 환경이 불안하고 조직의 활동은 약하며, 조직구조는 미분화되어 있고, 조직구성원들은 일체감이 부족하다. 따라서 조직의 최고관리자는 단기적 목표를 설정하고 이의 달성을 위해 리더십을 행사해야 할 것이다. 조직의 활동 내용을 단순화해 조직의 가시적 성과를 높이고 조직구성원에 대한 경제적 보상을 철저히 한다. 단기적으로 성과가 낮더라도 이를 극복할 수 있는 마음의 여유가 있어야 한다. 일단은 조직의 생존이 중요하므로 외부적 지원을 동원하는 것이 좋다.

2) 조직의 성장 관리

조직의 성장이나 성숙의 과정은 몇 단계로 구분할 수 있는데, 새로운 단계에 따라 적합한 관리가 요구된다. 그레이너(Greiner, 1972)는 「조직 성장으로서 진화와 혁명」이라는 논문에서 조직이 성장하는 단계에서마다 위기(crisis)에 직면하게 되고, 이 위기를 잘 극복하면 다음 단계로 성장하게 되나 그렇지 못하면 조직은 쇠퇴하게 된다고 주장한다.

참고

그레이너의 조직의 성장 단계와 위기 관리

많은 조직은 소수의 아이디어에 의해 탄생한다. 그러나 곧 등록, 세금 등 관리상 문제에 직면한다. 즉, 창조성만으로는 해결할 수 없는 관리적 리더십의 위기다. 관리가 집중되어 지시에 따라 조직이 성장하기 시작하면 하부의 창의성은 다시 제약을 받는다. 이른바 자율(autonomy)의 위기다. 자율의 위기를 해결하기 위해 하부로 권한을 위임하면 조직은 다시 성장을 하게 되나 지나친 부문화는 통제(control)의 위기를 초래한다. 통제의 위기에서 벗어나려면 부문 간의 통합과 조정의 강화를 통해 조직은 다시 성장하게 된다. 그러나 조정과 조절을 위한 절차가 많아지면서 다시 번문욕례(red tape)의 위기에 직면하게 된다. 번문욕례의 위기를 벗어나기 위해 팀워크나 대인관계의 방법에 의존하면 어느 정도 조직은 성장할 수 있다. 이러한 협력(collaboration)의 방법은 이중 책임의 모호 등 심리적 포화 상태(psychological saturation)의 위기를 초래한다.

자료: 그레이너(Greiner, 1972)

3) 조직의 성숙 관리

조직의 성숙 관리는 성장 관리의 연장선에서 논의될 수 있는 문제다. 특별히 조직의 성장의 한계에 대한 인식이 선행되며, 조직구성원의 만족, 조직 생산물의 질적 고도화, 사회적 책임의 완수 등 새로운 사고의 전환이 요구된다. 성장과 성숙은 사실상 보는 관점이 다르므로 기존의 관행과는 많은 차이가 있게 된다. 따라서 조직의 최고관리자들은 확실한 조직 성숙관을 가져야 함은 물론이고, 이에 따라 조직구성원들을 충분히 설득해야 한다.

그러나 조직의 성숙은 외부에서 볼 수 있는 가시적인 것이라기보다는 내부적으로 심화하는 것이고, 그 효과도 단기적으로 나타나는 것이라기보다는 장기적으로 나타나는 것이므로 인내와 정교함이 더욱 요청된다. 더욱 세밀함, 계획성, 포괄성, 그리고 윤리성 등이 요청된다.

4) 조직의 쇠퇴 관리

조직의 쇠퇴는 조직이 성장하지 못하고 위기를 관리하지 못하면 오게 되는 현상의 하나다. 조직의 성장에 대해서는 대부분의 관리자가 옹호하는 경우가 많으나 조직의 의도적인 감축에 대해서는 반발이 적지 않다. 조직의 쇠퇴는 사업 규모의 축소, 활동의 축소, 정원의 감축, 그리고 예산의 삭감 등을 수반하므로 관리자나 조직구성원들로서는 수용하기가 쉽지 않다. 특히 '큰 것이 좋다'는 생각에 빠져 있는 조직인들에게 조직의 쇠퇴에 대한 감축 관리는 달갑지 않은 관리 방법이다.

조직의 쇠퇴는 조직구성원들에게 스트레스를 가중시키며, 자원 배분상의 애로를 느끼게 하고 자발적인 이직(離職)을 유발한다. 따라서 조직의 쇠퇴로부터 오는 충격을 최소화하는 관리전략이 필요하다.

5) 조직의 재생 관리

조직의 쇠퇴 상태에서 좀 더 적극적으로 대응하며 관리하는 것을 조직의 재생 관리라 부른다. 재생 관리는 감축 관리보다 적극적인 개념이다. 재생 관리의 수단으로는 생산과 시장에 대해 재조명하며, 연구와 개발에 더 많은 노력을 기울이고, 창조적 분위기의 조성에 노력한다. 제품의 질을 높이면서 가격을 낮추고 광고를 확대한다. 정부조직의 경우 정부 기능을 조정하고 규제를 완화하며 국민의 참여를 확대하고 홍보를 강화해서 정부에 대한 신뢰를 회복한다. 그리고 조직 내의 활력을 불러일으키기 위해 조직개발의 전략을 채택한다.

참고

감축 관리

감축 관리(cutback management)는 조직의 군살을 제거하는 관리전략을 나타내는 말이다. 감축 관리의 주된 방법으로는 조직이나 기구의 통·폐합을 들 수 있다. 먼저 조직구성원에 대한 감축 관리의 당위성을 설득해야 한다. 그 다음에는 감축 대상 조직이나 인력을 합리적으로 선정한다. 주력 업종을 살리고 부수 임무나 덜 중요한 업무와 관련된 조직은 정비하거나 매각한다. 그리고 가능하다면 감축 대상들에 대한 적절한 보상 대책을 수립해 집행함으로써 감축 관리를 능률적이면서 민주적으로 할 필요가 있다. 그러나 감축 관리 자체가 조직의 문제를 해결하기 위한 능사는 아니다. 때로는 조직의 중복 상태가 있어야 조직환경의 불확실성을 해소하는 데 유리할 수 있기 때문이다. 조직의 비능률을 해소하려다 오히려 비능률을 초래할 수 있는데, 특히 정보관리 부서가 그러하다.

6) 조직의 소멸 관리

조직을 의도적으로 소멸시키는 것은 그 이유가 분명하기 때문에 별로 문제가 되지 않지만 조직이 알지도 못한 사이에 죽음으로 이르는 병이 드는 것은 사전에 충분히 예방할 수 있다. 조직의 진단을 통해 조직의 소멸 징후를 발견하는 것이다. 조직의 재생 가능성이 없으며 소멸 징후가 확인되면 과감하게 조직을 폐지시킨다.

조직을 소멸시키려 할 때는 조직 내·외의 반발과 저항이 매우 크다. 조직은 항구성이 있기 때문에 조직의 설치는 쉬워도 한 번 탄생한 조직을 소멸시키는 것은 쉽지 않다.5) 조직이 그 목표를 달성한 후에도 조직은 존재하려는 경향이 있다. 조직 소멸의 파급 효과 때문에 조직이 생존하는 경우도 더러 있다. 정부에서 대기업의 부도 사태를 정책적으로 막아주는 경우가 여기에 해당한다. 조직의 고객이나 관계자들이 조직의 폐쇄를 반대하는 경우도 있다. 학교조직은 졸업생들, 즉 동창회에서 조직의 폐쇄를 반대한다. 그 반대의 경우도 있다(예: 선린학원의 비리로 인해 인천대학교가 시립인천대학교를 거쳐 국립인천대학교로 전환함).

조직의 의도적 소멸이 불가피할 경우 소멸에 대한 철저하고 효율적인 관리가 요구된다. 조직의 소멸 계획을 세우고 필요하면 외부 인사를 소멸관리자로 세운다. 기업의 경우 청산법인을 만들어 소멸을 진행한다. 소멸된 조직을 대신할 수 있는 조직을 모색하고, 그 조직에 소속된 조직구성원들의 신분 문제와 고용 문제에 대한 대책을 마련하며, 그들의 정신적 위축감을 최소화시킨다.

토의 과제

❶ 정보화·개방화·민주화가 조직에 미치는 영향은 무엇인가?
❷ 특정 대학을 선정한 후 그 대학과 조직집합, 조직망을 작성하라.
❸ 특정 조직의 변동 과정을 제시하라.

---

5) 카우프만(Kaufman, 1976)이 미국 연방정부의 421개 기관을 연구한 결과 1923년부터 1970년 중반에 이르는 기간 중 소멸한 기관은 27개에 불과했다.

제13장

조직의 평가와 진단

이 장에서는 조직의 평가와 진단을 다룬다. 이 과정은 사실의 확인과 가치의 부여라는 행위가 내재되어 있다. 조직의 평가는 일상적이나 조직의 진단은 특수한 목적을 가진다. 여기서는 조직의 평가와 진단 기준으로서 효과성과 건강성을 논의한다.

제 1 절 조직평가

1. 조직평가의 의의, 이론모형, 평가의 기준

1) 조직평가의 의의

기업조직은 물론이고, 정부기관이나 지방자치단체, 공공기관, 그리고 대학에서 조직평가, 기관역량평가, 성과평가 등 다양하게 진행되어 왔다. 즉, 조직의 종류별로 각각 특색이 있기는 하나 실제적으로 조직평가가 이루어지고 있으며, 미국의 말콤 볼드리지상, 일본의 데밍상, 그리고 한국의 국가품질상 등으로 조직에 대한 체계적 평가가 이루어지고 있다.

조직의 평가는 "조직의 활동과 실적에 대한 가치를 판단하는 일반적 과정"이라 정의할 수 있다. 조직평가의 개념을 자세하게 설명하면 다음과 같다.

첫째, 조직평가의 대상은 조직이 수행하는 모든 활동은 물론이고 활동의 결과로 이루어낸 산출과 결과 역시 평가의 대상이 된다. 조직의 개별 활동이 평가대상이 될 수 있으나 보통 종합적 평가라고 할 때는 조직의 모든 활동과 실적 국면을 망라한다. 다만 편의상 중요한 몇 개 분야, 몇몇 평가 요소만 선별하여 평가할 수 있다.

둘째, 조직평가는 조직의 '가치(價値, value)'를 판단하는 것이다. 가치는 조직의 중요성, 바람직함, 조직의 목적에 기여하는 것, 우리가 바람직하다고 생각하는 어떤 특성으로서 평가의 기준과 관련이 크다. 즉, 가치는 좋은 조직과 나쁜 조직, 유익한 조직과 해로운 조직, 선한 조직과 악한 조직 등으로 표현된다. '조직의 효과성', '조직의 건강성' 등의 개념이 많이 활용되고 있다.[1)]

셋째, 조직평가는 조직의 가치를 '판단(判斷, judgement)'하는 행위이다. 판단이라는 의사결정을 위해서는 보통 측정이나 검사를 전제로 하며, 이때는 측정 기준과 요소, 즉 평가 요소를 제시하여 이를 계산한다. 때로 가치를 판단하기 위해서는 조직 자신의 가치를 전후로 시간적으로 비교하기도 하며, 다른 조직들의 가치와 비교하기도 한다. 판단하는 과정에 평가자의 주관이 개입될 수 있다.

2) 조직평가의 주요 이론과 영역

(1) 조직평가의 주요 이론

효과성을 기준으로 조직을 평가할 때 여러 가지 접근 방법이 있는데, 이 중에서 목표접근법, 자원접근법, 내부과정 접근법이 각각 조직의 부분적 속성을 평가하는 것이고, 이해관계자 접근이나 경쟁적 가치접근법은 조직의 다양한 국면을 평가한다. 특히 경쟁적 접근법에 의하면 조직평가의 다양한 측면을 발견할 수 있는데, 예컨대 대외적 유연성과 교섭능력, 관리혁신적 목표 설정과 산출목표 달성, 책임경영(조직, 인사, 재무, 구매관리 등), 고객만족관리 등이다(이창원 · 장부차, 2003). 한편 조직평가나 조직진단을 실시한 연구들은 조직평가의 기준이나 요소를 도출하는 데 많은 시사점을 제공한다. 그들은 '역량'이라는 말을 사용하여 조직의 역량평가를 강조한다.

한편 성과관리가 발전하면서 균형성과관리제도(Balanced Score Card: BSC)에 따라 네 가지 관점이 제시되어 활용되고 있다. 카플란과 노튼(Kaplan & Norton, 1992: 74)은

---

1) 조직에 대한 평가는 조직학에서는 주로 '조직효과성'이라는 용어로 다루어지고 있다. 그런데 최근에는 '조직건강성'이라는 용어가 강조된 바 있다(민진, 2009). 하지만 대부분의 조직학자들은 조직을 평가할 때 조직효과성이라는 용어를 주로 활용하고 있다.

BSC의 기본 모델을 제시하면서 재무적 관점, 고객관점, 내부프로세스 관점, 그리고 학습의 관점 및 성장 관점을 제시한다. 이것은 조직을 평가할 때 다양한 시각을 제공한다.

(2) 조직평가의 영역

먼저 조직평가의 주요 요소와 관련하여 가장 많이 원용되고 있는 말콤 볼드리지상을 소개한 후 공공 부문과 기업 부문으로 구분하여 살펴본다.

첫째, 말콤 볼드리지상은 가장 대표적인 품질상으로 그 평가 방법과 평가지표들은 기업체, 공공기관, 정부기관 등에서도 적용되고 있다. 성과 우수성을 위한 볼드리지 기준의 틀(Baldridge Criteria for Performance Excellence Framework)은 체제적 접근에 따른다. 이 기준들은 ① 리더십, ② 전략적 기획, ③ 고객과 시장 초점, ④ 측정, 분석 및 지식관리, ⑤ 일터 초점, ⑥ 과정관리, 그리고 ⑦ 결과의 일곱 가지로 구성되며 이들 요소 간에는 상호작용을 한다. 이들은 조직의 환경, 관계, 그리고 도전이라는 조직의 면면에 관련이 있다(Baldridge, 2008).

둘째, 공공 부문의 조직에 대한 평가는 조직의 종류에 따라서 평가의 중점이나 대상에서 유사한 점도 있지만 차이가 있다. 중앙행정기관은 정책사업이나 국정관리 역량이 강조되고 있지만 공공기관이나 책임운영기관에서는 사업성과와 서비스 수준, 노사관계 등이 강조되고 있으며, 관리적 측면에서 경영효율성, 조직・인사관리 재무・회계관리 등이 강조되고 있다. 즉, 정부기관에서 거시적 측면이 강조된다면, 공공기관이나 책임운영기관에서는 미시적 측면이 보다 강조된다.

셋째, 기업 부문에서 조직평가는 어느 정도 제도화되어 실행되고 있다. 미국에서는 말콤 볼드리지상, 일본의 데밍상, 그리고 우리나라의 국가품질상 등이 조직평가를 바탕으로 실시되고 있다. 한국표준협회에서 주관하여 실시하고 있는 국가품질상은 다시 국가품질대상, 품질경영상(의료 부문), 품질경영상(교육 부문)으로 구분된다. 국가품질대상에는 중소제조업은 물론이고 공공 부문, 서비스 부문까지 포함한다(한국표준협회, 2012).

국가품질대상이나 품질경영상에서는 미국의 말콤 볼드리지상의 평가 요소를 대부분 벤치마킹하여 일곱 개 분야 — 리더십, 전략기획, 고객과 시장 중시, 측정, 분석 및 지식경영, 인적자원중시, 프로세스관리, 경영성과 — 로 구분하고, 이들을 각각 하위 요소로 세분한다.

위에서 말콤 볼드리지 모델, 공공 부문, 그리고 기업 부문을 살펴보았다. 모든 조직들은 조직을 전체적으로 평가하기 위해 끊임없이 노력하고 있다. 그리고 그 평가의 이론적 · 제도적 기반으로 말콤 볼드리지 모델이 차지하고 있다. 또한 각 조직의 유형이나 종류에 따라서 강조하는 평가의 중점이 달라지면 제도적으로 매년 평가 제도를 운영하는 주체에 따라서 평가의 기준이 추가 · 삭제되거나 평가 배점이 달라진다. 따라서 보편적인 조직평가의 기준과 지표를 제시하는 것은 매우 어려운 일이며 개별 조직에 따라서 정책적으로 선택할 뿐이다. 그렇지만 조직평가가 원리에 기반을 두어 일정한 기준과 지표가 개발되고, 이에 따라 평가가 실시될 때 비로소 가장 적실한 평가가 이루어졌다고 할 수 있다.

말콤 볼드리지상에 따른 평가 기준은 전 세계적으로 광범위하게 활용되고 있는 기준이나 지나치게 오래되었고, 또한 기업을 대상으로 한 것이기 때문에 그것을 그대로 정부기관, 지방자치단체, 군부대, 공공기관 등에 적용하는 데 무리가 있다. 더구나 일곱 개의 주요소와 세부 요소들이 포함하고 있고 의미가 기준 간에 중첩되거나 의미전달이 명확하지 않은 경우가 많다.

정부기관, 공공기관, 기업 그리고 특수한 기능을 수행하는 유형의 조직을 평가할 때, 이들 조직 간에는 특성이 차이가 있어서 조직평가 요소를 일률적으로 적용할 때는 조심하여야 한다. 정부기관의 조직평가에서는 공익성과 민주성이 강조되나, 기업의 평가에서는 수익성이 강조되며, 공공기관에서는 이들 양자의 속성이 모두 강조되기 때문에 특히 임무수행도와 조직의 사회 체제 능력에서 차이를 보인다.

따라서 조직의 종류에 따라서 조직의 평가모형의 구성 요소들 간에 차이가 있을 것이라고 생각할 수 있다.

3) 조직의 업적 및 실적 평가의 기준과 실제

(1) 조직의 업적 및 실적 평가의 기준

조직의 업적이나 실적의 평가는 조직의 목표나 가치를 기준으로 해서 평가할 수는 있다. 그러나 이들이 대부분 추상적인 경우가 많기 때문에 평가 기준을 구체화해서 조직 자체에 대해서는 시계열적인 평가를 가능하게 하고, 조직과 조직 간에는 특정 시점에서 조직활동이나 관리의 결과를 비교할 수 있게 한다. 보통 제시되는 평가의 기준은 재정적 능률성(투자 회수율 등), 운영적 능률성(1인당 수익 등), 행정적 업적(자원 사용의 능률성이나 제시한 목적 달성도 등), 산출의 양, 산출의 질, 종업원 이직률 등이다.

조직 업적을 평가할 때 기준의 특성은 양, 질, 비용, 그리고 시간으로 분류할 수 있다(Robbins, 1988). 첫째, 양(quantity)은 측정 가능한 산출을 평가하는 데 가장 손쉬운 방법이다. 예컨대, 차의 판매 대수, 치료 환자 수, 그리고 졸업 학생 수를 들 수 있다. 둘째, 질(quality)은 종종 측정하기가 쉽지 않다. 비용(cost)은 조직활동의 투입과 산출의 차이나 비율을 화폐 가치에 의해 측정한다. 시간(time)은 능률과 관련한 측정 요소다. 시간의 절약이 미덕이다.

참고

조직 형태별 조직 업적평가 기준

- 기업조직의 업적평가 기준
  - 경영 규모: 매출액 증가율, 유형 고정자산 증가율
  - 수익성: 매출액 영업이익률, 매출액 경상이익률, 총자본 경상이익률 등
  - 성장성: 매출액 증가율, 유형자산 증가율 등
  - 재무구조: 자기자본 비율, 유동 비율, 부채 비율 등
- 공공기관(공기업조직)의 업적평가 기준
  - 계량지표: 재무제표, 투자사업 진척도 등을 근거로 수익성, 생산성 향상 실적
  - 비계량지표: 책임경영, 관리제도 개선, 내부평가제도, 연구개발 및 일부 주요 사업 실적에 관한 경영개선 실적
- 정부조직의 업적평가 기준
  - 목표달성도: 목표 대 실적의 비교: 주요 사업과 정부업무 평가
  - 집행이행도, 정책개선의 적절성, 고객만족도 비교
  - 지방자치단체: 공공 서비스 국민체감도, 재정자립도 등

자료: 한국은행(1999: 13-23); 기획예산처(2006: 7); 국무조정실(2013.5)을 참고해 저자 작성

2. 종합적 조직평가 모형

1) 조직평가 모형의 차원과 분야

(1) 조직평가의 차원

조직평가의 대상 부문은 대체로 역량평가와 실적 평가로 구분된다. 또한 이들을 함

께 평가하기도 한다. 여기서는 조직평가의 주요 차원으로 조직의 역량과 실적을 제시한다.

첫째, 조직을 평가하면서 조직의 역량이나 능력(organizational capacity)을 평가한다. 이들은 조직의 문제를 해결하는 데 기반이 되기 때문이다. 즉, 조직의 역량은 조직의 능력을 채택하고 변화하는 데 도움을 주는 개념으로 사용되어 왔다(Street et al., 2010). 여기서는 조직의 역량을 조직의 능력(capacity, ability), 그리고 우수성(competence)을 포함하는 개념으로 사용한다.

둘째, 조직을 평가하면서 조직의 성과나 업적(organizational performance)을 평가한다. 조직의 성과나 업적은 조직이 조직활동을 통해 생산한 제품이나 전달한 서비스의 양(quantity)과 질(quality)이다. 성과나 업적의 정의와 측정에 다양성이 있기는 하나 이 개념들은 과정 지향적이라기보다는 결과 지향적이다. 성과나 업적에 대해서는 연구자의 연구 목적에 따라 다양한 정의가 가능하고, 이에 따라 측정하므로 불확정적이다(Collins & Smith, 2006).

조직의 역량이나 능력을 증진시키면 조직의 성과와 실적이 향상된다. 반대로 조직의 역량이나 능력이 약화되면 조직의 성과와 실적은 낮아진다. 다시 말해, 조직의 역량이나 능력과 조직의 성과나 실적은 인과관계가 있다. 따라서 조직의 역량을 평가하는 것은 조직의 성과를 높이기 위한 사전 과정이라고 보아도 무방하다.

(2) 조직평가의 분야

어떤 조직에서든지 그 활동은 직접적으로 임무수행과 관련한 활동과 이를 간접적으로 지원하기 위한 지원활동 및 조직관리 활동으로 구분된다.

조직의 임무수행 활동은 조직의 사명이나 임무에서 출발한다. 어떤 조직은 이것을 조직의 목적으로 인식한다. 그런데 조직의 임무는 다양할 수 있다. 즉, 기본적 임무와 부수적 임무 등으로 구분할 수 있다. 여기서 조직의 임무를 기본적 임무로 본다. 그런데 기본 임무활동은 조직의 종류, 기능, 그리고 사명에 따라 그 내용에 있어서 많은 차이를 보인다. 예컨대, 은행은 현금 및 신용의 대출과 예금 업무를, 학교는 교육활동을, 공장은 생산활동을, 종교조직은 신앙활동을, 기업은 각종 사업활동을 기본 임무로 한다. 이러한 임무를 수행하기 위해서는 기획, 집행, 그리고 평가업무를 수행한다.

조직의 임무와 기능은 조직의 상위 목표이며 핵심적 기능이다. 임무수행 활동의 평가 기준으로는 효과성(effectiveness)이 주로 제시되고 있는데 효과성의 내용으로는 목표달성도를 든다. 이 밖에도 업무수행으 적합성(fitness)과 정당성(legitimacy) 등이 제시되고 있다.

한편 조직의 관리(管理, management)란 조직의 목표를 달성하기 위하여 인적·재정적·물질적·정보자원을 사용하여 계획, 의사결정, 조직화, 지도 및 통제하는 과정이다(Daft, 2007). 어떤 조직에서든지 그 정도의 차이는 있지만 제 자원을 배분·활용하고 업무와 관련하여 기획, 집행, 평가, 의사소통, 의사전달, 조직의 환경관리 등의 활동을 한다. 조직관리의 평가 기준으로는 효율성을 드는 것이 보통이다. 효율성은 효과성과 능률성을 포함한다. 이외에도 건강성이나 안정성이 제시되고 있다.

조직평가는 역량평가와 실적평가로 구분된다. 또한 이들을 함께 평가하기도 한다. 여기서는 조직평가의 주요 차원으로 조직의 역량과 실적을 제시한다.

2) 조직평가의 분야와 요소

(1) 조직역량 분야의 평가 분야와 오소

조직의 전체적인 역량을 평가하는 방법은 다양하나 저자는 체제적 접근 방법에 따라 하위 체제를 제시한다. 하위 체제로는 업무기술 체제, 자원 체제, 심리사회 체제, 개방사회 체제, 그리고 리더십 체제로 구븐하여 제시한다.

업무기술 체제는 조직에서 부여된 임무나 사명을 직접적으로 수행하고 달성하는 체제로서 조직과 기술로 구성된다. 조직은 분화와 통합의 과정을 거치면서 구조화된다. 조직기술은 업무를 수행하는 방법과 절차, 지식과 기술을 포함한다.

자원 체제는 조직에서 업무를 수행하는 데 필요한 제 자원인 인력, 예산, 물자시설, 지식정보 자원 등의 동원, 배분, 그리고 관리에 관한 것이다.

심리사회 체제는 조직사회를 구성하는 개인과 집단을 분석단위로 하며 구체적으로는 개인의 욕구 충족과 성격, 집단의 사기, 조직인의 윤리, 태도 등 심리적 측면과 조직인 간의 사회적 상호작용 등 사회적 측면을 포함한다.

개방사회 체제는 조직의 사회적 관계와 생존에 관련된 체제로서 조직을 환경과 상호작용을 하는 유기체로 본다. 조직은 우기체로서 환경 변화에 적응하고 환경을 변화시킨다.

리더십 체제는 리더십의 역량을 의미하는 체제로서 조직 전체 영역에 모두 해당한다. 이것은 임무수행 리더십과 관리적 리더십을 모두 포함한다. 그런데 리더십 체제는 가치목표 체제, 그리고 기본 임무 체제에도 포함시킬 수 있다.

이렇게 역량 체제를 의도적으로 다섯 개의 하위 분야로 구분하여 조직의 평가 대상 영역을 추출하였으나 모든 부분을 포괄하기는 어렵다.

(2) 조직실적 분야의 평가 분야와 요소

조직의 실적과 성과는 한 조직이 활동 결과 생산한 결과로서 확인되며 산출 체제에 해당한다. 조직의 전체적인 실적을 평가하는 방법은 다양하나 저자는 조직의 실적과 성과를 모두 포함할 수 있도록 조직목표의 달성, 조직의 대 고객 및 대 사회관계 실적, 그리고 관리의 능률성과 제도화를 선정하였다.

첫째, 조직의 효과성을 평가할 때 가장 많이 사용하고 있는 것은 조직의 목표달성도이다. 조직의 목표는 다의적이다. 목표의 대상 기간이 장기인가 단기인가에 따라 다르다. 특히 정부조직이나 공공 부문에서 장기적 목표에 해당하는 것이 조직의 임무와 사명이다. 기업의 경우 기업의 중·장기 성과, 단기적 기업이윤 달성 등이 포함될 수 있다.

둘째, 조직의 대 고객 및 대 사회관계 실적은 조직의 개방사회적 특성에서 비롯된 평가 요소이다. 고객만족은 이해관계자 접근법에서 강조되는 요소이다. 고객은 정부에서는 국민이나 주민, 그리고 정책고객의 만족도를, 기업이나 기타 조직에서는 소비자만족이 주요 요소로 제시되고 있다. 또한 대 사회관계에서는 지역사회와의 관계 등이 주요 요소로 제시되어 왔다.

셋째, 관리의 능률성과 제도화는 조직관리적 면에서의 실적이다. 조직의 생산성, 자원의 절약 등을 포함하는 능률성(efficiency)은 비교적 많이 평가 요소로 활용되고 있다. 능률성은 조직을 혁신하고 개선할 때 고려하는 중요한 요소이기도 하다. 또한 관리의 개선, 즉 전년도에 비해 어느 정도 나아졌는지, 악화되었는지는 관리 실적을 가늠할 수 있는 척도이며, 이들은 중·장기적으로 조직의 임무수행실적에 영향을 준다. 한편 관리의 제도화는 조직의 업무의 내용이나 관리 방법이 규정화되고 생활화되는 정도로서 조직의 활동 수준을 중·장기적으로 평가하는 중요한 요소이다.

(3) 조직평가 모형의 정립

앞에서의 논의를 바탕으로 조직평가를 위한 평가 요소로 조직의 실적 차원과 역량

차원으로 구분하고, 조직의 역량 분야는 기본 임무의 수행과 관련한 역량인 '임무수행 역량'과 조직의 관리 및 지원 분야와 관련한 역량인 '조직관리 역량'으로 나눈다.

임무수행 역량은 조직에게 부여된 기본적인 임무나 사명을 직접적으로 달성하기 위한 것으로 조직의 종류나 유형에 따라서 천차만별이다. 한편 조직관리 역량은 모든 조직에 공통적으로 발생하는 역량으로서 기본 임무수행을 위해 간접적으로 필요한 조직의 역량이다. 조직관리 활동과 임무수행 활동이 밀접하게 연결되어 있으나 논의의 필요나 개선의 필요성 때문에 구분하여 분석하는 것이 필요하다. 이들을 평가하기 위해 다음 〈표 13-1〉과 같이 제시한다.

표 13-1 조직의 종합적 평가를 위한 평가 요소

차원 및 분야		세부 분야	평가 요소
조직역량	임무수행 역량	협의 임무수행 역량	구조 임무적합성, 기술 임무적합성
		자원의 임무충족성	인력·자금·물자·정보의 임무충족성
		조직인 심리사회적 역량	직무만족, 조직몰입, 대인신뢰, 규범준수
		환경적응 역량	환경대응 능력, 위기대응 능력
		임무수행 리더십	전문지식과 이해력, 지휘통제 능력
	조직관리 역량	조직관리지원 역량	기획통제 능력, 의사결정 및 의사소통 능력
		자원관리 역량	인사·자금·물자·정보관리의 효율성/안정성
		조직인관리 역량	동기부여관리의 효율성과 공정성
		환경관리 역량	관계관리 능력과 타기관 협조 능력
		관리적 리더십	관리적 지식과 이해력, 지도관리 능력
조직실적	조직실적과 성과	조직목표의 달성	단기목표 달성, 장기임무(사명) 달성
		대 고객·대 사회관계 실적	고객·이해관계자 만족, 대 사회적 기여와 영향
		관리의 능률성과 제도화	관리 능률성(생산성), 관리 개선과 제도화

자료: 민진(2014).

3. 조직평가의 실제와 사례

1) 조직평가의 실제

조직에 대한 평가는 이론적으로 여러 가지가 있을 수 있고 조직의 유형이나 종류별로 각각 독특한 평가 모형이 제시되어 적용되어야 한다. 실제 조직을 평가할 때 가장 많이 활용하는 평가 기준은 목표 모형에 의한 평가이다. 즉, 조직이 기본적 사명이나 기능을 얼마나 잘하고 있는가에 따라서 좋은 조직과 나쁜 조직으로 구분된다. 물론 조직이 제조업인가 서비스업인가에 따라 평가가 달라진다. 그리고 조직의 종류가 기업·정부·공공기관·군대·대학·병원인가 등에 따라 달라진다. 여기서는 우리나라에서 병원과 대학에 대한 평가 사례를 소개한다.

2) 병원 조직평가

병원은 사람들이 흔히 접하는 진료기관이다. 병원에 대한 조직평가는 다양하게 진행되어 왔는데 여기서는 간단히 소개한다.

첫째, 『시사저널』과 코리아리서치센터는 1993년 말부터 6개월 간 세 가지 병을 치료하는 국내 병원 가운데 의료 서비스 체제를 가장 잘 갖춘 10대 클리닉을 선정하여 순위를 매겼다(시사저널, 1993.3.24: 46-59). 암과 고혈압의 최고는 연세대 세브란스병원이고, 당뇨는 가톨릭의대 성모병원이었다.

평가의 공정성을 확보하기 위하여 권위 있는 의사들로 16인 위원회를 구성하고 의료의 전문성, 조사의 객관성, 그리고 평가의 공정성을 확보했다. 병원조직의 평가 기준은 의료진, 시설 및 기기, 그리고 환자만족도였다.

둘째, 건강보험심사평가원의 병원 평가는 매년 진행되며, 병원 고객(환자)들의 병원을 선택할 때 정보 자료를 제공한다(건강심사평가원 홈페이지). 평가원은 질병별, 수술별, 약별로 구분하여 병원에서 실시한 수술, 처치, 약제 등의 평가 결과를 병원별로 비교가 가능하게 병원 정보를 제공한다. 질병별로는 고혈압, 급성 뇌혈증, 급성 심근경색증, 당뇨병 등으로 구분하며, 수술별로는 유방암, 대장암 등으로 구분하며, 약별로는 약품목 수, 처방약품비 등으로 구분한다.

셋째, 보건복지부는 전국 78개 의료기관(대학병원과 500병상 이상의 종합병원)을 대상으로 2003년에 6개월에 걸쳐 진료 및 운영 체계와 부서별 업무성과를 평가한 바 있다. 진료 및 운영 체계는 환자권리, 인력관리, 진료 체계, 감염관리, 시설관리, 안전관리 등을 평가하였고, 부서별 업무성과는 병동, 외래, 의료정보, 영양, 수술관리 체제, 진단검사, 방사선 검사, 약제, 중환자 등을 평가하였다. 평가 결과 종합적으로 1위 서울대병원, 2위 서울아산병원, 3위 삼성서울병원, 공동 4위 경희대의대병원과 가톨릭의대 의정부병원이었다.

3) 대학 조직평가

대학은 학문의 전당이며 국가 사회의 인력을 공급하는 원천으로서 대학에 대한 조직평가는 대학지망자와 학부모들이 학교를 지원할 때, 국가 경쟁력을 비교할 때 좋은 근거자료가 된다. 국내의 여러 기관, 그리고 국제적으로도 대학의 질을 평가하고 있다.

중앙일보는 1994년부터 매년 국내 최초로 대학평가를 실시하였다. 평가 요소로는 교육여건, 교수 연구, 평판도, 학생 교육 노력 및 성과였다. 2023년 대학평가에 따르면, 교수연구 부문의 경우 1위 서울대, 2위 한양대, 3위 연세대, 4위 성균관대, 5위 고려대, 6위 경희대의 순이며, 교육여건 부문의 경우 1위 서울대, 2위 연세대, 3위 성균관대, 4위 서울시립대, 5위 한양대, 6위 고려대의 순이었다(중앙일보, 2023.11.23).

영국 QS 세계 대학평가는 매년 1회 실시되어 그 결과가 발표된다. 금년에는 세계 3,800개 대학이 평가 대상이 되었으며, 교육, 연구, 졸업생, 그리고 국제화 4개 분야 6개 지표로 측정한다. 교육(학계 평가, 40%), 교육(교수 1인당 학생 수, 20%), 연구(교수 연구 피인용 수, 20%), 학생(졸업생 평판, 10%), 국제화(외국인 교수 비율, 외국인 학생 비율 각 5%, 합 10%)이다. 이 평가에서는 세계 10위권 대학은 MIT(USA), 스탠퍼드(USA), 하버드(USA), 케임브리지대(UK), 칼텍스(USA), 옥스퍼드대(UK), UCL(UK), ETH 취리히(스위스), 임페리얼칼리지(UK)였다. 한편 이 평가에서 우리나라 대학은 서울대, 카이스트, 포스텍, 고려대가 100의권 이내에, 성균관대, 연세대, 한양대가 200위권 이내에 포함되었다.

한편 영국 〈The Times〉의 2024년 세계 대학 순위에 따르면 세계 10위권 대학은 옥스퍼드대, 스탠퍼드대, MIT, 하버드대, 케임브리지대, 프린스턴대, 칼텍, 임페리얼칼리지 런던, UC버클리, 예일대이며, 한국의 대학 중 세계 30위권에 든 대학은 없다(중앙일보, 2024.1.8).

제 2 절 조직진단

1. 조직진단의 의의

1) 조직진단의 의의

조직진단은 과거에는 주로 기업을 중심으로 실시했다. 그런데 최근에는 대학교, 공공기관, 사회조직, 심지어는 정부기관에서조차 조직진단을 하고 있다.

조직의 실적이 부진하거나 조직 내 · 외부로부터 조직 통 · 폐합의 압력이 있을 때, 조직을 발전시키고자 할 때 조직에 대한 진단 문제가 나온다. 조직을 개혁하고 변화시키기 위해서는 먼저 조직을 진단해야 한다. 즉, 조직진단은 조직개혁과 조직 변화의 첫 번째 단계다. 사람의 건강이나 질병 상태를 의사가 검진하고 처방하듯이 조직의 건강과 효과성을 평가하기 위해 조직진단이 필요하다.

조직진단(organizational diagnosis)이란 조직 현상을 진단하고 그에 필요한 처방과 해결책을 모색하는 일연의 탐색적 활동을 말한다. 또한 조직진단은 합리적이고 과학적인 방법에 의해 조직을 평가하는 활동이다.

2) 조직평가와 조직진단

조직평가와 조직진단은 교차하여 사용되고 있다. 이들은 연구자에 따라 견해가 다르나, 실제적으로는 조직평가는 기관역량평가, 조직평가, 공기업평가, 조직진단 등으로 실시되고 있어 양자를 혼동하게 한다. 하지만 조직의 평가와 조직의 진단은 조직이 추구하는 가치나 기준에 따라 조직 현상과 조직의 능력과 실적을 확인하고 분석 · 평가하는 점에서 대체로 같은 의미로 받아들임으로써 혼용하고 있다.

저자는 조직평가는 일상적인 조직관리 행위이지만 조직진단은 비일상적인 조직관리 행위로 구분하고자 한다. 즉, 조직평가는 매년 혹은 주기적으로 조직의 여러 국면을 평가하는 것인데 반해, 조직진단은 조직이 특수한 상황에 처해 있을 때(예: 조직 질병이나 조직 통 · 폐합의 상황) 조직의 이모저모를 진단하는 것이다. 또한 조직평가는 유사한 종류의 여러 조직들을 비교 평가하는 면이 강한데 반해, 조직진단은 관심이 되는 주요 조직을 중점적으로 진단하는 것이다. 조직평가가 조직의 모든 국면을 평가하는 것인데 반해, 조직진단은 조직의 특수한 국면을 집중적으로 진단한다.

2. 조직진단의 주체와 대상, 편익과 비용

1) 조직진단의 주체

조직진단의 주체란 조직진단을 누가 하는가, 누가 조직개편 과정에 참여하는가의 문제다. 조직진단의 주체는 진단 대상과 관련해 조직 내부자와 조직 외부자로 구분할 수 있다. 조직 내부자로는 조직관리 담당 부서를, 조직 외부자로는 대학교수, 연구소(혹은 연구자), 그리고 전문적인 컨설팅 회사를 들 수 있다.

조직 내부자가 조직진단을 하는 경우 장점으로는 조직의 내부 사정을 잘 알기 때문에 조직 문제를 확인하는 과정에서 시간과 비용이 적게 든다. 또한 실현 가능성이 높은 처방안을 마련할 수 있다.

조직 외부자가 조직진단을 하는 경우 장점으로는 조직진단의 경험이 상대적으로 많고 진단의 기법이나 이론이 준비되어 있기 때문에 진단 대상과 유사 조직들의 실태와 비교를 잘할 수 있으며, 조직 내부자의 이해관계에서 초연해 객관적으로 문제를 진단하고 처방할 수 있다.

참고

주요 조직진단 기관

- **정부**: 행정안전부 조직진단센터
- **공공기관**: 한국행정연구원, 한국개발연구원, 한국지방행정연구원
- **민간기관**: 한국생산성본부, 한국능률협회, 한국경제경영연구원
- **외국계 기관**: 앤더슨컨설팅, 매킨지, 보스턴컨설팅 그룹

2) 조직진단의 대상

조직진단의 대상은 조직관리의 모든 대상이 될 수 있다. 따라서 조직진단의 대상 범위는 조직의 구조, 조직의 전략, 운영 체제, 조직의 기술, 조직문화, 조직의 권력과 갈등 관계, 조직의 환경 등 다양한 변수를 포함한다.

조직진단은 넓은 의미의 조직진단과 좁은 의미의 조직진단으로 구분한다. 좁은 의미의 조직진단은 조직의 기능·구조·조직인·문화·과정·환경 등에 한정해 진단하는 것을 말한다. 넓은 의미의 조직진단은 종합진단에 해당하는 것으로 협의의 조직진단을 포함해 인력진단, 재정진단, 서비스진단 등을 포함한다. 종합진단은 기업의 경우 경영진단, 정부의 경우 행정진단이라고도 부른다. 여기서는 좁은 의미의 조직진단에 대해 주로 논의하고자 한다.

조직진단의 대상과 관련해 많은 진단연구가는 진단 모형을 제시하고 있다. 해리슨(M. H. Harrison)의 개방체제 모형, 와이스버드(M. Weisbord)의 여섯 상자 모형, 내들러(D. A. Naddler)의 적합 모형, 버크-리트윈(Burke-Litwin) 모형, 매킨지(McKinsey)의 7S 모형이 그것이다(조성한, 2002: 81-98). 이들 진단 모형들에서 조직진단 대상은 다소 차이를 나타낸다.

참고

조직진단의 종류

- **종합진단**: (협의의) 조직진단, 인력진단, 재정진단, 서비스진단
- **(협의의) 조직진단**: 조직의 기능·구조·조직인·문화·과정·환경의 진단

참고

주요 조직진단 모형

- **해리슨의 개방체제 모형**: 산출, 목적, 투입, 환경, 기술, 구조, 행태 및 과정, 문화, 체제형태
- **와이스버드의 여섯 상자 모형**: 목적, 구조, 관계, 보상, 리더십, 보조장치(관리 등)
- **내들러의 적합 모형**: 개인과 조직, 개인과 업무, 개인과 비공식집단, 업무와 조직, 업무와 비공식집단, 공식조직과 비공식집단
- **버크-리트윈 모형**: 외부 환경, 임무와 전략, 리더십, 문화, 구조, 관리 행태, 체제, 분위기, 기술과 업무의 일치, 동기, 욕구 및 가치, 성취도
- **매킨지의 7S 모형**: 전략, 구조, 운영 체제, 인재, 기술, 기업 풍토, 조직 이념

자료: 조성한(2002: 81-98)에서 정리

2) 조직진단의 편익과 비용

(1) 조직진단의 목적과 편익

조직진단의 목적은 일차적으로는 조직개혁을 위한 준비 작업으로서 성격을 가지며, 궁극적으로는 조직의 개편과 기능 조정, 효율성 증대, 조직활성화 등을 도모하는 것이다.

조직진단의 일차적 목적이나 편익은 다음과 같다(Bercovitz, 1989: 10; 임도빈 · 윤의영, 2002: 67-68에서 재인용). 이는 조직진단의 의뢰자가 요구하는 것에 따른 분류다.

첫째, 조직의 문제를 확인하기 위해서다. 조직진단을 의뢰한 자나 기관이 조직의 문제가 정확히 무엇인지를 모를 때 조직진단을 요구한다. 따라서 이때 그 문제점의 치유는 제2차적 문제로 남는다.

둘째, 조직의 문제 해결과 처방을 위해서다. 조직의 문제 자체는 큰 관심이 없고 처방을 통한 조직 운용의 개선에 관심이 있다.

셋째, 조직 내 저항을 완화하기 위해서다. 조직진단을 하기 전에 조직의 문제와 그 문제에 대한 처방이 이미 마련되어 있는데 조직원의 저항이 있기 때문에 외부자에 의해 조직진단을 실시해 조직 내의 저항을 완화하려는 것이다.

넷째, 조직처방을 실행하기 위해서다. 조직진단을 통해 문제의 확인, 처방안의 마련 및 실행까지 의뢰하는 경우다.

(2) 조직평가 모형의 정립

조직진단을 하는 데는 다음과 같이 많은 노력과 비용이 수반된다.

첫째, 많은 경비를 부담해야 한다. 특히 외부 컨설팅기관에 조직진단을 의뢰하게 되면 최소 1억 원 이상의 비용이 요구된다. 물론 조직진단의 결과 조직의 개편이나 기능 조정이 이뤄져 조직의 효율성과 생산성이 높아진다면 비용 투자의 효과가 있다고 본다.

둘째, 많은 업무의 부담이 요구된다. 조직진단을 하기 위해서는 하위 단위조직의 협조와 구성원들의 참여가 요구된다. 필요한 문서와 자료의 제출, 면접의 실시, 그리고 공청회의 개최 등은 시간을 소모하는 일이다.

셋째, 조직구성원의 사기가 저하된다. 조직진단은 보통 조직 축소, 인력 감축을 위해 하는 경우가 많아서 조직진단을 한다는 것 자체가 조직인들의 사기를 저하시킨다. 또한 조직과 기능의 개편 또는 재편 과정에서 조직구성원 간 이견과 대립으로 갈등이 야기되기도 한다.

넷째, 조직 내 주요 기밀이 유출될 수 있다. 외부기관에 의한 조직진단은 조직 내의 중요 정보, 특허 사항, 그리고 정책정보 등이 유출될 수 있는 기회다. 이는 컨설팅의 윤리 문제이기도 하다.

3. 조직진단의 과정과 관리

1) 조직진단의 과정

조직진단의 과정이나 단계는 여러 가지 형태가 있을 수 있다. 일반적으로는 문제의 정의, 예비진단, 자료의 수집과 분석, 보고서 제출 및 설명회 개최, 그리고 실행안 마련의 단계를 거친다. 조직진단이 끝나면 조직진단 의뢰기관에서 이에 따라 실행한다.

첫째, 문제의 정의 단계에서는 대상 조직이 갖는 핵심적인 문제가 무엇인가를 확인하고 규명한다. 문제의 정도와 범위 등을 검토한다. 문제를 정의하기 전에 해당 조직의 임무와 기능을 확인하는 단계를 거치기도 한다.

둘째, 예비진단의 단계에서는 문제를 처방하기 위한 새로운 진단 방법이나 접근 방법이 필요한지를 검토한다. 문제의 원인은 무엇이며, 문제를 방치할 때의 결과를 예측한다.

셋째, 자료의 수집과 분석 단계에서는 진단팀에 의해 조직의 실태에 관한 자료를 수집하고, 비교와 벤치마킹을 위한 유사 조직에 관한 자료를 수집하며, 조직진단 이론 모형 등에 따라 문제를 좀 더 정확하게 정의하고 처방안을 마련한다. 여기에는 최선안을 포함한 여러 대안이 제시될 수 있다.

넷째, 보고서 제출 및 설명회 개최 단계에서는 조직진단팀이 진단 요구자들을 위해 조직진단에 대한 개요, 구체적 문제점과 대안을 설명하고 관련자들과 질의 응답 시간을 갖는다. 이 과정에서 조직진단 요구기관과 조직진단팀 간에 의견을 조율한다.

다섯째, 실행안 마련의 단계는 조직의 문제에 대한 처방을 바탕으로 실행안을 작성하는 것으로 조직진단 의뢰기관에서 내부적으로 확정한 최선안에 바탕을 두어, 이를 시간적으로 스케줄을 설계하고, 이에 필요한 조직기구의 개편, 인력의 조정, 예산의 배정 등을 구체화한다.

사례 해양경찰청의 조직진단

행정자치부 조직진단센터에서는 2006년 12월 한국경제경영연구원의 KEBI 리서치연구소에 의뢰해 해양경찰청에 대한 특화진단과 지방조직진단을 한 바 있다. 이에 따라 조직진단 단계를 정리하면 해양경찰청 지위 및 위상, 환경분석, 전략대안 도출, 대안평가 및 최적 대안 선정, 실행계획 수립의 단계를 거친다.

① 해양경찰청의 지위 및 위상 정립 단계에서는 해양경찰청의 주요 임무와 기능분석, 해양경찰청의 주요 연혁을 정리한다.

② 환경분석 단계에서는 외부 환경과 내부 환경을 분석한 후 시사점을 도출하고, 미션 및 비전을 정립하며, SWOT 분석을 한 후 전략 방향을 설정한다.

③ 전략대안 도출 단계에서는 세부전략 방향을 설정하고 전략대안을 도출한다.

④ 전략대안 평가 단계에서는 전략적 적합성과 실행가능성을 평가한다.

⑤ 최적대안 선정 단계에서는 전략대안을 종합 평가하며 최적 대안을 선정한다.

⑥ 실행계획 수립 단계에서는 최적 대안별로 실행계획을 수립하며, 기능재설계, 조직재설계, 인력재설계를 실시한다.

자료: 한국경제경영연구원 KEBI 리서치연구소(2006)에서 저자가 요약해 정리

2) 조직진단의 관리

(1) 조직진단의 윤리와 조직문화

외부에 조직진단이나 컨설팅을 의뢰할 때는 컨설턴트의 윤리 의식이 특히 요구된다. 그것이 기업조직의 경우 고객조직의 역사와 전통, 직원들, 주주들의 투자금, 고객과의 관계를 위태롭게 할 수 있으며(O'Shea & Madigan, 1997), 정부조직에서는 정부조직과 구성원을 위태롭게 하기보다는 공익성을 목적으로 하는 정부의 판단과 결정이 수많은 국민에게 치명적인 영향을 미칠 수 있기 때문이다(한국행정학회, 2002: 34). 따라서 조직진단을 할 때는 진단자의 윤리에 관해 검토한 후 계약에 반영해야 한다.

외국인 컨설팅회사가 한국의 기업, 대학, 정부기관 등을 조직진단할 때는 그들이 진단하고 건의한 내용이 한국의 조직들에 잘 받아들여지지 않은 경우가 많다. 한국의 문화나 실정을 잘 알지 못하고 미국적인 모형만 적용하려 하기 때문이다. 따라서 한국의 학자나 연구자들이 진단하도록 한다(조석준, 2004: 14-15).

국내 기업에 대한 외국계 기관의 조직진단은 국내 기업의 중요 기업정보가 외국으로

유출될 수 있다는 단점이 있으며, 정부기관에 대한 조직진단 역시 정부의 중요 정책정보가 외국으로 혹은 기업에게 유출될 수 있다는 문제점이 있다.

(2) 조직진단의 시기

조직진단을 언제 할 것인가의 시기 문제는 조직진단의 효용성을 좌우한다. 조직진단의 시기에 따라 조직진단은 주기적인 진단과 임시·특별적 진단으로 구분할 수 있다. 주기적인 진단은 주기(예: 4년 내지 5년에 한 번)를 정해놓고 조직진단을 하는 것이다. 조직환경의 변화가 극심한 곳에서는 권장할 만한 방법이나, 노력과 비용이 많이 든다는 한계가 있다. 한편 임시·특별적 진단은 조직에 문제가 있다고 판단하거나 조직개혁이 요구될 때 실시한다.

(3) 조직진단의 모형 선택과 기준

조직진단의 목적과 대상에 따라 조직진단의 모형을 적용해야 한다. 정부조직을 진단하는 데 기업조직의 모형을 적용하는 것은 한계가 있다. 조직진단의 수준이 조직 내의 부서 수준이라면 이에 적합한 모형과 대상이 적용되어야 한다. 외부자에 의한 조직진단을 할 경우에는 조직 내부의 정확한 정보를 필요로 하므로 내부자의 적절한 지원과 협조가 없이는 정확한 조직진단이 될 수 없다. 조직진단에 관한 소프트웨어(전문가 시스템)들이 개발되어 있다. 이들을 활용하면 조직진단의 과정에서 기계적으로 작업하는 단계에서는 정확성이 제고될 수 있을 것이다. 진단이나 평가의 기준의 정확한 설정과 선택이 진단의 결과를 좌우한다.

(4) 조직진단 결과의 활용

조직진단 그 자체가 의미가 없는 것은 아니지만 진단의 결과를 활용할 때 진단의 효용성이 높아진다. 조직진단의 결과가 사장되는가 활용되는가는 조직의 최고관리자의 강력한 의지와 조직구성원의 수용 태도에 의존한다. 보통 조직진단의 결과에 따른 기구개편은 인력의 조정을 수반한다. 장기적 비전을 갖고 인력의 감축은 단계적으로 해나가는 것이 조직개혁의 저항을 줄이는 방법이다.

제 3 절 조직의 평가 기준으로서 조직효과성

1. 조직효과성의 의의와 접근 방법

1) 조직효과성의 정의

(1) 조직효과성의 정의

어떤 조직이 좋은 조직인가? 성공적인 조직이란 무엇인가? 어떤 조직이 가치 있는 조직인가에 대한 물음은 조직을 평가한다는 의미를 지니고 있는 것이다. 미국의 조직 연구자들은 조직평가의 기준으로 보통 효과성(效果性, effectiveness)[2]을 제시해 왔다. 이 용어는 사용하는 학자에 따라서 매우 다양하게 정의되고 있거나 모순되는 경우가 많다.

저자는 조직효과성을 "체제로서 조직의 능력을 활용해 조직의 합의된 목표(혹은 기능)를 달성한 정도"로 정의하고자 한다.

조직의 효과성은 조직의 목표달성도가 기본적 구성 요소다. 이때 목표는 이해관계자 간에 어느 정도 합의를 이룬 것이어야 한다. 그러므로 조직의 효과성이 조직의 전체적 평가 기준은 아니라고 본다.

조직의 효과성은 목표달성도라는 기준에 체제의 능력이나 조건, 그리고 활용이 추가된다. 이들을 목표달성도의 제약 조건으로 이해할 수 있을 것이다. 체제의 능력을 저하시키면서 이룩한 외견상 높은 업적은 진정한 효과성이라 할 수 없다. 또한 체제의 능력을 적절하게 반영하지 않은 채 목표를 설정한 후 그 달성도를 조직효과성이라고 보는 것도 문제가 있다.

(2) 조직효과성의 유사 개념

조직의 효과성은 조직의 능률성이나 조직 성과와는 구별된다. '조직의 능률성'은 조직에서 선택된 산출과 투입의 비율을 의미한다. 조직의 효과성은 산출보다 영향과 효과를 강조하며, 조직이 갖고 있는 자원들과 체제를 고려하며, 이해관계자의 합의를 강조하므로 조직의 능률성은 조직의 효과성과 구분된다. 전자는 조직의 내부적 효과성을

2) effectiveness는 효과성, 효율성, 그리고 유효성으로 번역된다.

나타내므로 효과성의 한 국면으로 이해된다. 또한 상대적으로 능률성이 경제성을 강조하는 개념이라면 효과성은 유기체성과 정치성을 강조하는 개념이다. 조직의 능률성은 조직 현상을 나타내는 특정한 국면을 지칭하며, 조직활동을 평가하는 내부적 기준이나, 조직효과성은 외부적 기준으로서 더 유용하며 내부적 기준도 포함한다.

조직효과성은 사후적 성질을 중심으로 하면서도 과정적 · 사전적 의미가 내포되나 '조직의 성과'는 조직의 활동 결과 얻게 되는 것으로서 전적으로 사후적 성질을 가지므로 이들은 구분된다.

2) 조직효과성의 접근 방법

(1) 조직효과성의 접근 방법 개관

조직효과성의 개념은 좁은 의미의 효과성인 '조직목표의 달성도'라고 하는 일반적 관념에서 출발한다는 데에 대해 대부분 동의하고 있다. 그런데 연구자들의 조직을 보는 관점에 따라 조직효과성의 개념이 달라진다는 것이다. 따라서 조직효과성의 개념을 좀 더 잘 이해하기 위해서는 조직효과성의 접근법을 살펴볼 필요가 있다.

조직효과성의 접근 방법(혹은 모형)은 2개, 3개, 4개, 5개, 그리고 8개의 접근법 등 다양하게 제시되어 왔다. 이들을 조직효과성의 기준이나 가치를 하나만 제시하는가 아니면 여러 가지를 제시하는가에 따라 연구자는 조직효과성의 단일 차원 모형과 다원 차원 모형으로 구분해 위에서 제시된 모형 중에서 비교적 많이 소개되고 있는 접근법의 특징만 간단히 서술한다.

(2) 조직효과성의 단일 차원 모형

조직효과성을 단일 기준과 단일 차원으로 한정해 제시한다. 목표 접근법, 체제 접근법, 내부과정 접근법, 그리고 이해관계자 접근법 등이 대표적이다. 단일 차원의 조직효과성은 비교적 초점이 명확하기 때문에 조직효과성에 대한 인식과 논리의 전개에 무리가 적다. 조직평가자의 주된 관심 분야 한 측면만을 대상으로 한다. 이들 접근 방법은 다음과 같다.

목표 접근법(혹은 목표달성 접근법)에서 조직의 효과성은 설정된 목표의 달성 정도를 의미한다. 주로 조직의 산출 측면에서 조직의 효과성을 측정하며, 목표가 분명하고 측정이 가능한 경우에 유용하다. 이 접근 방법에서 조직은 목표 달성을 위한 합리적인 기구다. 산출의 내용이 양(quantity)일 때는 측정 기준은 생산성 · 이윤 · 수입 등이며, 산출의 내용이 질(quality)일 때는 신뢰성 · 명성 · 제도적 기준이 된다.

체제 접근법(혹은 체제자원적 접근법)에서 조직효과성은 체제로서 조직의 바람직한 존속과 유지를 의미한다. 이 접근 방법은 조직이 계속적으로 존속하는 데 필요한 수단에 초점을 맞춘다. 조직의 효과성은 조직이 필요로 하는 자원의 획득을 의미하며 입력 자원에 대한 성과가 분명할 때 유용하다. 이 접근 방법에서 조직은 여러 가지 기능을 하는 사회적 단위로 인식된다. 그리고 조직을 투입, 전환과 산출의 개방 체계로 파악한다. 이 접근 방법에서는 자원(양 및 질), 적응 능력, 적극성, 혁신성, 정당성, 경쟁적 지위, 그리고 적합도가 측정 영역이 된다.

내부과정 접근법(internal process approach)에서 조직의 효과성은 내부적인 조직의 건강과 능률성에 의해 측정된다. 효과적인 조직은 순탄하고 길이 잘 든 내부 과정을 갖는다. 조직구성원의 만족과 행복이 중요하다. 이 접근법은 조직의 과정과 성과의 관계가 분명할 때 유용하며, 조직 내부와 그들에 대한 효율적인 통제에 초점을 맞춘다. 이 접근법은 조직의 안정성과 균형성을 중시하며, 조직의 외부 환경은 고려하지 않는다. 이 접근법에서 조직효과성의 측정은 영역이 능률성과 비용일 때는 능률과 낭비가 측정 기준이 된다. 인간적 산출일 때는 근무 여건의 질, 직원의 건강과 안전, 동기부여, 시민 행동 등이 측정 기준이 된다. 기타 합의와 갈등, 작업과 정보 흐름, 대인관계, 직원의 관여, 적합도 등이 측정 영역이 된다.

이해관계자 접근법(constituency approach)은 조직효과성을 설명하면서 조직과 관련한 여러 이해관계자의 존재와 가치에 초점을 둔다. 여기서 이해관계자란 조직의 성과에 이해관계를 갖고 있는 조직 내부 및 외부 집단을 의미한다(Daft, 2007). 조직의 효과성은 조직의 전략적 수혜자들이 최소한 만족하는 것을 의미하며, 조직의 이해관계자들이 조직에 미치는 영향이 클 때 유용하다.

(3) 조직효과성의 다원 차원 모형

이 모형은 조직효과성을 다원 기준과 다원 차원으로 확장해 제시한다. 경쟁적 가치 접근법, 그리고 모순접근법 등이 대표적이다. 조직효과성의 다원 차원 모형은 조직효과성을 조직평가의 종합적 기준으로 받아들인다. 따라서 평가 기준 간의 다양성과 충돌 가능성을 전제로 하며, 이때 평가 기준의 우선순위의 설정이 관심거리가 된다. 이들 접근 방법은 다음과 같다.

경쟁적 가치접근법(competing values approach)은 경합가치 모형이라고도 불리는데, 이 접근법은 조직효과성 현상을 설명하는 여러 가지 접근법을 통합하려는 것으로 퀸과 로버그(Quinn & Rohrbaugh, 1983: 363-367)에 의하면, 조직효과성에 대한 네 가지 경쟁적 모형인 개방체제 모형, 합리목표 모형, 내부과정 모형, 인간관계 모형을 통합하려 한다. 따라서 조직의 효과성은 조직참여자들의 선호를 반영하는 네 가지 서로 다른 가치를 반영하는 정도를 의미하며, 조직의 성과 기준이 모호하거나 시간이 지남에 따라 그 기준들이 변화할 때 유용하다.

모순접근법(contradiction approach)은 조직을 효과적 또는 비효과적으로 개념화하려고 시도하는 것은 어리석은 일이라는 것을 절대적으로 요구한다(Campbell, 1977). 기존의 조직효과성을 나타내는 기준들인 추구하는 목표의 다양성, 획득 자원의 다양성, 조직 내 · 외에 존재하는 피영향집단의 다양성, 효과성을 평가하는 시간들의 다양성 등이 상호 간에 모순과 충돌을 야기한다는 것이다(Hall, 1992).

2. 조직효과성의 하위 요소

조직의 효과성을 넓게 해석해 좋은 조직, 건강한 조직, 바람직한 조직을 나타내는 것으로 볼 때, 이를 구성하는 요소를 다음과 같이 나눌 수 있다. 조직의 효과성은 조직이 지향하는 내용과 지향하는 대상에 따라서 분류될 수 있다. 조직이 지향하는 내용은 임무 지향과 존재 지향으로 구분할 수 있다. 임무 지향이란 조직이 그 기능과 역할, 그리고 추구하는 목표의 달성에 관심을 두는 것을 말한다. 존재 지향이란 조직의 생명체나 유기체로서의 특성을 강조하는 것을 말한다.

조직이 지향하는 대상은 내부, 즉 조직 또는 조직인과, 외부, 즉 조직의 고객 또는 환경으로 분류할 수 있다. 조직의 지향 대상으로서 내부와 외부의 구분은 조직의 경계를 기준으로 조직과 조직의 환경을 구분할 때 전자에 많은 관심을 두는 것을 내부 지향, 후자에도 관심을 두는 것을 외부 지향으로 본다. 이 분류 기준들을 교차해 능률성, 통합성, 유연성, 그리고 정당성으로 구분할 수 있다. 이를 간단히 나타내면 [그림 13-1]과 같다.

그림 13-1 조직효과성의 하위 요소

		지향 대상	
		내부: 조직 · 조직인	외부: 고객 · 환경
지향 내용	임무 지향	능률성	유연성
	존재 지향	통합성	정당성

1) 능률성

조직의 능률성(efficiency)은 조직이 지향하는 내용이 임무 지향이며 지향 대상은 조직 또는 조직인이다. 조직이 수행하는 임무는 조직이 수행하는 기능, 역할, 목적에 따라 달라진다. 학교조직은 교육을, 기업조직은 영리활동을, 종교조직은 신앙활동을, 정부조직은 행정활동을 한다. 개별 조직들이 이러한 기능, 역할, 그리고 설정한 목적을 얼마나 잘 수행하는가를 나타내는 개념이 능률성이다.

한편 능률성은 조직인을 배분하고 활용하는 문제와 관련이 있다. 그리고 조직인의 불변성과 합리적 · 경제적 인간을 가정한다. 단기적으로 조직구성원의 사기는 경제적 욕구를 충족함으로써 달성될 수 있다.

능률성은 조직에서 투입과 산출의 관계에서 도출되는 개념으로 투입 대 산출의 비율로 받아들여진다. 우리가 조직에 투입하는 여러 가지 요소는 조직에서 전환 과정을 통해 일정한 산출물, 즉 재화나 서비스를 만들어낸다. 따라서 전환 과정의 비용이 줄어들면 능률성은 높아진다. 또한 투입 요소의 비율과 방법을 적절히 조합하면 산출을 극대화할 수 있다. 조직은 조직인의 사기를 높이기 위한 동기 부여 방법을 모색한다.

능률성은 생산성, 경제성 등으로 이해되기도 한다. 생산성(productivity)이란 투입 대 산출의 비율을 뜻한다. 경제행위를 할 때는 토지, 자본, 노동 등의 요소를 투입한다. 따라서 좁은 의미에서 생산성을 말할 때는 토지의 생산성, 자본의 생산성, 노동의 생산성을 지표로 사용한다. 정부조직의 경우에는 노동의 생산성이 많이 활용되나 기업조직의 경우에는 세 가지가 모두 사용된다. 능률성이 경제성을 나타낼 때도 있다. 경제성은 최소의 희생과 비용으로 최대의 효과를 얻고자 하는 개념으로 절약(economy)의 개념을 포함한다. 이 밖에도 기업조직에서는 능률성이 수익성(profitability)을 의미할 때가 있다. 수익성은 투자한 자본에 대한 이익률을 뜻한다.

2) 통합성

조직의 통합성(integration)은 조직이 지향하는 대상이 내부이며 지향하는 내용인 존재가 조합된 상태의 조직의 효과성을 나타내는 지표다. 조직이 지향하는 내용이 임무에서 존재로 확장되는 경우다. 따라서 조직의 구성원이 더욱 강조된다. 그리고 조직인의 변동성과 성장성을 전제로 한다.

통합성은 조직과 조직인의 일치의 정도를 의미한다. 달리 표현하면, 조직의 목표와 조직의 구성원의 목표(가치나 욕구)가 일치하는 정도를 나타낸다. 조직인의 단기적인 욕구 충족보다는 장기적인 욕구의 충족, 고차원의 욕구 충족이 이뤄지면 통합성은 높아진다. 따라서 조직구성원이 조직을 자기와 동일시하며, 조직구성원 간에 공동체 의식이 높을수록 조직의 통합성이 높아진다. 조직구성원이 조직의 발전에 헌신하고 조직 속에서 자아실현을 맛볼수록 통합성은 높아진다. 통합성이 높아지게 되면 조직의 생존력은 커지고 활동은 활발해진다.

3) 유연성

조직의 유연성(flexibility)은 조직의 지향하는 내용이 임무 지향이며 지향하는 대상이 외부, 즉 고객과 환경인 경우의 조직의 효과성을 나타내는 지표다. 유연성은 조직이 조직의 환경 변화에 대응하는 정도를 나타낸다. 환경 변화는 고객의 마음과 행동에 영향을 주기 때문에 조직이 환경 변화에 적응하는 것은 조직이 고객의 변화에 반응하는 것이 된다. 유연성은 융통성이나 탄력성이라고 번역되기도 한다.

조직의 유연성은 그 정도에 따라 업무적 유연성, 전략적 유연성, 구조적 유연성으로 구분할 수 있다(Ansoff & Brandenburk, 1971: 705-731). 업무적 유연성이란 조직환경의 변화에 단순히 양적으로 변화해 적응하는 것이다. 전략적 유연성이란 조직환경의 변화에 질적으로 변화하는 것이다. 예컨대, 상품이나 서비스의 종류를 바꾸는 것이다.

구조적 유연성이란 서비스나 재화를 생산하는 조직구조 자체를 변혁하는 것이다.

조직의 유연성을 확립하기 위해서는 적응 능력의 확립과 혁신 능력의 확립이 필요하다(최종태, 1985: 50-51). 적응 능력(adaptive ability)이란 조직이 수동적으로 환경의 변화에 적응하는 행동을 말한다. 이것은 고객의 요구에 반응하는 것과 같으므로 조직의 반응성(responsiveness)이라고 볼 수 있으며 이를 감응성이라고도 한다. 한편 혁신 능력(challenge ability)이란 조직이 환경에 수동적으로 적응하는 것은 물론이고 환경에 능동적으로 도전하는 행동을 뜻한다. 조직이 유연성이 있다는 것은 고객에게 새로운 수요를 창조할 수 있는 조직의 쇄신 능력이 있다는 것을 의미한다. 따라서 혁신성에는 조직구조의 변경 능력 등이 포함된다.

4) 정당성

조직의 정당성(legitimacy)은 조직이 지향하는 내용이 존재이고 지향하는 대상은 외부인 고객과 환경의 조합인 경우에 조직의 효과성을 나타내는 지표다.

정당성이란 조직의 활동이 바람직하고 적절하며 환경의 규범과 가치, 그리고 신념체계와 부합한다는 사회 전반의 시각이다(Suchman, 1995: 571-610). 먼저 정당성이란 조직이 사회적 실체로서 조직의 사명이나 임무(mission)에서 출발한다. 여기서 미션은 사회에서 특정 조직의 기본적인 기능으로 묘사되므로(Minzberg, 1983: 278) 정당성의 출발점은 미션이라 할 수 있다. 즉, 정당성은 특정 조직이 만들어질 때 제시된 기본 사명을 잘 달성했을 때 정당성을 확보하게 된다. 그것은 조직의 유형이 공익조직인가 사익조직인가에 따라 추구하는 내용은 다르지만 모든 조직은 기본 기능을 달성해야 비로소 정당성이 확보된다. 그런데 이러한 사명을 어느 정도 달성했는지는 이해관계자의 시각에 따라 달라진다.

다음으로 정당성은 사회적 실체로서 사회적 책임성(social responsibility)을 의미한다. 사회적 책임이란 조직은 자신은 물론이고 사회의 복지와 이익을 위해 활동을 하도록 의사결정을 해야 한다는 의무를 말한다(Daft, 2000: 143). 조직은 법규를 지키고, 윤리적 책임을 다하며, 환경을 보호하고, 부패를 추방하는 등 사회적 가치를 추구해야 한다.

조직의 정당성이 높을 때 조직의 사회적 지위가 높다. 조직의 사회적 지위는 조직이 유사한 기능을 하는 조직사회에서의 위상에 관한 것으로 해당 조직의 명성과 평판, 명예, 그리고 위신이라고 할 수 있다. 사회적 지위가 높다고 해서 반드시 조직의 생존이 보장되는 것은 아니지만 대체로 사회적 지위가 높다는 것은 조직의 계속성이나 영속성을 높여준다.

3. 조직의 건강성

1) 조직 건강성의 의의

(1) 조직 건강성의 정의

'건강한 조직(healthy organization)'은 '조직효과성'처럼 조직 현상을 설명하고, 이해하며, 예측하고, 그리고 관리하는 데 꽤 쓸모 있는 용어이다. 이와 관련하여 조직 건강성은 하나의 은유로서 받아들여지고 있으며 또한 그것은 조직효과성처럼 포괄적인 개념으로 인식되고 있다.

조직 건강(組織健康, organizational health)이라는 개념은 건강이라는 개념에서 출발한다. 의료적 용어로서 건강은 "육체적, 정신적, 그리고 사회적 안녕의 상태이며, 단순히 병이 없거나 허약한 상태만을 의미하지는 않는다"(WHO, 1948)는 정의가 가장 광범위하게 수용되고 있다.

그런데 많은 조직학자들은 조직의 건강을 논의하면서 조직의 기능수행 측면과 최적의 상태를 강조하고 있다. 따라서 저자는 조직의 건강이란 "조직이 기능을 수행하는 과정에서 관리 체제, 사회 체제, 그리고 개방 체제로서 능력이 최적인 상태"로 정의한다(민진, 2008).

(2) 조직 건강성과 조직효과성의 관계

'조직의 건강성'은 조직이 환경의 변화에 적절히 대처하면서 계속 유지·발전하고 조직목표 및 사명을 효과적으로 달성하는 과정과 조직의 능력을 강조한다. 이에 반해 조직의 효과성은 체제의 자원과 능력을 활용해 조직의 목표를 달성하는 정도를 나타내므로 서로 관점이 다르다.

건강한 조직일수록 효과적일 가능성은 크나, 건강한 조직이라고 하여 반드시 효과적이지는 않다. 조직의 건강성은 조직 현상을 나타내는 특정한 국면을 지칭한다. 조직의 건강성은 조직활동을 평가하는 내부적 기준이나, 조직효과성은 외부적 기준으로서 더 유용하며 내부적 기준도 포함한다.

2) 조직 건강성의 분야와 병든 조직

(1) 조직 건강성의 분야

조직의 건강성은 조직의 관리 체제, 사회 체제, 개방 체제, 그리고 통합 체제가 최적의 상태에 있으며, 이들 체제 간에 균형이 있는 상태이다. 따라서 조직은 부분 체제별로 건강하고 전체적으로 균형이 잡혀있어야 건강하다.

첫째, 관리 체제에서는 기획통제 기능, 구조관리 기능, 그리고 자원관리 기능이 최적일 때 조직은 건강하다. 둘째, 사회 체제에서는 조직 내의 인간관계가 원만하고, 구성원 개인과 조직 간의 상호작용이 원활하며, 그리고 조직이 윤리적으로 건강할 때 조직은 건강하다. 셋째, 개방 체제에서는 환경 변화에 적응을 잘하고 환경 변화에 따라 혁신할 수 있는 능력이 있을 때 조직은 건강하다. 넷째, 통합 체제 면에서 리더십의 방향제시 능력, 그리고 동기부여 능력이 충분할 때 조직은 건강하다.

끝으로, 위에서 제시한 관리 체제, 사회 체제, 개방 체제, 그리고 통합 체제가 균형을 이룰 때 조직은 전체로서 건강하다.

(2) 병든 조직

건강한 조직의 반대어는 건강하지 않은 조직이나 극단적인 경우 병든 조직이 된다. 따라서 조직의 건강을 평가할 때 병든 조직의 징후를 발견하고 병을 치유해야 조직이 건강 상태로 돌아온다.

조직이 병든 상태, 즉 조직 건강의 부정적 측면을 학자들은 조직의 병리 현상(pathology), 역기능(dysfunction), 혹은 조직의 질병(organization disease 혹은 sickness)이라는 용어를 사용해 왔다.

이들로는 번문욕례(red tape), 부서 간의 갈등과 할거주의, 목표대치, 전문화로 인한 관료 무능 등을 들고 있다. 또한 조직이 활성화되지 못한 상태를 뜻하는 조직의 관성(organization inertia)을 들기도 한다. 그런데 이들 중 많은 현상들은 병든 조직의 징후이지 질병 그 자체는 아니다.

병든 조직의 징후는 결근율과 조퇴율, 이직률이 높거나, 직무몰입이나 조직몰입이 부족하고, 구성원 간 갈등 정도가 높고 왕따 당하는 구성원이 많다. 전반적으로 업무

적응도가 낮으며, 업무 추진 속도가 더디다. 또한 업무 태만과 무사안일주의가 팽배하고 할거주의가 심하다.

조직이 병든 상태로 할 수 있는 것들은 조직의 기능상의 최적 상태가 아닌 상태이다. 예컨대, 의사소통 막힘증, 인력구조 비만증, 재정 경직성, 지식정보 누출증, 조직부패, 책임회피병 등이다(민진, 2011).

토의 과제

❶ 건강한 조직은 행복한 조직인가? 효과적인 조직인가?
❷ 특정 조직을 제시하여 조직진단 사례를 토론하라.
❸ 정부조직, 기업조직, 사회조직의 평가 기준을 비교하라.

제14장

조직의 혁신과 전략적 관리

이 장에서는 조직에서 혁신과 전략적 관리를 다룬다. 조직은 살아있는 유기체로서 생존과 번영을 위해서는 혁신을 해야 하며, 때로는 한정된 자원과 일정한 시기라는 제약 속에서 전략적으로 조직을 관리해야 한다. 여기서는 조직에서 혁신을 먼저 살펴보고, 다음에 전략적 관리에 대해 논의하기로 한다.

제1절 조직에서 혁신

1. 조직에서 혁신의 의의

1) 조직혁신의 정의와 의미

(1) 혁신의 정의

오늘날 조직의 환경은 과거의 그것에 비해서 안정보다는 변화가 크고, 많으며, 복잡하다. 조직이 활동할 기회가 많아져서 기존의 조직은 번영하고 분화하는 현상을 보이고 새로운 조직이 탄생하지만, 동시에 기존의 조직이 위기에 직면하여 조직이 소멸되거나 활동이 위축되기도 한다.

"혁신하라 그렇지 않으면 죽는다(innovation or die)", "혁신 없으면 미래는 없다" 혹은 "마누라와 자식을 제외하고는 모든 것을 바꾸라"는 표현은 변화하는 현대 사회에서 조직혁신의 필요성과 절박함을 강조하는 말이다.

조직에서 혁신은 계획적 변화(計劃的變化, planned change)[1]로서 조직을 관리하는 중요한 수단이다. 정부가 기업의 실무 영역에서는 혁신(革新, innovation)이라는 말을 즐겨 쓰고 있다. 여기서는 계획적 변화, 개혁, 조직 변화, 관리혁신, 신제품 개발 등을 모두 '혁신'으로 통일하여 사용하기로 한다.

혁신은 정치경제적 시각에서는 "신제품과 서비스를 고객 및 소비자에게 제공하기 위해 신지식을 사용하는 것"(Afuah, 2003: 5)이라고 정의하나, 조직관리적 시각에서는 혁신이란 "조직이 조직환경의 변화에 대응하면서 조직의 효과성을 높이기 위해 조직의 관리 대상을 계획적으로 개선하고 변화시키는 노력"(민진, 2014)이라고 정의한다.

(2) 혁신의 의미

혁신의 의미는 의도적 변화와 새로움이다. 환경 변화에 따라서 주어진 소극적인 변화가 아니라 조직이 주도적이고 계획적으로 변화하는 것을 강조한다. 따라서 조직 전체의 노력과 활동이 뒤따른다. 또한 혁신은 새로운 것을 추구한다. 과거나 이전에 보았던 것과 같은 사고, 내용, 절차, 방법이 아니라 좀 더 다른 그것들이다. 새로운 것은 익숙하지 않은 것이기 때문에 불편할 수 있지만 호기심을 자극한다. 혁신은 새로운 것이므로 결과를 예측하기가 쉽지 않으며 조직을 위기에 빠뜨릴 수도 있다.

조직에서 혁신이 항상 성공하는 것은 아니다. 오히려 혁신은 실패할 확률이 높다. 그런데 혁신의 성공과 실패는 조직의 사활, 그리고 번영에 크게 영향을 준다. 즉, 그것이 성공하면 조직을 성장・발전시키지만, 실패하면 조직을 소멸・위축시킬 수 있다. 따라서 혁신은 조직관리의 중요한 관리 대상으로서 인식되고 있다. 치밀하고 합리적인 준비와 계획 없이는 혁신이 성공할 수 없기 때문에 그것은 전략적 관리의 대상으로 활용된다.

---

1) 계획적 변화에 대해 학자별, 학문영역별로 다른 용어를 사용하고 있다. 다프트(Daft, 2007)와 셔머혼(Shermerhorn Jr., 2004) 등은 '계획적 변화'를, 오석홍(2020)과 케이든(Caiden, 1969)은 '개혁'으로, 아푸아(Afuah, 2003)는 '혁신'으로 사용하고 있다. 한편 경영학에서는 주로 '경영혁신'으로 행정학에서는 '행정개혁'으로 사용한다.

2) 혁신의 성질: 진화성과 창의성 문제

(1) 진화적 혁신과 혁명적 혁신

혁신은 그 범위나 성질에 따라서 소구모의 개선에서 대규모의 개혁에 이르며, 진화적인(evolutionary) 것에서 혁명적인(revolutionary) 것까지를 포함한다. 진화적 혁신은 일선기관(front line)이 주도하며, 일상 업무와 같은 부분적인 범주에서 점진적으로 개선을 도모하는 것으로 조직구성원들의 저항이 비교적 낮다. 이에 반해 혁명적 혁신은 고위관리층이 주도하며, 급격하게 혁신을 하고 근본적 변화를 도모하는 것으로 조직 전체에 영향을 준다.

표 14-1 진화적 혁신과 혁명적 혁신

	진화적 혁신	혁명적 혁신
혁신의 주도	일선기관	고위관리층
혁신의 속도와 범위	점진적, 미시적 변화, 부분적	급격함, 근본적 변화, 전반적
혁신에 대한 저항	매우 낮음	매우 높음
혁신의 예	업무 개선	조직개편, 조직재공학

(2) 혁신과 창의성 및 모방

혁신은 보통 모방에서 출발하여 독창적인 아이디어의 개발에 이른다. 독자적으로 혁신을 할 수 있는 인력, 기구 및 조직이 없을 때는 다른 부서·조직·분야에서 이미 실행하고 있는 것을 모방하여 혁신을 시작하는 것이 효율적이다. 그렇지만 이것이 한계에 이르면 독자적인 사고와 노력을 통하여 창조적으로 혁신의 방법과 내용을 개발하여야 하는데 비용과 노력이 많이 들므로 효과는 이에 비례해서 클 수 있다. 혁신은 현상을 유지하는 것보다는 그것을 변경시키는 것이며, 나아가 창조적으로 파괴하는 것이다.

혁신의 모방과 관련하여 벤치마킹(benchmarking)이 매우 유용한 지식이 될 수 있다. 벤치마킹에 대해서는 지식관리에서 별도로 다룬다.

혁신은 새로운 기술과 새로운 고객(시장과 여론)에 대한 지식으로 신제품과 서비스를 만드는 것이다(Afuah, 2003: 13). 새로움은 궁극적으로 창의성에서 출발한다. 그러면 창의성(創意性, creativity)이란 무엇인가? 하버드 경영대학원(2004)에서는 창의성을 "참신한 아이디어를 개발하고 표현하여서 문제를 해결하고 니즈를 만족시키는 절차"라고 정의한다(안영진, 2007: 304에서 재인용). 그런데 창의성은 전문적 지식과 기술, 창의적인 사고 능력, 그리고 동기 등 세 가지로 구성된다(Amabille, 1998).

어쨌든 창의성을 발휘하여 혁신안을 만들면 조직이 생산하고 전달하는 제품과 서비스의 질이 높아져 고객의 니즈를 충족시킨다. 창조적 혁신은 기업에게는 새로운 시장을 개척하고 정부에게는 또 다른 국민의 지지를 이끌어내는 중요한 수단이다.

2. 조직혁신의 대상, 참여자 및 과정

1) 조직혁신의 대상

(1) 조직 업무혁신

조직 업무혁신(組織業務革新)은 조직이 수행하는 임무(mission), 기능(function), 사업(business) 및 가치(value)에 관한 계획적 변화이다.

조직의 임무에 관련해서는 조직의 임무 변경, 사업 영역의 확대 및 축소 등은 조직의 활동 영역을 나타낸다(예: 온라인 업종이 오프라인 업종에까지 사업영역 확대). 또한 조직의 업무수행 중 다른 조직과의 관계 변화(예: 협력, 연대, 아웃 소싱 등의 변경), 조직의 권력과 권한 배분의 변화(예: 정부에서 기관 간 권한의 위임이나 지방분권, 기업에서 지배구조의 변경 등)는 업무혁신에 해당한다. 조직이 추구하는 가치를 의도적으로 변경하는 것으로 민주성을 강조하며, 환경가치와 인권가치를 강조하거나 기업의 사회적 책임을 강조하는 것은 여기에 해당한다. 조직의 업무혁신 업무는 최고관리층이나 그 직속기구에서 담당한다.

(2) 조직 산물혁신

조직 산물혁신(組織產物革新)은 조직이 생산하는 제품과 서비스에 관한 계획적 변화로 보통 이것을 '기술혁신(technology innovation)'이라 한다.

제품이나 서비스 자체의 기능이나 성능의 향상을 위한 계획적 변화로서 기업에서는 새로운 제품과 서비스의 연구개발을 통해 고객과 소비자의 마음을 변화시켜 시장에서 경쟁력을 키우고 이윤을 확대한다[예: 스마트폰의 출시, 전기차(승용차)의 개발, 빠른 속도로 햄버거 서비스의 제공]. 한편 정부에서는 정책과 제도의 개선을 통해 국민의 사랑을 받고 지지를 획득한다(예: 대학교 입시제도의 개편, 병역특례제도 개편, 육아휴가 제도 개선). 조직의 산물을 혁신하기 위해서는 조직은 연구개발부서를 두어 직접 혁신 업무를 맡기도 한다.

참고

연구개발조직: Samsung Research Center

삼성그룹은 세계적 전자 부문 기업으로서 Samsung R&D Center(Samsung Research)를 두어 제품혁신을 도모하고 있다. Samsung Research는 삼성전자의 미래를 준비하는 선행연구개발조직으로 끊임없는 혁신과 Intelligence를 통해 새로운 가치 창출을 주도한다.

Samsung Research는 삼성전자의 가전제품(CE) 부문과 IT 및 이동통신 부문의 선행연구개발조직이다. 해외 R&D Center(12개국, 14개 센터)와 글로벌 AI센터에서 근무하는 약 10,000명 이상의 연구개발자들과 함께 제품 및 서비스를 위한 미래기술개발을 주도하고 있다.

자료: 삼성전자 홈페이지. samsung.com/sec/about us/business-area/2024.2.8 검색

(3) 조직 관리혁신

조직 관리혁신(組織管理革新)은 조직이 목표와 임무를 달성하기 위해 조직구조, 조직의 절차와 수행 방법, 그리고 조직구성원의 행태와 조직문화를 의도적으로 변화하려는 활동을 말한다. 조직의 관리혁신은 협의의 혁신이다.

조직은 조직구조의 분업화, 공식화, 집권화 등을 의도적으로 개선하거나, 조직의 업무수행 절차나 방법을 의도적으로 변화시킨다. 조직을 개편하며(예: 윤리담당기구 신설), 인사관리제도(예: 고위공무원단, 임용제도 개선)를 개선하고, 성과관리제도(예: 성과연봉제)나 정보관리 체제(예: MIS)를 개선하며, 생산 체계(예: 공급체인망 도입, SCM)를 변화시키기 위해 노력한다. 조직은 조직구성원의 의식구조와 가치관 등 행태 변화와 조직문화 개선을 위해 노력한다(예: 권위주의적 조직문화, 현상 유지적 조직문화 해소).

조직의 관리혁신 업무는 조직의 모든 부서에서 수행할 수 있지만 특별히 관리부서를 두어 혁신 업무를 관장하게 하면 더욱 효율적이다.

(4) 조직혁신 종류들의 관계

조직 업무혁신, 조직 기술혁신, 그리고 조직 관리혁신 모두 중요하다. 소비자나 고객

에게는 기술혁신에 따른 제품과 서비스의 질이 최종적인 소비 판단의 기준이 되므로 조직의 임무혁신과 관리혁신이 기술혁신에 기여하고 궁극적으로 조직 효과(실적, 생태계에서의 지위 등)를 높일 수 있도록 하여야 한다.

2) 조직혁신의 담당자와 이해관계자

(1) 조직혁신의 담당자와 혁신 참여자

조직혁신의 주체 또는 혁신의 담당자는 조직의 제 혁신을 주도적으로 기획하고 관리하는 기구, 집단, 그리고 사람을 말한다. 조직의 최고관리자(CEO)가 직접 조직혁신을 주도하고 참여하면서 혁신 리더십을 발휘할 수 있지만 여기서는 조직혁신을 직접적으로 관장하는 기구나 사람을 중심으로 살펴본다.

혁신 담당자는 혁신안을 입안하고 확정하며, 혁신안을 실행하는 책임을 지는 기관이나 사람이다. 혁신 담당자는 혁신을 상설적으로 담당하는 기구로서 존재하기도 하지만 임시적·일시적으로 존재하기도 한다. 기구의 경우, 정부에서는 행정개혁위원회나 행정혁신팀을, 기업에서는 경영혁신위원회나 경영혁신팀을 두어 상설적으로 혹은 임시적으로 운영할 수 있다. 그것이 상설적일수록 혁신의 전문성과 일관성이 확보되며, 임시적일수록 단기적인 집중력과 실행력은 높다.

업무혁신에서는 최고관리층의 직속기구나 위원회에서 혁신 업무를 총괄한다. 최고관리층으로서는 정부의 경우 대통령 등 행정수반과 장관 등을 들 수 있고, 기업의 경우 그룹의 회장이나 사장을 들 수 있으며, 대학에서는 대학교 총장 및 부총장, 군대에서는 참모총장이나 참모차장을 들 수 있다.

그런데 산물혁신에서는, 즉 제품과 서비스의 혁신에 있어서는 정부의 정책부서나 기업의 사업부서가 일상적으로 개선을 위해 노력하며, 특별히 산출물을 개선하기도 한다. 기업의 경우 연구개발부서는 제품 및 서비스의 혁신을 위해 직접적으로 노력하는 부서들이다. 정부의 경우 정당연구소나 정책연구기관 소위 싱크탱크에서 정책아이디어를 수집하여 정책안을 제시하면 국회와 행정부가 이를 정책으로 만든다.

한편 관리혁신에 있어서는 관리를 담당하는 모든 부서, 즉 기획부서, 인사부서, 예산부서, 구매부서 등에서 각각 관리혁신을 도모하거나 관리 전체적으로 관리혁신위원회나 관리혁신부, 관리혁신팀을 두어 혁신 업무를 총괄한다.

조직혁신은 조직 내부에서 혁신 업무를 주관하는 것이 원칙이지만 때때로 조직 외부의 혁신 전문가를 초빙하여 혁신 업무를 맡기는 경우가 있다. 이때는 내부 혁신기관의 혁신 능력이 한계가 있거나 외부의 새로운 아이디어를 얻기 위해 활용된다. 이 경우에도 혁신 아이디어의 제공을 외부에 위탁하거나 내부 혁신 담당자와 외부 혁신 전문가가 함께 혁신 아이디어를 검토하기도 한다. 외부전문가로는 경영컨설턴트, 정책연구기관(Think-tank), 학자, 기타 등을 들 수 있다.

참고

창의혁신 전도사: IDEO

IDEO 회사는 세계 최고의 디자인 기업으로서 창의와 혁신이 생활화되어 있다. 회사는 신나는 일터이며, 진지한 놀이터이다. 〈월스트리트 저널〉은 IDEO의 사무실을 '상상의 놀이터'로 명명하였다. 『포춘(*Fortune*)』지는 이를 '이노베이션 대학'이라고 하였고, 『비즈니스위크』에서 IDEO는 10년 이상 비즈니스디자인 영향력 세계 1위를 차지하였다.

IDEO 회사는 다른 조직(회사, 정부기관)이 원하면 그 조직을 위해 혁신을 위한 아이디어를 제공한다. 혁신은 눈(관찰)에서 시작하며, 직원들의 브레인스토밍을 생활화하고, 열정 팀을 만든다. 우연과 실수를 창의와 혁신으로 바꾸어주며, 위험과 경쟁, 그리고 장벽에 도전하도록 하고 10년 앞을 내다본다.

자료: 톰켈리·조너선리트만 지음, 이종인 옮김(2013). 『유쾌한 이노베이션』.

(2) 조직혁신의 이해관계자

조직혁신의 이해관계자들은 조직의 혁신으로 인해 직접적 혹은 간접적으로 이익을 보거나 손해를 보는 사람들이다. 이해관계자는 혁신 조직의 종류와 혁신 대상에 따라 달라진다.

정부혁신의 이해관계자들은 정책고객으로서 국민, 행정수반과 장관, 국회의원 등 정치가 및 정당, 이익집단, 그리고 외국 정부를 들 수 있다. 관리혁신의 경우 공무원들이 중요한 이해관계자다. 기업혁신의 경우 산물혁신의 이해관계자는 고객, 기업의 소유자 및 경영자, 근로자들은 물론이고 경쟁사 및 협력사를 포함한다.

관리혁신은 주로 종업원이 이해관계자다. 시민사회조직 혁신의 이해관계자들은 분야별 시민사회, 시민사회의 주요 활동자, 소속 직원들이 이해관계자다. 관리혁신의 경우 대부분 조직과 인력의 감축을 수반하는 경우가 많아서 조직구성원들이 관리혁신에 저항한다.

3) 조직혁신의 과정

(1) 조직혁신의 과정과 단계

조직혁신의 과정은 관념적으로 구분되는 몇 개의 단계로 구분할 수 있는데, 그들은 혁신의 인지, 혁신안의 작성, 혁신안의 실행, 그리고 혁신의 평가와 환류다(오석홍, 2020; 민진, 2014). 혁신의 평가는 계속되는 혁신의 인지 단계에 환류된다. 다음 [그림 14-1]과 같이 나타낼 수 있다.

그림 14-1 조직혁신의 단계

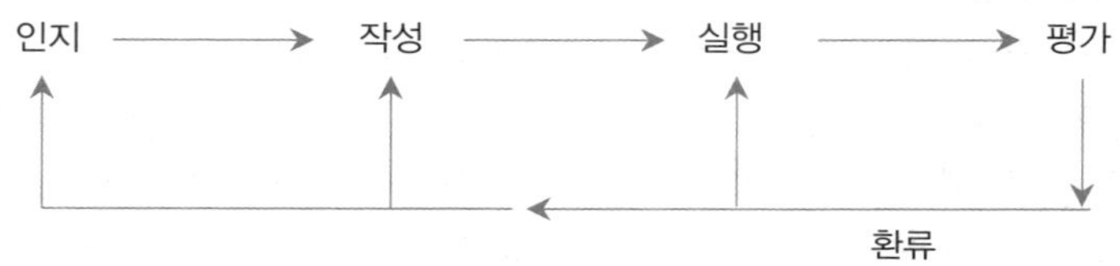

(2) 혁신의 인지

혁신의 인지 단계(cognition stage)는 혁신 추진자가 혁신의 필요성을 강하게 느끼는 단계다. 조직에서는 혁신의 필요성을 느끼게 하는 객관적 상황을 혁신 추진자가 주관적으로 느끼는 두 가지 조건이 충족되어야 비로소 혁신은 인식된다.

혁신을 느끼게 하는 객관적 상황은 국제적·국내적 상황 환경과 여건의 급변, 그리고 조건의 효과성이 낮거나 불가능할 때다. 즉, 조직생태계의 큰 변동, 경쟁 조직의 등장, 고객의 기호 및 구조의 변동 등은 혁신을 가져오는 주된 요인이다.

혁신을 느끼게 하는 주관적 상황은 혁신 추진자가 외부 환경에 심각한 위협을 느끼고, 현재의 체제와 능력으로 조직 문제를 해결하기 어렵다고 보며, 미래에 적응하기가 곤란하다고 느끼거나 전략적으로 조직의 돌파구를 찾으려고 할 때, 무엇인가 개선해야 한다고 지각할 때 등이다.

혁신의 인지 단계에서는 혁신의 추진자가 혁신의 필요성을 적시에 파악하고 이를 구체화하려는 의지, 즉 적시성(timeliness)이 중요한 평가 기준이 된다.

(3) 혁신안의 작성

혁신안의 작성 단계(formulation stage)는 혁신의 필요성을 인지한 후 조직의 현재 실적과 기대 수준의 격차를 해소할 수 있는 방법을 모색하는 단계다. 이것은 혁신의 목표와 혁신의 수단들로 구성된 혁신 대안(alternatives)을 탐색하고, 이를 비교・평가하여 최적의 안을 확정하는 단계다.

혁신을 실행할 때 나타날 수 있는 점들을 사전에 점검하여 합리적 의사결정을 하는 것으로 의사결정의 논리, 기획 작성의 논리가 대체로 적용된다.

혁신안의 작성의 단계에서 중요한 평가 기준으로는 혁신안의 인과관계를 보장하는 합리성(rationality), 그리고 혁신안 작성에 이해관계자의 참여 등을 보장하는 민주성(democracy)이 요구된다.

(4) 혁신안의 실행

혁신안의 실행 단계(implementation stage)는 작성된 혁신안을 구체화하고 시행하는 단계다. 업무혁신에서는 신사업을 개발하고 사업 영역을 조정한다. 기술혁신에서는 제품과 서비스를 개발한다. 관리혁신에서는 조직구조의 통・폐합, 교육 훈련, 인사제도, 예산제도, 구매제도, 정보 체계 등의 변화와 개선을 실시한다. 이에 따라 이해관계자들의 저항이 현실화되며 이에 대한 관리가 요구된다.

혁신안의 실행 단계에서는 중요한 평가 기준은 능률성(efficiency)과 융통성(flexibility)이다. 이 단계에서는 최소의 비용과 부담으로 실행하여 혁신 목표를 달성하여야 한다. 혁신안을 작성할 때 예측하지 못했던 사정이 실행기에 발생할 수 있으므로 탄력적으로 대응하여야 한다.

(5) 혁신의 평가와 환류

혁신의 평가 단계(evaluation stage)는 혁신을 실천한 후에 그 성과와 결과를 확인하고 산정하며 그들의 원인을 규명하는 단계다. 혁신의 평가 결과는 다음 혁신을 위해 환류 자료로 활용된다.

혁신의 평가 기준은 고객만족도, 조직의 체계적 지위와 명성을 들 수 있다. 혁신 결과는 단기적으로 고객만족도, 실적 향상으로 측정할 수 있으며, 장기적으로 체제 안정, 조직의 사회적 지위 향상 등으로 측정할 수 있다. 단기적으로 혁신 결과를 평가하기 곤란할 때가 있다.

3. 조직혁신의 관리

1) 조직혁신의 영향 요인과 혁신 분위기 조성

(1) 조직혁신의 영향 요인

첫째, 혁신 추진자의 능력과 의지는 혁신의 성과에 결정적인 영향을 미친다. 혁신 추진자의 능력은 포괄적인 리더십을 의미하는데, 혁신의 분위기를 조성하며, 적합한 혁신안을 만들고, 필요한 자원을 동원하며, 혁신의 집행에 필요한 강제적 권한과 보상권이 있어야 한다. 혁신 주체의 개혁 의지와 강도는 혁신의 순응과 저항에 영향을 미친다. 혁신 세력이 정통성이 없으면 혁신은 크게 저항을 받는다.

둘째, 조직의 특성은 혁신의 성과에 영향을 준다. 정부조직보다는 공공기관이, 공공기관보다는 기업조직에서 혁신의 가능성이 높다. 조직의 규모가 클수록, 조직의 연령이 많을수록 혁신의 가능성은 낮다. 그리고 조직의 구성원이 다양할수록 혁신의 가능성은 높다.

셋째, 혁신의 여건과 환경은 조직의 혁신에 영향을 미친다. 학계, 언론계, 컨설턴트들에 의해 유사한 조직의 혁신이 인정받을수록 특정 조직에서 혁신은 용이해진다(Mal & Birkinshaw, 2008: 184). 혁신으로 성공하는 조직이 많을수록 조직혁신의 압력은 커진다.

사례 〈뉴욕타임스〉의 디지털 혁명

뉴욕타임스(The New York Times Company)는 1851년 창간 후 약 170년 이상 존속하고 있는 회사이다. 〈뉴욕타임스(*NYT*)〉는 미국 상류 저널리즘의 증표로서 지난 15년 동안 세계 최정상 미디어로서 디지털 혁명을 이룩하였다. 지금의 〈뉴욕타임스〉는 '종이신문'과 결별한 기술중심의 '디지털 구독' 중심기업이다.

〈*NYT*〉의 최고의 가치는 저널리즘 정신이다. 120년 넘게 실즈버거 단일 가문이 주인이며 전문경영인이 경영한다. 〈*NYT*〉는 창간 초부터 권력 의존을 탈피하면서 독립언론으로 재정립하였으며 지역신문에서 전국 권위지로 등장하였다. 2000년에는 사상 최대의 매출과 순이익을 달성하였고 미디어 제국을 형성하였다.

그런데 광고와 판매가 감소하고 이익이 줄고 금융비용이 증가하였고, 주가가 폭락하였으며 부채가 14억 달러를 넘어서는 등 파산위기설이 나돌았다. 이에 따라 〈*NYT*〉 핵심만 남기고 구조조정을 하는 등 경영혁신을 시도하였다. 13억 달러이던 신문광고가 20년 만에 1억 달러대로 저하되었다. 〈*NYT*〉는 디지털 전환 외에는 다른 방도가 없었다.

〈*NYT*〉는 업(業)을 재정의하여 '구독' 중심으로 전환하였다. 종이신문과 광고 수익에서 벗어나려 했다. 밀레니얼 세대를 집중공략해서 20~30대 중심으로 바꾸었다. 또한 디지털 전문인력을 대거 수혈하였다. 디지털 전문가와 스타트업 출신을 대거 영입하였다. 회사에 디지털 엔지니어 인원이 900~1,000명에 달했다. 구독자 데이터를 분석하고 활용하였고, 이용자 행태 및 습관을 과학적으로 분석하고 활용하였으며, 인공지능과 블록체인 기술을 접목하였다. 회사에는 실패를 용인하는 실리콘밸리 조직문화가 구축되어갔다.

회사는 뉴스 상품 외에 팟캐스트, 오디오, 비디오 상품, 게임과 쿠킹 등 디지털 상품으로 수익을 창출하였다. 이러한 노력의 결과 〈*NYT*〉는 유료구독자가 2015년에 130만 명에서 2020년 669만 명으로 증가했으며, 결국 2020년에 구독부문이 총 매출에서 종이부문을 초월했다.

자료: 송의달(2021). 『뉴욕타임스의 디지털 혁명』.

◐ 생각하기:

-〈*NYT*〉가 조직혁신에서 성공한 이유를 생각해보자.

-한국의 언론이 미국의 〈*NYT*〉처럼 조직혁신하는 데 장애 요인은 무엇일까?

(2) 조직혁신을 위한 분위기 조성

조직은 기본적으로 보수적이다(Hall, 1992). 그런데 조직 내에는 혁신에 저항하는 자들도 있지만 변화와 혁신을 추구하는 자들도 있다. 다만 저항하는 자들이 더 많을 뿐이다. 조직혁신을 추진하는 과정에서 저항하는 자들을 줄이고 옹호하는 자들을 확대하면서 혁신의 분위기를 달구는 노력이 필요하다.

혁신을 촉진하기 위해서는 혁신과 관련하여 의사소통, 동기부여, 그리고 상호작용을 하면서 조직에 흥미, 재미, 그리고 만족을 갖도록 분위기를 조성하여야 한다(Schmitt & Brown, 2011).

2) 조직혁신과 관리 문제

(1) 조직의 업무혁신과 사업관리

조직혁신 중 업무혁신은 제품과 서비스의 영역 변경, 신사업의 개시 등으로 관련 동종 업계에서는 진입의 장벽이 있어서 관련 업계로부터 제약이 있을 수 있고 정부의 규제 대상이 될 수도 있다. 따라서 사업을 변경하거나 확장할 때는 법적 제약과 비용 규모를 분석하고, 사업 변경 시 따르는 위험(risk)을 관리하여야 한다. 창의적 발상으로 인한 사업 영역의 변경과 개척은 조직활동에 많은 편익과 장점을 줄 수 있지만 동시에 많은 부담과 위험 요인을 안고 있다. 지배구조의 변경은 이해관계자들에게 현존 질서의 변경을 요구하는 것이므로 저항이 클 수 있다. 특히 기업에서 그러하다.

(2) 조직의 산물혁신과 지적 재산권 보호

조직혁신 중 산물혁신은 제품과 서비스의 창의성으로 인해 조직 간 차별성이 인정되고 그것이 조직의 이익에 막대한 영향을 미치므로 모방으로 인한 사용료(royalty)를 부담하게 된다. 이것은 지적 재산권 문제로서 특히 기업 간에 법적 분쟁이 비일비재하다. 따라서 지적 재산권으로 법적 보호를 받으려면 제품과 서비스 혁신의 산물은 각국의 특허청이나 특허기관에 출원하여 인정받아야 한다.

조직에서 특허권 보호 문제는 그 과실을 조직 전체에 귀속하게 하는 경우와 조직구성원에게 어느 정도 지분을 허용하는 경우, 완전히 조직구성원에게만 귀속시키는 경우로 구분할 수 있는데, 특허의 개발자 및 조직, 자금원 등을 고려하여 결정한다. 특허권이 조직 전체에 귀속하는 경우에는 조직구성원에게 다른 형태로 적절한 보상이 이루어져야 한다.

(3) 조직의 관리혁신과 저항관리

조직혁신 중 관리혁신은 조직의 이해관계자들에게 직·간접으로 영향을 주기 때문에 저항이 뒤따른다. 관리혁신에 대한 저항의 정도는 매우 클 수도 있고 아주 미미할 수도 있으며 저항의 모습도 다양하다(오석홍, 2020). 관리혁신에 대한 저항은 혁신 자체의 반대와 철회의 주장과 농성에서부터, 혁신에 대한 비판과 문제점의 제시, 그리고 혁신사업 자체나 결과의 무관심, 방관, 비협조 등에 걸쳐 다양하게 전개된다. 여기서는 관리혁신에 대한 저항의 원인과 저항을 극복하는 방법을 중심으로 간단히 제시한다.

관리혁신에 대한 저항 요인은 혁신의 내용, 과정, 그리고 이해관계에 따라 제기된다. 혁신의 내용이 불합리하거나 모호하면 할수록 저항은 커진다. 또한 혁신과정에서 참여 부족과 급격한 혁신 운영은 저항을 야기한다. 그리고 혁신의 결과 이해관계가 변화할 때 피해와 부담이 클수록 저항은 커진다.

관리혁신에 대한 저항관리 방법은 위의 저항 원인에 따라 그것을 관리하는 것이 일반적이지만 학자들은 규범적 전략, 공리적 전략, 그리고 강제적 전략을 제시하고 있다. 규범적 전략은 혁신의 필요성을 이해관계자들에게 호소하는 것이며, 공리적 전략은 이해관계자들에게 혁신의 피해를 보상하는 것이고, 강제적 전략은 강압적 권력에 의해 위협과 제재를 가하는 것이다.

사례 **혁신과 개혁의 추진자**

▪ **정부조직 개혁: 김영삼 대통령과 1994년 12월 정부조직 개편**

1994년 12월 정부는 경제기획원을 재정경제원으로 흡수 통합하는 등 '작고 강한 정부'를 지향하면서 혁명적인 정부조직 개편을 단행했다. 개발 시대(공업사회)의 행정조직을 발전 시대(정보화사회)의 행정조직으로 개편한 것이다. 정부 기능의 변화(정부 규제 완화 등), 정부조직의 통·폐합, 인력의 감축, 정부활동 방식의 변화(민영화 등)가 이어졌다. 이 과정에서 김영삼 대통령은 대통령 자신부터 재산 공개를 하면서 개혁 실천 의지를 내보였다. 김영삼 대통령의 출범과 행정수반으로서 그의 강력한 개혁 의지는 정부조직 개편을 가능케 했던 가장 중요한 요인 중 하나가 되었다.

▪ **기업조직 혁신: 이건희 회장과 삼성 신경영**

1993년 6월 삼성그룹의 이건희 회장은 독일 프랑크푸르트에서 '질 위주의 경영' 방침을 천명하고 이를 삼성그룹 내에 확산시키기 위해 설득을 해 왔다. 그는 그동안 그룹에 만연해 온 '양 위주'의 의식, 체질, 제도, 관행에서 과감히 벗어나 나 자신부터 '질 위주'로 철저하게 변화하자고 하면서 18만 명 삼성 가족이 모두 힘을 합쳐 21세기 초일류 기업을 이루자고 호소했으며 자신이 직접 나서지 않을 수 없는 이유를 설명하고 있다. 또한 그는 경쟁력을 제고하기 위해 질 위주의 경영과 더불어 국제화와 복합화라는 전략을 제시한 바 있다.

자료: 민진(1995); 삼성신경영실천위원회(1993)

3) 관리혁신의 특성

관리혁신의 특성으로는 목표 지향성, 계획적 변화, 혁신과 저항, 그리고 전면성을 들 수 있다.

관리혁신은 목표 지향적이다. 즉, 조직의 관리혁신은 조직의 효과성을 높이기 위한 것이다. 기존의 조직 체계나 구조를 통해서는 더 이상 효과를 높일 수 없거나 효과가 낮아지는 경우 달성할 목표를 세우고 이를 달성하기 위해 조직을 혁신한다. 관리혁신의 목표로는 조직의 생존, 생산성의 향상, 고객 서비스 향상, 절약, 그리고 초일류 조직 등 매우 다양하다.

관리혁신은 자연적 변화가 아니라 계획적인 변화다. 관리혁신은 의도적·의식적인 것으로 사전적인 준비가 요청된다. 관리혁신은 미시적인 환경의 변화에 적응하기 위한 우연적이며 비인위적인 조직의 적응과는 구분된다. 따라서 변화를 실천할 수 있는 계획적인 방법들이 동원되며 행동 지향성을 띠게 된다. 따라서 단순한 변화와는 구분된다.

관리혁신은 혁신과 저항의 특성을 가진다. 관리혁신은 변화의 강도나 정도가 크다. 과거와는 다르며 현존 상황에 대한 강한 부정과 비판이 동반된다. 때로는 미래에 대한 대비를 위해 현재 상태를 변화시키기도 한다. 관리혁신은 종전과는 다른 생각, 방식, 그리고 형태를 추구하는 데 대개는 과거로의 회귀보다는 새로움을 추구한다. 따라서 쇄신(innovation)이라는 표현과 어울리기도 한다. 그런데 급격한 변화는 조직의 안정을 원하는 사람들에게는 거슬리는 현상이다. 따라서 강력한 저항에 직면하게 된다.

관리혁신의 범위는 부분적이고 미시적이 아니라 전면적이고 거시적이다. 혁신의 범주는 다양하고 폭이 넓으며, 말단 지엽적인 것이 아니라 조직의 전체에 적용된다. 즉, 관리혁신의 범위는 구조, 인간, 기술, 그리고 업무 등 조직의 주요 변수에 모두 걸쳐 있다. 그런데 조직개발은 인간의 변화에 한정되므로 그것은 관리혁신의 한 형태이며, 조직 내 절차의 변동에 해당하는 조직재공학(re-engineering) 역시 관리혁신의 한 형태다. 그런데 관리혁신은 행정부의 개혁에 해당하는 행정개혁과는 구분된다.

제 2 절 전략적 관리

전략적 관리는 전략적 계획에서 출발한다. 최근에는 전략적 계획에서 한 걸음 더 나아가 전략적 관리까지 관심이 확대되고 있다. 여기서는 전략의 개념을 먼저 살펴보고, 전략적 관리의 세부적 내용을 고찰하기로 한다.

1. 전략의 의미

1) 전략이란 무엇인가?

전략은 원래 군사 부문에서 사용된 개념인데,[2] 이를 기업에서 많이 사용했고 요즈음에는 정당이나 행정부에서도 사용하고 있다. 전략이란 무엇인가? 이에 대한 정의는 다른 개념들과 마찬가지로 매우 다양하다. 민츠버그(H. Mintzberg)는 전략에 대한 여러 가지 정의를 정리해 제시하고 있는데, 계획으로서 전략, 책략으로서 전략, 행위 유형으로서 전략, 위치 선정으로서 전략, 관점으로서 전략이 그것이다. 민츠버그의 전략 개념에 관한 위의 분류는 전략에 대한 이해를 돕는 데 크게 기여하고 있다.

참고

민츠버그의 전략 개념의 유형

- **계획(plan)으로서 전략**: 전략은 특정한 상황에 대처하기 위한 의도적인 행동방침과 지침이다. 계획은 집행 이전에 작성되는 것이다. 예컨대, 한국 정부의 세계화전략이 그것이다.
- **책략(ploy)으로서 전략**: 전략은 특정한 상황에서 상대방의 허점을 찌르기 위한 일종의 책략이다. 책략으로서의 전략은 『손자병법』에서 "적과 싸우지 않고 적군을 이기는 것"과 같은 것이다.
- **행위 유형(pattern)으로서 전략**: 전략은 특정 조직의 의사결정 및 행위에서 발견되는 일관성 있는 방침과 같은 것들이다. 이것은 장기적으로 반복되는 것이며 여러 의사결정에서 추

---

2) 군사학에서 전략이란 협의로는 장군의 '용병술'을 의미한다. 다시 말해, 전략이란 무력전을 위한 종합적인 준비, 계획, 그리고 운용의 방책으로 통용되어 왔다. 광의의 전략은 대전략(大戰略, grand strategy)을 의미하며 국가전략이라고 하는 것으로, 국가정책에 의해 결정된 목적들을 달성하기 위해 국가의 모든 자원을 운용하는 기술이며 과학으로 이해된다(이종학, 1981: 44-49 참조).

론할 수 있는 것이다.

- **위치 선정(position)으로서 전략**: 전략은 외부 환경 속에서 조직을 적절하게 위치시키는 활동으로서 기업에서 틈새를 찾아 사업 영역을 찾아가는 것을 말한다.
- **관점(perspective)으로서 전략**: 조직구성원들이 공유하고 있는 특정한 관점을 말한다. 이는 조직문화나 조직의 이념 등과 관련된 개념이다. 예컨대, 미국의 '세계경찰국가', 삼성의 '제일주의' 등을 들 수 있다.

자료: 민츠버그(Mintzberg, 1987)

저자는 조직에서의 전략(strategy)을 "조직이 특정한 상황에서 문제를 해결하거나 목표를 달성하기 위해 조직 전체적인 노력을 경주하도록 방향과 수단을 제시하는 의도적 계획"으로 정의하겠다. 전략의 개념적 특성을 설명하면 다음과 같다.

첫째, 전략은 '특정한 상황'에서 조직의 의도적 계획이다. 특정한 상황은 일상적인 상황이 아니며 조직에게 매우 중요한 상황이다. 특정한 상황은 대체로 조직 외부인 환경의 변화에서 비롯되는 경우가 많지만 조직의 내부에서 비롯되기도 한다. 가장 대표적인 특정한 상황이란 국가와 국가 간에 전쟁의 위협이나 발발과 같은 상황이다. 군사전략(military strategy)은 전쟁에 이기거나 지지 않기 위해 마련된 계획이다. 정당의 선거전략이란 선거에 참여하는 정당이 선거에서 이기기 위한 계획이다. 투표에서 지지표를 증가시키기 위해 중산층을 공략할 것인가, 노동자층을 공략할 것인가가 전략으로 대두된다. 기업의 경우 기업의 존망, 생존, 그리고 새로운 시장을 개척하기 위한 상태가 특정한 상황으로 제기된다. 다른 말로 표현하면 특정한 상황이란 조직에게 '위협과 기회'를 의미한다.

둘째, 전략은 특정한 상황에서 조직의 '전체적 대응'을 의미한다. 특정한 위기나 기회가 조직의 하위 단위별 적응만으로는 불가능할 뿐더러 가능하더라도 비효율적일 경우가 많다. 조직의 전체가 힘을 모아야만 위협을 제거하며 기회를 활용할 수 있다. 따라서 조직이 갖고 있는 모든 역량을 집결하고 가용한 자원을 총동원해 특정한 상황을 극복해야 한다. 전략의 수준에 따라서 총괄적인 전략을 수행하기 위한 부문적인 전략이 설정될 수는 있다.

셋째, 전략은 특정한 상황에서 조직이 '전략적인 우위를 확보하기 위한 의도적 계획'이다. 전략은 상대방의 의도는 물론 자신의 의도를 중요시한다. 특정한 상황에서 전략적 우위를 차지하려는 의도의 수준은 다양하다. 선거에서 이기려고 하는가 아니면 최소한의 유효표를 확보하려 하는가? 전쟁에서 싸워서 승리하려 하는가 아니면 싸우지 아니하고 휴전하려 하는가? 기업이 도산을 면하려 하는가 아니면 사업 영역을 팽창하려 하는가? 이러한 의도는 조직의 최고관리자들이 결정하는 것이다. 결정된 의도가 공개될 수도 있고 비공개될 수도 있다. 공개되면 조직의 구성원들이 그 의도를 잘 알고 따를 수 있게 된다. 그러나 경쟁의 상대방은 공개된 의도를 역이용할 수 있다.

참고

기업그룹의 전략결정 기구: 삼성과 LG

삼성그룹의 전략은 2006년까지는 전략기획실에서 주도했다. 전략기획실의 전신은 1959년 창설된 비서실에서 출발한다. 삼성상회, 제일모직, 안국화재 등 계열사를 관리했다. 1997년 외환위기를 거쳐 구조조정본부가 설치되었으며 여기서는 그룹 차원에서 계열사 간 사업조정과 신사업 발굴에서 재무, 인사, 감사까지 총괄했다. 구조본은 2006년 전략기획실로 축소되어 핵심 기능만 수행했다. 전략기획실은 이건희 회장 퇴진과 함께 해체되었으며 사장단회의가 이 기능을 대신한다.

LG그룹의 모든 전략은 회장의 결단보다는 운영회의에서 전적으로 결정되어 시행된다. 운영회의는 창업주인 구인회 회장의 형제들르 구성되었다. 운영회의의 명칭은 후일 '회장단회의'로 바뀌었다. 회장단회의의 결정은 매월 2회씩 열리는 '사장단회의'에 통보되어 각 사에 전달된다.

자료: 중앙일보(2008.4.23); 이학종(1989: 464)

2) 전략과 유사한 개념들

전략의 개념을 좀 더 명백하게 하기 위해 전략과 유사한 개념들과 전략을 비교하는 것이 좋다. 전략과 유사한 개념으로는 정책, 전술 등을 들 수 있다.

(1) 전략과 정책

전략과 정책은 매우 유사하다. 정책(policy)은 조직의 기본적인 활동의 원칙이나 방향을 의미한다. 따라서 정책은 조직의 일상적인 모든 활동에 대한 안내자의 역할을 한다. 정책은 조직에 중요한 의사결정의 지침이라는 점에서는 전략과 유사하다. 정책은 일상적인 문제의 해결을 위한 방침이라는 점에서 비일상적인 특정한 환경에 대응하는 활동인 전략과 구분할 수 있다. 정책이 조직에서 의사결정을 위한 지침이라면, 전략은 자원 배분과 동원을 효과적으로 하기 위한 면에 치중하는 것이 서로 다르다고 하겠다. 그러나 정책과 전략이 중복되는 경우도 없지 아니하다. 전략과 정책은 모두 조직의 활동을 통합시키고 방향을 제시한다.

(2) 전략과 전술

전략과 전술(戰術, tactics)은 수준의 차이를 보여주는 개념들이다. 전략과 전술에 대해서는 여러 학자가 개념적인 차이를 제시하고 있는데, 중요한 국면만을 요약하면 다음과 같다. 전략이 포괄하는 범위는 조직의 전체에 해당하나 전술의 그것은 부분적이며 지엽적이다. 즉, 전략은 거시적이나 전술은 미시적이다. 전략은 장기적이며 계속적이나 전술은 단기적이며 가변적이다. 따라서 전략은 전술의 상위 개념임을 알 수 있다.

2. 전략적 관리의 의의와 과정

1) 전략적 관리의 의의

전략에 대한 관심은 전략의 계획에서 한 걸음 더 나아가 전략의 관리로 나아가고 있다. 전략관리(strategic management)는 전략계획(strategic planning)에 비해 전략 선택, 전략 시행, 전략과 조직구조 등 조직관리의 모든 범위를 포함하고 있다.

앤소프(Ansoff, 1965)에 의하면, 전략계획과 전략관리의 차이는 다음과 같다. 전략계획은 기업의 외적 관련성, 즉 제품과 시장전략에 관련이 되어 있으며, 문제 해결 과정으로서 전략의 형성에 초점을 둔다. 그리고 전략 결정의 기술적 · 경제적 · 정보적 측면에 집중한다. 이에 반해 전략관리는 조직 체계와 조직 변화에 관련되어 있다. 그리고 집행과 통제 문제를 포함하며, 조직 내 · 외의 정치적 · 사회적 문제에 대해서도 주목한다.

전략적 관리는 전략적 의사결정을 전제로 한다. 전략적 의사결정은 세 가지의 독특한 특성을 갖는다(Stahl & Grigsby, 1992: 4). 첫째, 전략적 결정은 전체 조직의 생활 및 생존에 매우 중요한 관심사를 다루며, 조직이 갖고 있는 대부분의 자원을 포함한다. 둘째, 전략적 결정은 조직을 일상적인 의사결정에서 벗어나 전형적으로 비일상적인 문제를 다루게 하고 새로운 활동과 관심 영역을 보여준다. 셋째, 전략적 결정은 조직의 하위 수준에서 만드는 결정들과는 다른 어떤 것이다.

요컨대, 전략적 관리는 조직에서 전 조직에 걸쳐 이뤄지는 전략적 의사결정을 지칭한다. 그것은 조직을 환경과 관련시키며, 내부 활동을 인도하며, 조직의 장기적인 성과를 결정하는 일련의 관리적 의사결정이다. 따라서 전략적 관리는 '전략'이라는 성질을 강하게 내포하고 있다.

저자는 전략적 관리를 "조직이 환경 변화에 대응해서 생존이나 번영을 확보하기 위해 조직 전체적으로 노력을 기울이는 관리활동"이라고 정의하고자 한다. 이 말을 풀어서 설명하면 다음과 같다.

첫째, 전략적 관리는 조직의 환경 변화에 대응하기 위한 조직의 노력이다. 전략적 관리는 조직과 환경과의 관계에 관련된 것이다. 환경의 정태성에서 동태성으로, 단순성에서 복잡성으로의 변화는 물론 조직 간의 치열한 경쟁과, 조직이 고객을 만족시켜야 하는 대외적 요구를 충족시키기 위한 노력의 일환이다.

둘째, 전략적 관리는 조직의 생존이나 번영을 확보하기 위한 조직의 활동이다. 조직은 환경 변화에 대한 일상적이고 미시적인 해결을 위해 노력을 할 수 있다. 그러나 관리적 노력과 일상적 업무의 추진은 전략적 관리라 할 수 없다. 조직의 생존은 물론 번영을 위해서는 종전과는 다른, 새로운 노력을 기울여야 한다. 조직은 다른 조직과 경쟁하면서 현재의 위치를 고수하거나 다른 조직을 이겨야 하는 것이다.

셋째, 전략적 관리는 관리의 일반적 단계를 거치며, 그 중 전략적 의사결정이 계속된다. 전략적 관리도 다른 관리활동과 마찬가지로 기획, 집행, 통제활동이 계속된다. 그 중 가장 중요한 단계가 전략적 기획의 단계다. 전체 조직은 기획된 전략에 따라 조직되고 활동해야 하며, 그 결과를 평가하고 환류해야 한다. 의사결정은 1회에 그치지 아니하며 반복한다. 민츠버그는 전략적 관리를 "의사결정 흐름의 패턴"이라고 정의한다. 그것은 수많은 의사결정이 계속되며, 조직이 의사결정의 대안을 많이 인식하고 있어야 함을 의미한다.

2) 전략적 관리의 과정

전략적 관리의 과정을 전략의 계획, 전략의 실천, 그리고 전략의 평가 및 환류로 나눠 보는 것이 전략관리 과정을 이해하는 데 도움을 준다. 전략적 관리 과정을 간단히 나타내면 [그림 14-2]와 같다.

그림 14-2 전략적 관리 과정

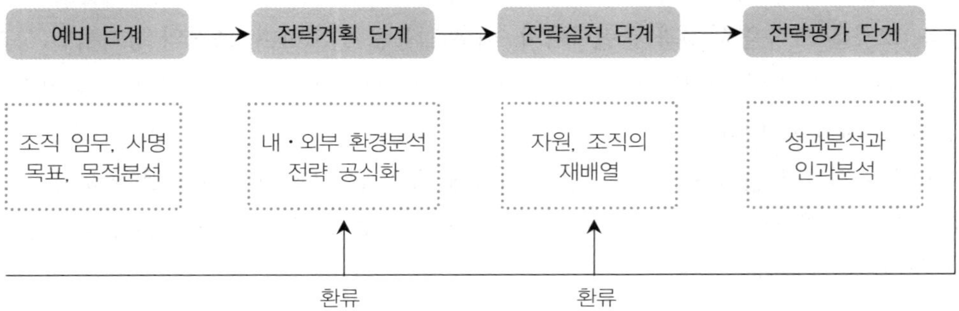

(1) 전략의 계획 단계

조직에서 전략의 계획 단계는 조직의 사명이나 임무를 확인하는 단계에서 출발한다. 좀 더 상위의 조직의 장기적 비전, 목표나 목적이 있으면 이를 확인하고 규명한다. 이런 예비적 단계를 거친 다음에는 조직의 내·외부 환경분석을 시작한다. 환경의 위협과 기회, 조직의 자원이나 구조 등 조직의 능력을 분석한다. 사실 이 단계가 전략계획의 핵심적 단계다. 내·외부 환경분석이 끝나면 여러 가지 전략을 세우고 이들을 비교평가하며 이들 중 최종적인 전략안을 결정해 공식화한다.

(2) 전략의 실천 단계

전략계획이 마무리되면 이에 따라 전략이 효과적으로 집행될 수 있도록 해야 한다. 전략에 일치하도록 조직구조를 재구조화하고 자원도 재배분한다. 전략 개념에 비춰 지휘해 업무활동을 추진한다.

(3) 전략의 평가 및 환류 단계

전략이 실천된 후 성과를 평가한다. 전략과 성과의 인과관계를 규명하며, 성공과 실패의 원인과 정도, 그리고 이유를 분석해 차후의 전략 형성에 도움을 주도록 한다. 물론 전략의 실천 과정의 중간 단계에서도 전략 실시의 문제점 등을 찾아내어 전략의 실시에 환류시키기도 한다. 이런 환류작업은 계속된다.

3. 전략적 계획

전략적 관리 과정에서 가장 핵심적인 단계는 전략적 계획 단계다. 여기서는 예비적 단계로서 전략적 비전을 살펴본 후, 전략적 계획의 요소를 살펴보고, 이들을 종합한 분석 방법인 SWOT 방법에 대해 소개한다.

1) 전략적 비전과 목표

조직의 전략적 비전은 급변하는 환경에 대응해 조직이 나아가야 할 방향을 제시해 준다. 따라서 최고 통치자나 관리자는 자신의 꿈과 야망이 깃든 전략적 비전을 제시하고, 이에 따라 목표를 제시해야 한다. 전략적 비전이란 조직이 전략적으로 지향하고자 하는 미래상을 말한다. 장기적 안목에서 현실과 미래를 연결시키는 전략 구상이다. 전략적 비전이 갖춰야 할 요소는 다음과 같다.

첫째, 전략적 성공 요인의 핵심을 이뤄야 한다.

둘째, 장기적이고 변화하지 말아야 한다.

셋째, 조직구성원들이 자발적으로 참여하고 몰입할 수 있어야 한다.

예컨대, 기업의 경우 캐논이 '타도 제록스', 혼다의 '제2의 포드', 금성사의 '21세기 초우량 기업으로의 성장'을 들 수 있다(이장우, 1995: 73-79). 삼성그룹은 이건희 회장이 '21세기 초일류 기업'을 제시하고 있다(전용욱 · 한정화, 1994).

한편 정부조직의 경우를 보면 노태우 정부에서 '보통 사람의 시대'를, 김영삼 정부에서 한국병을 치유하고 '신한국 창조'를, 그리고 김대중 정부에서 '제2 건국'을, 이명박 정부는 '선진 일류국가와 섬기는 정부'를, 박근혜 정부는 '희망의 새 시대'라는 전략적 비전을 제시한 바 있다.

전략적 비전에 따라 조직의 전략적 목표가 설정되고, 이에 따라 전략 방향과 실천계획들이 마련된다.

참고

전략적 비전과 계획 예시(산림청)

- mission: 품격 있고 가치 있는 녹색자원 육성
- vision: 녹색성장을 선도하는 산림강국
- 전략 목표:

Green Infra	Green Life	Green Leadership
산림자원 확대를 통한 녹색성장 기반 확충	쾌적한 녹색공간 창출로 녹색복지 기여	국제적 요구에 부응하는 그린 리더십 구현

- 전략 방향:
- 실천계획:

전략 방향	단순 순환경제 활성화	녹색 삶의 질 제고	녹색자원의 보전과 관리	글로벌 그린 리더십 구현
실천계획	탄소 선순환 촉진 목재산업 활성화 산림바이오메스	녹색성장산업 육성 녹색웰빙 인프라	산림생태 건강 제고 산림재해 최소화	동아시아 허브 기반 구축 해외 산림자원 개발

자료: 산림청 홈페이지에서 검색(2011.8.21~8.25)

2) 전략적 계획의 요소와 전략 구상

전략적 계획의 요소로는 환경분석과 자신의 분석으로 구분하고, 환경분석은 다시 일반적 환경분석과 구체적 환경분석으로 구분하며, 구체적 환경분석은 다시 고객분석과 경쟁자분석 등으로 구분한다. 이들을 차례로 살펴본 후 전략의 개발을 살펴본다.

(1) 일반적 환경분석

일반적 환경은 다시 정치적 환경, 경제적 환경, 사회문화적 환경, 그리고 기술적 환경 등으로 구분된다. 조직에 따라서는 일반적 환경 중에서도 특별하게 주의를 기울여야 할 환경의 영역이 있다. 예컨대, 정당조직은 정치적 환경, 기업조직은 경제적 환경의 변화를 주시해야 한다.

(2) 고객분석

조직의 고객을 분석하는 방법은 다양하다. 미국의 경우, 특히 기업조직에서는 계량적 방법에 의해 회귀분석이나 추세분석 등을 통해 고객의 소비 성향을 분석해 왔으며, 설문조사 등을 이용하기도 한다. 일본 기업들은 일반적 정보보다는 특수한 정보에 더욱 관심이 많다(이장호, 1993: 142-145). 그들은 제품에 대한 고객들의 태도나 특정한

제품을 고객들이 사용하는 방법과 직접적으로 관련 있는 정보를 원한다.

(3) 경쟁자분석과 자체 조직 분석

경쟁자의 분석과 자체 조직 분석의 내용과 논리는 거의 비슷하며, 이들을 분석한 후 상호 비교를 통해 자신의 강점과 약점을 추출할 수 있다. 먼저 경쟁자 분석에 대해 알아보고, 다음으로 자체 조직 분석에 대해 알아보기로 한다.

전략적 관리에서 경쟁자는 관찰 대상 조직에 따라 달라질 수 있다. 기업조직의 경쟁자는 동종의 기업이며, 정당조직의 경쟁 조직은 다른 정당이며, 정부조직의 경쟁 조직은 다른 나라의 정부조직이라고 볼 수 있다. 물론 조직 내에서 부문별한 경쟁이 발생할 가능성도 많다. 이때는 조직 내의 다른 부문이 경쟁 상대가 된다. 그런데 경쟁자분석에 대한 논의에서는 주로 기업에서 이론적 논의가 활발하다. 기업에서의 논의를 수정해 제시하기로 한다.

경쟁자분석에서는 경쟁자의 미래 목표와 가정, 현재의 전략, 강·약점을 분석해야 한다. 이 세 가지 요소를 분석하면 경쟁자의 윤곽을 뚜렷이 할 수 있다. 여기서 경쟁자란 현재적인 경쟁 대상뿐만 아니라 잠재적인 경쟁 대상도 포함한다(이장호, 1993: 129-141).

첫째, 경쟁 조직의 미래 목표와 가정을 분석하면 경쟁자의 전략 변경 가능성, 환경 변화 대응의 강도 등을 알 수 있다. 여기서 미래 목표에는 조직 전체의 전략적 목표가 포함된다. 가정이란 경쟁자가 암묵적으로 생각하는 가정이다.

사례 **일본 도요타자동차의 고객분석**

도요타사는 미국의 소형 자동차 시장에 진출하기 위해 그 당시 미국의 소형차 시장을 석권하고 있던 독일 폭스바겐을 면밀히 검토했다. 도요타는 미국의 마케팅 조사회사를 고용해서 폭스바겐 소유자들을 면담해 폭스바겐에 대한 그 당시 소유자들이 좋아하는 점과 싫어하는 점을 알아냈다. 소유자들은 폭스바겐이 겨울에 시동이 잘 걸리고, 뒷좌석이 좀 넓고, 차 내부가 넓었으면 하고 기대했다. 도요타는 폭스바겐이 가지고 있는 장점은 다 갖추고 있으나 단점은 없는 그런 차를 설계하고, 차의 값을 낮추고 광고를 강화했다. 이렇게 하여 도요타가 미국 소형차 시장에서 폭스바겐을 밀어내고 1위를 차지했다.

자료: 이장호(1993: 144)

둘째, 경쟁 조직의 현재의 전략을 분석해야 한다. 현재의 전략을 분석하는 데는 과거의 전략을 추적하는 것이 도움을 줄 때가 많다. 예컨대, 경쟁 기업이 과거에 차별화 전략에 의존해 왔으면 제품 계열의 폭, 기술, 서비스, 유통 경로, 그리고 상표 중에서 무엇에 근거해 차별해 왔는가를 살펴보는 것이다.

셋째, 경쟁자의 능력과 자원을 분석해야 한다. 경쟁자의 강 · 약점은 능력과 자원에서 나타난다. 기업의 경우 경쟁자의 능력 분석에서는 경쟁 기업의 생산, 마케팅, 기술개발, 재무 능력 등 직능별 강 · 약점은 물론이고 종합적인 능력을 분석해야 한다. 종합적인 능력에는 전반적인 비용 수준, 일반 관리 능력, 성장 능력, 환경 변화 대처 능력 등이 포함된다. 자원에는 인적 · 물적 · 금전적 · 정보 자원을 포함한다. 자체 조직의 분석에서도 미래 목표와 가정, 현재의 전략, 그리고 능력과 자원의 분석이 적용된다.

(4) 전략의 분석과 구상

경쟁 조직과 자체 조직의 장 · 단점을 비교하면서 전략을 분석한다. 기업의 경우에는 경쟁적 우위를 판단하고 분석한다. 경쟁적 우위를 위해서는 조직과 다른 조직 간에 차별성과 중점성을 확보해야 한다. 기업에서 차별성이란 기업의 제품이나 서비스가 다른 경쟁 업체가 따라올 수 없을 정도로 차이가 있는지를 분석하는 것이다. 자원과 능력이 다른 조직에 비해 경쟁력을 가지려면 자원의 모방이나 능력의 모방이 곤란해야 하며, 이런 상태가 계속되어야 한다(이장우, 1995: 104-106). 중점성이란 특정 고객이나 특정 시장을 대상으로 하여 중점적인 전략을 전개하는가에 따라 분석하고 경쟁적 우위를 평가하는 것이다. 예컨대, 벤츠는 고급 승용차 분야에서 제품의 전문성을 통해 경쟁적 우위를 차지하고 있다(이학종, 1989: 172).

정부나 공익단체 등에서는 특정 조직과 경쟁 조직을 비교하기보다는 조직과 고객과의 관계에 더 큰 비중을 둔다. 정부나 공익단체는 설립 목적이나 기능이 비교적 뚜렷하므로 목적 달성도나 기능의 수행도, 그리고 고객의 만족도 등을 분석해 전략을 구상해야 한다.

이러한 분석이 마무리되면 조직의 사명과 목표를 새로이 설정하거나 이미 설정된 그것들을 확인한 후 실행 가능한 전략을 구상한다. 이때 전략에는 전략적 목표와 수단, 그리고 자원이 포함되어야 한다.

3) SWOT 방법

일반적으로 환경의 기회와 위협을 자기 조직의 강·약점과 함께 분석하고, 이에 따라서 적절한 전략을 연결하는 것을 강점(strength), 약점(weakness), 기회(opportunities), 그리고 위협(threats)의 머리글자를 따서 SWOT 방법, 또는 TOWS 방법이라고 한다. 다시 말해, 조직환경의 위협과 기회를 조직의 내적 능력의 강점과 약점을 연결시켜 적합한 전략을 모색하는 것을 말하며, 특히 기업전략에서 많이 활용된다.

환경 요소는 앞에서 다뤘던 일반적 환경인 정치적·경제적·사회문화적·기술적·국제적 환경의 변화와 고객의 변화 등이 각각 조직에 위협이 될 수도 있고 기회가 될 수도 있다. 조직 내부의 강·약점이란 조직의 조직구조, 자원, 조직문화, 최고관리자의

그림 14-3 SWOT 방법의 적용(해양경찰청 사례)

내부 환경 전략적 방향 및 시사점 외부 환경	강점(S) 1. 조직 내 혁신(성과) 문화 정착 2. 인력 채용의 유연성 3. 해역별 치안 서비스 제공 가능	약점(W) 1. 하위직 중심의 직급 구조 체계 2. 조직의 대외적 네트워크 취약 3. 지방조직 취약 4. 교육 인프라 미흡
기회(O) 1. 해양레저 인구 증가 2. 해양안보 중요성 증대 3. 해양자원 및 환경관리에 대한 관심 증대	SO 전략 • 국제적 역량을 갖춘 우수인력 확보 및 인재 양성 • 해역별 특화된 치안 서비스 제공	WO 전략 • 지방조직의 실질적 권한 및 기능 강화 • 직급구조 및 교육 체계 개선을 통한 내부 역량 강화
위협(T) 1. 어업 인구의 감소 2. 해양자원 분쟁 심화 3. 해상범죄 발생 증가 4. 해양 오염사고 발생 위험도 증가	ST 전략 • 전문인력 채용을 통한 외사(外事) 기능 강화 • 방제관리 역량 강화	WT 전략 • 국제교류 협력 강화 및 외부 네트워크 강화 • 해상범죄 대처 역량 강화

관리 능력, 이미지 등으로 이들은 각각 조직의 강점과 약점이 될 수 있다. 이때 네 가지 전략을 고려할 수 있다.

① SO 전략: 조직의 내부적 강점(S)과 외부의 기회(O)를 이용한 전략

② ST 전략: 조직의 내부적 강점(S)을 활용해 외부적 위협(T)을 피하는 전략

③ WO 전략: 외부의 기회(O)를 살려 자기의 약점(W)을 극복하는 전략

④ WT 전략: 내부적 약점(W)을 보완하고 외부의 위협(T)을 피하는 전략

[그림 14-3]은 한국경제경영연구원이 행정자치부 조직진단센터의 의뢰에 의해 용역 연구한 해양경찰청의 환경 분석과 전략적 방향에 관한 사례다(한국경제경영연구원, 2006: 59).

4) 전략적 계획의 내용

전략적 계획에 포함되어야 할 내용은 앞에서 언급한 전략적 비전과 목표를 전제로, SWOT 방법 등 상황분석을 바탕으로 하여, 구체적 전략 대안을 마련하는 것이다. 구체적 전략 대안에 포함되는 주된 내용은 사업의 영역과 상품이나 서비스의 품목을 확정하며, 이에 따른 각종 자원계획 등을 포함한 실천계획을 세우는 것이다.

특히 기업에서 경영전략의 내용으로는 사업 영역의 정의, 자원 전개, 경쟁 전략과 조직 간 관계를 들 수 있다. 여기서 사업의 영역이란 조직의 독자적인 활동 영역을 의미한다. 이것은 조직의 사회적 존립 기반에 관한 것이라 할 수 있다. 예컨대, 후지사진필름(주)는 '정보의 기록'을, 일본전기(주)는 'C(computer) & C(communication)', 산토리사는 '생활문화산업'을, 그리고 미국의 IBM사는 '서비스'를 제시했다(이시이 쥰조 외, 1994: 40-44).

기업 특히 성숙기에 놓여 있는 기업이 제품 차별화를 위해 사용할 수 있는 전략으로는 상품과 시장에 따라서 시장 침투와 시장 개발, 제품 개발과 제품 확산을 인용하는 경우가 많다(Hill & Jones, 1992: 184-186). 시장 침투는 기존 제품시장에서 시장점유율을 높이려 할 때 사용하는 전략이다. 시장 개발은 기존의 제품을 활용해 새로운 시장을 찾는 전략이다. 제품 개발은 기존 제품을 대체하기 위해 새로운 제품을 만들어내는 전략이다. 제품 확산이란 폭넓은 제품 라인을 구성해 새로운 제품시장에 진입하는 전략이다. 이를 〈표 14-2〉와 같이 나타낼 수 있다.

표 14-2 성숙기에서 제품 차별화의 전략

시장 \ 상품	기존	신규
기존	시장 침투	제품 개발
신규	시장 개발	제품 확산

제 3 절 핵심 역량의 관리

1. 핵심 역량의 의의

경쟁의 시대에는 각 조직의 경쟁력이 문제가 된다. 이러한 경쟁은 국제화 시대가 되면서 더욱 중요한 문제로 대두되고 있다. 지금까지 독점적 지위를 누리던 조직들도 경쟁적 환경이 되면 조직을 활성화시키기 위해 온갖 노력을 기울인다. 조직의 구조 개편, 조직의 리엔지니어링, 인력 감축 등 조직혁신의 노력을 기울인다.

핵심 역량 문제는 심각한 경쟁 환경 아래에서 조직의 생존과 번영을 확보하기 위한 대표적인 수단으로 인식되며, 특히 기업 등 사적 부문에서 발생한 개념이 공공 부문이나 사회 부문에서도 적용을 확대하고 있다.

핵심 역량의 개념은 조직이 환경 변화에 적응하고, 생존하며, 나아가서 경쟁 조직들과의 관계에서 우위를 차지하거나 관련 조직 간에 더 나은 관계를 맺기 위해 활용될 수 있는 전략적 관리의 한 수단이다.

프라할라드와 하멜(Prahalad & Hamel, 1990)에 의해 개발된 기업 핵심 역량이라는 개념은 다음과 같이 네 개의 핵심 요소로 구성되어 있다.

첫째, 기업 전사 범위로서, 핵심 역량은 하나의 회사에서 관리나 최종 제품들을 포괄한다. 다른 말로 표현하면, 강력한 핵심 역량은 여러 가지 생산 제품이나 관리를 지원한다.

둘째, 일시적인 지배로서, 생산 제품은 한 회사의 핵심 능력을 순간적으로 표현한 것이다. 능력은 생산 제품보다 안정적이고 더욱 느리게 진화한다.

셋째, 시행하면서 학습하는 것으로서, 핵심 역량은 일하면서 얻어지고 고양된다. 프라할라드와 하멜(Prahalad & Hamel, 1990: 82)은 "핵심 역량이란 조직 안에서 집합적으로 학습하는 것이며, 특히 다양한 생산 기술(skills)을 조정하고 다양한 갈래의 기술(technologies)을 통합하는 방법을 배우는 것이다. 핵심 역량은 사용함으로써 없어지지 않는다. 핵심 역량은 그들이 응용되고 공유함으로써 고양된다"고 말한다.

넷째, 경쟁적 범주로서, 생산-마켓 경쟁은 핵심 역량을 둘러싼 좀 더 깊은 경쟁이 표피적으로 표현된 것일 뿐이다. 하멜(Hamel, 1991: 83)은 "기업을 핵심 역량과 핵심 부분들의 포트폴리오라고 생각하는 것은 생산 내부적인 것에 반하는 것으로서 기업 간 경쟁이 기술의 획득과 필수적으로 관련이 있다는 것을 암시한다"고 말한다.

2. 핵심 역량의 개념과 그 특성

1) 핵심 역량의 정의

핵심 역량에 관해 통일된 개념 정의는 아직까지 없다. 그렇지만 핵심 역량을 논하는 연구자들은 잠정적인 정의를 하게 된다. 여기서는 핵심 역량의 선구적인 역할을 해 온 하멜(G. Hamel)의 견해를 먼저 소개한 후 연구자가 나름대로 정의하고자 한다.

하멜은 핵심 역량은 기술의 통합으로서 자산은 아니라고 주장한다(Hamel, 1994: 11-12).

첫째, 핵심 역량은 기술의 통합(an integration of skills)이다. 핵심 역량은 어떤 단일의 구체적 기능이나 기술이기보다는 개개의 기능과 기술들의 묶음이다. 예컨대, 연계 수송과 전달 체제를 갖는 페더럴 익스프레스(Federal Express)사가 소유하는 역량은 바코드 기술, 선형계획 기술, 그리고 그 밖의 특징들을 포함한다. 핵심 역량은 다양한 개인들의 기능 통합을 보여준다. 이 통합이야말로 핵심 역량의 두드러진 특성이다. 따라서 핵심 역량은 개인이나 소집단에서 발견되기는 어렵다. 핵심 역량은 여러 분야의 다양한 기술을 어떻게 결합하고 어떻게 조정하느냐에 따라서, 그리고 새로운 기술을 어떻게 습득하고 개발하며, 그 과정에서 각계각층의 구성원들이 어떻게 상호작용을 하는가에 따라서 핵심 능력의 경쟁적 우위 요소로서 효력이 발휘된다.

핵심 역량과 개별 기능의 구분이 어려울지도 모른다. 그리고 핵심 역량과 메타 역량의 구분 역시 쉽지는 않다. 특정한 기업(혹은 조직체)을 대상으로 할 때 한두 개로 압축되는 역량은 메타 역량(meta competencies)이며, 5개 내지 15개 이내의 역량일 때 그것이 핵심 역량이며, 40개 내지 50개의 역량이라면 그것은 개별 기능으로 보아야 할 것이다. 따라서 메타 역량→핵심 역량→개별 기능의 계서제 형태를 띠는 것으로 보여진다.

둘째, 핵심 역량은 자산(assets)이 아니다. 핵심 역량은 회계적 의미의 자산은 아니다. 어떤 공장, 배급 채널 혹은 상표 자체는 핵심 역량이 아니다. 그러나 공장을 운영하는 자질, 채널을 운영하는 자질, 혹은 상표 운영 소질은 핵심 역량을 구성할 수 있다. 핵심 역량은 생명력이 있는 것이며 인간들의 활동이고 학습을 통해 축적된다. 핵심 역량은 확실히 암묵지와 형식지를 둘 다 포함한다.

대부분의 핵심 역량에 관한 정의는 기업을 전제로 한 개념들이다. 그런데 공공 부문, 특히 정부조직들은 기업들과는 달리 경쟁이 거의 없거나 제한적이므로 경쟁을 전제로 한 핵심 역량의 개념은 적용상의 한계를 갖게 된다. 따라서 저자는 핵심 역량이 적용되는 범위를 사적 부문은 물론이고 공공 부문에까지 적용하기 위해 핵심 역량을 "특정 조직이 보유하고 있는 우월적인 내부 역량"으로 포괄적으로 정의하고자 한다.

핵심 역량은 경쟁 조직과 차별될 뿐 아니라 특정 조직이 존재하는 이유와 관련된다. 또한 이 개념은 사업 성공의 핵심으로서 작용하는 경쟁 우위의 원천으로 다양한 형태의 유형 및 무형의 자원과 조직 능력에 기반을 두며, 사용한다고 없어지지 않고 지속적인 학습과 공유를 통해 향상된다.

2) 핵심 역량과 비핵심 역량

핵심 역량을 비핵심 역량과 비교하는 것은 핵심 역량의 개념적 특성을 찾는 데 유용하다. 우리가 핵심 역량에 관심을 갖는 이유는 고위 관리자들로 하여금 조직의 외곽에 놓여 있는 역량이나 기능보다는 조직의 중심에 놓여 있는 핵심적 기능이나 역량에 그들의 관심과 노력을 집중시키게 하는 것이다. 핵심 역량으로 간주되기 위해서는 고객의 가치, 경쟁적 차별성, 그리고 신규 시장으로의 연장 가능성을 갖춰야 한다(Hamel, 1994: 12-16).

첫째, 핵심 역량은 고객의 가치를 반영해야 한다. 즉, 핵심 역량을 구성하는 기능은 고객에게 중요한 가치나 편익을 제공할 수 있어야 한다. 그러한 가치나 편익으로는 신뢰, 이미지 기록, 사용자 친근성, 복잡성 관리 등을 들 수 있다. 핵심 역량은 고객들이 느끼는 핵심적 편익의 정도에 의존한다. 즉, 중요하고 결정적인 편익이나 가치일 때 그 기능은 핵심 역량이 된다. 혼다자동차의 엔진 기술은 핵심 역량이지만 혼다자동차의 판매 기제는 핵심 역량이 될 수 없다. 혼다자동차의 엔진 기술은 고객들에게 더 낮은 연비, 가속, 소음 감소, 높은 회전 속도 등을 통해 고객을 만족시킬 수 있기 때문이다. 그렇지만 핵심 역량이 고객들에게 꼭 가시적으로 나타나야 한다는 것은 아니며 고객에게 편익을 제공하기만 하면 된다.

둘째, 핵심 역량이 되는 기술은 경쟁 업체에 비해 독특한 것이어야 한다. 그것은 핵심 능력이 되는 기술을 하나의 회사만이 독점적으로 보유해야 한다는 것을 의미하는 것이 아니라 동종의 업체들에 비해 월등하게 우수하거나 다른 업체들이 쉽게 모방할 수 없는 상태에 있을 때라는 전제 조건이 필요하다.

셋째, 핵심 역량을 구성하는 기술은 신규 시장으로 연장 가능성이 있어야 한다. 핵심 기술을 바탕으로 새로운 시장으로 진입이 가능해야 함을 의미한다. 예컨대, 혼다자동차의 엔진 기술은 오토바이에서 자동차로 연장 개발되었으며, 필립 모리스의 마케팅 기술은 고급 담배로부터 고소득층의 주택 개발에까지 적용되었다. 이처럼 핵심 능력을 형성하는 기술은 기업의 새로운 사업을 선정하는 데도 도움을 줌으로써 사업의 다각화에 긍정적으로 영향을 준다.

3) 핵심 역량의 내용과 변화

(1) 핵심 역량의 내용

조직의 핵심 역량은 조직이 보유하고 있는 단순한 기능별 능력을 의미하는 것은 아니다. 핵심 역량은 이런 개별 능력에서 나온 역량뿐만 아니라 이러한 기능별 능력을 종합해 활용할 수 있는 조직구성원의 능력이 결합되어 있는 것이다.

핵심 역량으로 문화, 능력, 그리고 연계를 들기도 한다(Depiliopi et al., 2006: 78-81). 문화(culture)는 조직의 목적, 사명, 그리고 핵심 가치에 대한 감각을 의미하며, 능력(capability)은 조직활동에 구체화되어 있는 지식과 기술을 의미하고, 연계(connections)란 공급자, 소비자 협력 파트너, 기타 외부와의 접촉 능력을 의미한다.

세계 우량 기업의 핵심 역량에 관해서는 여러 학자나 컨설턴트들이 견해를 제시하고 있는데, 그들의 성공 요인과 관련해 제시한 것은 〈표 14-3〉과 같다.

정부조직의 경우로 적용해 보면, 의회는 회의 능력, 법원은 재판 능력, 행정부는 정책 집행 능력을 각각의 핵심 역량으로 예시할 수 있다.

표 14-3 세계 우량 기업의 핵심 역량

회사명	핵심 역량의 내용
Sony	신제품 개발의 신속성, 제품과 부품의 소형화
Niki	제품 디자인과 마케팅, 공급자 관리
Walmart	통합 로지스틱스, 공급 체인 관리
Honda	엔진과 파워 트레인, 딜러 관리
McKinsey	최고경영층 컨설팅, 채용 및 인사 개발
Dizey	이야기하기(story telling)

자료: 이승주(1999: 77).

〈표 14-4〉는 의회를 지원하는 기구인 국회사무처의 핵심 역량을 추출한 것이다. 국회사무처의 핵심 역량의 지향점은 입법정책 전문성과 입법행정 전문성이다. 입법정책의 전문성은 다시 법제 관련 전문성, 예산결산 심의, 정책 조사 분석이며, 입법행정의 전문성은 의사 진행 전문성, 의원 외교활동 보좌 및 지원이다. 이들의 세부적 역량은 〈표 14-4〉에 정리한다.

표 14-4 국회사무처의 핵심 역량

구분(전문성)		역량
입법정책	1. 법제 관련 전문성	1) 법률안 기초 지식과 능력 2) 법률안 검토, 대안 제시 능력 3) 행정입법의 분석 · 평가 능력 4) 국내 · 외 법제조사 및 연구 능력
	2. 예산결산 심의	1) 예산과 결산의 분석 · 평가 능력 2) 정책과 사업계획의 분석 · 평가 능력 3) 정책대안의 개발 및 지원 능력 4) 법률안의 소요 비용 추정 능력
	3. 정책 조사분석	1) 의안심사를 위한 기초 자료 수집, 조사 및 연구 능력 2) 정책 현안 분석 및 평가 지원 능력
입법행정	4. 의사 진행 전문성	1) 본회의(위원회) 의사 진행 능력 2) 의안관리 능력
	5. 의원 외교활동 보좌 및 지원	1) 국회의원 외교활동 지원 능력 2) 국제회의 관련 지원 능력 3) 의전 업무 지원 능력

자료: 한국생산성본부(2006: 56).

(2) 핵심 역량의 변화

핵심 역량이 고정 불변의 것은 아니다. 경쟁 상황에 따라 변화한다(이학종, 1997: 212-213). 선진국에서 품질은 1970년대와 1980년대에 매우 중요한 핵심 역량이었다. 특히 낮은 불량품 비율과 품질에 대한 높은 신뢰도는 일본 자동차 업체들의 핵심 능력으로 오랫동안 작용해 왔다. 그러나 미국과 다른 나라의 경쟁 업체들도 품질 수준을 높임으로써 품질은 이제 경쟁 업체들 간에 차별성이 없는 기술이 되어버렸다. 신속한 고객 서비스도 모든 기업의 일반적인 기술로 변해 가고 있다. 이와 같이 핵심 능력을 구성하는 것은 상황과 환경에 따라 그 차이가 있으므로 조직은 고객이 원하는 가치와 혜택이 무엇인지를 파악하고 이를 핵심 능력으로 연결시키는 것이 중요하다.

3. 핵심 역량의 관리

핵심 역량의 관리를 위한 단계에서는 네 가지 핵심 업무가 있는데, 그것은 핵심 역량의 선택, 핵심 역량의 구축, 핵심 역량의 배치, 그리고 핵심 역량의 보호다. 이들을 간단히 살펴보면 다음과 같다(Hamel, 1994: 25-32).

1) 핵심 역량의 선택

만약 한 회사의 핵심 역량의 강점이 그 회사의 생산이나 서비스의 경쟁력을 결정한다면, 그리고 그것이 미래의 새로운 기업 경영 기회를 창출할 수 있는 능력을 결정한다면, 그러한 경쟁력의 정체성과 건강은 고위관리자들의 관심을 끌게 될 것이다. 그리고 만약 관리자들이 핵심 역량이 사실 존재한다는 견해를 공유하지 않는다면 회사는 핵심 역량을 적극적으로 다룰 수 없다. 따라서 회사에서 핵심 역량에 대한 명확한 정의와 동의의 정도는 한 회사의 핵심 역량 관리 능력이 있는지 여부를 결정하는 대표적 기준이 된다.

핵심 역량을 관리하는 데 요구되는 최초의 임무는 핵심적 역량의 목록을 작성하는 일이다. 조직의 핵심 역량 목록을 작성하는 과정에서, 그들이 만들어내는 제품과 서비스로부터 핵심 역량을 완전하게 추출하려 할 때는 상당히 근본적인 노력이 필요하다. 즉, 핵심적인 것과 비핵심적인 것을 구분하며, 의미 있는 방법으로 기능과 기술을 모으고 통합하기 위해서는, 그리고 그들을 서술하고 공유할 수 있기 위해서는 꽤 많은 시간과 노력이 요구된다. 기능, 기술, 그리고 능력에 관한 긴 목록을 작성하는 것은 그렇게 쉬운 일이 아니며 시행착오를 거치게 된다.

핵심 역량에 대해 정확하고, 창조적이며, 그리고 공유할 수 있는 정의에 도달하는 데 걸리는 시간은 대규모 회사에서는 수주 또는 한 달 이상 걸릴지 모른다. 그럼에도 불구하고 핵심 역량을 규명하려는 노력을 해 온 회사들은 핵심 역량의 규명이 매우 보람 있는 일임을 발견한다.

현재의 역량을 설명하는 것 이상으로 어려운 것은 미래의 핵심 역량을 선택하는 일이다. 핵심 역량에서 세계적 리더십을 세우는 데는 5년, 10년 아니 그 이상이 걸릴지도 모른다. 그렇다면 핵심 역량을 선택하는 데 일관성 있는 노력이 필요하게 된다. 만약 고위관리자가 새로운 역량이 건설되어야 한다는 것을 동의하지 않는다면 그러한 일관성은 있을 것 같지 않다. 만약 이런 합의가 없다면 한 회사는 다양한 경영 단위들이 독자적인 역량 구축 의제를 추구하게 되며, 따라서 한 회사는 역량 구축 노력이 와해될지도 모른다.

미래에 어떤 핵심 역량을 구축할 것인가의 문제는 그 회사가 통제하고자 하는 고객 편익의 부류를 구축하는 것이지 특정 생산 제품 계획이나 사업 사례는 아니다. 소니(Sony)사는 휴대 가능성에서 워크맨보다 앞섰다. 고객에 대한 특정 편익의 중요성을 개선한 후 그것의 기술적 실현 가능성을 계산해야 한다.

때때로 하나의 핵심 역량이 특정 고객의 편익을 가장 효율적으로 전달하려는 방법으로서 다른 핵심 역량을 대신할지도 모른다. 따라서 구축할 핵심 역량을 선택하는 과정에서 회사는 기본적으로 새로운 고객 편익의 전달을 가능케 하는 문제는 물론이고, 그 역량이 현존 고객의 편익을 전달하는 데 좀 더 비효율적이거나 비효과적인 역량으로 대체될 수 있다는 것이다.

2) 핵심 역량의 구축

핵심 역량을 건축하는 것은 회사의 내·외에 존재하는 지식의 축적과 통합을 필요로 한다. 개인이 가지고 있는 것들을 핵심 역량으로 통합시키는 능력은 종적으로, 그리고 횡적으로 의사소통이 잘되고 학습이 잘 이뤄져야 함을 전제로 한다. 일본인 관리자는 이를 전문가보다는 일반행정가가 더 필요로 하는 것이라고 표현한 바 있다. 핵심 역량을 구축하는 데 요구되는 통합 능력은 그것을 개발하는 능력만큼 중요한 것일지도

모른다.

물론 핵심 역량의 구축 목적은 핵심 역량을 구축한다는 것뿐만 아니라 경쟁자보다 더 빨리, 그리고 더욱 경제적으로 건축하는 것이다. 핵심 역량을 구축하면서 비용을 줄이는 방법 중의 하나는 다른 회사로부터 기능과 기술을 빌리는 것이다. 이것은 소규모 획득, 면허 동의, 합작 투자, 연합 혹은 경쟁적 대여 등을 통해 가능하다. 이 모든 경우에 목표는 가능하다면 다른 회사로부터 많은 요소 기능과 기술을 빌리는 것이며, 그것도 값싸게 빌리는 것이다.

오늘날 기술 및 개인적 인간의 기능에서는 세계적인 시장이 있다. 이 시장에서는 경쟁 회사로부터 최고의 재능을 빌림으로써, 대학연구소에 연구자금을 지원함으로써, 그리고 세계적인 특허 출원을 조사함으로써 실리콘밸리 회사들의 소액 주주로서 접근이 가능하게 된다. 따라서 통합 능력이 개발 능력만큼 중요한 것처럼 다른 조직으로부터 역량을 흡수할 수 있는 능력은 역량 그 자체를 발명하는 능력만큼 중요한 것이다. 역할 모형이나 본보기는 새로운 역량을 구축하는 데 시간과 위험을 둘 다 축소시킬 수 있다.

노력의 일관성은 핵심 역량을 구축하는 데 필요한 또 다른 결정 요소다. 그리고 회사의 핵심 역량 구축을 저렴하게 할 수 있는 다른 것은 핵심 역량 구축 노력을 전 제품에 걸쳐서 혹은 전 세계 시장으로 지렛대 역할을 하게 하거나 소멸시키는 능력이다. 핵심 역량으로부터 편익을 줄 수 있는 제품군이 많으면 많을수록, 회사의 지리적 범위가 넓을수록 핵심 역량 개발에서 얻을 수 있는 규모의 경제는 많을 것이다. 핵심 역량에서 지도적 위치에 있는 회사들은 수직적으로 핵심 역량을 포함하려는 것보다는 수평적으로 사업을 다각화하려 한다. 그런데 히든챔피언은 반대로 수직적으로 자체 제작하려 한다.

3) 핵심 역량의 배치

핵심 역량이 복수 사업, 그리고 새로운 시장에 침투해 지렛대 역할을 하게 하기 위해서는 역량을 내부적으로 하나의 부서나 사업 단위에서 다른 부서로 재배치할 필요가 종종 있다. 어떤 회사는 이런 능력이 다른 회사보다 뛰어나 이를 잘 활용하고 있다.

만약 핵심 역량이 단일 사업에만 묶여 있다면, 그 회사는 두 가지 면에서 고통을 받게 된다. 첫째는 새로운 시장 영역에서 핵심 역량을 개발하는 잠재적 기회는 개척되지 않기 때문에 그렇지 않는 경우에 비해 성장은 더뎌진다. 둘째는 핵심 역량을 구성하는 사람들이 외곽으로 나가지 않고 활용되지도 않기 때문에 그들의 기능, 곧 핵심 역량은 소진하게 된다.

자매 회사의 부서(과)에 근무한 적이 있는 관계자가 2~3개월 동안 원 소속 회사의 최고 10위 내지 20위 수준의 기술자를 빌려오도록 요구받는다면, 그는 관리자가 얼마나 핵심 역량을 공유하기를 꺼려하는지를 바로 직시할 수 있게 된다. 실제로 많은 조직에서는 인적 자본의 중요성을 말하기는 하지만 인적 자본을 잘 할당할 기제나 방법 등이 거의 갖춰져 있지 않다.

샤프(Sharp)사는 부족한 역량들을 크게 보상받을 수 있는 프로젝트에 할당하기 위해 '긴급 프로젝트 팀(urgent project team)'을 운용한다. 잠재적인 시장의 기회가 포착되면 하나의 긴급 프로젝트 팀이 발족하고 그 팀의 팀장에게는 샤프사의 최고 역량 자원을 활용해 세계를 정복할 권한을 부여한다. 샤프사에는 이런 팀이 150여 개가 있다. 소니사 역시 '황금 배지팀(gold badge team)'을 운영한다. 이런 팀의 운용이 잘되려면 회사 내에 사업의 중요성에 대한 합의가 있어야 한다.

4) 핵심 역량의 보호

핵심 역량이 침식되는 것을 막기 위해서는 최고관리층의 계속적인 관심을 요구한다. 대부분의 상위직 관리자들이 판매 실적, 시장 점유, 그리고 이윤이라는 경쟁적 측정치를 쉽게 이용할 수 있지만 그들 회사가 핵심 역량을 개발하는 데 경쟁 회사들의 코앞에 놓여 있다는 것을 알아채는 사람은 거의 없다. 만약 핵심 역량이 최고관리자의 눈에 띄지 않는다면 그 회사의 핵심 역량이 침식되지 않도록 보호할 만한 방법은 없다.

핵심 역량 리더십이 여러 가지로 손상될지도 모른다. 핵심 역량은 자금의 부족으로 위축될 수도 있다. 핵심 역량은 부문화를 통해 쪼개지는데, 특히 핵심 역량 관리자로 책임을 느끼는 사람이 한 사람도 없는 곳에서 그렇다.

토의과제

❶ 1997년 한국이 외환 위기로 맞은 IMF 관리 체제는 한국의 조직들에게 위기였는가, 아니면 기회였는가?
❷ 특정 조직을 제시하여 핵심 역량을 토론하라.
❸ 조직의 산물혁신과 조직의 관리혁신은 어떤 차이가 있을까?

참고문헌

국내 문헌

강대욱 · 김기웅 · 최덕진(2008). "성과관리시스템 도입에 따른 평가와 기여도에 관한 연구." 한국항공경영학회. 『한국항공경영학회 추계학술대회 발표논문』, 2008.11.14. 남서울대학교.

강성철 · 김판석 · 이종수 · 진재구 · 최근열(2018). 『새인사행정론』. 고양: 대영문화사.

강신택(1999). 『사회과학 연구의 논리』. 서울: 박영사.

강황선(2005). "정부조직 내 Balanced Scorecard의 정착을 위한 연구: 미국의 각 정부조직의 경험을 중심으로." 『한국행정연구』, 14(3).

고두균 외(1999). 『6시그마 경영, 이해와 적용』. 서울: 한국생산성본부.

고영석(2015). 『정부성과평가제도의 효과성에 관한 연구』. 건국대학교 박사학위 논문.

공병호(1993). 『한국기업흥망사』. 서울: 명진출판.

국무총리 국무조정실(2003). 『국무조정실 30년사』. 서울: 국무총리 국무조정실.

국회사무처(1999). 『국회의사편람』. 서울: 국회사무처 의사국.

권기헌(2007). 『정책학의 논리』. 서울: 박영사.

기획예산처(2006). 『2005년도 정부투자기관 경영실적 평가보고서(Ⅰ)』. 서울: 기획예산처.

김경동(2008). 『현대의 사회학』(신정판). 서울: 박영사.

김경수 · 김공수(2019). 『조직행동론: 분석수준관점』(개정판). 서울: 법문사.

김관규(2000). "전자 메일과 다른 대인 대체의 기능적 관계에 관한 연구." 『한국언론학보』, 44(2), 봄호.

김권집(1999). 『한국행정조직론』. 대전: 청솔출판사.

김병섭(2008). "M. T. Hannen과 J. H. Freeman의 조직군생태학." 오석홍 · 손태원 · 하태권 편. 『조직학의 주요 이론』(제3판). 서울: 법문사.

김병섭 · 박광국 · 조경호(2008). 『휴먼조직론』. 서울: 대영문화사.

김석회(1990). 『조직구조론』. 서울: 무역경영사.

김세우(2007). 『비전』. 서울: 한솔아카데미.

김수영(1985). 『행정개혁론』. 서울: 박영사.
김신복(1999). 『발전기획론』(수정증보판). 서울: 박영사.
김여옥(1982). 『심성계발프로그램(1, 2)』. 서울: 배영사.
김연성 외(2006). 『품질경영론』(제3판). 서울: 박영사.
김영진(1994). 『IBM』. 서울: 길벗.
김응수(2009). “정의 조직문화개발의 필요성과 방향.” 『인터넷비즈니스연구』. 서울: 한국인터넷비즈니즈학회.
김인수(2007). 『거시조직이론』(개정4판). 서울: 무역경영사.
김정기(1982). 『새 PR원론』(증보판). 서울: 탐구당.
김정수(2007). “불확실성, 결정오차 그리고 제비뽑기의 역설.” 『한국정책학회보』, 16(1). 서울: 한국정책학회.
김주환(2004). 『PR의 이론과 실제』. 서울: 학현사.
김호섭 · 김판석 · 이창원 · 강제상 · 류홍림 · 박통희(2011). 『조직행태의 이해』. 서울: 대영문화사.
나기산(1992). “위기시 정책분석에 관한 연구.” 『국방연구』.
남중헌(1995). 『제로베이스이론』. 서울: 석정.
노나카 이쿠지로 · 곤노 노보루 지음, 나상억 옮김(1998). 『노나카의 지식경영』. 서울: 21세기북스.
류랑도(2020). 『팀장 리더십(*Team Leader Class*)』. 쌤앤파커스.
민　진(1995). “정부조직 개편에 관한 연구.” 『한국행정학보』, 29(3). 서울: 한국행정학회.
______(2003). “조직 효과성에 관한 개념 정의의 분석 및 재개념화.” 『한국행정학보』, 37(2).
______(2005). 『행정학의 이해』. 서울: 대명출판사.
______(2006). “정부 조직의 조직변동 연구.” 『한국사회와 행정연구』, 17(2). 서울행정학회.
______(2009). “조직 건강의 개념 분석 및 재개념화.” 『행정논총』. 서울: 서울대학교 행정문제연구소.
______(2011). 『조직의 건강과 질병』. 서울: 대영문화사.
______(2018). 『조직관리론』(제6판). 고양: 대영문화사.
______(2014). “종합적 조직평가모형의 개발.” 『한국사회와 행정연구』, 24(4). 서울: 서울행정학회.
민진 · 민나온(2013). “조직의 사명선언서 분석.” 『한국조직학회보』, 10(2).
______(2016). “조직의 비전선언서에 대한 내용 구조 분석.” 『한국조직학회보』, 12(4).
바비 더피(Bobby Duffy) 지음, 이영래 옮김(2022). 『세대감각(*Generations*)』. 서울: 어크로스.
박경규(2019). 『조직행동』(제2판). 서울: 홍문사.
박경용(2008). “기업 의례 양상과 입사의례의 조직사회화 전략.” 『실천민속학연구』, 12.
박경원 · 김희선(1998). 『조직이론강의』. 서울: 대영문화사.
박기찬(1993). 『조직정치론』. 서울: 경문사.
박내회(1990). 『조직행동론』. 서울: 박영사.
박성복 · 이종열(1993). 『정책학원론』. 서울: 대영문화사.

박연호·오세덕(1995).『현대조직관리론』. 서울: 박영사.
박영기(2004). "조직론 교육의 범위와 내용에 관한 고찰."『한국조직학회보』, 1(1).
박영배·이승영(1992).『경영학원론』, 서울: 일신사.
박영범(2002).『사보의 Re-Positioning과 전자사보의 활용』(강의 자료). 서울: 진솔인터넷.
박영택(2005).『이노베이션 스토리(*Innovation Stories*)』. 서울: 네모북스.
박우순(1996).『현대조직론』. 서울: 법문사.
박재홍(2007).『현대품질경영론』. 서울: 박영사.
방송통신위원회·한국인터넷진흥원(2010).『한국인터넷백서 2010』. 서울: 한국방송통신위원회·한국인터넷진흥원.
백승권(2019).『보고서의 법칙』. 서울: 바다출판사.
백진호·최성락(2005). "지식관리 영향요인에 관한 연구: 재정경제부 지식관리시스템 활용을 중심으로."『행정논총』, 43(3). 서울대학교 행정대학원.
비머·쇼크(C. Beemer & R. L. Schok) 지음, 조인훈 옮김(2008).『고객이 통치한다』. 서울: 행간.
사카이야 타이치 지음, 김순호 옮김(1993).『조직의 성쇠』. 서울: 이목.
삼성경제연구소(1999).『지식경영과 한국의 미래』. 서울: 삼성경제연구소.
삼성신경영실천위원회(1993).『삼성신경영: 나부터 변해야 한다』. 서울: 삼성신경영실천위원회.
서정헌(1995). "포항제철의 성립에 관한 고찰."『한국 경제의 역사적 기반과 경영 이념』. 임원 김병하 교수 정년기념논문집. 서울: 학문사.
셸 홀츠 지음, 안보섭 옮김(2002).『인터넷 PR』. 서울: 나남출판사.
송의달(2021).『뉴욕타임스의 디지털 혁명』. 서울: 나남.
스테픈 데닝(Stephen Denning) 지음, 박설영 옮김(2019). *The Age of Agile*, Harper Collins Focus, LLC., 서울: 어크로스.
스티븐 로빈스·티모시 저지(Stephen P. Robbons & Timothy A. Judge) 지음, 김광점 외 옮김(2008).『조직행동론』. 서울: 시그마프레스.
신경수(2020).『컬처엔진』. 서울: 21세기북스.
신영상(2008).『조직관리』(증보판). 서울: 대영문화사.
신유근(1982).『조직행위론』. 서울: 다산출판사.
______(2007).『KRP 경영론』. 서울: 다산출판사.
신유근 외(1987).『조직환경론』. 서울: 다산출판사.
신희권(1994).『정부와 재벌 간의 전략적 상호작용에 관한 연구』. 서울대학교 박사학위 논문.
양창삼(1990).『조직이론』, 서울: 박영사.
오석홍(2008).『행정개혁실천론』. 서울: 법문사.
______(2020).『조직이론』. 서울: 박영사.
오석홍·손태원·이창길 편(2011).『조직학의 주요 이론』(제4판). 서울: 법문사.
오세덕·이명재·강제상·임영제(2007).『행정관리론』. 서울: 대영문화사.

오재록(2007). 『한국의 관료제 권력구조』. 서울: 한국학술정보(주).
원석희(1998). 『서비스 품질경영』. 서울: 형설출판.
위키백과(2016).
유계숙(2010). "한국, 영국, 스웨덴 근로자가 인식한 조직문화의 가족친화도와 일·가족생활에 대한 만족도 비교." 『한국가정관리학회지』, 28(5).
유종해(2000). 『현대조직관리』(제5전정판). 서울: 박영사.
유필화(1993). 『현대의 마케팅과학』. 서울: 법문사.
유 훈(1993). 『정책학원론』. 서울: 법문사.
______(1995). "조직문화에 관한 고찰." 『행정논총』, 31. 서울대학교 행정대학원.
윤재풍(1985). 『조직학개론』. 서울: 박영사.
______(2014). 『조직론』. 서울: 대영문화사.
이대희(2007). 『감성정부』. 서울: 대영문화사.
이동우(2013). "롯데중앙연구소의 조직평가." 『최신HR트렌드』. 한국경영자총협회.
이면우(1992). 『W이론을 만들자』. 서울: 지식산업사.
이봉세·박경규·임효창(2009). "직무특성과 주인의식 문화가 심리적 소유감 및 태도에 미친 영향." 『산업관계연구』, 19(4).
이성우(1993). 『행정부의 정책조정 체계의 연구』. 서울: 한국행정연구원.
이성은(2010). "성희롱-이성애제도-조직문화 그 연관성에 관한 고찰." 『한국여성학』, 19(2).
이승주(1999). 『경영전략 실천 매뉴얼』. 서울: 시그마 컨설팅 그룹.
이시경(1989). 『조직 간 교호작용의 결정 요인에 관한 연구』. 서울대학교 박사학위 논문.
이시이 쥰조 외 3인 지음, 임송원 옮김(1994). 『경영전략론: 일본기업의 경영전략이론과 실제』. 서울: 석정.
이유재(1997). "고객만족 형성 과정에서 제품과 서비스 간 차이에 관한 연구." 『소비자학연구』, 8(1).
이장우(1995). 『전략경영』. 서울: 법문사.
이장호(1993). 『전략적 선택과 기업의 국제경쟁력』. 서울: 집문당.
이종범·안문석·염재호·박통희 외(1994). 『딜레마이론』. 서울: 나남출판.
이종학(1981). 『현대전략론』. 서울: 박영사.
이종화(1987). 『조직커뮤니케이션론』. 서울: 전예원.
이창순(1994). 『조직이론: 사회조직의 제관점』. 서울: 박영사.
이창원·최창현(2005). 『새조직론』(개정판). 서울: 대영문화사.
이학종(1989). 『전략경영』. 서울: 박영사.
이 홍(2005). "뇌활용 성향과 기업경영: 이병철 회장과 정주영 회장을 통한 탐험적 추론." 『한국경영학회집』, 30(1).
이환범·최준호·김병문(2004). "조직학 분야 교육 관련 교과목 운영 실태 분석 및 교육 중복성 문제의 해결 방안 고찰." 『한국조직학회보』, 1(1).
임도빈(2004). 『한국지방조직론』. 서울: 박영사.
임도빈 · 윤의영(2002). "조직진단의 체계와 과정." 한국행정학회 조직학연구회 편. 『정부조직진단』. 서울: 대영문화사.
임익순 · 소영일(1988). 『경영관리론』. 서울: 박영사.
임창희(1995). 『한국형 팀제』. 서울: 삼성경제연구소.
전략경영협회 편, 청한컨설팅 그룹 옮김(일본)(1994). 『경영 이념 · 비전 핸드북』. 서울: 21세기북스.
전영한(2004). "공공조직의 목표모호성: 개념, 측정 그리고 타당화." 『한국행정학보』, 38(5). 서울: 한국행정학회.
전용욱 · 한정화(1994). 『초일류기업으로 가는 길: 삼성의 성장과 변신』. 서울: 김영사.
정우일(2006a). 『공공조직론』(제2판). 서울: 박영사.
______(2006b). 『리더와 리더십』. 서울: 박영사.
정정길 · 최종원 · 이시원 · 정준금 · 정광호(2012). 『정책학원론』. 서울: 대명출판사.
정흥균(2010). "사회질서를 주제로 한 TV 공익광고의 의미작용 연구." 『디자인학연구』, 23(4).
제임스 그루닉 · 토드 헌트 지음, 박기순 · 박정순 · 최윤희 옮김(2007). 『현대 PR의 이론과 실제』. 서울: 커뮤니케이션북스.
조동성(2000). 『21세기를 위한 경영학』. 서울: 서울경제경영.
조석준(1985). 『조직론』(제2전정판). 서울: 법문사.
______(2004). 『한국행정과 조직문화』. 서울: 대영문화사.
조성한(2002). "조직진단의 주요 접근모형 및 이론." 한국행정학회 조직학연구회 편. 『정부조직진단』. 서울: 대영문화사.
조태준(2017). "제4차 산업혁명의 이해와 정책적 시사점." 『한국정책학회 학술발표회 논문집』.
진종순 · 김기형 · 조태준 · 임재진 · 김정인(2016). 『조직행태론』. 서울: 대영문화사.
존 코터 지음, 한국경제연구원 옮김(1999). 『변화관리』. 서울: 21세기북스.
총무처(1981). 『공무원의 길』. 서울: 총무처.
총무처 직무분석기획단 편(1997). 『신정부혁신론』. 서울: 동명사.
최기원(1986). 『상법학개론』(개정증보판). 서울: 박영사.
최성용 · 김은숙 · 정혜경 · 김미현 · 권미영 · 김성아(2007). 『품질경영』. 서울: 북코리아.
최성욱(2001). "정부조직 개편에 있어서 문화통합 논리의 모색." 『한국정책학회보』, 10(3).
최신융 · 강제상 · 김선엽 · 임영제(2007). 『행정기획론』. 서울: 박영사.
최원주(2010). "기업 이미지 관리를 위한 기업광고의 전략적 접근." 『주관성연구』, 제20호.
최윤희(1992). 『현대PR론』. 서울: 나남.
최재율 · 김희승(1994). 『집단과 리더십』. 서울: 유풍출판사.
최종태(1985). 『현대조직론』. 서울: 경세원.
최창호 · 정세욱(1989). 『행정학』(개정판). 서울: 법문사.

최항순(1997). 『행정조직론』. 서울: 동성출판사.
칸노 하노시 지음, 보스터 컨설팅그룹(BCG) 옮김(2005). 『보스턴 컨설팅 그룹의 리더십 테크닉』. 서울: 물가정보사.
크리스티나 워드케 지음, 박수성 옮김(2020). *OKR: Objective Key Results*. 한국경제신문.
톰 켈리 · 조너선 리트만 지음, 이종인 옮김(2013). 『유쾌한 이노베이션』. 서울: 세종서적.
통계청(2017). 『국가통계포털(KOSIS)』: "2016년 기준 기업생멸행정통계결과." 2017.12.
하미승(2015). 『조직학: 철학과 새 이론 탐색』. 서울: 탑북스.
한국경제경영연구원(2006). 『2006년 진단혁신관리 최종보고서: 해양경찰청 특화진단과 지방조직 진단』. 서울: 행정자치부 조직진단센터.
한국사보협회(2011). *NET WORK*, Vol.207-209.
한국생산성본부(2006.12). 『국회사무처 교육훈련 체계 수립 컨설팅(최종보고서)』. 서울: 국회사무처.
한국은행(1999). 『기업경영분석』.
한국지능정보사회진흥원(2023). 『2022 한국인터넷백서』. 과학기술정보통신부.
한국표준협회(2012). 『2012년도 국가품질상 운영계획』. 서울: 한국표준협회.
한국행정학회 조직학연구회 편(2002). 『정부조직진단』. 서울: 대영문화사.
한덕웅(1985). 『조직행동의 동기이론』. 서울: 법문사.
한정화(2011). "Alfred D. Chandler의 전략과 구조에 관한 이론." 오석홍 편. 『조직학의 주요 이론』. 서울: 법문사.
함성득 · 권기헌 · 임동욱(2000). 『디지털관료키우기』. 서울: 박영사.
허호익(2012.2.20). "가톨릭의 사제 양성과 개신교의 목사 양성." 『한국기독공보(PCK.com)』, 제2839호. 서울대학교.
홉스테드(Geert Hofstede) 지음, 차재호 · 나은영 옮김(2006). 『세계의 문화와 조직』. 서울: 학지사.
황영호(1995). 『조직관리 행태의 맥락 변수간 공부합과 조직의 효과성에 관한 연구』. 서울대학교 대학원 박사학위 논문.

『시사저널』. 제230호, 1994.3.24.
______. 제330호, 1996.2.22.
『정보통신부와 그 소속기관 직제』. 제14927호, 1996.2.22.
『정부조직법』, 『국무총리행정조정실 직제』

국외 문헌

Adams, Jane S.(1965). "Inequity in Social Exchange." in L. Berkowitz(ed.). *Advances in Experimental Social Psychology*. New York: Academic.

Albrow, Martin(1970). *Bureaucracy*. London: Pall-Mall Press.

Aldag, R. J. & L. W. Kuzuhara(2002). *Organizational Behavior and Management*. Cincinnati, Ohio: South-West.

Alderfer, C. P.(1972). *Existence, Relatedness and Growth*. New York: The Free Press.

Aldrich, H. E.(1979). *Organizations and Environment*. Englewood Cliffs, New Jersey: Prentice-Hall, Inc.

Ansoff, H. I.(1965). *Corporate Strategy*. New York: McGraw-Hill.

Argyris, Chris(1957). *Personality and Organization*. New York: Harper and Row.

Armstrong, Michael(1994). *Improving Organizational Effectiveness*. London: Kogan Page Limited.

Baldridge(2008). "Criteria for Performence Excellence." Baldridge National Program.

Barnes, L. B.(1965). "Organizational Change and Field Experiment Method." in V. H. Vroom. *Method of Organitational Research*. University of Pittsburg Press.

Bass, B. M.(1985). "Leadership: Good, Better, Best." *Organizational Dynamics*.

Bass, B. M. & R. E. Riggio(2006). *Transformational Leadership*(2nd ed.). London: Lawrence Ealbaum Associates, Publishers.

Bennis, W. G. & B. Nanus(1985). *Leaders: The Strategies for Takinging Charge*. New York: Harper & Row.

Blau, P. M. & W. R. Scott(1960). *Formal Organization*. San Francisco: Chandler Publishing Company.

Brinckerhoff, Peter C.(1994). *Mission Based Management*. New York: John Wiley and Son's Inc.

Brinckloe, W. D. & M. T. Coughlin(1977). *Managing Organization*. Encino, California: Benzieger Bruce and Glencoe, Inc.

Bryson, John M.(2004). *Planning for Public and Nonprofit Organizations*. New York: Jossey-Bass.

Burns, J. M.(1978). *Leadership*. New York: Harper & Row.

Burns, T. & G. M. Stalker(1961). *The Management of Innovation*. London: Tavistock.

Campbell, J. P.(1977). "On the Nature of Organizational Effectiveness." in P. S. Goodman, J. M. Pennings, & Associates(ed.). *New Perspectives on Organizatonal Effectiveness*. San Francisco: Jossey-Bass Publichers.

Cardinal, L. B., S. B. Sitkin, & C. P. Long(2004). "Balancing and Re-balancing in the Creation and Evaluation." *Organization Science*, 15: 411-431.

Cardona & Rey(2008). *Management by Missions*. New York: Palgrave Macmillan.

Chandler, D.(1962). *Strategy and Structure*. New York: Doubleday.

Chemers, M. M. et al.(1995). *Diversity in Organization*. London: Sage Publications.

Chung, K. H. & L. C. Megginson(1981). *Organizational Behavior: Developing Managing Skills*. New York: Harper and Row Publishers.

Clampitt, P. G.(2001). *Communicating for Managerial Effectiveness*. London: Sage Publications.

Codling, Sylvia(1998). Benchmarking. Aldershot, England: Gower Publishing Company.

Colb, D. A., I. M. Rubin, & J. M. McIntyre(ed.)(1984). *Organizational Psychology*. Englewood Cliffs, New Jersey: Prentice-Hall, Inc.

Cook, Sarah(1995). *Practical Benchmarking*. London: Kogan Page Limited.

Corman, S. R., S. P. Banks, C. R. Bantz, & M. E. Mayer(1990). *Foundation of Organizational Communication: A Reader*. New York: Longman.

Cotton, C. C.(1976). "Measurement of Power Balancing Styles and some of Their Correates." *Administrative Science Quarterly*, 21(2).

Creech, Bill(1994). *Pillars of TQM*. New York: Truman Talley Books.

Cutlip, S. M., A. H. Center, & G. M. Broom(2000). *Effective Public Relations*(8th ed.). Upper Saddle River, New Jersey: Prentice-Hall, Inc.

Daft, R. L.(2000). *Management*(5th ed.). New York: The Dryden Press.

______(2007). *Organization Theory and Design*(9th ed.). St. Paul: West Publishing Company.

Daft, R. L. & D. Marcic(1998). *Understanding Management*. New York: The Dryden Press.

Dalkir, Kimiz(2005). *Knowledge Management in Theory and Practice*. Oxford: Elsevier.

David, Fred R.(2005). *Strategic Management*(10th ed.). Upper Saddle River, New Jersey: Pearson Education, Inc.

Davis, K. & J. W. Newstrom(1985). *Human Behavior at Work: Orgamizational Behavior*(7th ed.). New York: McGraw-Hill Company.

Defillippi, J., M. B. Arther, & V. J. Linsay(2006). *Knowledge at Work*. Oxford: Oxford University Press.

Denhardt, R. B.(1982). *Theories of Public Organization*. Monterey, California: Brooks/Cole.

______(1999). *The Pursuit of Significance: Strategies: Strategies for Managerial Success in Public Organizations*. Monterey, California: Wadsworth Publishing Company.

De Thomasis, L., W. Ammentorp, & M. C. Fox(1991). *Transformational Organization*. Winina, Minesota: Saint Marie's College of Minnesota Press.

Donnelly, J. D., J. L. Gibson, & J. M. Ivancevich(1998). *Fundamentals of Management*(10th ed.). New York: McGraw-Hill Company.

Downs, Anthony(1967). *Inside Bureaucracy*. Boston: Little Brown and Company.

Drucker, Peter F.(1995). *Time of Great Change*. New York: Truman Talley Books.

Dublinn, A. J.(1982). *Contemprary Applied Management*. Plano Texas: Business Publication, Inc.

Duncan, R. B.(1972). "Characteristics of Perceived Environment and Perceived Environmental Uncertainty." *Administrative Science Quarterly*, 17(3).

Duncan, W. J.(1981). *Organizational Behavior*(2nd ed.). Boston: Houghton Mifflin Company.

Engel, J. F., R. D. Blackwell, & P. W. Miniard(1990). *Consumer Behavior*. Chicago: Dryden Press.

Etzioni, Amitai(1961). *A Comparative Analysis of Complex Organizations*. Grencoe: The Free Press.

Evan, W.(1966). "The Organizational Set: Toward a Theory of Inter Organizational Relations." in T. D. Thompson(ed.). *Approaches to Organizational Design*. University of Pittsburg Press.

Fiedler, F. E.(1967). *A Theory of Leadership Effectiveness*. New York: McGraw-Hill Company.

Garvin, D. A.(2000). *Learning in Action*. Boston, MA: Harvard Business School Press.

Gehri, S. B.(1992). "The Air Force Mission(Singular)." *Air Power Journal*, 6(4): 1-9.

George, S. & A. Weimerskirsch(1994). *Total Quality Management*. New York: John Wiley & Sons.

Gerhardi, Silvia(2006). *Organizational Knowledge*. Oxford: Blackwell Publishing.

Gerth, H. H. & C. M. Wright(eds. and trans.)(1946). *From Max Weber: Esseys in Sociology*. Oxford: Oxford University Press.

Gibb, J. R.(1961). "Defensive Commumication." *Journal of Communication*, 11.

Gibson, J. L, J. M. Ivancevich, & J. H. Donnelly(2000). *Organization*(7th ed.). Plano, Texas: Business Publications, Inc.

Giddens, Anthony(1989). *Sociology*. London: Polity Press.

Godet, Michel(1987). *Scenarios and Strategic Management*. London: Butterworths Scientific Ltd.

Goleman, Daniel(1999). *Working with Emotional Intelligence*. London: Bloomsburg.

Gortner, H. F., J. Mahler, & J. B. Nicholson(1987). *Organization Theory*. Chicago: Dorsey Press.

Greenleaf, R. K.(1991). *Servant Leadership: A Journey into the Nature of Legitimate Power and Greatness*. Mahwah, New Jersey: Paulist Press.

Greiner, Larry E.(1972, 1998). "Evolution and Revolution as Organizations Grow." *Harvard*

Business Review.

Griffin, Ricky W.(1987). *Management*(2nd ed.). Boston: Houghton Mifflin Company.

Hall, R. H.(1992). *Organizations: Structure and Process*(7th ed.). Englewood Cliffs, New Jersey: Prentice-Hall, Inc.

Hamel, G.(1994). "The Concept of Core Competence." in G. Hamel & A. Henee(ed.). *Competence-Based Competition*. New York: John Wiley & Sons.

Hannen, M. T. & J. H. Framan(1977). "The Population Ecology of Organizations." *American Journal of Sociology*, 82.

Harrison, M. I. & A. Shirom(1999). *Organizational Diagnosis and Assessment*. London: Sage Publications, Ltd.

Harris, T. E.(1993). *Applied Organizational Communication*. London: Lawrence Earbaum Associaetes Inc.

Harvard Business School Press(2001). *Harvard Business Review on Organizational Learning*. Boston, MA: HBA Press.

Hatterslay, M. E. & L. McJannet(2005). *Management Communication: Principles and Practice*(2nd ed.). Irwin, New York: McGraw-Hill.

Helleloid, D. & B. Simonin(1994). "Organizational Learning and a Firm's Core Competence." in G. Hamel & A. Henee(ed.). *Competence-Based Competition*. New York: John Wiley & Sons.

Heller, F., P. Drench, P. Koopman, & V. Rus(1988). *Decisions in Organizations*. London: Sage Publications Ltd.

Hellriegel, D., S. Jackson, & J. W. Slocum, Jr.(1999). *Management*(8th ed.). New York: South & Western College Publishing.

Hersey, P. & K. H. Blanchard(1982). *Management of Organizational Behavior: Utilizing Human Resources*(3rd ed.). New York: Prentice-Hall, Inc.

Herzberg, Frederick(1966). *Work and The Nature of Man*. New York: World Publishing Company.

Hicks, H. G. & C. R. Gullett(1981). *Management*(4th ed.). New York: McGraw-Hill Company.

Hill, W. L. & G. R. Jones(1992). *Strategic Management Theory*. Boston: Houghton Mifflin Company.

Hodge, B. J. & W. P. Anthony(1984). *Organization Theory*(2nd ed.). Boston: Allyn and Bacon.

Hosking, D. M. & N. Anderson(1992). *Organizational Change and Innovation*. London: Routledge.

Hultman, K. & B. Gellerman(2002). *Balancing Individual and Organizational Values*. San Francisco, CA: Jossey-Bass.

James, K. Turnbull & James Collins(ed.)(2008). *Leadership Learning*. London: Palgrave Macmillan.

Jhonson, J. D.(1993). *Organizational Communication Structure*. Norwood, New Jersey: Ablex Publishing Corporation.

Jones, Gareth R.(1995). *Organization Theory: Text and Cases*. New York: Addison-Wesley Publishing Company.

Kaplan, R. S. & Norton, D. B.(1992). "The Balanced Scorecard: Measure and the Drive Performance." *Harvard Business Review*, Jan.-Feb.: 171-810.

Kast, F. E. & J. E. Rosenzweig(1979). *Organization and Management*(3rd ed.). Tokyo: McGraw-Hill Company.

Katz, D. & R. L. Kahn(1966). *The Social Psychology of Organizations*. New York: John Wiley and Sons, Inc.

Kaufman, H.(1976). *Are Gorverment Organizations Immortal*. Washington: Brookings Institution.

Kelly, R. E.(1988). "Inpraise of Followership." *Haruard Business Review*, 66.

Khuruna, R.(2003). *Searching for a Corporate Savior, The Irrational Quest for Charismatic CEOs*. Princeton: Princeton University Press.

Killman, R. H.(1985). "Five Steps for Closing Culture Gaps." in R. H. Killman et al.(ed.). *Gaining Control of the Corporate Culture*. San Francisco: Jossey-Bass.

Kinicki, A. & Fugate, M.(2012). *Organizational Behavior*. New York: McGraw-Hill Company.

Koontz, H. & H. Weihrich(1993). *Management*. New York: McGraw-Hill Company.

Kotler, J. P. & A. Schlesinger(1979). "Choosing Strategies." *Harvard Business Review*, March-April.

Kreitner, Robert & Anglo Kinicki(2001). *Organizational Behavior*(5th ed.). Boston: McGraw-Hill.

Kreps, Gary L.(1990). *Organizational Communication*(2nd ed.). New York: Longman.

Lawless, D. J.(1972). *Effective Management: Social and Psychological Approach*. New York: Prentice-Hall, Inc.

Lawrence, P. R. & J. W. Lorsch(1969). *Organizations and Environment*. Homewood, Ill.: Richard D. Irwin, Inc.

Leavitt, H.(1964). *Applied Organization Change in Industry: Structural, Technological and Human Approaches: in New Perspectives in Organization Research*. New York: Wiley.

Litterer, J. A.(1965). *The Analysis of Organizations*. New York: John Wiley and Sons, Inc.

Locker, K. O.(2004). *Business and Administrative Communication*(6th ed.). New York: McGraw-Hill.

Loden, M. & J. B. Rosner(1991). *Workforce America*. Burrridge, Ill: Business One Irwin.

Luthans, F., C. M. Youseff, & B. J. Avillo(2007). "Psychological Capital: Investing and Developing Positive Organizational Behavior." in Nelson, D. L. & C. L. Cooper(ed.). *Positive Organizational Behavior*(3rd ed.). London: Sage Publishing Company.

Luthans, Fred(2005). *Organizational Behavior*(10th ed.). New York: McGraw-Hill Company.

Maanen, J. Van & E. H. Schein(1984). "Career Development." in J. R. Hackman & J. L. Schuttle. *Improving Life at Work*. Santa Monica, CA: Goodyear.

Maciariello, Joseph A.(1984). *Management Control System*. Englewood Cliffs, New Jersey: Prentice-Hall, Inc.

Maddi, S. R.(1980). *Personality Theories: A Comparative Analysis*. Homewood, Ill: Dorsey Press.

Mal, M. G. & J. Birkinshaw(2008). *Giant Steps in Management*. Harlow, England: Prentice-Hall.

Manning, Peter K.(1992). *Organizational Communication*. New York: Aldine De Gruyter.

Manske, Jr., F. A.(1990). *Secrets of Effective Leadership*. Colombia, TN: Leadership Education and Development, Inc.

Manz, C. & P. Sims, Jr.(2001). *The New Super Leadership*. New York: Berrett-Koewer.

March, J. G. & H. A. Simon(1953). *Organizations*. New York: John Wiley and Sons.

Marconi, Joe(2004). *Public Relations*. Mason, Ohio: Thompson Learning.

Markus, M. L., B. Manville, & C. E. Arges(2000). "What makes Virtual Organization Work." *Sloan Management Review*, 42-1.

Martin de Holan, Pablo & Nelson Phillips(2003). "Organizational Forgetting." in M. Esterby-Smith & M. A. Lyles(ed.). *The Blackwell Handbook of Organizational Learning and Knowledge Management*. Oxford: Blackwell Publishing Ltd. 393-409.

Martin, John(2005). *Organizational Behavior and Management*(3rd ed.). London: Thomson Learning.

Maslow, A. H.(1970). *Motivation and Personality*(2nd ed.). New York: Harper and Row Publishers.

McClelland, D. D.(1961). *The Achieving Society*. New York: Van Nostrand.

McGregor, Douglas(1960). *The Human Side of Enterprise*. New York: McGraw-Hill Company.

Megginson, L. C., D. C. Mosley, & P. H. Pietri, Jr.(1986). *Management*. New York: McGraw-Hill Company.

Mintzberg, Henry(1979, 1999). *The Structuring of Organization*. Englewood Cliffs, New Jersey: Prentice-Hall, Inc.

______(1983). *Power In and Around Organizations*. Englewood Cliffs, New Jersey: Prentice-Hall, Inc.

______(1987). "Five Ps for Strategy." *California Managenent Riview*, Fall.
Mondy, W. R., A. Sharplin, & E. B. Flippo(1988). *Management*(4th ed.). Boston: Allyn and Bacon. Inc.
Moorhead, G. & R. Griffin(2004). *Organizational Behavior*. Boston: Houghton Mifflin Company.
Morgan, Gareth(1986). *Images of Organization*. Beverly Hills, CA: Sage Publications.
______(1993). *Imagination: The Art of Creative Management*. New Bury Park, California: Sage.
Mowday, R. T., L. W. Porter, & R. M. Peters(1982). *Employee-Organization Linkage: Psychology of Commitment, Absenteeism, and Turnover*. New York: Academic Press.
Mumby, Dennis K.(1988). *Communication and Power in Organizations: Discourse, Ideology, and Domination*. Norwood, New Jersey: Ablex Publishing Corporation.
Napier, R. W. & M. X. Gershenfeld(1996). *Groups: Theory and Experience*. Boston: Houghton Mifflin Company.
Negandhi, Anant R.(ed.)(1980). *Inter-organization Theory*. Kent State University Press.
Nelson, D. L. & J. C. Quick(2000). *Organizational Behavior*(3rd ed.). Taunton, MA: South Western College Publishing.
Nonaka, I. & Takeuchi(1995). *The Knowledge Creating Company: How Japanese Companies Creates the Dynamics of Innovation*. Oxford: Oxford University Press.
Oliver, Sandra(2007). *Public Relations Strategy*(3rd ed.). London: Kogan Page.
Organ, D. W.(1988). *Organizational Citizenship Behavior: The Good Soldiers Syndrome*. Lexington, MA: Lexington Books.
Osborn, R. N., J. A. Hunt, & L. R. Jaunch(1980). *Organization Theory and Integrated Approach*. New York: John Wiley and Sons, Inc.
O'Shea, J. & C. M. Madigan(1997). *Dangerous Company: The Consulting Powerhouses and the Business They save and Ruin*. New York: Times Books.
Ouchi, W. G.(1981). *Theory Z: How American Business Can Meet the Japanese Challenge*. Reading: Addison-Wesley.
Parsons, Patricia J.(2008). *Ethics in Public Relations*(2nd ed.). London: Kogan Page.
Perrow, Chalres(1986). *Complex Organization: A Critical Essay*(3rd ed.). New York: McGraw-Hill.
Peters, Thomas J. & Robert H. Waterman, Jr.(1982). *In Search of Excellence*. New York: Harper & Row, Publishers.
Pfeffer, J. & G. R. Salancik(1978). *The External Control of Organizations*. New York: Harper and Row, Publishers.
Pfiffner, J. & E. Sherwood(1960). *Administrative Organization*. Englewood Cliffs, New Jersey:

Prentice-Hall, Inc.

Pinder, C. C.(1984). *Work Motivation.* Glenview, Ill.: Scott, Foresman and Company.

Presthus, Robert(1978). *The Organizational Society.* New York: Vintage Books.

Price, J. P.(1968). *Organizational Effectiveness: An Inventory of Propositions.* Homewood, Ill.: Richard D. Irwin, Inc.

Quigley, J. V.(1993). *Vision.* New York: McGraw-Hill.

Quinn, R. E.(1988). *Beyond Rational Management.* San Francisco: Jossey-Bass Publishers.

Quinn, R. & J. A. Rohrbaugh(1983). "Spatial Model of Effectiveness Criteria: Toward a Competing Values Approach To Organizational Analysis." *Management Science*, 29.

Rainey, H. G. & S. A. Watson(1996). "Transformational Leadership and Middle Management." *International Journal of Public Administration*, 19(6).

Ranson, S. & J. Stewart(1994). *Management for the Public Domain.* New York: St. Martins Press, Inc.

Reider, Rob(2000). *Benchmarking Strategy: A Tool for Profit Improvement.* New York: John Wiley & Sons.

Reitz, H. J.(1981). *Behavior in Organization*(2nd ed.). Homewood, Ill.: Richard D. Irwin, Inc.

Rekate, H. L.(2002). "A MIssion and Vision Statement for the American Society of Pediatric Neurosurgeons." *Pediatr Neurosurg*, Vol.37: 1-7.

Robbins, Stephen P.(1990). *Management*(2nd ed.). Englewood Cliffs, New Jersey: Prentice-Hall, Inc.

______(2003). *Organization Behavior*(10th ed.). Englewood Cliffs, New Jersey: Prentice-Hall, Inc.

Robey, Daniel(1986). *Designing Organization*(2nd ed.). Homewood, Ill: Irwin, Inc.

Robey, Daniel & C. A. Sales(1994). *Designing Organization*(4th ed.). Boston: Richard D. Irwin, Inc.

Rogers, D. L. & David Whetten(1982). *Inter-organizational Coordination.* Ames, Iowa: Iowa State University Press.

Schein, E. H.(1980). *Organizational Psychology*(3rd ed.). Englewood Cliffs, New Jersey: Prentice-Hall, Inc.

Schemerhorn Jr, J. R., J. G. Hunt, & R. N. Osborn(2008). *Core Concept of Organizational Behavior.* Danvers, MA: John Wiley & Sons, Inc.

Schuler, R. S.(1980). "Definition and Conceptualization of Stress in Organizations." *Organizational Behavior and Human Performance.*

Scott, W. Richard(1981). *Organization: Rational, Natural and Open Systems.* Englewood Cliffs, New Jersey: Prentice-Hall, Inc.

Selznick, Phillip(1949). *TVA and the Grass Roots*. Berkely. California University of California Press.

Shaflitz, J. M. & J. S. Ott(1992). *Classics of Organizational Theory*. California: Brook/Cole Publishing Company.

Sharkansky, Ira(1970). *Public Admimistration*. Chicago: Markhan.

Sitkin, S. B., Cardinal, K. B., & Bijsma, K. M.(2010). *Organizational Control*. Cambridge: Cambridge University Press.

Smith, Adam(1925). *An Inquiry the Nature and Causes of the Wealth of Nations*. London: Methuen.

Spears, L. C.(ed.)(1995). *Reflection on Leadership*. New York: John Wiley and Sons, Inc.

Stahl, M. J. & D. W. Grigsby(1992). *Strategic Management for Decision Making*. Boston, MA: PWS-Kent Publishing Company.

Steer, R. M. & L. W. Porter(1979). *Motivation and Work Behavior*. New York: McGraw-Hill Company.

Stogdill, R. M.(1982). *Handbook of Leadership*. New York: The Free Press.

Storey, J.(2004). *Leadership in Organization: Current Issues and Key Trend*. London: Routledge.

Strebel, Paul(2003). *ATrajectory Management: Reading a Business over Time*. Chichester, UK: John Wiley & Sons.

Suchman, Mark C.(1995). "Managing Legitimacy: Strategic and Institutional Approaches." *Academy of Management Review*, 20: 571-610.

Szilagyi, A. D. & M. J. Wallace, Jr.(1983). *Organizational Behavior and Performance*(3rd ed.). Glenview, Ill.: Scott, Foresman and Company.

Thompson, A. A. & A. J. Strickland, Ⅲ(2001). *Strategic Management*(12th ed.). New York: McGraw-Hill/Irwin.

Thompson, J. D.(1967). *Organizations in Action*. New Jersey: McGraw-Hill Company.

Thompson, S. D. & W. J. McEwen(1958). "Organizational Goals and Environment." *American Sociological Review*, 23.

Tichy, N. M. & M. A. Devanna(1986). *The Transformational Leader*. New York: John Wiley & Sons.

Truniansky, B. & A. P. Hare(1998). *Individuals and Groups in Organizations*. London: Sage Publications.

Uken, Korraine L.(2007). *101 Ways to Improve Customer Service*. San Francisco, CA: John Wiley & Sons, Inc.

Vroom, Victor(1965). *Work and Motivation*. New York: John Wiley and Sons.

Ward, Michael(1995). *50 Essential Management Techniques*. Hampshire, England: Gower Publishing Company.

Weber, Max(1964). *The Theory of Social and Economic Organization*. trans. by M. Henderson & T. Parsons. New York: The Free Press.

Weihrich, Heinch & Harold Koonch(1993). *Management*(10th ed.). New York: McGraw-Hill Company.

Weiner, Bernard(1980). *Human Motivation*. New York: Holt, Rinehart and Winston.

Weiss, J. W.(1994). *Business Ethics. Belmont*, California: Wadsworth Publishing Company.

Whetten, David(1979). "Organizational Decline: A Neglected Topic in Organizational Behavior." Working Paper. *College of Commerce and Business Administration*. University of Illinois.

Whiteley, A. & J. Whiteley(2007). *Core Values and Organizational Change: Theory and Practice*. New Jersey: World Scientific.

Winterscheid, Beverly C.(1994). "Building Capability from Within: The Insiders' View of Core Competence." in G. Hamel & A. Henee(ed.). *Competence-Based Competition*. New York: John Wiley & Sons.

Yale, David R.(2001). *The Publicity Handbook*. new edition. Chicago: McGraw-Hill.

Yucl, G. A.(1981). *Leadership in Organization*. New York: Prentice-Hall Company.

찾아보기

ㄱ

ㄴ

ㄷ

저자 소개

민진(閔振)

- 현재 국방대학교 명예교수
- 건국대학교 행정학과 졸업(행정학사)
- 서울대학교 행정대학원 졸업(행정학 석사 및 행정학 박사)
- 입법고등고시 및 행정고등고시 합격
- 고등고시시험위원(입법·행정·외무·사법시험), 고위공무원단 등 시험위원
- 미국 조지아대학교, 플로리다주립대학교 및 영국 옥스퍼드대학교 방문교수
- 한국조직학회 회장 및 서울행정학회 회장·편집위원장 역임
- 국무총리실, 행정자치부, 국방부, 산림청 정책평가위원 등 역임
- 국방대학교 교수, 도서관장, 국방관리대학원장, 부총장 역임

[주요 저서]
『행정학의 이해』(대명출판사, 2002, 2005)
『조직의 건강과 질병』(대영문화사, 2012)
『정책관리론』(대영문화사, 2016)
『한국의 군사조직』(대영문화사, 2017) 외 저서 및 다수 논문

민나온

- 현재 숙명여자대학교 조교수
- 숙명여자대학교 졸업(행정학사)
- 서울대학교 행정대학원 졸업(행정학 석사)
- 미국 플로리다주립대학교 졸업(행정학 박사)
- 현재 한국정책학회 신진학자위원회 이사, 한국행정학회 운영이사, 서울행정학회 총무위원회 이사

[주요 저서 및 논문]
Challenges to Public Value Creation(공저)
『성과관리: 외국제도 편』(공저)(대영문화사, 2013) 외 다수 논문

제7판

조직관리론

펴낸날 제1판 제1쇄 1996년 10월 25일
제2판 제1쇄 2004년 5월 31일
제3판 제1쇄 2009년 1월 10일
제4판 제1쇄 2012년 1월 10일
제5판 제1쇄 2014년 1월 10일
제6판 제1쇄 2018년 6월 27일
제7판 제1쇄 2025년 1월 27일
지은이 민진 · 민나온
펴낸이 임춘환
펴낸곳 도서출판 **대영문화사**
주소 (본사) 사무실: 경기도 고양시 일산서구 주화로 70
우신프라자 307호 (우 10387)
(본사) 물류센터: 경기도 고양시 일산서구 덕산로
107번길 68-50 (우 10205)
등록 1975년 12월 26일 제3-16호
전화 (031) 913-3062, (031) 914-3884~5
팩스 (031) 913-3839
홈페이지 http://www.dymbook.co.kr

ISBN 978-89-7644-964-1
값 32,000원